반려동물학개론

서병부 · 박소라 · 백상태 · 이봉재 · 이재연 · 정은겸

창지사

머리말

오늘날 반려동물은 단순히 인간과 함께 살아가는 동반자를 넘어, 우리의 삶과 깊이 연결된 가족 구성원으로 자리 잡고 있습니다. 반려동물과의 정서적 교감은 현대인의 삶에 긍정적인 영향을 미치며, 반려동물 양육은 개인의 행복과 삶의 질을 향상시키는 중요한 요인으로 부각되고 있습니다. 이에 따라 국내 반려동물 양육 가구 수는 지속적으로 증가하고 있으며, 반려동물을 위한 제품, 서비스, 그리고 교육 분야가 빠르게 발전하고 있습니다.

이러한 변화는 반려동물산업의 성장으로 이어져, 전 세계적으로 반려동물 관련 산업이 급속히 확대되고 있습니다. 대한민국 또한 이러한 흐름에 발맞춰 다양한 반려동물 관련 산업이 형성되었으며, 교육계에서도 반려동물산업학과와 같은 학문적 기반을 다지는 노력이 이루어지고 있습니다. 특히 관련 학과의 신설과 더불어 교육 콘텐츠에 대한 수요가 증가하면서, 체계적이고 포괄적인 교재의 필요성이 절실해지고 있습니다.

『반려동물학개론』은 이러한 필요성을 충족하기 위해 여러 대학교의 교수님들이 함께 힘을 모아 집필한 결과물입니다. 이 교재는 반려동물산업의 전반을 체계적으로 다루며, 기존의 반려동물보건학 중심 교재에서 나아가 산업적 · 생태적 · 사회적 측면을 포괄하는 새로운 시각을 제공합니다. 특히 이 책은 학생들과 업계 종사자들, 반려동물학에 관심이 있는 일반 독자들에게도 실질적인 도움을 줄 수 있도록 설계되었습니다.

이 책은 반려동물산업학의 기본 개념을 시작으로, 주요 반려동물인 반려견, 반려묘, 관상어, 특수동물 각각의 역사, 품종, 관리 방법을 다룹니다. 각 동물에 대한 이해는 반려동물과의 긍정적인 상호작용과 올바른 관리의 기초가 될 것입니다. 또한 반려동물의 영양학과 해부생리학, 질병학과 같은 기초 지식은 학문적으로나 실질적으로 매우 유용하며, 학생들이 반려동물의 건강과 복지에 기여할 수 있도록 돕습니다.

더 나아가, 이 책은 반려동물의 행동학 및 미용, 동물매개치료, 반려동물 복지와 법규와 같은 주제들을 심도 있게 다룹니다. 이는 반려동물과 인간의 공존과 관련된 사회적 책임을 강조하며, 올바른 반려동물 문화를 확립하는 데 기여하고자 하는 의도를 담고 있습니다. 특히 반려동물 복지와 관련 법규에 대한 논의는 반려동물 보호와 권리를 이해하고, 윤리적이고 책임감 있는 반려동물 양육 문화를 구축하는 데 중점을 둡니다.

이 책은 단순한 교재의 역할을 넘어, 반려동물산업 발전과 학문적 기틀을 다지는 데 기여하고자 합니다. 반려동물산업학과 학생들에게는 체계적인 학습을 위한 기반을 제공하고, 관련 업계 종사자들에게는 실무적이고 최신 트렌드에 기반한 지침서로 활용될 수 있을 것입니다. 또한 반려동물학에 관심이 있는 독자들에게도 폭넓은 시야를 제공하며, 반려동물산업에 대한 이해를 돕는 귀중한 자료가 될 것입니다.

끝으로, 본 교재가 나오기까지 헌신적인 노력을 아끼지 않으신 참여 교수님들과 도서출판 창지사 관계자 여러분께 깊은 감사의 말씀을 전합니다. 이 교재를 통해 독자들이 반려동물산업의 현재를 이해하고, 나아가 미래의 발전을 이끄는 데 기여할 수 있기를 바랍니다. 반려동물에 대한 사랑과 관심이 우리의 삶을 더욱 풍요롭게 하고, 사회의 지속 가능한 발전에 기여할 것이라 믿어 의심치 않습니다.

2025년 1월

집필진 일동

차 례

CHAPTER 01

반려동물학

학습목표

1. 반려동물산업에 대해 살펴본다.
2. 반려동물의 역사에 대해 살펴본다.
3. 반려동물의 혈통에 대해 살펴본다.

1. 반려동물산업의 개요

1) 반려동물산업의 개념

반려동물산업은 반려동물과 관련된 다양한 제품과 서비스의 개발, 생산, 유통 및 판매를 포함하는 경제 분야이다. 이 산업은 반려동물을 가족의 일원으로 여기는 사람들이 증가하면서 급격히 성장하고 있다.

(1) 사료 및 간식

반려동물산업에서 사료와 간식은 핵심 부분을 차지하며, 반려동물의 건강과 행복을 직결적으로 책임지는 요소이다. 반려동물의 건강과 영양을 위한 다양한 사료와 간식이 이 시장의 큰 부분을 차지한다. 이는 개, 고양이뿐만 아니라 조류, 어류, 파충류 등을 포함한다.

① 사료

- 건식 사료: 주로 개와 고양이에게 제공되며, 건조 형태로 제작되어 장기간 보관이 용이하고 맛과 크기도 다양하다. 건식 사료는 영양소가 균형 잡혀 있어 반려동물의 건강 유지와 치아 건강에도 도움을 준다.
- 습식 사료: 수분 함량이 높아 반려동물의 수분 섭취에 기여하며, 맛과 향이 강해 식욕이 떨어진 반려동물에게 적합하다. 보통 캔이나 파우치 형태로 제공된다.
- 특수 사료: 알레르기나 특정 건강 문제(예: 비만, 신장 질환)를 가진 반려동물을 위한 맞춤형 사료로, 수의사와 상담 후 선택하는 것이 일반적이다.

② 간식

- 훈련용 간식: 작고 간편하게 줄 수 있어 훈련 시 보상으로 사용되고, 훈련의 동기 부여 및 긍정적 행동 강화를 위해 활용된다.
- 기능성 간식: 특정 건강 문제를 개선하거나 예방하기 위한 성분이 포함된 간식이다. 예를 들어 치아 건강을 위한 덴탈 간식이나 관절 건강을 지원하는 성분이 포함된 간식 등이 있다.
- 자연식 간식: 자연 그대로의 재료를 사용하여 건강하고 안전하다. 방부제나 인공 색소를 사용하지 않는 경우가 많다.

③ 시장 동향

① 프리미엄 제품: 소비자들이 반려동물의 건강에 더 많은 관심을 가지면서 고급 사료와 간식의 수요가 증가하고 있다.

② 친환경 및 지속 가능성: 환경을 고려한 포장 및 생산 방식을 채택하는 브랜드가 늘어나고 있다.

③ 맞춤형 사료: 반려동물의 나이, 품종, 건강 상태에 맞춘 개인화된 영양 설루션이 인기를 얻고 있다.

사료와 간식은 반려동물의 전반적인 건강과 행복을 유지하는 데 필수적이며, 올바른 선택이 중요하다.

(2) 의료 서비스

반려동물 의료 서비스는 반려동물의 건강을 유지하고 질병을 예방하며, 치료를 통해 삶의 질을 향상시키는 전문적인 의료 행위를 포함한다. 이는 수의학적인 치료뿐만 아니라, 예방적 건강 관리, 재활, 응급 의료, 정기적인 건강 검진을 포함하는 포괄적인 개념이다.

① 반려동물 의료 서비스의 주요 분야

- 진단 및 치료 서비스: 일반 진료로 감염병, 피부 질환, 소화기 질환 등 다양한 건강 문제를 진단 및 치료하며, 전문 진료로 종양학, 심장학, 신경학, 정형외과 등 고도화된 치료를 제공한다.
- 예방 의료: 예방접종으로 광견병, 파보바이러스, 디스템퍼 등의 예방을 위한 백신 접종과 정기 건강 검진으로 혈액 검사, 초음파, X-ray 등을 활용하여 조기에 질병을 발견하고, 구충 및 기생충 관리로 내부 및 외부 기생충 예방과 치료를 한다.
- 응급 의료: 응급 상황에서 즉각적인 처치를 제공(예: 사고, 중독, 급성 질환 등)하고, 24시간 응급 진료 체계를 구축한다.
- 재활 및 물리치료: 수술 후 회복을 돕기 위한 재활 프로그램을 제공하고 관절염, 신경학적 문제 등을 치료하기 위한 물리치료를 한다.
- 노령 동물 의료: 고령 반려동물을 위한 통증을 관리하고, 치매 예방 및 관리 서비스를 제공하며, 말기 질환 관리 및 안락사 서비스를 제공한다.

② 반려동물 의료 서비스의 중요성

- 반려동물의 생명과 건강 보장: 의료 서비스는 반려동물의 생명을 연장하고 질병의 고통을 줄이며, 건강하고 행복한 삶을 영위하도록 돕는다.
- 인간-동물 유내 강화: 반려동물의 건강 상태가 좋을수록 보호자와의 유대감이 깊어지고, 보호자의 삶의 질도 향상된다.
- 공공 보건 및 안전 기여: 예방접종 및 기생충 관리는 인수공통전염병(예: 광견병, 기생충 감염) 확산 방지에 기여한다.

- 반려동물산업의 경제적 성장: 의료 서비스는 반려동물산업의 주요 축으로, 고용 창출 및 관련 산업(의약품, 의료기기 등) 성장에 기여한다.

③ 최신 트렌드와 발전 방향

- 디지털 헬스 케어 도입: 원격 진료 및 건강 모니터링 서비스의 활성화와 스마트 기기를 활용하여 건강 데이터를 수집 및 분석한다.
- 통합 의료: 수의사, 영양사, 트레이너 간 협력하여 반려동물의 전반적인 건강 관리를 한다.
- 친환경 의료 서비스: 친환경적 약품 및 의료 장비의 사용을 확대한다.

④ 반려동물 의료 서비스의 미래 전망

반려동물 보호자들이 동물 의료에 대한 관심과 투자를 지속적으로 확대함에 따라, 의료 서비스는 반려동물산업의 핵심 영역으로 자리 잡을 것이다. 특히 전문화된 진료와 예방 중심의 의료 서비스는 더 큰 비중을 차지할 것으로 예상된다. 이와 같은 의료 서비스의 발전은 단순히 반려동물의 건강을 넘어, 반려동물과 인간이 공존하는 사회의 전반적인 복지 수준을 향상시키는 데 기여할 것이다.

(3) 미용 및 관리

반려동물의 미용 및 관리는 반려동물의 외모를 아름답게 가꾸는 것뿐만 아니라 위생과 건강을 유지하며, 전반적인 삶의 질을 향상시키는 데 초점을 맞춘 활동이다. 이는 단순한 외형 관리에서 나아가 반려동물의 심리적 안정과 보호자와의 유대감을 증진시키는 역할을 한다.

① 반려동물 미용 및 관리의 주요 서비스

- 컷팅 및 스타일링: 견종 및 묘종 특성에 맞는 털 손질과 스타일링을 하고 계절 및 털의 길이에 따라 적합한 스타일을 제공한다.
- 목욕 및 세척: 피부 건강을 위해 적절한 샴푸를 선택하여 세척하고 민감성 피부나 알레르기 체질에 적합한 특수 관리를 제공한다.

- 털 엉킴 제거 및 브러싱: 털의 엉킴을 방지하고 피부 혈액의 순환을 촉진하기 위해 정기적으로 브러싱을 한다.
- 전문 미용 서비스: 쇼용 반려동물을 위한 고급 스타일링 및 미용을 준비한다.

② 위생 관리

- 발톱 손질: 과도한 발톱 길이로 인한 상처 및 보행 문제를 예방한다.
- 귀 청소: 귀의 염증 및 감염 예방을 위하여 정기적으로 청소한다.
- 항문낭 관리: 불편함과 염증을 유발할 수 있는 항문낭의 문제를 해결한다.
- 눈 주변 청결 유지: 눈물 자국을 제거하고 눈의 건강을 관리한다.

③ 피부 및 털 관리

- 피부염, 기생충 예방 및 치료를 위하여 적절한 관리를 한다.
- 털 빠짐 및 모질 개선을 위한 영양을 공급하고 치료를 한다.

④ 종합 관리 프로그램

- 월별 또는 분기별 정기적 미용과 관리 프로그램을 제공한다.
- 종합적인 위생 및 미용 관리를 통해 건강과 외형을 동시에 관리한다.

⑤ 반려동물 미용 및 관리의 중요성

- 건강 유지와 예방적 역할: 정기적인 미용과 위생 관리는 기생충, 피부 질환, 귀 감염 등을 예방하는 데 효과적이다.
- 반려동물의 편안함과 심리적 안정감: 털 엉킴 제거, 발톱 손질 등은 반려동물의 신체적 불편함을 줄이고 스트레스를 완화한다.
- 보호자와의 유대 강화: 청결하고 아름다운 외형은 보호자와 반려동물 간의 긍정적인 교감을 촉진한다.
- 사회적 이미지 향상: 미용된 반려동물은 공공장소에서 긍정적인 이미지를 제공하며, 반려동물 문화 발전에 기여한다.
- 산업적 가치를 높이는 요소: 전문 미용 서비스는 반려동물산업 내 고부가가치 분야로, 경제적 성장에 기여한다.

⑥ 최신 트렌드와 발전 방향

- 프리미엄 미용 서비스: 호텔형 미용 공간 제공 및 스파 서비스를 제공하며, 에센셜 오일 및 자연 친화적인 제품을 사용하여 피부를 관리한다.
- 맞춤형 서비스: 반려동물의 체질, 나이, 피부 상태에 맞춘 개별 프로그램을 설계하고, 장모종·단모종 등 종별 특성을 고려한 차별화된 관리를 한다.
- 셀프 미용 키트 및 교육 프로그램: 보호자가 직접 관리할 수 있도록 전문 키트와 사용법에 대한 교육을 제공한다.
- 미용과 재활의 융합: 재활치료와 미용을 결합한 프로그램을 개발하고, 고령 동물과 장애 동물을 위한 전문 관리를 제공한다.
- 스마트 기술 도입: 미용 중 건강 상태를 체크하는 스마트 기기를 사용하고, 예약, 기록 관리 및 정기 알림을 제공하는 디지털 플랫폼을 제공한다.

⑦ 반려동물 미용 및 관리의 미래 전망

반려동물 미용 및 관리는 단순한 외형 관리에서 벗어나 건강과 웰빙을 중심으로 발전하고 있다. 특히 맞춤형 서비스와 스마트 기술의 도입은 보호자와 반려동물 모두에게 큰 가치를 제공할 것이다. 향후 반려동물산업에서 미용 및 관리는 프리미엄 서비스와 융합 기술을 중심으로 고도화될 것으로 기대되며, 이는 반려동물과 인간의 공존 문화를 더욱 풍부하게 만들 것이다.

(4) 반려동물 용품 및 장비

반려동물 용품 및 장비는 반려동물의 일상적인 생활을 지원하고, 건강과 안전을 유지하며, 반려인의 편의를 증진시키기 위한 다양한 제품과 도구를 포괄한다. 이는 단순한 생활필수품에서부터 훈련, 운동, 건강 관리, 위생, 미적 요소까지 다양한 분야에 걸쳐 활용된다.

① 반려동물 용품 및 장비의 주요 카테고리

- 기본 생활 용품: 자동 급식기 및 급수기, 친환경 사료 보관함, 종별 맞춤형 사료 그릇 및 물그릇, 계절별로 적합한 침대, 매트, 쿠션, 이동식 케이지, 휴

대용 텐트, 실내용 하우스, 줄, 하네스, 이동 가방 및 캐리어, 자동차용 안전 벨트, 방수 외출복 및 신발 등이 여기에 포함된다.

- 위생 및 청결 용품: 배변 패드, 자동 배변 청소기, 친환경 배변 봉투, 고양이용 화장실 및 탈취 기능이 포함된 사막화 모래, 반려동물 털 청소를 위한 전용 청소기 및 브러쉬, 세척 및 살균용 세제와 소독제 등이다.
- 건강 및 안전 장비: 운동 및 피트니스 장비로 러닝머신, 터널, 운동용 공 등 실내 운동 장비, 신체 발달과 놀이를 동시에 지원하는 구조물과 의료용 장비로 홈케어용 체온계, 혈압 측정기, 심박수 모니터링 장치, 재활용 장비(휠체어, 보조기구 등) 등이 있으며, 보호 장비로 목 보호대, 발 보호용 패드, GPS 추적기, 응급 상황용 구급 키트 및 보호복 등이 있다.
- 놀이 및 훈련 용품: 놀이 용품으로 장난감(인터랙티브 장난감, 치아 강화용 장난감 등)과 자동 공 던지기, 고양이를 위한 레이저 포인터가 있으며, 훈련 장비로 훈련용 클릭커, 훈련 패드, 행동 강화용 간식기, 행동 수정 장치(스마트 칼라, 음성 훈련 장치) 등이 있다.
- 패션 및 액세서리: 계절별 의류(방한복, 방수복, 여름용 쿨링 베스트), 이벤트 및 특별한 날을 위한 맞춤 의류 및 리본, 목걸이, ID 태그, 스타일리시한 리드줄 등의 액세서리가 있다.
- 스마트 장비: 스마트 홈 기기로 자동 급식/급수 시스템, 스마트 화장실, 카메라 및 음성 통화가 가능한 스마트 장치가 있으며, 추적 및 모니터링 기기로 GPS 추적기, 활동량 기록기, 건강 모니터링 웨어러블 등이 있다.

② 반려동물 용품 및 장비의 중요성

- 반려동물의 건강과 안전 보장: 적절한 용품은 반려동물의 기본적인 건강과 위생을 유지하고 위험 요소로부터 보호한다.
- 삶의 질 향상: 고급 침구, 운동 장비, 맞춤형 장난감 등은 반려동물의 신체적 · 정신적 안정을 도모한다.
- 반려인의 편의 증대: 스마트 장비와 자동화 시스템은 관리 부담을 줄이고

시간 효율성을 높인다.

- 반려동물과의 관계 강화: 놀이 용품 및 훈련 장비는 반려동물과 보호자 간의 상호작용을 늘리고 신뢰를 쌓는 데 도움을 준다.
- 산업 발전 및 경제적 가치 창출: 혁신적인 용품 개발은 반려동물산업의 성장을 촉진하며, 고용 및 경제 활동에 기여한다.

③ 최신 트렌드와 발전 방향

- 지속 가능성과 친환경 용품: 재활용 가능한 소재와 생분해성 제품의 확대, 친환경 공정으로 생산된 용품이 증가한다.
- 스마트 기술과의 융합: IoT 기반의 스마트 급식기, 자동 배변 처리기, 웨어러블 기기를 통한 실시간 건강을 모니터링 할 수 있다.
- 맞춤형 및 고급화 용품: 품종, 나이, 건강 상태에 따른 맞춤형 제품, 고급 소재와 독창적 디자인의 프리미엄 제품이 있다.
- 공동 활용 장비와 시설: 공유 경제 트렌드를 반영한 공용 장비 및 대여 서비스와 지역 커뮤니티 시설 내 놀이 및 훈련 장비의 제공을 들 수 있다.

④ 반려동물 용품 및 장비의 미래 전망

반려동물 용품 및 장비는 기술 혁신과 소비자 요구의 다양화에 따라 지속적으로 발전하고 있다. 특히 스마트 기술과 친환경 트렌드가 반영된 제품들은 반려동물과 보호자 모두의 삶을 질적으로 향상시키며, 산업적 가치를 높이고 있다. 이러한 발전은 단순히 제품 판매를 넘어, 반려동물과 인간의 조화로운 공존 문화를 형성하는 데 기여할 것으로 기대된다.

(5) 교육 및 훈련

반려동물 교육 및 훈련은 반려동물이 인간 사회에서 안정적으로 생활하며, 보호자와의 상호작용을 원활히 하고 문제 행동을 예방하거나 수정하기 위해 실시하는 일련의 체계적인 과정이다. 이는 반려동물의 행동 및 심리적 특성을 이해하고, 긍정적인 습관을 형성하며, 보호자와의 관계 강화를 목표로 한다.

① 반려동물 교육 및 훈련의 주요 분야

- 기본 생활 훈련: 기초 복종 훈련으로 '앉아', '기다려', '이리 와' 등 기본 명령어 학습과 리드줄 착용 및 산책 예절 훈련이 있다.
- 사회화 훈련: 사람, 다른 동물, 새로운 환경에 대한 적응력 향상과 공격성 예방 및 스트레스 관리가 있다.
- 문제 행동 교정: 정해진 장소에서 배변하도록 유도하는 배변 훈련 교육, 과잉 짖음, 물기, 파괴 행동 등의 원인을 분석하고 교정하기 위한 행동 수정 프로그램, 반려동물의 분리 불안을 완화하고 독립적인 생활을 돕기 위한 안정감 형성 훈련이 있다.
- 전문적 기술 훈련: 보호자 지원 훈련으로 시각 장애인 안내견, 청각 장애인 도우미견 훈련이 있으며, 특수 임무 훈련으로 경찰견, 구조견, 치료견으로서의 역할 수행을 위한 기술 학습, 스포츠 및 공연 훈련으로 반려동물 스포츠(어질리티, 프리스비) 및 쇼 트레이닝이 있다.
- 심리적 안정 및 스트레스 관리 교육: 터치와 명령어를 활용한 심리적 안정 유도와 반려동물의 스트레스 신호를 읽고 관리하는 방법 교육이 있다.
- 보호자 교육: 반려동물의 행동 이해와 훈련 방법에 대한 보호자 대상 교육과 긍정적 보상 훈련 기법과 일관된 훈육 방법 지도가 있다.

② 반려동물 교육 및 훈련의 중요성

- 반려동물과 보호자의 원활한 공존: 훈련을 통해 반려동물이 가정 및 사회 환경에 적응하며, 보호자와의 생활에서 갈등을 줄인다.
- 반려동물의 삶의 질 향상: 적절한 훈련은 스트레스를 줄이고, 반려동물의 신체적 · 정신적 건강을 증진한다.
- 사회적 안전성 확보: 공격성 감소 및 예절 교육은 공공장소에서의 사고 위험을 줄이고 사회적 문제를 예방한다.
- 보호자와의 관계 강화: 훈련 과정을 통해 반려동물과 보호자 간의 신뢰와 유대감이 증대된다.

- 산업적 부가 가치 창출: 전문 훈련 기관, 트레이너 및 관련 서비스의 수요 증가로 고용 창출과 경제적 가치를 제공한다.

③ 최신 트렌드와 발전 방향

- 과학 기반 훈련: 행동 분석 및 심리학을 기반으로 한 긍정적 보상 훈련(Positive Reinforcement Training)을 확대하고, 반려동물의 신경과학 연구를 활용한 효과적인 교육 방법을 개발한다.
- 스마트 기술 활용: 스마트 훈련 기기(원격 명령 장치, 자동 간식기)와 앱을 통한 훈련을 지원하고, AI 기반 행동 분석 및 훈련 계획 추천 서비스를 이용한다.
- 맞춤형 훈련 프로그램: 개별 반려동물의 성격, 나이, 종 특성에 맞춘 맞춤형 훈련 프로그램을 제공하고, 문제 행동 교정과 사회화 교육을 결합한 통합 프로그램을 이용한다.
- 온라인 및 원격 교육: 보호자 대상의 온라인 교육 강좌 및 실시간 훈련 세션과 원격 상담과 행동 평가를 통한 훈련 계획을 제공한다.
- 치료적 훈련: 반려동물의 불안감 및 스트레스 해소를 위한 훈련 방법을 개발하고 행동 교정을 넘어 정서적 안정에 초점을 맞춘 훈련을 확산한다.

④ 반려동물 교육 및 훈련의 미래 전망

반려동물산업에서 교육 및 훈련은 점차 전문화되고 과학적으로 발전하고 있다. 반려동물의 행복과 보호자의 만족을 동시에 추구하는 맞춤형 훈련 서비스는 산업 내 필수적인 영역으로 자리 잡고 있다. 특히 스마트 기술과 심리학적 접근법의 결합은 교육의 효율성을 높이고, 보호자와 반려동물 간의 관계를 더욱 깊게 만들 것이다. 향후 반려동물 교육 및 훈련은 단순한 행동 교정에서 나아가 반려동물과 인간의 공존을 위한 중요한 사회적 요소로 자리 잡을 것으로 기대된다.

(6) 반려동물 서비스 및 플랫폼

반려동물 서비스 및 플랫폼은 반려동물의 건강, 웰빙, 생활 편의성을 향상시키기 위해 다양한 서비스와 기술을 통합하여 제공하는 온라인 또는 오프라인 환경을 말한다. 이러한 서비스 및 플랫폼은 보호자가 반려동물에 대한 정보를 쉽게 얻고, 관리할 수 있도록 돕고, 여러 가지 필수적인 서비스와 기능을 제공한다. 반려동물 관련 서비스를 제공하는 플랫폼은 모바일 앱, 웹사이트, 온라인 마켓플레이스 등을 통해 사용자 경험을 증진시키고, 보호자와 반려동물 간의 관계를 강화하는 데 기여한다.

① 의료 서비스 플랫폼

- 원격 진료 및 상담: 비대면 수의사 상담, 원격 진료 예약 및 처방을 제공하고 모바일 앱을 통해 반려동물의 증상을 기록하며, 실시간으로 전문가의 의견을 받을 수 있는 플랫폼이다.
- 건강 관리 및 예방: 예방접종 알림, 건강 체크 및 병력 관리, 자동화된 약물 복용 알림 기능을 제공하는 플랫폼이다.
- 의료 기록 관리: 온라인으로 건강 기록을 관리하고, 의약품 처방 내역과 치료 계획을 디지털화하여 쉽게 접근할 수 있도록 돕는 서비스이다.

② 미용 및 관리 서비스

- 미용 예약 시스템: 미용실이나 펫샵에서 제공하는 미용 서비스를 온라인으로 예약할 수 있는 플랫폼으로, 고객의 후기와 별점을 기반으로 서비스 선택을 용이하게 한다.
- 위생 관리 서비스: 배변 패드 교환, 청소 서비스 예약, 자동 목욕 기계나 미용 기기 등을 통한 위생 관리 플랫폼이다.
- 반려동물 용품 배달 서비스: 미용, 위생 관리 용품, 사료 등을 자동으로 주문하고, 반려동물에게 필요한 물품을 정기적으로 배송하는 서비스이다.

③ 훈련 및 교육 서비스

- 훈련 프로그램 예약 및 관리: 온라인을 통해 훈련 프로그램을 예약하고, 훈련 일정을 관리하는 플랫폼으로, 행동 교정을 위한 개별 맞춤형 훈련 프로그램을 제공한다.
- 온라인 훈련 세션: 온라인 비디오 강의나 실시간 훈련 세션을 통해 반려동물과 함께 훈련할 수 있는 플랫폼으로, 훈련 영상 및 팁을 제공하고, 행동 개선을 위한 실시간 피드백을 받을 수 있다.

④ 반려동물 외출 및 여행 서비스

- 숙박 예약 플랫폼: 반려동물 친화적인 호텔, 펜션, 캠핑장 등에서 숙박을 예약할 수 있는 플랫폼으로, 숙박 시설의 후기, 가격, 위치 등을 비교하고 예약할 수 있다.
- 배달 및 외출 서비스: 반려동물을 위한 음식 배달, 산책 서비스, 여행 예약 서비스 등을 제공하는 플랫폼으로, 특히 도시 지역에서 외출이 어려운 보호자를 위한 대체 서비스를 제공한다.

⑤ 사회적 연결 및 커뮤니티 플랫폼

- SNS 및 커뮤니티 서비스: 반려동물 보호자들이 서로 정보를 공유하고, 경험을 나누며, 반려동물의 사진과 이야기를 공유할 수 있는 소셜 네트워크 플랫폼으로, 반려동물 관련 이벤트, 포럼 등을 제공한다.
- 입양 및 구호 플랫폼: 보호소에서 입양할 수 있는 반려동물 정보를 제공하고, 입양 희망자와 보호소 간 원활한 연결을 지원하는 플랫폼이다.

⑥ 스마트 관리 플랫폼

- 스마트 디바이스 관리: IoT(사물인터넷) 기반의 스마트 기기 관리 시스템으로, 반려동물의 건강 상태를 실시간으로 추적하고, 자동 급식, 활동량 모니터링, 위치 추적 등을 제공하는 플랫폼이다.
- 건강 데이터 관리: 웨어러블 기기와 연동하여 반려동물의 신체 데이터(체온, 심박수 등)를 실시간으로 추적하고, 보호자와 수의사에게 데이터 분석

을 제공하는 서비스이다.

⑦ 반려동물 서비스 및 플랫폼의 중요성

- 반려동물과 보호자의 삶의 질 향상: 다양한 서비스 플랫폼을 통해 반려동물의 건강, 미용, 훈련 등을 효율적으로 관리할 수 있어 보호자는 반려동물에 대한 책임감을 더 잘 수행하고, 반려동물은 더욱 건강하고 행복한 삶을 살 수 있다.
- 서비스의 접근성 증대: 디지털 플랫폼을 통해 시간과 장소에 구애받지 않고 다양한 서비스를 제공받을 수 있어 보호자가 바쁜 일정을 보유하고 있더라도 손쉽게 반려동물의 요구를 충족시킬 수 있다.
- 사회적 관계 및 정보 공유: 커뮤니티 및 소셜 플랫폼을 통해 다른 보호자들과의 교류가 가능하고, 반려동물에 대한 팁과 조언을 교환하며 경험을 나누는 데 도움을 준다.
- 효율적인 자원 관리: 여러 가지 서비스를 하나의 플랫폼에서 관리할 수 있어 효율적으로 자원을 활용할 수 있으며, 예약, 구매, 관리 등을 통합하여 편리함을 제공한다.

⑧ 최신 트렌드와 발전 방향

- 디지털화 및 모바일화: 모바일 앱을 통한 다양한 서비스의 예약·관리·알림 시스템을 제공하며, 실시간 피드백과 동기화를 통해 사용자 경험이 개선되고 있다.
- 스마트 서비스의 확장: 스마트 기기와 IoT 기술을 활용하여 반려동물의 건강과 안전을 실시간으로 모니터링하고, 자동화된 서비스를 제공하는 플랫폼을 확장한다.
- 맞춤형 서비스: 반려동물의 건강 상태, 성격, 연령에 맞춘 맞춤형 훈련, 미용, 의료 서비스를 제공한다. AI 기반의 맞춤형 서비스 추천 시스템이 더욱 정교해지고 있다.
- 공유 경제 및 펫 케어 서비스: 반려동물 돌봄, 산책, 훈련 등을 공유 경제

모델로 제공하는 서비스가 증가하고 있다. 플랫폼을 통해 보호자가 쉽게 서비스를 이용할 수 있다.

⑨ 반려동물 서비스 및 플랫폼의 미래 전망

반려동물산업에서 서비스 및 플랫폼은 점차 더욱 고도화되고 개인화된 형태로 발전할 것이다. 특히 디지털 기술의 발전과 함께 실시간 데이터 기반의 서비스 제공과 맞춤형 서비스는 보호자와 반려동물 간의 관계를 더욱 강화하고 보호자의 만족도를 높이는 중요한 요소가 될 것이다. 또한 플랫폼은 반려동물과 보호자가 더욱 편리하게 소통하고 다양한 요구를 충족시키는 데 필수적인 역할을 하게 될 것이다.

(7) 테크놀로지

반려동물산업에서 테크놀로지는 반려동물의 건강, 안전, 생활 편의성 등을 향상시키기 위한 다양한 첨단 기술의 활용을 의미한다. 이는 웨어러블 기기, 스마트 디바이스, AI(인공지능), IoT(사물인터넷) 등의 기술을 통해 반려동물과 보호자가 더 나은 삶을 영위할 수 있도록 지원한다. 테크놀로지는 반려동물의 행동, 건강 상태를 모니터링하고 교육 및 훈련을 효율적으로 진행하는 데 중요한 역할을 하고 있다.

① 반려동물산업에서 활용되는 주요 기술

- 웨어러블 기기 및 센서 기술: 헬스케어 모니터링 기기로 반려동물의 활동량, 심박수, 체온 등을 실시간으로 모니터링하는 스마트 칼라 및 웨어러블 장비가 있으며, GPS 기능을 통한 위치 추적 및 건강 상태를 추적하고, 고급 센서를 탑재하여 반려동물의 상태 변화(예: 질병 징후 등)를 감지하는 기술이 있다.
- 인공지능(AI) 기반 기술: AI 건강 진단 및 예측 시스템으로 반려동물의 데이터를 분석해 건강 상태를 평가하고 질병의 징후를 예측하는 AI 시스템과 훈련 및 행동 교정을 위한 AI 기반의 맞춤형 훈련 프로그램을 제공한다.

그리고 AI 동물 행동 분석으로 반려동물의 행동 패턴을 분석하여 문제 행동을 교정하거나 심리적 안정이 필요한 부분을 찾아내는 기술이 있다.

- 사물인터넷(IoT) 기술: 스마트 홈 기기로 자동 급식기, 자동 물 공급기, 스마트 배변 처리 시스템 등 IoT 기반의 스마트 기기들이 반려동물의 일상적인 관리에 도움을 준다. 그리고 실시간 모니터링 및 데이터 기록을 통해 반려동물의 상태를 체크하고, 이를 보호자와 공유하는 시스템이 있으며, 스마트 배변 관리는 자동으로 반려동물의 배변을 처리하는 IoT 기반 시스템으로, 위생 관리를 효율적으로 돕는다.
- 디지털 건강 관리 및 예방 시스템: 건강 추적 애플리케이션으로 스마트폰 애플리케이션을 통해 반려동물의 예방접종 기록, 치료 기록, 건강 정보를 관리하고 알림을 제공한다. 그리고 반려동물의 건강 데이터를 클라우드에 저장하여 언제든지 접근할 수 있도록 지원한다. 또한 원격 진료 시스템으로 비대면 진료 서비스를 제공하는 온라인 플랫폼을 통해 원거리에서도 수의사와 상담할 수 있다. 또한 텔레메디슨을 활용하여 반려동물의 건강 문제를 빠르게 진단하고, 필요한 조치를 취할 수 있다.
- 스마트 훈련 기기 및 시스템: AI 기반의 스마트 훈련 기기와 스마트 칼라는 반려동물의 반응을 분석하여 훈련을 맞춤형으로 제공하고, 훈련에 대한 반응을 실시간으로 추적하고, 행동을 교정하는 기능을 포함한다. 그리고 가상 훈련 및 행동 분석으로 가상 현실(VR) 및 증강 현실(AR)을 활용하여 반려동물의 훈련 과정을 가상 환경에서 진행하는 시스템이며, 보호자와 함께하는 온라인 훈련 코스와 함께 실시간 피드백을 제공하는 서비스이다.
- 자동화 시스템 및 로봇 기술: 자동화된 반려동물 관리 시스템으로 자동 급식기, 자동 물 공급기, 배변 처리 시스템 등 자동화 기술을 이용해 반려동물 관리의 효율성을 높인다. 그리고 반려동물 로봇은 자동으로 반려동물과 상호작용하는 로봇 장난감과 로봇을 이용해 반려동물의 운동과 놀이를 지원하며, 외출 시 반려동물을 돌봐 줄 수 있는 기능을 제공한다.

② 반려동물 테크놀로지의 중요성

- 건강 관리의 효율성 증대: 테크놀로지의 활용은 반려동물의 건강 상태를 실시간으로 모니터링하고, 이상 징후를 빠르게 파악할 수 있게 한다. 이는 질병의 조기 발견과 예방에 기여한다.
- 편리한 관리 및 보호자와의 상호작용 강화: 스마트 기기와 모바일 앱을 통해 언제 어디서나 반려동물을 관리하고 보호자와 상호작용할 수 있다. 이는 반려동물과의 관계를 더욱 강화시킨다.
- 반려동물의 삶의 질 향상: 훈련, 운동, 건강 관리 등 다양한 면에서 반려동물의 삶의 질을 높여 주는 기술들이 제공된다. 이는 반려동물이 더 건강하고 행복한 삶을 살도록 돕는다.
- 산업 혁신 및 경제적 가치 창출: 새로운 기술의 도입은 반려동물산업을 혁신적으로 변화시키며, 다양한 분야에서 새로운 비즈니스 모델을 창출한다. 이는 산업의 성장과 고용 창출에 기여한다.

③ 최신 트렌드와 발전 방향

- 헬스케어 및 IoT 융합: 웨어러블 기기와 IoT 기술을 결합하여 반려동물의 건강을 더 체계적으로 관리하고, 데이터를 활용한 예측 분석이 더욱 강화될 것이다.
- AI와 데이터 분석의 확대: AI 기술을 활용해 반려동물의 행동 및 건강 데이터를 분석하고, 맞춤형 서비스를 제공하는 방향으로 발전할 것이다.
- 스마트 서비스의 통합화: 반려동물 관리와 훈련, 건강 관리까지 모든 서비스가 하나의 플랫폼에서 통합적으로 제공되며, 편리성과 효율성을 극대화할 것이다.
- 윤리적 기술 개발: 반려동물의 편안함과 안전을 고려한 기술 개발이 이루어지며, AI와 로봇 기술도 동물의 자연스러운 행동을 해치지 않도록 발전할 것이다.

④ 반려동물 테크놀로지의 미래 전망

반려동물산업에서의 테크놀로지 활용은 향후 더 큰 성장 잠재력을 지니고 있다. 특히 헬스케어, 훈련, 관리, 상호작용에 관한 기술 혁신은 반려동물과 보호자 간의 관계를 한층 더 강화하고 반려동물의 삶의 질을 높이는 데 중요한 역할을 할 것이다. AI, IoT, 웨어러블 기기 등 다양한 첨단 기술들이 결합되어 더욱 효율적이고 개인화된 서비스를 제공하는 반려동물산업의 발전은 계속해서 새로운 가능성을 열어갈 것이다.

2. 반려동물의 역사

1) 가축화된 동물

개는 약 15,000년 전부터 인간과 상호작용하며 최초로 가축화된 동물 중 하나다. 개는 인간의 사냥을 돕고, 집을 지키는 역할을 했으며, 이후 다양한 용도로 발전했다. 소는 약 10,000년 전에 가축화되었으며, 농업, 우유 생산, 고기 제공 등의 다양한 역할을 수행했다. 말은 이동과 전쟁에서 중요한 역할을 했으며, 인간의 교통과 교역에 크게 기여했다. 닭은 계란과 고기 제공을 위해 가축화되었으며, 비교적 빠르게 번식하고 성장할 수 있는 특성이 선택되었다.

가축화는 단순히 동물을 길들이는 것을 넘어, 인간과 동물의 상호작용 속에서 동물의 생리적·유전적 변화까지 이끄는 과정이다. 이 과정은 인간이 동물의 행동과 생리를 조절하고 인간 사회에 적합하게 변화시키는 결과로 이어졌다.

2) 반려견의 역사

개의 선조는 회색늑대(*Canis lupus*)로 알려져 있으며, 약 15,000~30,000년 전에 늑대가 인간과 공생 관계를 맺으면서 가축화 과정을 거쳐 오늘날의 가정견

(*Canis lupus familiaris*)이 탄생했다. 이 과정에서 늑대는 인간과 협력하면서 행동적·생리적 변화가 일어나게 되었고, 시간이 흐르면서 개는 인간의 가장 오래된 동반자로 발전했다.

(1) 초기의 고대 포유류와 고대 갯과 동물

개의 진화는 약 4,000만 년 전으로 거슬러 올라가며, 갯과 동물은 이 시기에 등장한 고대 포유류로부터 발전했다. 이 초기 갯과 동물 중 하나는 미아키스(Miacis)로 알려져 있는데, 이는 오늘날의 갯과 동물과 족제빗과 동물의 공통 조상으로 여겨진다. 미아키스는 작은 크기의 포유류로, 숲속에서 나무를 오르고 작은 포유류나 새 등을 사냥하며 살았다. 미아키스는 약 3,000만 년 전에 멸종했지만, 그 후손들은 점차 육상 생활에 적응하며 갯과 동물로 진화했다.

(2) 에피키온과 초기 갯과 동물

미아키스의 후손 중 하나인 에피키온(Epicyon)은 약 1,000만 년 전 등장한 대형 갯과 동물로, 현대 갯과 동물의 초기 조상 중 하나로 여겨진다. 에피키온은 늑대보다 더 크고 힘이 셌으며, 대형 포유류를 사냥하는 포식자였다. 이들은 북미 대륙에 널리 분포했으며, 현대 갯과 동물의 신체 구조와 유사한 형태를 가지고 있었다. 에피키온을 포함한 갯과 동물들은 점차 다양한 서식지에서 살아남으며, 지구상에서 가장 성공적인 포식자 중 하나로 자리 잡았다.

(3) 늑대의 진화와 회색늑대

현대 개의 직접적 조상인 회색늑대(*Canis lupus*)는 약 200만 년 전 등장했으며, 현재도 야생에서 널리 분포하고 있는 동물이다. 늑대는 매우 사회적인 동물로, 무리 생활을 하며 높은 수준의 협력과 소통 능력을 발전시켰다. 이 무리 생활은 늑대가 사냥과 생존에 매우 효율적인 동물이 되는 데 중요한 역할을 했다.

늑대는 가족 중심의 무리 생활을 하며, 엄격한 서열 체계를 유지한다. 이는 공동으로 사냥을 하고 무리를 보호하는 데 도움이 되며, 서로의 역할을 분담하며 협력적으로 생활한다. 늑대는 주로 큰 포유류(예: 사슴, 들소)를 무리 지어 사냥하며, 뛰어난 후각 · 청각 · 추적 능력이 있다. 이러한 기술은 늑대가 지구상에서 가장 성공적인 포식자로 자리 잡게 한 중요한 요인 중 하나다.

(4) 늑대와 인간의 초기 상호작용

늑대와 인간의 상호작용은 인간이 수렵 채집 생활을 하던 시기부터 시작되었다. 초기의 상호작용은 주로 인간이 사냥 후 남긴 잔여물을 늑대가 먹으면서 이루어졌다. 비교적 온순하고 인간과 가까이서 음식을 찾으려는 늑대들이 인간 정착지 근처에 머물렀고, 인간은 이 늑대들을 용인하면서 초기 공생 관계가 형성되었다. 이때 인간과 늑대는 서로에게 위협이 되지 않는 관계를 유지하며, 늑대는 인간이 제공하는 잔여물을 통해 생존하고, 인간은 늑대가 쓰레기 처리나 경계 역할을 하면서 이익을 얻었다. 이러한 상호작용이 시간이 지나면서 더욱 발전했고, 인간과 늑대 사이의 정서적 유대가 형성되기 시작했다.

(5) 개의 가축화

늑대가 개로 가축화되기 시작한 중요한 단계는 선택적 번식이다. 인간은 늑대 중 온순하고 인간에게 협력적인 개체를 선택하여 번식시키기 시작했다. 이때 선택된 늑대들은 공격성이 낮고 인간과 잘 지내는 성향을 지니고 있었으며, 인간은 이들을 점차 길들이고 인간의 생활에 맞게 적응시키기 시작했다. 인간은 늑대를 사냥 도우미, 집 지킴이, 경비 등의 목적으로 기르기 시작했다. 선택된 늑대들은 점차 신체적 · 행동적 변화를 겪으며, 인간과의 생활에 적응했다. 이 과정에서 늑대의 신체 크기가 줄어들고, 행동이 온순해지는 등 중요한 변화가 일어났다.

(6) 행동적 및 생리적 변화

늑대가 개로 가축화되면서 가장 중요한 변화는 행동적 변화다. 야생 늑대는 독립적이고 사냥 중심의 생활을 했으나, 개는 인간과의 상호작용을 통해 사회적 행동을 발전시켰다. 개는 인간과의 협력 속에서 공격성이 줄어들고, 인간의 지시에 따르는 행동을 발전시켰다. 개는 늑대와 달리 더 자주 번식할 수 있게 되었으며, 인간의 생활 환경에 맞춰 생리적 주기가 변화했다. 가축화 과정에서 개는 늑대와 달리 더 다양한 유전자 변이를 겪었으며, 이는 다양한 품종으로 분화되는 기반이 되었다.

(7) 초기 가축화된 개의 역할

가축화된 개는 인간의 사냥 파트너로서 중요한 역할을 했다. 개는 뛰어난 후각과 추적 능력을 통해 인간의 사냥 성공률을 높였고, 경비견으로서 집이나 정착지를 지키는 역할도 수행했다. 초기의 개는 사냥감을 추적하고 사냥에 도움을 주는 역할을 맡았다. 이는 개가 인간의 생존에 중요한 자원이 되는 데 기여했다. 또한 인간의 집과 재산을 보호하는 역할을 하면서, 외부 위협에 대비하는 데 중요한 역할을 했다.

(8) 품종 분화와 현대 반려견의 탄생

늑대가 개로 가축화된 후, 인간은 선택적 번식을 통해 다양한 품종을 개발하기 시작했다. 이 과정에서 개는 인간이 필요로 하는 다양한 기능에 맞춰 사냥견, 목축견, 경비견, 반려견 등으로 분화되었다. 현대에 이르러 수백 종의 다양한 반려견 품종이 존재하며, 각각의 품종은 특정한 목적이나 역할을 위해 발전해 왔다. 특히 오늘날의 반려견은 이러한 진화 과정을 통해 늑대에서부터 발전해 온 인류의 가장 오랜 친구로 자리 잡았다.

(9) 인간과의 공생 관계 발전

개는 인간과의 관계에서 단순한 사냥 파트너 이상의 역할을 하게 되었다. 개는 인간과 정서적으로 밀접한 관계를 맺으며, 보호자, 친구, 집 지킴이, 안내견, 목축견 등 다양한 역할을 맡았다. 이러한 역할은 개가 단순한 동물이 아닌 인간 사회의 중요한 일원, 즉 반려견으로 자리 잡게 했다. 반려견은 인간의 심리적 안정을 제공하기도 하며, 현대에는 치료견이나 감정 지원 동물로서도 중요한 역할을 하고 있다. 반려견은 인간과 깊은 유대감을 형성하게 되었고, 이는 가축화의 마지막 단계로 볼 수 있다.

3) 반려견의 품종

개의 다양한 품종이 생긴 과정은 선택적 번식과 인간의 목적에 맞춘 특정 특성의 발달에 의해 이루어졌다. 늑대로부터 출발한 가축화 과정에서 개는 점차 인간 사회에 적응하면서 다양한 품종으로 분화하게 되었고, 각각의 품종은 특정 기능을 수행하거나 인간의 요구를 충족하기 위해 발전했다.

(1) 가축화의 시작과 초기 품종 분화

개의 가축화는 인간이 늑대 중에서 온순한 개체를 선택하여 선택적 번식을 하면서 시작되었다. 늑대는 인간과의 협력 관계 속에서 생존하고 번식할 기회를 얻었고, 이 과정에서 인간은 자신에게 유용한 특성을 가진 늑대들을 선택적으로 교배시켰다.

초기의 개는 사냥, 보호, 집 지킴이 등 다양한 용도로 활용되었다. 특히 사냥 능력과 후각, 추적 능력을 가진 개들이 선호되었으며, 이를 바탕으로 사냥견과 같은 품종이 점차 분화되었다. 이 초기 품종 분화는 인간이 사냥을 돕는 스피드, 지구력, 감각 등의 특성을 가진 개를 선택하면서 시작되었으며, 이러한 특성들이 세대를 거듭하며 더욱 강조되었다.

(2) 환경과 지역에 따른 품종 분화

개의 품종이 다양하게 분화된 중요한 요인 중 하나는 지역적 환경이었다. 인간이 전 세계로 이주하고 정착하면서 각 지역의 기후, 지리적 환경, 생활 양식에 맞는 개들이 자연스럽게 분화되었다.

예를 들어, 북부 지역에서는 추운 기후에 적응할 수 있도록 두꺼운 이중 모피를 가진 개들이 선택되었다. 이들은 주로 썰매를 끌거나 인간이 이동할 때 도움을 주는 썰매견 역할을 했다. 시베리안 허스키와 알래스칸 말라뮤트 같은 품종이 이에 해당한다. 반면, 뜨거운 지역에서는 짧은 털과 빠른 속도를 가진 개들이 선택되었다. 이러한 개들은 열을 더 잘 견딜 수 있었고, 사냥이나 집 지킴이 역할에 적합했다.

(3) 특정 기능을 위한 선택적 번식

개 품종이 본격적으로 다양화된 주요 이유 중 하나는 인간이 개를 특정 목적을 위해 번식시켰기 때문이다. 이러한 목적은 사냥, 목축, 경비, 반려 등의 구체적인 기능을 수행하는 개를 선택하는 데 중요한 역할을 했다.

- 사냥견: 인간이 사냥을 효율적으로 하기 위해 개를 선택적으로 번식시키면서 사냥견 품종이 탄생했다. 예를 들어 그레이하운드는 빠른 속도로 사냥감을 쫓을 수 있도록 번식되었다. 리트리버는 사냥한 새나 물건을 회수하는 데 특화되었고, 테리어는 땅속에 사는 동물을 쫓아내는 데 적합하도록 번식되었다.
- 목축견: 목축을 도우며 가축을 돌보는 개가 선택적으로 번식되었다. 이러한 개는 지능이 높고, 양이나 소 같은 가축을 효율적으로 관리할 수 있는 능력이 있었다. 예를 들어 보더 콜리와 오스트레일리안 셰퍼드는 가축을 몰거나 보호하는 데 뛰어난 능력을 지닌 품종으로 발전했다.
- 경비견 및 집 지킴이: 사람이나 가축을 보호하고 침입자를 경계하며, 재산을 지키기 위한 경비견도 중요한 품종으로 발전했다. 이러한 개는 충성심,

경계심, 강한 체력을 가졌으며, 독일 셰퍼드, 도베르만 핀셔, 로트와일러와 같은 품종이 이에 해당한다.

(4) 귀족과 왕족에 의해 발전된 품종

중세와 근대 유럽에서는 귀족과 왕족이 개를 기르며, 특정 품종의 발전을 이끌었다. 귀족들은 개를 자신의 지위와 부를 나타내는 상징으로 여기면서, 작고 아름다운 개나 사냥에 특화된 개들을 길렀다.

- 토이견 품종: 귀족 사회에서 작고 귀여운 외모를 가진 품종이 인기를 끌었고, 이러한 토이견은 주로 실내에서 기르기에 적합한 특성을 가지게 되었다. 예를 들어 페키니즈, 치와와, 포메라니안 같은 품종은 작고 우아한 외모로 귀족들이 선호하는 반려견이 되었다.
- 사냥견 품종: 귀족들은 또한 사냥을 즐겼기 때문에, 특정 사냥에 특화된 품종을 발전시키는 데 기여했다. 예를 들어 포인터, 스패니얼, 셋터와 같은 품종은 주로 귀족들이 사냥에서 사용할 수 있도록 특화되었다.

(5) 현대의 품종 표준화

19세기와 20세기에 들어서면서 도그쇼와 견종 협회들이 등장하면서 개 품종의 표준화가 이루어졌다. 다양한 개 품종이 공식적으로 인정받기 시작했고, 품종마다 특정 기준이 정해졌다. 이 시기에 많은 품종이 정식 견종으로 인정받았으며, 이를 통해 각 품종의 특징과 성격이 확립되었다.

국제 견종 협회와 같은 단체들은 개 품종을 체계적으로 분류하고, 각각의 품종이 갖추어야 할 외형적·행동적 기준을 설정했다. 이는 개를 기르거나 번식시킬 때 중요한 지침이 되었다.

반려견 문화의 발달로 인해 많은 품종이 인간의 반려동물로 자리 잡게 되었고, 사람들은 자신의 생활 방식이나 성향에 맞는 반려견을 선택하면서 다양한 품종이 인기를 끌었다.

4) 반려묘의 역사

고양이의 선조는 Felidae에 속하는 고양잇과 동물로, 약 1,000만 년 전으로 거슬러 올라간다. 고양잇과는 현재의 가정 고양이(*Felis catus*)를 포함하여 사자, 호랑이, 표범 등의 대형 고양잇과 동물과도 관련이 있다. 가정 고양이의 선조는 작은 고양잇과 동물로 분류되며, 야생에서의 생존 기술을 바탕으로 가축화되기 전까지 야생 고양이 형태로 진화했다.

(1) 고양잇과의 기원

고양잇과의 조상은 약 1,000만 년 전 미오세 시기에 등장했다. 이 시기 고양잇과의 동물들은 소형 포유류를 사냥하는 포식자로 진화했으며, 발톱을 이용해 사냥감을 잡는 능력과 빠른 속도로 움직이는 능력을 발달시켰다. 이들은 소형 포유류, 새, 작은 파충류 등을 주로 먹이로 삼았으며, 은밀한 사냥과 단독 생활을 하는 특징을 갖추고 있었다.

(2) Felis 속의 등장

가정 고양이의 직접적인 선조는 Felis 속에 속하는 작은 고양잇과 동물이다. Felis 속은 약 600만~700만 년 전에 진화했으며, 이 그룹에는 오늘날의 야생 고양이와 가정 고양이를 포함한 여러 작은 고양잇과 동물들이 속해 있다. 이 고양이들은 주로 작은 포유류와 새를 사냥하며, 단독 생활을 유지하는 경향이 있었다. Felis 속에 속하는 고양이는 은밀하고 독립적인 사냥 스타일을 가지고 있으며, 뛰어난 시력과 청력, 후각을 발달시켜 주로 야행성으로 활동했다. 이 특성은 오늘날의 가정 고양이에게서도 그대로 나타난다.

(3) Felis lybica(가정 고양이의 직접적 조상)

가정 고양이의 직접적인 조상은 Felis lybica, 즉 아프리카 야생 고양이다. 이

고양이는 약 9,000년 전부터 인간과의 관계를 맺기 시작했으며, 농업의 발달과 함께 인간 사회에 유입되었다. 이 아프리카 야생 고양이는 주로 사하라 이남 아프리카와 중동 지역에서 발견되었으며, 곡물 저장고 주변의 쥐와 해충을 잡는 능력 덕분에 인간 정착지에 자리 잡게 되었다. Felis lybica는 다른 고양잇과 동물들과는 달리 인간과의 공생 관계를 형성하게 되었고, 인간 사회 주변에서 자발적으로 가축화 과정을 거치면서 가정 고양이로 진화했다. 이들은 인간이 남긴 먹이나 곡물 저장고 주변의 설치류를 사냥하면서 인간과의 공생 관계를 형성하게 된 것이다. Felis lybica는 다음과 같은 특징을 가지고 있다.

- 작은 크기: 비교적 소형 고양잇과 동물로, 몸무게는 약 3~5kg 정도였다.
- 은밀한 사냥꾼: 매우 은밀하고 빠른 사냥 기술을 가지고 있어 작은 설치류나 새를 사냥했다. 군집 생활보다 단독 생활을 하였으며, 이 특성은 오늘날의 가정 고양이에게도 이어진다. 주로 밤에 활동하며, 날카로운 시력과 청력을 바탕으로 야간에 사냥하는 능력이 뛰어났다.

(4) 가축화된 고양이의 진화

Felis lybica는 인간과의 공생 관계 속에서 점차 가축화 과정을 거쳤다. 이 고양이들은 인간이 제공하는 안정적인 식량 자원과 보호된 환경에서 번식하게 되었고, 인간이 관리하는 정착지 주변에서 살아가면서 더 온순한 성격을 지닌 개체들이 자연적으로 선택되었다.

특히 고양이는 개와 달리 완전한 의존적 동물이 되지 않았고, 일정한 독립성을 유지하면서도 인간과의 상호작용을 통해 반려동물로 자리 잡게 되었다. 인간과 고양이의 관계는 자발적 적응과 공생의 결과로, 가축화된 고양이는 여전히 야생 고양이의 특성을 일부 유지하고 있다.

(5) 고양이의 독립성과 가축화

가정 고양이는 가축화되었지만, 다른 가축에 비해 독립적인 성향을 유지해 왔다. 이는 고양이가 개처럼 훈련되거나 완전히 의존적인 동물이 아닌, 자율성을 가진 동물로서 인간과 공존하는 형태로 발전했기 때문이다. 이 독립성은 오늘날까지 남아 있으며, 고양이는 여전히 사냥 본능과 은밀한 성향을 보이는 동물로 인식된다.

5) 반려묘의 품종

고양이의 다양한 품종이 생겨난 과정은 개와는 다소 다른 경로를 거쳤으며, 주로 인간의 선택적 번식과 자연 선택, 환경적 요인의 결합으로 이루어졌다. 고양이는 약 9,000년 전 농업이 발달하면서 인간과의 관계를 맺기 시작했다. 해충을 잡는 기능적인 동물로 출발한 고양이는 점차 반려동물로 자리 잡으면서 품종의 다양화가 이루어졌다. 고양이 품종이 형성된 과정은 다음과 같은 단계로 설명할 수 있다.

(1) 초기 가축화와 품종의 시작

고양이의 가축화는 자발적 가축화 과정에서 시작되었다. 인간이 곡물을 저장하면서 발생한 쥐나 해충 퇴치를 위해 야생 고양이가 인간 사회로 유입되었고, 이들이 인간 정착지 주변에서 해충을 잡으면서 인간과 공생 관계를 형성하게 되었다. 초기의 고양이는 인간이 직접 선택적 번식을 하지 않았지만, 온순하고 인간과의 거리를 유지하지 않는 개체들이 자연 선택을 통해 인간 사회에 적응하기 시작했다. 초기 가축화된 고양이는 대부분 한 가지 유형으로, 비슷한 외형과 성격을 가지고 있었다. 그러나 시간이 지나면서 다양한 지역과 환경에 적응하며 품종의 기초가 형성되기 시작했다.

(2) 지리적 환경에 따른 품종의 분화

고양이가 다양한 품종으로 분화된 주요 요인 중 하나는 지리적 환경이다. 고양이가 인간과 함께 여러 지역으로 퍼지면서 각 지역의 기후와 생활 환경에 맞게 변화하고 적응하기 시작했다. 이 과정에서 다양한 생리적 특징이 발달했으며, 이는 나중에 각각의 품종으로 분화되었다.

- 장모종 고양이: 추운 기후에 적응하기 위해 두꺼운 모피를 가지게 되었다. 예를 들어 페르시안 고양이와 시베리안 고양이는 이러한 추운 지역에서 진화한 품종이다. 이들은 장모를 통해 체온을 유지할 수 있었고, 이러한 환경적 적응이 장모종 고양이의 특징을 형성하는 데 중요한 역할을 했다.
- 단모종 고양이: 따뜻한 기후 지역에서는 짧은 털을 가진 고양이가 발전했다. 이들은 더운 기후에 적응하기 위해 열을 쉽게 발산할 수 있는 단모를 갖게 되었으며, 이집션 마우와 같은 품종이 이러한 환경에서 형성되었다.

(3) 자연 선택과 인간의 간섭

고양이의 품종은 개와 달리 자연 선택이 큰 역할을 했다. 고양이는 인간의 적극적인 길들이기보다는 인간 환경에 자발적으로 적응하면서 생존을 위한 선택이 이루어졌다. 그러나 점차 인간의 선택적 번식이 개입되면서 고양이 품종이 더욱 다양화되기 시작했다.

인간은 특정한 특성을 가진 고양이를 선택적으로 번식시키기 시작했다. 예를 들어 온순한 성격, 특정 색상이나 패턴, 털 길이 등의 다양한 요소가 인간의 기호에 따라 선택되었다. 고양이는 다른 가축과 달리 야생성을 어느 정도 유지했지만, 반려동물로서 인간의 선호에 맞는 특성이 선택되면서 사회성이 강화된 품종이 나타나기 시작했다.

(4) 근대 이후의 선택적 번식과 품종 발전

고양이 품종이 본격적으로 체계적으로 분화된 시기는 19세기부터다. 이때부터 사람들은 고양이를 도그쇼와 유사한 방식으로 고양이 전시회에서 품평하며, 다양한 품종을 공식적으로 등록하고 발전시키기 시작했다. 특히 유럽과 미국에서 고양이 번식에 대한 관심이 높아졌고, 이를 통해 새로운 품종들이 빠르게 발전했다.

- 페르시안 고양이: 근대에 들어 가장 인기 있는 장모종 중 하나로 발전하였다. 우아한 외모와 부드러운 성격 덕분에 많은 사람들에게 사랑받게 되었으며, 선택적 번식을 통해 외모와 성격이 더욱 특화되었다.
- 샴 고양이: 태국이 원산지인 샴 고양이는 독특한 외모와 매력적인 성격으로 19세기에 서구 사회에서 인기를 얻었다. 인간은 샴 고양이의 늘씬한 몸매, 짧은 털, 파란 눈과 같은 특성을 선호하며 이를 더욱 강조하는 방향으로 번식시켰다.

(5) 현대의 품종 표준화와 개량

20세기 중반 이후에는 국제 고양이 협회들이 설립되면서, 고양이 품종이 공식적으로 표준화되고 관리되었다. 이 과정에서 품종마다 외형적 특징, 성격, 유전적 특성에 대한 구체적인 기준이 세워졌고, 고양이 번식자들은 이러한 기준에 맞추어 품종을 개량했다.

- 벵갈 고양이: 현대의 인기 있는 품종 중 하나로, 야생의 외모를 가졌으며, 표범 무늬가 특징이다. 이 품종은 인간의 계획적인 교배와 선택적 번식을 통해 야생 고양이의 특징을 가지면서도 온순한 성격을 갖추게 되었다.
- 스핑크스 고양이: 털이 없는 고양이로 유명하며, 1960년대에 발생한 자연 돌연변이로, 이후 인간의 선택적 번식을 통해 독특한 외형을 유지하는 품종으로 자리 잡았다.

현대에 이르러 고양이는 다양한 품종이 사랑받는 반려동물로 자리 잡았으며, 개와는 달리 인간의 적극적인 훈련보다는 외모와 성격에 따른 선택적 번식으로 품종이 발전해 왔다.

(6) 반려동물로서의 역할과 품종 선택

현대 사회에서 고양이는 반려동물로서의 역할이 강조되면서 다양한 품종이 선택되고 발전해 왔다. 고양이의 독립적이면서도 애정 어린 성격은 사람들에게 정서적 안정을 제공하며, 특히 도시 생활에 적합한 반려동물로 자리 잡게 되었다. 고양이 품종은 이제 단순한 기능적 이유에서뿐만 아니라, 인간의 정서적 필요와 생활 방식에 맞춰 선택되고 있다. 각 고양이 품종은 특정한 외모, 성격, 활동성을 기준으로 구분되며, 사람들이 자신에게 맞는 반려동물을 선택할 수 있는 폭이 넓어졌다.

3. 반려동물의 혈통

반려동물의 혈통은 해당 동물의 유전적 계보와 조상을 추적한 기록으로, 주로 특정 품종의 순종 여부를 확인하기 위해 사용된다. 혈통을 통해 해당 반려동물의 부모, 조부모, 증조부모 등 과거 여러 세대에 걸쳐 이어진 유전적 정보를 확인할 수 있다. 혈통증명서는 이러한 혈통 기록을 문서화한 공식 서류로, 반려동물의 순종 여부를 증명하는 데 중요한 역할을 하며, 반려동물의 번식, 전시회 출전, 판매 등에 영향을 미친다. 혈통증명서는 보통 국제적으로 인정받는 견종/묘종 협회나 혈통 등록 기관에서 발급된다.

1) 반려동물 혈통의 정의

반려동물의 혈통은 동물의 가계를 추적하는 것으로, 특정 유전자와 품종 특성이 어떻게 이어져 내려왔는지를 나타낸다. 순종이라고 불리는 동물들은 특정 품종의 특징을 갖추고 있으며, 이 특징은 오랜 기간 선택적 번식을 통해 유지되어 왔다.

- 순종: 같은 품종의 부모로부터 태어난 동물을 순종이라고 하며, 품종 고유의 외형적·행동적 특성을 물려받는다. 예를 들어 특정 색깔, 체형, 성격 등을 고유하게 유지하려는 목적이 있다.
- 잡종: 다른 품종끼리 교배하여 태어난 동물이다. 잡종은 부모 품종의 특성이 섞이기 때문에 외모와 성격이 다양한 특성을 가질 수 있다.

2) 반려동물 혈통증명서

혈통증명서는 반려동물의 유전자 계보를 기록하고 순종 여부를 증명하는 공식 문서이다. 이 증명서는 보통 3대 또는 4대 이상에 걸쳐 반려동물의 조상을 확인할 수 있으며, 특정 품종의 순수성을 유지하는 데 중요한 역할을 한다.

혈통증명서는 보통 혈통 관리 협회나 국제적 등록 기관에서 발급된다. 이러한 기관은 품종의 혈통 기록을 관리하며, 고양이, 개 같은 반려동물의 유전적 계보를 철저히 기록하여 관리한다.

- 발급 기관: 국제애묘협회(TICA), 국제애견연맹(FCI), 미국애견협회(AKC)와 같은 기관들이 혈통증명서를 발급한다. 각 나라에는 해당 지역의 애견 또는 애묘 협회가 있으며, 반려동물의 혈통을 관리한다.

3) 반려동물 혈통증명서의 역할

혈통증명서는 반려동물의 순종 여부를 증명하고, 유전적 특성을 기록하여 관리하는 데 여러 가지 중요한 역할을 한다.

(1) 반려동물 순종 여부 확인

혈통증명서가 있으면 해당 반려동물이 순종임을 증명할 수 있다. 이는 반려동물의 특정 품종이 유전적으로 혼합되지 않았음을 보장해 주며, 그 품종 고유의 외형적 특성, 성격, 행동 특성을 이어받았음을 의미한다.

(2) 반려동물 전시회 및 대회 출전

혈통증명서는 도그쇼, 캣쇼와 같은 반려동물 전시회 및 대회에 출전 자격을 부여하는 필수 서류이다. 전시회에서는 순종의 품종 특성을 얼마나 잘 유지하고 있는지 평가받으며, 이를 위해 혈통이 명확한 순종만 참가할 수 있다.

(3) 반려동물 번식 및 유전 관리

혈통증명서는 번식 계획에 있어서 매우 중요한 역할을 한다. 특히 혈통 관리를 통해 유전적 질환을 예방하거나 줄이기 위해 선택적으로 교배를 진행할 수 있다. 이는 건강한 후손을 남기기 위한 필수 과정이다.

- 근친 교배 방지: 같은 혈통 내에서의 근친 교배는 유전적 결함을 일으킬 수 있기 때문에 혈통을 명확히 알고 번식하는 것이 중요하다.
- 유전 질환 관리: 일부 품종에서는 특정 유전 질환이 발생할 수 있으므로 혈통을 통한 교배 기록을 통해 질병이 유전되는 것을 막는 것이 가능하다.

(4) 가격 및 가치 평가

혈통증명서는 반려동물의 경제적 가치와도 관련이 있다. 순종 반려동물은 혈통이 명확히 증명된 경우, 그렇지 않은 동물보다 가격이 높게 책정될 수 있다. 또한 혈통이 좋은 반려동물은 번식용 동물로서의 가치도 높아질 수 있다.

4) 반려동물 혈통증명서 발급

혈통증명서를 발급받기 위해서는 다음과 같은 절차를 거친다.

① 부모견/묘 등록: 반려동물의 부모가 이미 혈통 등록이 되어 있어야 한다. 부모가 등록된 혈통을 가지고 있을 경우, 새끼가 태어났을 때 이를 기반으로 혈통증명서를 신청할 수 있다.
② 혈통증명서 신청: 혈통 관리 기관에 새끼 반려동물의 출생을 신고하고, 부모의 혈통증명서를 제출하여 해당 동물의 혈통을 등록한다.
③ 신체 검증: 일부 기관에서는 신체적 특징을 검증하기 위해 반려동물을 직접 검사하는 절차가 있을 수 있다. 이는 품종의 특성이 정확히 유지되고 있는지 확인하기 위한 것이다.
④ 증명서 발급: 모든 정보가 확인되면 혈통 관리 기관에서 혈통증명서를 발급해 준다. 이 문서에는 조상의 이름, 혈통 번호, 출생일, 품종 등 다양한 정보가 포함된다.

5) 반려동물 혈통 관리의 중요성

혈통 관리와 증명은 반려동물의 건강과 품종 보전에 매우 중요한 역할을 한다. 순종 반려동물은 특정 유전적 특성을 보존하며, 특정 품종에 맞는 행동적 특성과 성격을 유지할 수 있다.

(1) 유전적 다양성 유지

혈통 관리의 중요한 목적 중 하나는 유전적 다양성을 유지하는 것이다. 유전적 다양성이 부족하면 특정 질환에 걸릴 가능성이 높아지거나, 번식에 어려움이 발생할 수 있다. 따라서 혈통을 정확히 기록하고 관리함으로써 유전적 다양성을 유지할 수 있다.

(2) 질병 예방

혈통 관리와 유전적 정보는 질병 예방에도 중요한 역할을 한다. 특정 품종은 유전적 결함이나 질환을 가지고 있을 수 있으므로 혈통을 추적하여 질병을 일으킬 수 있는 요소를 미리 파악하고, 건강한 번식을 위한 조치를 취할 수 있다.

6) 반려견의 혈통증명서의 유래

반려견의 혈통증명서는 특정 개체의 유전적 계보와 순종 여부를 기록한 문서로, 그 역사는 19세기 중반으로 거슬러 올라간다. 이 문서는 품종 관리, 건강한 번식, 유전적 순수성을 보장하기 위해 발전해 왔으며, 견종 표준화와 도그쇼(개 전시회)의 등장과 함께 형성된 제도로 자리 잡았다. 혈통증명서의 역사를 이해하기 위해서는 반려견 품종 관리의 역사와 함께 인간이 개를 이용한 목적과 기능에 대한 변화도 살펴볼 필요가 있다.

(1) 초기의 혈통 관리와 개의 역할

반려견의 혈통 관리가 본격적으로 시작되기 이전, 개는 주로 사냥, 목축, 보호 등의 실용적인 목적으로 길러졌다. 당시에는 개의 품종이 공식적으로 관리되거나 기록되지 않았으며, 특정 기능을 수행하는 데 적합한 개체들이 선택적으로 번식되었다. 개의 유전적 특성이나 혈통은 구두로 전해지거나 지역에 따라 대략적으로 구분되었고, 공식적인 혈통 증명 시스템은 존재하지 않았다.

(2) 19세기 중반: 견종 표준화와 도그쇼의 등장

19세기 중반에 들어서면서 개에 대한 인식이 난순한 실용 동물에서 심미적이고 전시용으로 변하기 시작했다. 특히 영국에서는 개 전시회인 도그쇼가 등장하면서 특정 견종의 외형적 특성과 성격을 평가하고, 개의 혈통을 중요하게 다루기 시작했다.

① 도그쇼의 등장

최초의 도그쇼는 1859년 영국에서 열렸으며, 이 행사는 특정 품종의 개들이 얼마나 품종 표준에 부합하는지를 평가하는 대회였다. 도그쇼는 개의 외형적 아름다움뿐만 아니라, 각 품종이 가진 고유한 특성을 확인하는 자리였으며, 이러한 대회를 통해 품종 표준화가 이루어졌다.

② 견종 표준화와 혈통 관리

도그쇼가 인기를 얻으면서 각 견종이 품종 표준에 맞는 특성을 가지고 있는지 확인하기 위해 혈통 관리의 필요성이 대두되었다. 개의 순종 여부를 확인하고 유전적 순수성을 유지하기 위해 각 개체의 부모와 조상의 혈통을 기록하는 시스템이 필요해졌고, 이를 계기로 혈통증명서의 개념이 등장하게 된다.

(3) 19세기 후반: 최초의 혈통서 발급

혈통증명서는 개의 품종 표준을 공식적으로 증명하기 위한 문서로, 19세기 후반에 영국에서 시작되었다. 당시 영국 애견 클럽(Kennel Club)이 설립되면서 개의 혈통을 공식적으로 관리하기 위한 시스템이 도입되었다.

① 영국 애견 클럽의 설립

1873년에 영국에 설립된 영국 애견 클럽(The Kennel Club)은 세계 최초의 혈통 관리 기관으로 인정받고 있다. 영국 애견 클럽은 개 품종을 공식적으로 관리하고, 각 품종의 표준을 정립하며, 개의 혈통을 등록하기 시작했다. 이때부터 개 혈통 등록부가 체계적으로 기록되기 시작했으며, 혈통증명서 발급의 기초가 마련되었다. 영국 애견 클럽은 개의 순종성을 보장하기 위해 각 개체의 부모, 조부모의 혈통을 기록하고, 이를 바탕으로 혈통증명서를 발급했다. 이 시스템은 각 개의 유전적 특성을 보존하고, 근친 교배 방지에 중요한 역할을 했다.

② 미국 애견 클럽(AKC)의 설립

영국에서 혈통 관리가 시작된 후, 이 시스템은 미국으로 확산되었다. 1884년,

미국에서 미국 애견 클럽(American Kennel Club, AKC)이 설립되었으며, 영국의 시스템을 바탕으로 미국 내 개의 혈통을 관리하기 시작했다. AKC는 도그쇼와 혈통 등록부를 관리하며, 개의 순종성을 증명하는 혈통증명서를 발급했다.

(4) 20세기: 국제적인 혈통 관리 시스템 확립

20세기에 들어서면서 반려견의 혈통 관리는 더욱 체계적이고 국제적인 시스템으로 발전하게 된다. 여러 나라에서 국제애견연맹(Fédération Cynologique Internationale, FCI) 같은 국제적인 협회가 설립되었으며, 개의 혈통 관리가 전 세계적ㅇ루 이루어지기 시작했다.

① 국제 애견연맹(FCI)의 설립

1911년에 벨기에, 독일, 프랑스, 네덜란드, 오스트리아의 협회들이 모여 '국제 애견연맹(FCI)'을 설립했다. FCI는 각국의 개 품종을 관리하고, 국제적 기준에 맞는 혈통 관리 시스템을 운영하기 시작했다. 이를 통해 각국의 애견 클럽들이 통일된 기준을 가지고 혈통을 관리할 수 있게 되었다. FCI는 세계 견종 표준을 수립하고, 이를 기반으로 혈통증명서를 발급했다. 이는 특정 견종이 국제적 기준에 맞는지 확인할 수 있게 해 주었다.

② 다양한 품종의 혈통 관리

20세기 중반 이후, 다양한 견종에 대한 혈통 관리가 본격적으로 이루어졌다. 각국에서 다양한 품종이 공식적으로 인정받고, 혈통증명서 시스템을 통해 각 품종의 순수성을 유지하기 위한 번식 프로그램이 강화되었다. 이 과정에서 개는 단순한 가축이 아니라, 반려동물로서의 가치가 더욱 강조되었다.

(5) 현대의 혈통증명서 발급 시스템

현대에 이르러 혈통증명서는 견종 전시회나 번식 프로그램뿐만 아니라, 유전적 건강과 품종 보호를 위한 필수적인 도구로 자리 잡았다.

① 유전적 질환 예방과 혈통 관리

현대의 혈통 관리에서는 개의 유전적 건강을 유지하는 것이 매우 중요하게 다루어진다. 특정 품종에서 발생할 수 있는 유전적 질환을 예방하기 위해, 혈통을 철저하게 관리하고 유전적 검진을 통해 건강한 개체를 번식시키는 것이 목표다. 혈통증명서를 통해 근친 교배를 방지하고, 유전적 결함이 있는 개체를 번식 과정에서 제외함으로써 유전적 건강을 보장한다.

② 도그쇼와 번식 프로그램에서의 혈통증명서 역할

혈통증명서는 오늘날 도그쇼나 번식 프로그램에서 순종성을 확인하는 데 필수 요소이다. 도그쇼에 참가하려면 혈통증명서를 통해 개의 순종 여부를 증명해야 하며, 번식할 때도 유전적 건강과 순종성을 보장하기 위해 혈통증명서를 기반으로 번식 프로그램을 운영한다.

오늘날 혈통증명서는 개의 순종성과 유전적 건강을 증명하는 데 중요한 도구로 사용되며, 국제적인 혈통 관리 시스템을 통해 관리되고 있다. 이를 통해 반려견은 건강하고 특성이 잘 보존된 상태로 유지되며, 다양한 전시회와 번식 프로그램에서 중요한 역할을 한다.

7) 한국의 반려견 혈통증명서

한국에서의 반려견 혈통증명서는 반려견이 특정 순종 견종임을 증명하는 공식 문서로, 유전적 순수성을 보장하고 건강한 번식을 위해 중요한 역할을 한다. 이 혈통증명서는 '한국애견연맹(Korea Kennel Federation, KKF)'을 비롯한 국제적인 견종 관리 기관에서 발급되며, 반려견이 전시회나 번식 프로그램에 참여할 자격을 갖추기 위한 필수 서류이다. 한국에서는 반려견의 혈통을 관리하고 품종의 유전적 특성을 유지하기 위해 이러한 혈통증명서 시스템이 점차 자리잡고 있다.

(1) 한국애견연맹(KKF)의 역할

한국애견연맹(KKF)은 한국에서 반려견 혈통증명서 발급과 관리의 중심적인 역할을 담당하는 기관이다. KKF는 국제애견연맹(FCI)의 정식 회원국으로, FCI의 기준에 따라 한국 내 반려견 품종을 관리하고 혈통증명서를 발급하는 기관이다.

① KKF의 혈통 관리 시스템

KKF는 한국 내에서 반려견의 혈통을 체계적으로 관리하기 위해 혈통 등록부를 운영하고 있으며, 반려견의 유전적 계보를 기록하는 공식 기관이다. KKF의 혈통 관리 시스템은 국제적인 기준에 맞춰 운영되며, 이는 순종 반려견의 유전적 순수성과 건강을 유지하는 데 중요한 역할을 한다.

② 국제 애견 등록 연계

KKF는 국제적인 견종 관리 협회와 연계하여, 한국에서 발급된 혈통증명서가 FCI와 같은 국제 단체에서 인정받을 수 있도록 관리한다. 이를 통해 한국에서 발급된 혈통증명서는 국제적으로 인정받아, 반려견이 해외 전시회에 참가하거나 번식할 때도 유효하게 사용될 수 있다.

(2) 혈통증명서의 발급 과정

반려견의 혈통증명서는 부모견의 유전적 계보를 바탕으로 발급된다. 이는 반려견이 순종임을 확인하고, 해당 견종이 유전적 순수성을 유지할 수 있도록 돕는 중요한 문서이다. 한국에서의 혈통증명서 발급 과정은 다음과 같은 절차를 따른다.

① 부모견의 혈통증명서 필요

혈통증명서를 발급받기 위해서는 반려견의 부모견이 이미 혈통증명서를 보유하고 있어야 한다. 부모견이 KKF나 국제 애견 관리 협회에 등록되어 있어야만 새끼가 태어났을 때 혈통증명서를 발급받을 수 있다.

② 새끼 출생 신고

새끼 반려견이 태어나면, 출생 신고를 통해 새끼의 혈통을 등록한다. 부모견의 혈통증명서를 제출하고, 새끼의 출생 정보를 KKF에 신고하여 혈통증명서를 발급받을 수 있다.

③ 혈통증명서 발급

모든 서류가 제출되면, KKF는 새끼 반려견의 혈통증명서를 발급한다. 이 증명서에는 반려견의 유전적 계보, 부모, 조부모 등의 정보가 포함되며, 해당 반려견이 순종임을 공식적으로 증명한다.

(3) 혈통증명서의 역할

한국에서 발급된 혈통증명서는 다양한 목적으로 사용된다. 이는 단순히 순종 여부를 확인하는 것 이상으로, 반려견의 건강 관리와 유전적 질환 예방, 전시회 참가 그리고 번식 프로그램에서 중요한 역할을 한다.

(4) 한국에서의 혈통 관리의 필요성

한국에서 반려견의 혈통 관리는 반려동물 문화가 성장함에 따라 점차 중요해지고 있다. 많은 가정에서 반려견을 키우는 것이 일상화되면서, 건강하고 품종 특성이 유지된 반려견을 기르는 것이 중요해졌다. 또한 전시회나 번식 프로그램을 통해 반려견의 유전적 순수성을 유지하려는 노력이 강화되고 있다.

① 순종 반려견에 대한 수요 증가

한국에서는 특정 견종에 대한 관심과 수요가 높아짐에 따라 순종 반려견에 대한 관심이 증가하고 있다. 순종 반려견의 경우, 그 견종의 고유한 특성을 유지하기 위해 혈통 관리가 필수이며, 이를 통해 건강한 반려견을 기를 수 있다.

② 건강한 반려동물 번식을 위한 중요성

한국에서도 유전적 건강을 중시하는 반려동물 번식이 점차 중요해지고 있다.

혈통 관리와 유전적 검사를 통해 유전적 질환이 없는 건강한 반려견을 번식하는 것이 주된 목표이며, 이를 통해 반려견의 품질과 건강을 보장할 수 있다.

8) 한국의 반려묘(고양이) 혈통증명서

한국의 반려묘(고양이) 혈통증명서는 고양이가 특정 순종 품종임을 증명하는 공식 문서로, 고양이의 유전적 순수성을 확인하고, 유전적 질환을 예방하며, 건강한 번식을 위한 중요한 역할을 한다. 이 혈통증명서는 '한국고양이협회(Korea Cat Club, KCC)'와 같은 고양이 관련 협회에서 발급하며, 국제적으로도 인정받는 서류로 고양이 전시회, 번식 프로그램, 판매 등 다양하게 사용된다.

(1) 한국고양이협회(KCC)의 역할

한국에서 고양이의 혈통을 관리하는 주요 기관은 한국고양이협회(KCC)로, 이 기관은 국제고양이협회(TICA)나 세계고양이연맹(WCF)와 같은 국제적인 고양이 협회와 연계하여 한국 내 고양이의 혈통 관리와 혈통증명서 발급을 담당한다. KCC는 고양이 품종의 유전적 순수성을 유지하고, 국제적인 기준에 맞춰 고양이 품종을 보호하는 역할을 한다.

① 국제적 기준에 따른 혈통 관리

KCC는 TICA나 WCF 같은 국제적인 고양이 협회의 회원국으로, 국제적 기준에 맞춰 고양이의 유전적 계보를 관리한다. 이를 통해 한국에서 발급된 고양이 혈통증명서는 국제적으로도 인정받을 수 있으며, 한국에서 자란 고양이도 해외 전시회나 번식 프로그램에 참여할 수 있다.

② 혈통 관리 시스템

KCC는 한국 내 고양이의 혈통을 체계적으로 관리하기 위한 혈통 등록 시스템을 운영하고 있다. 고양이의 유전적 특성과 순종 여부를 기록하여, 혈통 관리 기관에 등록된 고양이만이 혈통증명서를 발급받을 수 있다. 이를 통해 각 고양이의 조상, 부모 등의 유전적 정보를 관리하며, 근친 교배와 같은 유전적 결함을 방지하는 데 중요한 역할을 한다.

(2) 혈통증명서 발급 과정

고양이의 혈통증명서는 부모 고양이의 유전적 계보를 바탕으로 발급된다. 이는 고양이가 순종임을 확인하고, 품종의 유전적 순수성을 유지하기 위한 필수 서류이다. 한국에서의 혈통증명서 발급 과정은 다음과 같은 절차를 따른다.

① 부모 고양이의 혈통증명서 필요

혈통증명서를 발급받기 위해서는 새끼 고양이의 부모 고양이가 이미 혈통증명서를 보유하고 있어야 한다. 부모 고양이가 KCC 또는 TICA, WCF와 같은 국제 고양이 협회에 등록되어 있어야 새끼 고양이도 혈통증명서를 발급받을 수 있다.

② 새끼 출생 신고

새끼 고양이가 태어나면 출생 신고를 통해 새끼의 혈통 등록이 이루어진다. 부모 고양이의 혈통증명서를 바탕으로 새끼 고양이의 출생을 KCC에 신고하면 혈통 관리 시스템에 새끼 고양이의 정보가 등록된다.

③ 혈통증명서 발급

부모 고양이의 정보와 새끼 고양이의 출생 신고가 완료되면 KCC는 새끼 고양이의 혈통증명서를 발급한다. 증명서에는 고양이의 부모, 조부모, 증조부모에 대한 유전적 계보가 기록되며, 해당 고양이가 순종임을 공식적으로 증명한다.

(3) 혈통증명서의 역할

혈통증명서는 단순히 고양이의 순종 여부를 확인하는 문서 이상의 역할을 한다. 이는 유전적 건강 관리, 근친 교배 방지, 전시회 참가 자격, 번식 계획 수립 등 다양한 목적에 사용된다.

(4) 한국에서의 고양이 혈통 관리 필요성

한국에서 반려동물에 대한 관심이 높아지면서, 고양이 혈통 관리의 필요성 또한 커지고 있다. 순종 고양이에 대한 수요가 증가함에 따라, 건강하고 품종 특성이 유지된 고양이를 번식시키고 기르는 것이 중요해졌다. 고양이 혈통증명서는 이러한 과정에서 중요한 역할을 담당하며, 건강한 번식과 유전적 결함 예방에 필수적인 도구이다.

① 순종 고양이의 수요 증가

한국에서도 특정 순종 고양이에 대한 수요가 높아지면서, 고양이 혈통 관리의 중요성이 커지고 있다. 순종 고양이는 그 품종 특성에 맞는 외형적 특징과 성격을 유지하기 위해 혈통 관리가 필수적이다.

② 건강한 고양이 번식을 위한 혈통 관리

혈통증명서를 통해 고양이의 유전적 계보를 체계적으로 관리함으로써, 유전적 결함 없이 건강한 고양이를 번식할 수 있다. 이는 한국 내 고양이 번식 프로그램에서 중요한 역할을 하며, 건강하고 품종 특성을 유지한 고양이를 기르는 데 기여한다.

CHAPTER 02

반려견에 대한 이해

학습목표

1. 반려견의 기원과 인간과의 공진화를 이해한다.
2. 다양한 반려견의 품종에 대한 지식을 습득한다.
3. 반려견의 영양 및 위생관리 등 기본 관리에 대하여 이해한다.

1. 반려견의 역사

1) 개의 기원

개(*Canis lupus familiaris*)의 역사는 약 15,000년 전으로 거슬러 올라간다. 인간과 늑대의 첫 만남은 후기 구석기 시대의 수렵 채집 사회에서 시작되었다. 당시 인간은 자연 속에서 동물들의 행동을 관찰하며 생존을 도모했고, 늑대는 뛰어난 사냥 기술과 사회적 유대를 바탕으로 인간에게 매력적인 동물로 인식되었다. 늑대는 인간이 사냥감을 추적하거나 위험을 감지하는 데 유용한 동반자로 활용되기 시작하였다(Han et al., 2020).

최근 과학학술지 『*SCIENCE*』에 발표된 논문에 따르면, 늑대와 인간의 상호작용은 생태학적 공존의 중요한 사례로 평가받고 있다. 연구에 의하면, 초기 늑대는 인간 사회에서 식량 자원을 얻기 위해 인간과 공존했으며, 이는 점차 인간과 늑대가 협력적 관계로 발전했다고 한다(Wang et al., 2021).

2) 가축화의 시작

늑대가 인간과 가까워지기 시작한 초기 단계에서는 주로 음식물 쓰레기를 통해 인간 정착지 근처로 유인되었다고 여겨진다. 인간은 초기 늑대 개체군 중 특히 온순하고 인간에게 호의적인 개체를 선택적으로 받아들였으며, 이 과정을 통해 늑대는 점차 현대의 개에 가까운 모습으로 진화하였다. 초기 가축화는 단순히 생존을 위한 공생 관계에서 시작되었지만, 시간이 지남에 따라 인간과 늑대 사이의 유대는 더욱 강력해졌다고 여겨진다(Clutton-Brock, 1995).

가축화 초기 단계에서는 늑대의 집단적 행동 특성이 인간 사회에 중요한 자산으로 작용했다. 늑대는 높은 지능과 협동 능력을 가지고 있었기 때문에 인간 사회의 협동 작업과 유사한 방식으로 인간과 함께 행동할 수 있었다. 이러한 상호작용은 인간과 늑대 사이의 신뢰를 형성하는 중요한 기반이 되었다.

3) 유전적 변화

고고학적 증거와 유전자 분석 결과, 현대의 개는 고대 늑대의 특정 집단에서 분화된 것으로 나타난다. 개의 유전체는 늑대와 비교해 소화효소의 발달, 온순한 성격, 다양한 외모적 변화를 보여 준다. 특히 탄수화물 소화 능력의 발달은 인간의 농경 생활과 밀접하게 연관되어 있다. 이는 인간과 개가 식량 자원을 공유하며 공진화한 과학적 증거로 평가받고 있다(Larson et al., 2012). 왕 외(Wang et al., 2021)의 연구에서는 개의 유전자 중 인간의 정착지 환경에 적응한 변이를 발견했으며, 이는 현대 개의 독특한 생리적 특성과 행동적 특징을 설명하는 데 중요한 단서가 되고 있다.

4) 초기 역할과 기능

초기의 개는 사냥을 돕고 포식자의 침입을 알리는 등의 역할을 했으며, 인간 사회의 다양한 의식(의례)에도 사용되었다. 예를 들어 유럽과 아시아의 고대 유적지에서는 인간과 함께 매장된 개의 뼈가 발견되었으며, 이는 개가 단순한 동물이 아닌 인간의 중요한 동반자로 여겨졌음을 보여 준다. 북유럽 지역의 고대 스칸디나비아 유적에서는 개가 인간의 사후 세계를 안내하는 영적 동반자로 묘사되기도 하였다(Walker, 2017).

한반도의 경우 신석기 시대인 기원전 4천 년 무렵 서해안 도서 지역에서 개를 사육하고 있었음을 보여 주는 고고학적 증거가 있다. 초기 철기 시대 및 원삼국 시대에 조성된 '개의 묘역'이 사천 늑도 유적에서 발견되었는데, 이처럼 개의 무덤을 조성하였다는 것은 당시 사회에서 개가 특별한 존재로 인식되었다는 것을 시사한다. 이 당시 사육하던 개가 실제 어떤 역할을 수행하였는지는 명확하지 않으나, 무덤을 따로 조성해 줄 정도로 중요한 실제적 역할을 수행하

〈표 2-1〉 한반도 유적 출토 사육종 개의 활용 양상

구분	신석기	청동기	초기철기–원삼국	삼국	통일신라
의도적 매장	대연평도 까치산 광양 오사리 돈탁 완도 여서도? 부산 동삼동?	–	인천 운남동? 사천 득도(묘역)	–	–
순장/장송 의례	–	–	사천 늑도 (인골과 공반)	경산 임당 2호분 김해 대성동 고분군 나주 복암리 2호분	–
의례적 희생	부산 동남동 (두개골)	포항 인덕산	강릉 강문동 아산 갈매리?	연천 호로고루? 함안 성산산성?	경주 황남동 376? 국립경주박물관 우물?
식용	부산 동삼동 창녕 비봉리 통영 연대도	안면도 고남리	인천 장금도 동해 송정동 나주 장동리 수문 김해 회현동 부산 고촌리 동래 낙민동 사천 늑도 (주거지 · 패총) 사천 방지리	김해 봉황동 창원 신방리 함안 성산산성	–

출처: 이준정(2013).

였거나, 인간과의 관계에서 사회문화적으로 매우 특별한 위치에 있었다는 것을 알 수 있다. 이 당시 사육하던 개의 경우, 야생동물 사냥 보조, 인명과 재산 보호, 반려 등 다양한 실용적 목적 혹은 사회문화적 역할을 수행하였던 것으로 알려져 있는데, 이러한 인간과의 특별한 관계가 무덤을 만들어 주는 행위로까지 연결되었던 것이다. 이로 보아 당시의 개는 당시 사회에서 다른 동물과는 확연히 구분되는 특별한 역할과 활용도를 지녔을 것이다. 즉, 한반도 고고학 유적에서 출토된 개 유존체 자료를 면밀히 검토한 결과, 이 당시의 개는 자연사 후 특별히 매장해 주거나, 장송의례 혹은 순장 때 바쳐지거나, 다양한 의례에서 희생되어 매장되거나, 식량 자원으로 활용되는 4가지 양상으로 이용되고 있었음이 밝혀졌다(이준정, 2013).

5) 지역에 따른 개의 다양성

개는 지역에 따라 초기의 역할이나 품종 등 그 특징이 매우 다양하게 나타나는 동물이다. 중동 지역에서는 농경 사회에서 곡물 저장소를 지키는 역할을 한 반면, 북아시아 지역에서는 썰매를 끄는 역할을 맡았다. 이러한 역할의 차이는 인간 사회의 문화적·환경적 요구에 따라 개의 품종 특이성이 형성되는 데 기여했다고 보여진다(McHugh, 2004).

6) 개의 진화와 인간 문화

시간이 흐름에 따라 개는 단순히 인간의 도구가 아니라, 인간 문화의 일부로 자리 잡게 되었다. 고대 이집트에서는 개가 왕실의 상징으로 여겨졌고, 사후 세계로 안내하는 영적 존재로 묘사되었다. 중국에서는 '푸개(Foo Dog)'로 알려진 조각상이 악령을 물리치는 수호신으로 여겨졌다. 이러한 문화적 요소는 개가 인간의 심리적·사회적 상호작용에 깊이 뿌리내렸음을 보여 준다(Walker, 2017).

7) 현대적 관점에서 본 개의 기원

현대 유전학과 고고학의 발전은 개의 기원에 대한 보다 정확하고 다양한 정보를 제공하고 있다. 개는 단순한 가축화의 산물이 아니라, 인간과 동물이 함께 진화하며 만들어 낸 복합적인 관계의 결과물로 이해되고 있다. 인간은 개를 통해 생존과 안정을 도모했고, 개는 인간과의 공존을 통해 전 세계로 퍼져 나가 다양한 품종과 문화를 형성하게 되었다(Han et al., 2020).

고고학적 발견과 유전학적 연구는 개의 기원에 대한 새로운 사실을 지속적으로 밝혀내고 있다. 예를 들어 시베리아 지역에서 발견된 늑대 유골은 개와 늑대 사이의 중간 단계로 여겨지며, 개의 가축화 과정에 대한 중요한 단서를 제공한다(Wang et al., 2021).

2. 반려견의 품종

1) 반려견 품종의 분류 기준

반려견의 품종은 크기, 형태, 성격, 특정 작업 능력에 따라 분류된다. 국제적으로 널리 인정되는 분류 체계는 국제애견연맹(Fédération Cynologique Internationale, FCI)에서 제공하며, 이 체계는 반려견을 10개의 그룹으로 나누고 있다(FCI, 2023).

2) 주요 분류 체계

(1) 도이그룹(Toy Group)

소형견으로 주로 순수 반려견의 역할을 한다. 대표적으로 치와와(Chihuahua), 포메라니안(Pomeranian) 등이 있다. 치와와는 세계에서 가장 작은 개로 알려져 있으며, 강한 기질과 높은 충성심을 보인다. 치와와의 기원은 중남미의 고대 문명으로, 아즈텍과 마야에서 신성한 존재로 여겨졌다. 포메라니안은 북유럽의 썰매견을 소형화한 품종으로, 작지만 활발하고 경계심이 높은 성격이 특징이다.

(2) 워킹그룹(Working Group)

주로 경비견, 사역견 등으로 활용되는 대형견 그룹이다. 예로는 로트와일러(로트바일러, Rottweiler), 세인트버나드(Saint Bernard) 등이 있다. 로트와일러는 고대 로마 시대의 군견에서 유래하였으며, 현재는 경비견 및 경찰견으로 많이 활용되나 국내에서는 맹견으로 지정되어 있다. 세인트버나드는 알프스 지역의 수도사들이 구조 활동에 사용한 견종으로 유명하다.

(3) 허딩그룹(Herding Group)

가축을 모는 데 특화된 품종이다. 보더 콜리(Border Collie), 저먼 셰퍼드(German Shepherd) 등이 이에 속한다. 보더 콜리는 영국 스코틀랜드 지역에서 목축견으로 개발되었으며, 탁월한 지능과 민첩성을 자랑한다. 저먼 셰퍼드는 가축을 모는 데 유용할 뿐만 아니라 독일에서 군용 및 경찰 업무를 위해 개량된 품종으로, 강한 체력과 충성심이 특징이다.

(4) 하운드그룹(Hound Group)

주로 후각과 시각으로 사냥을 돕는 품종들을 말한다. 바셋하운드(Basset Hound), 그레이하운드(Greyhound)가 대표적이다. 바셋하운드는 프랑스에서 사냥개로 개발되었으며, 짧은 다리와 강력한 후각 능력을 가지고 있다. 그레이하운드는 고대 이집트에서부터 길러진 시각형 사냥개로, 빠른 속도로 사냥감을 추적하는 것으로 유명하다.

(5) 테리어그룹(Terrior Group)

테리어그룹에 속한 개는 체구는 작지만 강한 기질과 체력을 가졌으며, 원래는 쥐 등의 작은 해수를 구제하는 데 사용되었다. 대표적으로 요크셔 테리어(Yorkshire Terrier), 잭 러셀 테리어(Jack Russell Terrier) 등이 있다. 요크셔 테리어는 방직기계 틈 사이나 좁고 어두운 탄광의 갱도 안에서 쥐잡이용 개로 인기가 높았다. 잭 러셀 테리어는 영국에서 작은 설치류를 잡기 위해 개발되었으며, 활발하고 독립적인 성격을 가지고 있다.

3) 인기 있는 반려견의 품종

(1) 래브라도 리트리버(Labrador Retriever)

- 특징: 온순하고 사회적이며 지능이 높다. 친근하고 충성스러운 성격, 다재다능함으로 세계적으로 가장 인기 있는 반려견 품종 중 하나이다. 이 품종은 사역견으로도 매우 높은 평가를 받고 있다.
- 기원: 캐나다의 뉴펀들랜드와 래브라도 지역에서 19세기 초 개발되었다. '세인트 존스 워터 독(St. John's Water Dog)'이라 불리는 품종에서 유래되었으며, 물에서 일하기에 적합하도록 사육되었다.
- 역사: 초기에는 물고기를 회수하고 그물을 끌어오는 등 어업을 돕던 사역견이었다. 이후 영국으로 수입되어 사냥견으로 발전했다. 오늘날에는 반려견, 안내견, 탐지견, 구조견 등 다양한 역할을 수행하고 있다.

(2) 골든 리트리버(Golden Retriever)

- 특징: 지능이 높으며 충성스럽고 다정한 성격, 매력적인 외모를 가져 전 세계에서 가장 사랑받는 반려견 품종 중 하나이다. 반려견, 사역견, 독스포츠견 등으로 활약하는 다재다능한 품종으로, 특히 아이들과 잘 어울리고 다양한 역할을 수행할 수 있는 능력을 가지고 있다.

- 기원: 19세기 스코틀랜드에서 개발되었다. 1860년대, 듀들리 마조리뱅크스(Dudley Marjoribanks) 경이 당시 사냥용으로 사용하기 위해 개발했다. 초기에는 '옐로우 리트리버'로 불리다가 후에 '골든 리트리버'로 명칭이 변경되었다.
- 역사: 뛰어난 후각으로 습지에서 물새 등의 사냥감을 회수하는 데 특화되어 있다. 오늘날에는 반려견, 구조견, 치료견, 탐지견 등 다방면에서 활약하고 있다.

(3) 저먼 셰퍼드(German Shepherd)

- 특징: 지능이 높고 충성심이 깊으며 여러 방면으로 다재다능하여 세계에서 가장 인기가 많은 사역견 및 반려견 중 하나이다. 군견, 경찰견, 구조견, 안내견으로서의 능력과 반려견으로서의 온화함을 겸비하고 있다.
- 기원: 19세기 말 독일에서 유래하였다. 독일 육군 대위였던 막스 폰 스테파니츠(Max von Stephanitz)가 전통적인 독일 목양견을 체계적으로 개량하여 개발하였다.
- 역사: 처음에는 목양견으로 이용되었으나 다재다능함을 인정받아 경찰견, 군견, 수색 및 구조견 등 다양한 분야에서 활용되고 있다. 오늘날에 이르러 반려견, 사역견, 스포츠견 등 폭넓게 사랑받고 있다.

(4) 프렌치 불도그(French Bulldog)

- 특징: 작은 체구와 독특한 박쥐 모양의 귀, 유쾌하며 사교적인 성격으로 세계적으로 사랑받는 품종이다. 도시 생활에 적합하며, 가족과의 교감을 중요시하는 품종으로, 특히 아파트나 작은 공간에서 생활하기 좋다.
- 기원: 19세기 중반 영국에서 불도그(Bulldog)을 소형화한 '토이 불도그(Toy Bulldog)'가 기원이다. 영국 레이스 공장의 종사자들이 프랑스 노르망디 지역으로 이주하면서 현지 개들과 교배를 통해 오늘날의 프렌치 불도그가

탄생했다.

- 역사: 원래는 소싸움에 이용되었으나, 소형화된 이후 귀족 및 상류층의 반려견으로 인기를 얻었다.

(5) 비글(Beagle)

- 특징: 후각이 뛰어나며 호기심 넘치는 친근한 성품으로 세계적으로 사랑받는 중형견 품종이다. 원래는 사냥개였으나 오늘날에는 반려견으로도 널리 사랑받고 있다.
- 기원: 비글의 기원은 고대 그리스로 거슬러 올라가며, 작은 사냥개 유형의 유럽 견종에서 발전했다. 19세기 중반 영국에서 토끼 사냥을 위해 체계적으로 개량되었다. 주로 토끼, 여우 등의 작은 동물을 사냥하는 추적견으로 사용하였다. 뛰어난 후각 능력과 끈기를 자랑한다.
- 역사: 여우나 토끼 등 작은 동물을 몰고 사냥하는 사냥개로 이용되었다. 체력이 좋고 후각이 뛰어나 현재에는 검역견, 탐지견으로도 활약하고 있다. 사람을 잘 따르고 참을성이 많아 실험견으로 이용되며 이에 대한 많은 논쟁이 있다.

(6) 푸들(Poodle)

- 특징: 스탠더드 푸들, 미니어처 푸들, 토이 푸들 3가지 종류가 있다. 이 중 스탠더드 푸들이 가장 크다. 세계에서 가장 지능적이고 다재다능한 품종 중 하나로, 우아한 외모와 뛰어난 훈련 능력을 겸비하고 있다. 원래 물에서 사냥감을 회수하는 데 사용되었던 사역견으로 시작했지만, 오늘날에는 반려견과 독스포츠의 스타로도 널리 사랑받고 있다.
- 기원: 푸들의 기원은 정확하지 않지만, 독일에서 물새 사냥을 위한 리트리버로 개발된 것으로 추정된다. 'Poodle'이라는 이름은 독일어 '푸델(Pudel)'에서 유래했으며, 이는 '물에 뛰어들다'는 뜻이다. 프랑스에서는 이 품종을

'카니쉬(Caniche)'라 부르며, 프랑스의 국가견으로 여겨진다.

- 역사: 초기에는 물새 회수견으로 사용되었으며, 이후 곡예를 부리거나 공연을 하는 개로도 인기를 끌었다.

(7) 시추(Shih Tzu)

- 특징: 중국 황실과의 오랜 역사로 유명한 품종으로, 사랑스러운 외모와 온화한 성격으로 반려견으로 인기가 많다. 애정이 많고 조용한 성격이다. 경계심이 있는 편이다. 'Shih Tzu'는 중국어로 '사자'를 뜻하며, '사자견'이라는 이름처럼 자신감 있고 우아한 품종이지만, 동시에 다정하고 사람과의 교감을 즐기는 품종이다.
- 기원: 약 1,000년 전 티베트에서 중국으로 전해진 것으로 추정되며, 불교적 상징으로 여겨졌다.
- 역사: 중국 황실에서 애완견으로 사랑받았으며, 왕족과 귀족의 반려견으로 길러졌다. 1930년대 영국으로 전해져 서구에서도 인기를 얻기 시작했으며, 현재는 전 세계에서 사랑받는 반려견이다.

(8) 시베리안 허스키(Siberian Husky)

- 특징: 사회성이 좋으며 에너지가 넘치는 품종으로, 많은 운동량을 필요로 한다. 강렬한 눈빛과 우아한 외모로 유명하며, 원래 시베리아의 추운 기후에서 썰매를 끌기 위해 길러졌다. 활기차고 친근한 성격, 뛰어난 체력으로 많은 사람들에게 사랑받는 반려견이자 사역견이다.
- 기원: 시베리안 허스키는 러시아 시베리아 지역에서 척치(Chukchi) 부족에 의해 썰매견으로 개발되었다. 추운 기후와 먼 거리를 이동하기 위해 뛰어난 체력과 지구력을 갖추도록 개량되었다.
- 역사: 20세기 초, 알래스카로 수입되어 썰매 경주에 사용되며 명성을 얻었다. 특히 1925년 노르웨이 출신의 리더 개 '발토'가 디프테리아 혈청을 운

반하며 전설적인 이야기의 주인공이 되었다. 현재에도 여러 지역에서 썰매견으로 사용되고 있다.

(9) 닥스훈트(Dachshund)

- 특징: 짧은 다리와 긴 몸통, 예민한 후각을 가진 품종으로, '소시지 개'로도 불린다. 원래 오소리와 같은 작은 동물을 사냥하기 위해 개발된 품종으로, 오늘날에는 활기차고 사랑스러운 반려견으로 널리 사랑받고 있다.
- 기원: 15세기 독일에서 오소리 사냥을 위해 개발되었다. 'Dachshund'라는 이름은 독일어로 '오소리(Dachs)'와 '개(Hund)'를 결합한 단어이다.
- 역사: 짧은 다리로 굴속에 쉽게 들어가 오소리를 몰아내거나 설치류 등 작은 동물 사냥하는 데 사용되었다. 크기에 따라 토끼, 여우 등 다양한 동물 사냥에도 활용되었다. 19세기에 반려견으로서 인기가 높아졌으며, 미국과 유럽에서 꾸준히 사랑받고 있다.

(10) 로트와일러(Rottweiler)

- 특징: 보호 본능이 강하고 충성심이 높으나 국내에서는 맹견으로 분류되어 있다. 강인한 체력과 충성심으로 유명한 품종으로, 원래 독일에서 가축을 몰기 위한 사역견으로 사용되었다. 오늘날에는 경호견, 경찰견, 구조견 등 다양한 역할을 수행하며, 신뢰할 수 있는 동반자로 사랑받고 있다.
- 기원: 고대 로마 제국 시절, 로마 군대가 가축을 몰기 위해 사용했던 마스티프 계열의 개에서 유래했으며, 중세 독일의 로트바일(Rottweil) 지역에서 현재의 품종으로 개량되었다.
- 역사: '로트와일러'라는 품종명은 독일의 도시 이름 '로트바일'에서 유래되었으며, 'Rottweiler Metzgerhund'(로트바일의 도축업자 개)라는 이름으로 불리기도 했다. 로마 시대 군견으로 시작해 목축견으로 활용되었으며, 현재는 군견이나 경찰견, 경비견 등 다양한 영역에서 활약하고 있다.

(11) 보더 콜리(Border Collie)

- 특징: 세계에서 가장 지능이 높은 품종 중 하나로, 뛰어난 작업 능력과 민첩성으로 유명하다. 원래 양치기 개로 개발되었으며, 오늘날에도 목축견뿐만 아니라 스포츠견, 반려견으로도 널리 사랑받고 있다.
- 기원: 스코틀랜드와 잉글랜드 국경 지역에서 양치기 개로 개발되었다. 19세기 말, 'Old Hemp'라는 이름의 개가 현대 보더 콜리 품종의 시조로 여겨진다.
- 역사: '보더(Border)'는 잉글랜드와 스코틀랜드 국경을, '콜리(Collie)'는 스코틀랜드 방언으로 '양치기 개'를 의미한다. 전통적인 목축견 역할 외에도 독스포츠, 탐지견, 구조견으로 활약하고 있다.

(12) 바셋 하운드(Basset Hound)

- 특징: 짧은 다리와 긴 몸의 독특한 외모로 잘 알려진 품종으로, 후각이 매우 뛰어나 사냥개로도 활약했다. 느긋한 성격을 가진 품종으로 오늘날에는 사랑스러운 반려견으로 많은 이들에게 사랑받고 있다.
- 기원: 프랑스에서 유래하였다. 프랑스어로 '바셋(Basset)'은 '낮은'을 의미하며, 짧은 다리를 강조하는 이름이다. 중세 시대에 후각이 뛰어난 사냥개로 개발되어 주로 토끼 같은 작은 동물을 사냥하는 데 사용되었다.
- 역사: 뛰어난 후각으로 사냥감을 추적하는 사냥개로 활용되었다. 프랑스의 블러드하운드에서 유래된 것으로 추정되며, 후에 영국에서 개량되어 현대의 품종이 완성되었다.

(13) 도베르만 핀셔(Doberman Pinscher)

- 특징: 보호 본능이 매우 강하며 민첩하다. 근육질의 체격과 우아한 외모를 가진 품종으로, 지능과 충성심이 뛰어난 반려견이다. 경비견, 경찰견, 군용견으로 사용되고 있으며, 오늘날에는 훌륭한 가정견으로 사랑받고 있다.

- 기원: 19세기 독일의 세금 징수원이었던 루이스 도베르만(Louis Dobermann)에 의해 개발되었다. 다양한 품종(로트바일러, 맨체스터 테리어, 그레이하운드 등)을 교배하여 용감하고 충직한 경비견을 만드는 것을 목표로 했다.
- 역사: 독일의 세금 징수원이 현금을 도둑맞지 않도록 경비를 위해 개발한 품종이다. 개발된 이후에도 성격과 외모가 개량되며 현대적인 품종으로 자리 잡았다.

(14) 몰티즈(Maltese)

- 특징: 부드럽고 긴 흰 털은 몰티즈의 가장 눈에 띄는 특징 중 하나이며, 털 빠짐이 적고 알레르기 유발 가능성이 낮다. 소형견으로, 체중은 3~4kg, 키는 20~25cm 정도이다. 온화하고 사교적인 성격을 가지고 있다.
- 기원: 세계에서 가장 오래된 개 품종 중 하나로 알려져 있다. 지중해 몰타(Malta)섬이 원산지이다.
- 역사: 그리스의 화병이나 조각상에는 몰티즈와 유사한 개의 모습이 새겨져 있으며, 로마에서는 '귀족의 상징'으로 여겼고 예술 작품에도 등장했다. 중세 유럽에서도 부유층 여성들이 몰티즈를 품에 안고 다니는 모습이 흔했다. 16세기 이후 몰티즈는 전 세계적으로 퍼졌으며 영국 왕실에서도 인기를 얻었다. 빅토리아 여왕과 엘리자베스 1세도 몰티즈를 기른 것으로 알려져 있다.

(15) 아키타(Akita)

- 특징: 일본의 대표적인 대형견으로, 경계심이 강하고 충성심이 깊은 특징을 가지고 있다. 단단한 근육질의 체형과 강인한 인상을 가졌다.
- 기원: 약 17세기부터 곰, 멧돼지, 사슴 등 대형 동물을 사냥하는 사냥개였으며 가축을 보호하거나 집을 지키는 역할도 했다. 일본에서는 아키타를

번영, 건강, 행복의 상징으로 여겨 아키타 조각이나 그림을 아이가 태어나거나 병을 극복한 사람들에게 선물로 주기도 하였다.

- 역사: 17세기 초에 일본의 귀족들은 아키타를 지위의 상징으로 여겼으며 엄격히 관리했다. 19세기에 일본 정부는 아키타를 보호하기 위해 품종 보존에 나섰으나 2차 세계대전 동안 많은 아키타가 희생되거나 군용으로 사용되었다. 전쟁 후 일부 혈통이 복원되어 오늘날에 이르렀다.

하치코 이야기: 죽은 주인을 역 앞에서 늘 기다리던 '충견 하치공'으로 유명한 개다. 도쿄 시부야역에 하치코의 동상이 있다. 하치코의 충성심은 아키타의 품종 특성을 전 세계에 알리는 계기가 되어 오늘날까지 아키타를 대표하는 이야기로 전해진다. 현재의 아키타는 일본 내의 '일본 아키타', 미국에서 독자적인 품종 개량을 거친 '아메리칸 아키타'로 분류할 수 있다. 두 품종은 외모와 성격에서 약간의 차이는 있으나 충성심과 보호 본능은 동일하다.

(16) 치와와(Chihuahua)

- 특징: 독립적이며 활발한 성격의 개로 세계에서 가장 작은 품종에 속한다. 머리는 사과 모양(사과머리형), 사슴과 비슷한 형태(사슴머리형) 두 가지로 구분된다. 일반적인 단모 치와와, 장모 치와와 두 종류가 있다. 크기는 작으나 자신감이 넘치며 충성심이 매우 강하다. 평균 수명은 14~16년으로, 소형견 중에서도 긴 수명을 자랑한다.
- 기원: 멕시코 원산의 고대 품종으로, 이름은 멕시코의 치와와(Chihuahua)주에서 유래하였다. 치와와는 테치치(Techichi)라고 하는 고대의 멕시코 개를 조상으로 둔 것으로 여겨진다. 테치치는 톨텍 문명(9~12세기)에서 길러진 작은 개로, 고대 기록과 유물에 따르면 종교적 의식에서 중요한 역할을 했으며, 당시의 사람들은 테치치가 병을 고쳐 주거나 영혼을 보호하고 사후세계로 인도한다고 믿었다. 스페인 정복자들이 멕시코에 도착한 이후 테치치

는 다른 유럽 품종과 교배되어 오늘날의 치와와가 되었다고 여겨진다.

- 역사: 스페인 정복자들이 멕시코를 점령한 후, 치와와의 조상 개들은 유럽으로 전파되었고 19세기에 이르러 미국으로 건너가면서 대중화되었다. 20세기 초에 이르러 치와와는 전 세계적으로 사랑받는 품종이 되었으며, 특히 도시에 살며 작은 반려견을 선호하는 사람들에게 적합한 품종으로 자리 잡았다.

(17) 셰틀랜드 쉽독(Shetland Sheepdog)

- 특징: 흔히 '셸티(Sheltie)'라고 불리는 중소형견으로, 친근하며 지능이 높아 학습 능력과 복종심이 강하다. 체중은 6~12kg, 키는 33~41cm 정도이다. 외모는 콜리(Collie)와 비슷하나 더 작고 귀여운 외모를 가지고 있다. 털은 이중모로, 길고 풍성하며 모색이 다양하다. 경계심이 있어 낯선 사람이나 소리에 민감하게 반응할 수 있으나 적절한 훈련으로 완화할 수 있다.
- 기원: 스코틀랜드 셰틀랜드 제도에서 양 떼를 몰고 농장을 지키는 역할을 했다. 셸티는 거친 기후와 제한된 먹이에 적응하며 자연스럽게 작은 체격으로 진화했다. 초기에는 스칸디나비아에서 온 스피츠 계열의 개들과 지역 개들의 교배를 통해 개발되었다. 이후 스코틀랜드의 콜리(Collie)와 교배하여 오늘날에 이르게 되었다.
- 역사: 이름처럼 가축을 모는 목양견으로 사용되었다. 18~19세기에 농부들에게 이상적인 양치기 개로서 사랑받았다. 크기가 작아 적은 양의 먹이로도 잘 살 수 있었고 지능이 높고 민첩하여 가축을 효율적으로 관리할 수 있었다. 20세기 초에 이르러 스코틀랜드의 콜리와 교배되어 품종 표준화되었으며, 1911년 영국 켄넬 클럽에 공식적으로 등록되었다.

(18) 그레이트 데인(Great Dane)

- 특징: 세계에서 가장 큰 개 중 하나이다. 큰 키와 균형 잡힌 체형이 특징이

며, 짧고 윤기 있는 털에 다양한 모색을 가진다. 큰 체구와는 대조적으로 부드럽고 우아한 성격을 지녀 '젠틀 자이언트'라고도 불린다. 온순하고 친근하여 가족에게 매우 충성스럽다. 평균 수명은 7~10년으로 대형견치고는 비교적 짧은 편에 속한다.

- 기원: 독일에서 유래된 품종으로, 멧돼지 사냥을 위해 개발되었다. 고대 티베탄 마스티프, 그리스와 로마의 몰로서스(Molossus) 계열의 개에서 유래했으며, 이후 아일랜드 울프하운드와 잉글리시 마스티프와 교배하여 오늘날의 대형견으로 발전했다.
- 역사: 16세기 독일 귀족들은 그레이트 데인을 멧돼지 등의 큰 동물을 사냥하는 데 사용했다. 이들은 사냥뿐만 아니라 궁전과 재산을 보호하는 경비견으로 활용되었다. 17~18세기에 이르러 독일인들은 그레이트 데인을 귀족적이고 우아한 품종으로 개량하기 위해 교배를 거듭했으며, 이 시기에는 '보어 하운드' 또는 '독일 마스티프'라고도 불렸다. 19세기 후반에 이르러 독일에서 그레이트 데인의 품종 표준이 설정되어 오늘날에 이르렀다.

(19) 불도그(Bulldog)

- 특징: 탄탄한 체구와 눌린 주둥이, 두툼한 주름이 특징이며, 이미지와 달리 성격이 온순하고 침착한 편이다. 아이들과 잘 어울리며 가족에게 충성스럽다. 평균 수명은 8~10년으로, 일부 건강 문제가 발생할 수 있다.
- 기원: 13세기 잉글랜드에서 유래된 품종으로, 이름에서도 알 수 있듯이 불베이팅(Bull-Baiting, 소와 싸우는 경기)과 소몰이용으로 개발되었다. 이 시기의 불도그는 현재보다 더 크고 힘이 셌으며, 공격적 성격이었다.
- 역사: 중세 잉글랜드에서 불베이팅과 소몰이용으로 개발된 불도그는 강인하고 공격적인 성격을 가졌었다. 크고 힘이 센 체구와 강한 턱은 소의 코를 물고 제압하기 위한 특징이었다. 1822년 영국에서 동물 보호에 관한 법률이 제정되어 불베이팅이 금지되면서 불도그는 사라질 뻔했으나 애호가들

이 온순하고 친근한 반려견으로 개량하여 오늘날에 이르렀다. 현재의 불도그는 당시의 불도그보다 훨씬 작고 평화로운 성격의 반려견이다. 19세기 후반, 불도그는 영국과 미국에서 인기를 끌며 품종 표준이 확립되었다. 오늘날에는 영국의 상징 중 하나이며, '불도그 정신(Bulldog Spirit)'은 강인함과 끈기를 상징한다.

(20) 요크셔 테리어(Yorkshire Terrier)

- 특징: 매우 작은 체구를 가지고 있으나 대담하고 도전적인 성격이다. 아름다운 털을 가지고 있다. 작은 체구에도 불구하고 매우 활발하고 용감하며, 지능이 높다. 주인에게 충성심이 강하고 애정이 많으며, 낯선 사람이나 동물에 대해 경계심이 강할 수 있다. 호기심이 많아 탐험을 좋아하고, 에너지가 넘치는 품종이다.
- 기원: 19세기 잉글랜드 요크셔(Yorkshire) 지역에서 유래된 품종으로 광부들이 쥐를 잡기 위해 데려온 개들이 기원이다.
- 역사: 19세기 중반, 요크셔 지역에서 쥐잡이 개로 활용되며 발전하였다. 작고 민첩하며, 빠르게 움직이는 특성으로 쥐잡이 등 작은 동물 사냥에 이상적이었다. 19세기 후반에 이르러 작고 세련된 외모가 고급스럽고 우아한 이미지를 주어 귀족들과 상류층에게 인기를 끌었다. 1870년대에 공식적으로 '요크셔 테리어'라는 이름이 붙었으며 이후 품종 표준이 확립되었다. 19세기 후반과 20세기 초에 미국과 전 세계로 수출되며 전 세계적으로 사랑받는 품종이 되었다.

(21) 샤페이(Shar Pei)

- 특징: 중형견에 속하며, 주름진 피부와 뻣뻣한 털(모래 같은 질감), 파랗거나 보라색의 혀가 특징이다. 독립적이고 침착하며 충성심이 강하다. 자신의 영역을 지키려는 성향이 있어 외부인에게 경계심을 가진다.

- 기원: 약 2,000년 전 중국에서 유래된 고대 품종으로, 보통 가축을 몰고 지키거나 사냥개로 활용되었다. 투견으로도 사용되었는데 주름진 피부와 작고 늘어진 귀가 다른 개가 물고 늘어지기 어려워서 투견에 유리하다고 여겨졌기 때문이다. 이름인 '샤페이(沙皮)'는 중국어로 '모래 같이 거친 피부'를 뜻하며, 이 품종의 짧고 거친 털에서 유래했다.
- 역사: 한 왕조(기원전 206~기원후 220) 시대부터 존재했으며, 13세기 필사본에서도 발견된다. 1940~1950년대 중국 공산주의 정권하에 멸종 위기에 처했으나 1970년대 홍콩의 한 애호가가 샤페이를 복원하기 위해 노력하였고, 이후 미국으로 수출되면서 세계적으로 알려지기 시작했다. 1978년에는 '세계에서 가장 희귀한 개'로 기네스북에 등재되었으며, 이후 품종 보존 노력이 강화되었다. 오늘날에는 독특한 외모와 충성심으로 전 세계 애호가들의 사랑을 받고 있다.

(22) 달마시안(Dalmatian)

- 특징: 디즈니 애니메이션 '101마리 달마시안'으로 유명해진 품종이다. 흰색 바탕에 검은 물방울무늬를 가진 것이 특징이다. 태어날 때는 점이 없다가 성장하면서 나타나며, 점의 크기와 위치는 개체마다 다르다. 활발하고 에너지가 넘치는 품종으로, 사교적이고 친근하며 가족과의 유대감을 중요시한다. 영리하고 학습 능력이 뛰어나지만 독립적인 성격으로 일관된 훈련이 필요하다. 아이들과 잘 어울리며 보호 본능이 강하다.
- 기원: 정확한 기원은 분명하지 않지만 크로아티아의 달마티아(Dalmatia) 지역에서 유래되었다는 설이 가장 유력하다. 이 품종은 고대부터 군견, 사냥견, 경비견 등 다양한 역할을 하였다. 달마시안과 비슷한 점무늬를 가진 개는 고대 이집트의 벽화에서도 발견되며, 이 품종이 수천 년 전부터 존재했음을 나타낸다.
- 역사: 17~18세기, 달마시안은 유럽 전역으로 퍼지며, 귀족들의 마차와 함

께 달리는 마차견(코치 도그, Coach Dog)으로 유명해졌다. 이들은 멋진 외모, 뛰어난 체력으로 마차와 말을 보호하고 소유자의 사회적 지위를 나타내는 역할도 했다. 19세기에는 소방 마차를 따라다니며 소방서의 상징이 되었으며, 용감한 성격과 높은 지능 덕분에 소방관의 동료로 사랑받았다. 미국에서는 소방관을 상징하는 마스코트이다.

(23) 사모예드(Samoyed)

- 특징: 부드럽고 흰 털을 가졌으며, 친근한 성격이다. '사모예드 스마일(Samoyed Smile)'로 불리는 미소 짓는 듯한 득유의 입 모양이 대표적인 특징이다.
- 기원: 북극 지역의 사모예드족(Samoyedic people)과 함께 수천 년 동안 살아온 고대 품종으로, 순록 떼를 보호하고 가족과 텐트에서 생활하며 유목 생활의 필수적인 동반자였다.
- 역사: 19세기 후반, 유럽 탐험가들이 사모예드를 발견하고 데려오면서 전 세계적으로 알려지기 시작했다. 영국 왕실에서는 사모예드를 애완견으로 기르기도 하였다. 강한 지구력과 힘, 온순한 성격 덕분에 남극, 북극 탐험에서 썰매견으로 활약하기도 했다. 오늘날에는 반려견, 쇼독, 독스포츠(어질리티, 복종훈련 등)에서 사랑받는 품종이다.

(24) 잭 러셀 테리어(Jack Russell Terrier)

- 특징: 소형견이지만 활발하고 지능이 높다. 용감하고 독립적이며 주인에게 애정이 많은 품종이다. 작은 동물을 사냥하려는 본능이 강하므로 적절한 훈련이 필요하다.
- 기원: 19세기 잉글랜드에서 유래한 품종으로 여우 사냥을 위해 개발되었다. 이름은 이 품종을 개발한 '존 잭 러셀 목사(Rev. John Russell)'의 이름에서 유래했다.

- 역사: 19세기 초반 존 러셀 목사는 여우 사냥을 위해 소형 테리어를 개량했다. 초기 잭 러셀 테리어는 민첩함과 용맹함으로 사냥꾼들 사이에서 명성을 얻게 되었다. 20세기 들어 잭 러셀 테리어는 작은 체구와 활발하고 주인에게 애정 어린 성격으로 가정견으로 인기를 얻기 시작했다. 특히 스포츠 등 활동적인 삶을 즐기는 사람들에게 적합한 품종으로 자리 잡았다. 오늘날에는 반려견으로 사랑받는 동시에 어질리티, 프리스비 등 다양한 독스포츠에서 활약하고 있다.

(25) 아메리칸 코커 스패니얼(American Cocker Spaniel)

- 특징: 우아한 외모와 온순한 기질을 가지고 있으나 다소 민감한 경향이 있다. 가족과의 교감을 중요시하고 아이들과도 잘 어울리며 사교적인 성격으로 다른 동물들과도 좋은 관계를 맺는다.
- 기원: 유럽에서 작은 새를 사냥하는 데 사용된 조렵견이다. 스페인에서 기원한 코커 스패니얼이 19세기 중반에 영국에서 미국으로 전래되어 더 작고 우아한 외형으로 발전하면서 아메리칸 코커 스패니얼로 독립된 품종이 되었다.
- 역사: 19세기 후반, 영국 코커 스패니얼이 미국으로 전파되어 미국 환경에 적응하면서 더 작은 체구와 풍성한 털을 가진 개체들이 선택적으로 교배되었다. 1940년대에 아메리칸 코커 스패니얼은 독립된 품종으로 미국 켄넬 클럽(AKC)에 공식 등록되었다. 1950년대에 디즈니 애니메이션 '레이디와 트램프(Lady and the Tramp)'에 등장하면서 세계적으로 인기를 끌었다.

(26) 알래스칸 맬러뮤트(Alaskan Malamute)

- 특징: 대형견에 속하며 강인한 체력, 두툼한 이중모(겉털과 속털)가 특징이다. 이는 북극 지역의 혹독한 환경에 적응한 결과이다. 충성스럽고 사교적이며 온순하다. 독립적이지만 애정이 많아 낯선 사람에게도 친근하게

대하는 경향이 있다.

- 기원: 수천 년 전부터 알래스카 원주민인 말레뮤트(Mahlemut) 부족이 사육하던 개다. 이들은 순록, 북극곰, 바다표범 등을 사냥하고 사냥감을 나르기 위해 썰매를 끄는 등 혹독한 북극 환경에서 주요한 역할을 했다. 또한 가족과 밀접한 관계를 유지하며 텐트에서 함께 지내는 등 북극의 유목 생활에서 필수적인 동반자였다.
- 역사: 19세기 후반 골드러시 시대에 금광 탐사 및 물자 수송을 위한 썰매견으로 널리 활용되었다. 이 시기에는 다른 품종과의 혼혈이 많이 이루어져 순수 혈통이 사라질 위기에 처하기도 했다. 1920년대에 이르러 미국에서 품종 보존과 복원을 위해 적극 노력하여 품종 표준을 만들었고 1935년 AKC(미국 켄넬 클럽)에 공식 등록되었다. 알래스칸 맬러뮤트는 북극 탐험에서 썰매견으로도 활약했으며, 제2차 세계대전 동안 군사 작전에도 사용되었다. 특유의 강인한 체력으로 무거운 장비를 운반하고 인명을 구조하는 등 큰 기여를 했다.

(27) 웨스트 하이랜드 화이트 테리어(West Highland White Terrier)

- 특징: 사랑스러운 외모와 활발한 성격으로 전 세계적으로 인기 있는 소형 테리어 품종이다. 흔히 '웨스티(Westie)'라는 애칭으로 불리며, 사냥개의 본능과 반려견의 특성을 모두 갖추고 있다.
- 기원: 스코틀랜드의 웨스트하이랜드 지역에서 개발된 테리어 품종으로, 쥐, 여우, 오소리 같은 작은 동물을 사냥하는 데 사용되었다.
- 역사: 19세기 초, 컬로넬 말콤 경(Sir Malcolm of Poltalloch)이 하얀색 테리어만 선호하여 선별적으로 교배하면서 현재의 품종이 탄생했다.

(28) 웰시 코기(Welsh Corgi)

- 특징: 웰시 코기는 작은 체구와 짧은 다리, 귀여운 외모로 전 세계적으로

사랑받는 품종이다. 영국 왕실의 엘리자베스 2세 여왕이 애정을 가진 반려견으로도 잘 알려져 있다. 웰시 코기는 펨브로크 웰시 코기(Pembroke Welsh Corgi)와 카디건 웰시 코기(Cardigan Welsh Corgi) 두 가지 유형이 있다. 충성심이 강한 성격이다.

- 기원: 웰시 코기는 웨일즈(Wales) 지역에서 목양견으로 개발되었다. 소를 몰거나 양을 관리하는 목축견으로 사용되었으며, 짧은 다리로 소의 발밑을 재빠르게 피하며 효율적으로 일하는 개다.
- 역사: 펨브로크 웰시 코기는 스칸디나비아 바이킹들이 웨일즈로 가져온 스피츠형 개와 교배하여 개발된 것으로 알려져 있다. 카디건 웰시 코기는 더 오래된 품종으로, 북유럽에서 웨일즈로 전해진 개들과 관련이 있다.

(29) 휘핏(Whippet)

- 특징: 날렵한 체형과 뛰어난 달리기 실력으로 잘 알려진 품종으로, 그레이하운드와 유사하지만 더 작고 민첩하다. 빠르고 우아한 움직임, 온순한 성격, 가족에게 충성스러운 반려견으로 사랑받고 있다.
- 기원: 19세기 영국에서 개발되었다. 초기에는 그레이하운드와 작은 테리어를 교배하여 만들어졌으며, 사냥과 경주를 위한 개로 사용되었다.
- 역사: 토끼 사냥 및 경주견으로 사용되었으며 작은 동물을 추적하고 잡는 데 특화된 시각형 하운드(Sighthound) 그룹에 속한다. 과거에는 빠른 속도로 인해 '가난한 사람의 경주마'라는 별명을 얻었다. 오늘날에는 주로 반려견과 경주견으로 사랑받고 있다.

(30) 카발리에 킹 찰스 스패니얼(Cavalier King Charles Spaniel)

- 특징: 귀족적인 외모와 온화한 성격으로 전 세계에서 사랑받는 소형 반려견이다. 우아함과 다정한 성격을 겸비해 가족과의 조화로운 생활에 적합한 품종으로, 애정이 넘치는 동반자 역할을 한다.

- 기원: 17세기 영국에서 개발된 킹 찰스 스패니얼의 후손으로, 초기에는 왕족과 귀족들 사이에서 실내견 및 애완견으로 사랑받았다.
- 역사: 빅토리아 시대에 킹 찰스 스패니얼의 외모가 더 짧은 주둥이와 둥근 머리로 변형되었으나, 1920년대에 원래의 모습인 긴 주둥이를 가진 '카발리에 킹 찰스 스패니얼'로 복원되었다. 영국 왕 찰스 2세가 이 품종을 특별히 사랑하였으며 왕실의 애완견으로 인기가 높았다.

(31) 비숑 프리제(Bichon Frise)

- 특징: 중세기 불어로 'bichon'은 '작고 긴 털을 가진 개'를 의미한다. 이 비숑 계열의 개는 이중모의 상태를 보고 구별할 수 있는데, 온몸이 마치 솜털로 뒤덮인 것처럼 보인다. 나선 모양으로 꼬불꼬불한 털은 결이 곱고 윤기가 나며 보드랍다. 이 털을 눈 위까지 깎고 손질해서 둥근 얼굴 모양을 두드러지게 만든다. '테네리페개(Tenerife Dog)'라고도 한다. 비숑은 발랄하고 온화한 성격 때문에 오랜 시간 동안 좋은 반려동물이라는 의견이 많았다. 키 23~31cm, 몸무게 3~6kg 정도이다. 사람과 오랫동안 관계를 맺어 주인의 눈치를 재빠르게 알아챈다.
- 기원: 워터 스패니얼의 후손으로 보이며, 지중해 중세 시대인 1400년대부터 알려져 있었다. 어떤 사람들은 카나리아 제도에서 유래되었고 항해사들에 의해 유럽으로 건너왔다고 생각한다.
- 역사: 유럽 귀족들과 영국 왕 헨리 2세에게 인기가 많았으며, 고야의 그림에도 담겨 있다. 19세기에 인기가 서서히 떨어져 길거리의 개로 인식이 바뀌었고 어떤 개들은 서커스에 들어가 있었다. 그러다 1차 세계대전 이후 인기가 다시 올랐다. 이 종은 1956년에 '피칼트'라는 이름의 프랑스 가족에 의해 미국으로 건너왔다. 1973년 미국 반려견 클럽에 의해 비사냥견으로 인정되었다.

(32) 코통 드 툴레아(Coton de Tulear)

- 특징: 마다가스카르 원산의 반려용 개 품종으로, 비숑 계열의 품종이다. 마다가스카르 섬의 남서부에 위치한 항구 도시인 '톨리아라'에서 이름이 유래하였는데, '톨리아라 항구에 피는 목화'를 의미한다. 몸이 솜처럼 가볍고 보드라운 털로 덮여 있다. 원산지 밖에서는 거의 알려지지 않았으나 최근 국내에서도 인지도가 높아지고 있다. 수명은 14~16년, 성격은 장난스럽고 애정이 풍부하며 총명하고 생기가 있다. 잘 짖으며 훈련 능력이 뛰어난 품종이다. 크기는 수컷은 약 25~30cm, 암컷은 약 22~27cm이며, 몸무게는 5.5~7kg이다. 국내에서 이 품종의 모색은 흰색이 가장 많이 알려져 있으나 원산지에서는 검은색 모색, 레몬색과 흰색이 섞인 모색, 회색과 흰색이 섞인 모색, 검은색과 흰색의 바둑이 모색, 검은색, 흰색, 황갈색 등이 섞인 트라이컬러(tri-color) 등 다양하다.
- 기원: 16세기 마다가스카르섬 인근 해역에 침몰한 배에서 섬으로 상륙하여 자생하던 작은 들개의 후손이다. 복슬복슬한 털 덕분에 섬 환경에서 살아남을 수 있었으며, 작은 동물을 사냥하거나 죽은 동물을 먹으며 야생화하여 살아가던 개들이 원주민에게 길러지고 후일 유럽에서 상륙한 사람들이 데려온 비숑 계열 개들과 교배되어 현재의 모습을 갖추게 되었다.
- 역사: 1970년대에 마다가스카르섬에서 흔히 보이던 이 작고 하얀 개들은 미국에서 온 사람들 눈에 띄어 세상에 알려지게 되었다. 비슷하지만 멸종한 ChienCoton은 마다가스카르섬 동쪽의 레위니옹섬에서 많이 길렀다.

(33) 포메라니안(Pomeranian)

- 특징: 독일 스피츠 계열 중 가장 작은 품종이며, 헌신적이고 다정한 성격이다. 등 위로 기울어져서 곧게 뻗은 꼬리, 작고 귀여운 외모와 복슬복슬한 털이 특징이다. 털 빠짐이 있는 편이며 털이 완전히 발달하기까지는 3년이 걸린다. 털색은 흰색, 붉은 기가 도는 주황색, 회색 또는 검은색이다. 키

는 28cm 정도, 몸무게는 2~3kg 정도이다. 몸집이 작지만 훌륭한 경비견의 자질이 있다. 작은 크기 때문에 소형견으로 분류되지만, 중앙유럽(오늘날의 독일 북동부, 폴란드 북서부)의 대형 스피츠종 개인 독일 스피츠에서 유래되었다. 이 때문에 국제애견협회에서도 포메라니안을 독일 스피츠의 일종으로 구분했고, 많은 나라에서 츠베르크슈피츠(Zwergspitz, '난쟁이 스피츠'라는 뜻)로 알려져 있다.

- 기원: 오늘날 포메라니안의 조상은 북극 지역에서 많은 일을 하던 개였다. 이 조상 개는 독일어로 '뾰족한 얼굴'이라는 뜻에서 울프 스피츠 또는 그냥 스피츠 종이라고 알려져 있다. 1764년 11월 2일 제임스 보즈웰의 '보즈웰의 그랜드 투어: 독일과 스위스'라는 일기에서 포메라니안 품종에 관한 초창기 기록이 있다. 보즈웰은 일기에 "어떤 프랑스 남자가 '포머'라는 이름의 포메라니안을 굉장히 사랑스러워했다."라고 기록하였다. 1769년 토마스 페넌트의 기행문 'A Tour in Scotland'에는 런던의 동물 상인이 포메라니안과 늑대를 교배시켜 태어난 새끼에 대해 서술했다.
- 역사: 1767년 조지 3세의 왕비였던 샬럿 왕비는 두 마리의 포메라니안을 영국에 들여왔으며, 화가 '토머스 게인즈버러'는 두 마리의 개를 그림으로 남겼다. 이 그림 속 개는 현재의 포메라니안과는 달리 크게 묘사되어 있는데, 전하는 바에 따르면 무게가 14~23kg이었다고 한다. 샬럿 왕비의 손녀 빅토리아 여왕은 '윈저스 마르코'라는 이름의 개를 제일 좋아했으며, 이 개는 다른 개보다 비교적 작은 레드 세이블 포메라니안으로, 몸무게는 5.4kg이었다고 한다. 빅토리아 여왕의 일생 동안 포메라니안의 크기는 50%까지 줄었으며, 여왕은 유럽 전역에서 작고 다양한 색깔의 포메라니안을 수입해 육종 계획을 세우며 품종 개량과 홍보에 힘썼다. 1891년 영국에서는 최초의 포메라니안 애호가 클럽이 창설되었고, 최초 품종 표준이 생겨났다. 1898년 미국 애견협회에 포메라니안이 처음으로 등록되었고, 1900년 정식 품종으로 인정받았다. 국제애견협회는 1998년 발표한 품종 표준에서 포메라니안을 케이스혼트와 함께 독일 스피츠 계열에 포함시켰다.

4) 한국 고유 품종

한국 고유 개는 수천 년 동안 한국의 자연환경과 문화 속에서 발전해 온 특별한 품종들이다. 이들은 대부분 충성심이 강하고 용맹하며 환경 적응 능력이 뛰어나 한국 전통 사회에서 중요한 역할을 해 왔다.

(1) 진돗개(Korean Jindo Dog)

- 특징: 한국의 국견으로, 전라남도 진도군에서 보호 및 육성되는 한국의 대표적인 토종개이다. 진돗개는 「한국진도개 보호 · 육성법」(약칭: 진도개법)과 「자연유산의 보존 및 활용에 관한 법률」(약칭: 자연유산법)에 의하여 법적인 보호를 받고 있다. 1962년 12월 3일 천연기념물 제53호로 지정되었고, 2021년 11월 19일 문화재청 고시에 의해 문화재 지정번호가 폐지되어 천연기념물로 재지정되었다. 다른 품종견에 비해 충성심이 강하고 영리하며 용맹함과 뛰어난 사냥 실력으로 유명하다. 진도군에서는 진도개시험연구소를 설치하여 보호 · 육성 및 연구를 진행하고 있다. 주인을 찾아 대전에서 진도까지 300km를 달려온 '돌아온 백구'의 일화는 많은 사람들에게 진돗개의 충성심과 뛰어난 귀소본능을 알리는 계기가 되었으며, 동화, 애니메이션, 광고 등으로 제작되어 많은 이들에게 감동을 불러일으켰다.
- 기원: 삼국시대에 남송(南宋)의 무역선이 진도 근해에서 조난을 당했을 때 들어왔다는 설, 고려시대 삼별초의 난 때 몽고군 군견이 남아 시조가 되었다는 설, 조선 전기 진도군의 군마 목장을 지키기 위해 몽고에서 들여왔다는 설, 진도 토종개가 늑대와 교배해 기원하였다는 설 등이 있다. 명확한 역사 기록이 남아 있지 않아 확실하게 유래를 단정할 수 없으나, 근래 중국 · 일본 · 한국 남해안의 패총이나 선사유적들에서 나오는 개 뼈로 보아 석기 시대 사람들이 기르던 개의 종류가 전해 내려오면서 육지와 떨어진 진도에서 순수한 혈통을 그대로 보존해 온 것으로 보인다. 진도군 바로 인근에 위치한 해남군 우항리에서 3,000년 전의 개 뼈가 발굴되었는데, 지금

의 진돗개 뼈와 비슷한 중형견 뼈로 밝혀져 그 연관성이 추측되고 있다.

- 역사: 진돗개는 현재 「한국진도개 보호·육성법」과 「자연유산의 보존 및 활용에 관한 법률」에 의해 법적 보호를 받고 있으며, 우리나라 고유 품종으로서 학술적 가치가 크므로 천연기념물로 지정·보호하고 있다. 진돗개가 한국 토종개로 주목을 받은 것은 일제강점기인 1938년의 일이다. 조선총독부 고적명승천연기념물 보존령에 의해 천연기념물로 지정된 뒤 1939년 7월에 650마리를 지정했으나 일본인들의 반출이 심해 같은 해인 1939년 11월에 313마리로 줄어들었다. 조선총독부는 1940년에 이러한 사실을 발견하고 1942년에 반출 통제령을 내리기도 했다.

(2) 풍산개(Pungsan Dog)

- 특징: 강인한 체력과 용맹함, 뛰어난 후각을 가진 한반도 북부의 대표적인 사역견이자 사냥개이다. 북한의 천연기념물이자 국견으로, 원산지는 함경남도 풍산군이다. 진돗개와 비슷한 외모이나 덩치가 더 크고 털이 좀 더 북슬북슬하다. 장모종과 단모종이 있다. 모색은 흰색, 황색, 회색, 검은색도 있다. 일제강점기까지 검은색인 흑구와 회색인 재구가 많았다고 전해지나 북한의 육종과정에서 흰색인 백구 위주로 선별되어 현재는 백구가 많다.
- 기원: 함경남도 풍산군이 원산지이다.
- 역사: 주로 대형 동물을 사냥하는 사냥개였으며 호랑이와 곰을 사냥한 기록도 전해진다. 이상오의 『한국야생 동물기』(1959)에는 아래와 같은 내용이 있다.

백계 러시아인인 사냥꾼으로 우리나라 함경도 주을에 살던 '얀코프스키'는 많은 풍산개를 호랑이, 곰 사냥에 사용하여 그 성능이 뛰어났음을 확인하였으며 일본 사람들이 천연기념물로 지정하기 10년 전에 필자는 고 이윤희 옹에게 풍산개의 진가를 들은 바 있다.

(3) 삽살개(Sapsal Dog)

- 특징: 한반도의 동남부 지역에 널리 서식하던 우리나라 토종개이다. 키는 수컷이 51cm, 암컷은 49cm이며, 생김새는 온몸이 긴 털로 덮여 있다. 눈은 털에 가려서 보이지 않는다. 귀는 누웠으며 주둥이는 비교적 뭉툭하여 진돗개처럼 뾰족하지 않다. 꼬리는 들려 올라가며 머리가 커서 그 모습이 꼭 사자를 닮았다. 성격은 대담하고 용맹하며, 주인에게 충성스럽다.
  삽살개(삽사리)라는 이름은 귀신이나 액운을 쫓는 뜻을 지닌 '삽(쫓는다, 들어내다)'·'살(귀신, 액운)'개라는 순수한 우리말로서 가사(歌詞), 민담, 그림 속에 자주 등장한다. 삽살개의 형태적 특징은 조선시대의 민화나 풍속화에 잘 나타나 있으며, 청삽사리와 황삽사리로 분류된다.
- 기원: 옛 기록에 자주 등장하는 삽살개는 400년경 고대 신라 때부터 왕실과 귀족사회에서 사랑받으며 길러졌으며 군견으로도 활용되었으나 통일신라가 망하면서 민가로 흘러나와 고려나 조선시대엔 서민의 개로서 우리 민족과 애환을 함께 해 왔다고 전해진다.
- 역사: 조선 시대에는 귀신을 쫓는 개로 여겨졌다. 동네마다 흔하던 삽살개는 일제 강점기에 조선총독부 산하 조선원피주식회사에 의해 군용 모피 자원으로 이용되어 연간 10만~50만 두가 도살되었고 1950년대 한국전쟁을 거치면서 급격하게 그 수가 줄어 멸종 위기에 이르렀다. 그러나 1960년대 말 경북대 교수들에 의해 경북 산간 일원에서 30여 마리의 삽살개가 수집, 보존되어 복원되었고 1992년 천연기념물 제368호로 지정되어 (재)한국삽살개재단에 의하여 보호·육성되고 있다.

(4) 경주개 동경이(Donggyeongi)

- 특징: 경상북도 경주시 일대에서 길러오던 우리나라 토종개로 짧은 꼬리가 특징이다. 사냥개와 화재경보견으로 활용된다. 꼬리가 짧거나 없기 때문에 엉덩이를 흔들거나 혀로 핥는 것으로 즐거움과 반가움을 표현한다.

온순하고 복종심이 강하고 활동적이며, 사냥을 잘한다.

- 기원: 경상북도 경주가 원산지이다.
- 역사: 우리나라 토종개 중 문헌 기록상 가장 오래된 개이다. 1930년대 울산 학성관 종루 앞에서 찍힌 사진을 마지막으로 경주 주변에서 자취를 감추었다.

'동경이'라는 이름은 경주의 옛 지명인 동경(東京)에서 유래되었다.『동경잡기(東京雜記)』,『증보문헌비고(增補文獻備考)』 등에 "경주 지역에서 사육되고 있는 꼬리 짧은 개를 동경구(東京狗)라 불렀다."라는 기록이 있다.『국어대사전』(이희승, 1982) 등에도 "경주 지역에 살고 있는 꼬리 짧은 개를 동경이, 동경개라고 한다."라고 기록되어 있다.『오주연문장전산고(五洲衍文長箋散稿)』에는 "동경이가 노루와 사슴 꼬리를 닮아 장자구(獐子狗) 또는 녹미구(鹿尾狗)라 불렀다."라고 싣고 있다. 그 외에『삼국사기(三國史記)』,『성호사설(星湖僿說)』,『대동야승(大東野乘)』,『고금석림(古今釋林)』,『낙하생집(洛下生集)』,『신라회고(新羅懷古)』,『해동지(海東志)』,『경주읍지(慶州邑誌)』 등 많은 문헌에 언급되고 있다.

문헌 기록 이외에 5~6세기 신라 고분군에서 꼬리 짧은 개 모양의 토우와 토기 파편의 토우 유물 등이 출토되고 있는 것으로 보아 경주개 동경이는 신라시대부터 사육되었던 토종개로 추정된다. 일제강점기에는 일본 신사에서 볼 수 있는 상서로운 개인 고마이누와 닮았다는 이유로 학살당해 멸종 위기에 처하기도 하였다. 또한 가죽으로 옷을 만들기도 하였으며, '기형이다', '재수가 없다' 하여 죽임을 당해 급속도로 감소해 왔다. 그러나 2005년부터 서라벌대학교 부설 동경이보전연구소는 기존 문헌자료를 바탕으로 연구와 조사를 하여 2008년에 품종 표준화를 실시하고 시민들에게 공개하기도 하였다. 2010년에 한국애견협회로부터 진돗개, 풍산개, 삽살개에 이어 한국견 제4호로 등록 인증을 받았다. 2014년에는 경주개 동경이 복제에 성공하였다. 2012년 11월 6일에 천연기념물 제540호로 지정되었다. 진돗개, 삽살개에 이어 세 번째로 천연기념물로 지정된 개이다.

3. 반려견의 관리

1) 관리의 중요성

반려견은 단순한 애완동물이 아니라 가족의 일원으로 여겨지고 있으며, 반려견의 신체적 · 정신적 건강 유지를 위해서는 적절한 관리가 필수이다. 반려견의 관리에는 영양, 위생 관리, 건강 검진, 운동, 훈련 등이 포함되며, 이는 반려견이 건강하고 행복하게 가족과의 삶을 살아가기 위해 꼭 필요한 요소이다.

2) 영양 관리

(1) 균형 잡힌 식단

영양소는 동물의 에너지 공급과 성장을 위해 사료를 통해 섭취하는 물질들을 말한다. 반려견에게 필요한 영양소는 사람과 동일하게 수분, 단백질, 지방, 탄수화물, 비타민, 미네랄 6가지로 분류되며, 이러한 영양소가 적절히 포함되어 있는 음식을 주어야 한다. 특히 반려견의 크기나 연령, 활동 수준에 따라 필요한 영양소가 다르다(Larsen et al., 2012).

① 수분

생명 유지에 가장 중요한 영양소로, 체중의 60~70%를 차지한다. 사료 자체에 포함되어 있는 수분(건식 사료에는 약 10%, 습식 사료에는 70~80%까지 포함)도 필요량에 어느 정도 기여는 하지만, 언제나 물을 필요한 만큼 마실 수 있어야만 한다. 반려견이 체수분의 10%를 상실하면 건강상의 이상이 발생하고 15%를 잃게 되면 폐사에 이른다.

② 단백질

단백질은 육식동물인 반려견에게 가장 중요한 영양소 중 하나이다. 단백질은 세포, 조직, 기관, 효소, 호르몬 등을 만드는 데 쓰이며, 성장, 유지, 번식 및 회복에 필수적이다. 동물성 단백질은 반려견에게 가장 이상적인 아미노산 조성을 갖고 있으며, 야채, 곡류와 콩류 등에도 단백질이 포함되어 있지만 동물성 단백질의 아미노산 조성보다는 다소 떨어진다.

아미노산은 단백질의 구성단위로 체내에서 합성 가능한지에 따라 필수 아미노산과 비필수 아미노산으로 나뉜다. 필수 아미노산은 체내에서 충분히 합성될 수 없기 때문에 사료에 반드시 포함되어야 하고, 여기에는 아르기닌, 메티오닌, 히스티딘, 페닐알라닌, 이소류신, 트레오닌, 트립토판, 라이신과 발린이 있다. 비필수 아미노산은 체내에서 합성 가능한 아미노산으로 사료에 반드시 포함될 필요는 없지만, 없어서는 안 될 영양소이다.

③ 지방

지방은 세포 구조 유지에 필수적이며, 호르몬의 원료로도 이용된다. 또한 지용성 비타민의 흡수와 이용에도 필요하고, 외부 환경으로부터 몸을 단열하거나 내부 장기를 충격으로부터 보호하는 기능을 한다.

지방은 지방산과 글리세롤 등으로 구성되며, 지방산 중 필수 지방산은 체내에서 충분히 합성되지 않기 때문에 사료를 통해 공급해야 한다. 필수 지방산의 결핍은 성장 부진이나 피부 문제를 일으키며, 반려견의 필수 지방산으로는 리놀레산(linoleic acid)이 있다.

오메가-6와 오메가-3 지방산은 염증 치료에 중요한 지방산이다. 오메가-3 지방산 섭취 비율을 높이면 피부염증(알레르기), 관절염, 염증성 장염 또는 신부전증과 같은 증상을 완화할 수 있으며, 오메가-6 지방산과 오메가-3 지방산의 최적 비율은 5~10대 1의 비율로 알려져 있다.

④ 탄수화물

반려견은 탄수화물 소화 능력이 있으므로 탄수화물도 필수적으로 공급해 주어야 한다. 탄수화물은 에너지 공급과 장 건강 및 번식 기능에 중요한 역할을 한다. 특히 뇌 기능을 유지하기 위한 에너지는 포도당으로만 공급이 가능하므로 생명 유지를 위해서는 일정 수준의 포도당을 계속 공급해 주어야 한다. 탄수화물의 일종인 식이섬유도 장내 미생물의 균형을 유지하고 만성적인 설사를 예방하는 역할을 한다. 식이섬유소가 이와 같은 기능을 발휘하기 위해서는 식이섬유가 장내에서 적정한 속도로 발효되어야 한다.

⑤ 비타민

비타민은 체내의 효소작용을 돕는 기능을 한다. 비타민은 소량 섭취만으로도 정상적인 기능을 발휘하는 데 전혀 문제가 없지만 체내에서 합성이 되지 않기 때문에 사료에 반드시 첨가해야 한다. 완전균형사료(complete balanced diet)를 급여하고 있다면 별도의 비타민 제제를 급여할 필요는 없다. 비타민을 너무 많이 급여하면 과잉증을 유발하고, 반대로 비타민이 너무 부족하면 결핍증이 일어날 수 있다. 오늘날에는 결핍보다는 과잉으로 인한 문제가 더 많이 발생하고 있다. 특히 지용성 비타민은 과잉 섭취 시 체내에 축적되어 중독증이 나타나는데, 비타민 A 과잉은 뼈와 관절에 통증을 유발하며 뼈가 부러지거나 피부가 건성이 되기 쉽다. 한편 비타민 D의 과잉은 골밀도를 너무 높이고, 연조직과 관절을 딱딱하게 만든다.

⑥ 미네랄

미네랄은 에너지를 공급할 수 없지만 체내에서 합성될 수 없기 때문에 꼭 사료에 포함되어야만 하는 무기화합물이다. 보통 미네랄은 뼈와 치아의 구성 요소로서 중요한 역할을 하며, 체액 균형과 많은 대사반응에 관여한다.

(2) 급여해서는 안 되는 음식

초콜릿에 함유된 테오브로민 성분으로 인하여 구토와 설사, 갈증, 심장에 부정맥을 일으킬 수 있다. 심한 경우 근육경련, 발작, 심장부정맥 등으로 강아지의 생명을 잃을 수도 있다.

양파는 반려견의 적혈구를 파괴하여 빈혈을 유발한다. 익힌 양파 또한 같은 증세를 일으킬 수 있으므로 주의해야 한다. 증상으로는 구토, 설사, 식욕 저하, 기력 저하, 호흡 곤란 등이 있으며, 심한 경우 생명에도 영향을 주게 된다.

포도(건포도 포함)는 신장독성이 있어 반려견에게 신부전을 일으켜 단 몇 알로 3~4시간 안에 목숨을 잃을 수도 있다. 증상으로는 구토와 설사, 식욕감퇴, 무기력 등이다.

땅콩이 들어 있는 음식이나 땅콩 자체를 먹는 것은 반려견에게 치명적일 수 있다. 중독 증세로는 근육경련, 뒷다리 근육약화, 보행이상 등이 나타날 수 있으며, 구토와 체온상승, 빠른 심장박동 등을 보인다.

카페인은 중추신경을 자극하여 많은 양의 카페인을 섭취할 시 반려견을 바로 죽음으로 몰고 갈 수 있다. 증상으로는 초콜릿과 비슷한 설사, 구토, 근육경련, 출혈 등이 나타난다. 커피, 홍차, 코코아, 초콜릿, 콜라 등에 카페인 성분이 함유되어 있기 때문에 주의해야 한다.

강아지에게 뼈를 주는 것은 자연스러운 행동으로 인식되어 있다. 하지만 뼈는 소화기계에 걸릴 수 있고, 소화과정 중 장기에 상처를 입혀 염증을 일으키기 쉬우며, 때론 장기에 구멍이 뚫리는 천공까지 나타날 수 있어 반려견에게 뼈를 주는 행동은 주의해야 한다.

3) 위생 관리

(1) 목욕 및 털 관리

피모 관리 상태를 청결하게 유지하고, 건강 상태, 즉 피부병, 안질환, 귀질환 유무 등을 점검하여 적절한 조치를 취하며 반려견과의 스킨십을 통해 보호자와 긴밀한 관계를 형성할 수 있다. 품종이나 환경에 따라 목욕 횟수는 다르지만 일반적으로 한 달에 1~2회가 적당하다.

빗질은 죽은 털을 제거하며 새로운 털이 잘 자라도록 도와주고 털 엉킴을 방지한다. 반려견을 빗질하기 편리하도록 테이블에 올려놓고 가장 덜 민감해하는 등의 털부터 머리, 엉덩이, 배 밑, 겨드랑이, 다리, 꼬리 순으로 털이 난 방향으로 피부에 손상이 가지 않게 빗질을 해 준다. 처음에는 간격이 넓은 빗으로 시작해, 그다음 중간 빗, 좁은 빗 순으로 바꾸어 가며 빗질을 해 준다.

(2) 구강 관리

구강 관리는 반려견의 전반적인 건강에 매우 큰 영향을 미친다. 양치를 정기적으로 해 주고 치석을 제거해 주며, 구강 건강에 도움이 되는 간식을 제공하도록 한다.

(3) 발톱 관리

실내에서 생활하는 반려견은 발톱이 닳지 않아 보행에 지장이 생기며 부상을 유발할 수 있다. 따라서 정기적으로 발톱을 잘라 주도록 하며 이때 발톱 혈관을 잘라 출혈이 생기지 않도록 주의한다.

(4) 건강 검진 및 관리

반려견에게 정기적인 예방접종은 반려견의 건강과 인수공통감염병 예방을 위해 필수적이다. 일반적으로 반려동물의 예방접종은 생후 6주부터 시작하는데, 급격한 환경의 변화가 있을 경우 적응기간을 가진 후 접종을 진행해야 하며, 예방접종의 시기와 종류를 반드시 확인해야 한다. 접종은 종합백신과 광견병 예방접종을 필수적으로 시행하도록 한다(Kraus et al., 2019).

심장사상충, 내외부 기생충의 구제를 위해 정기적으로 예방약과 구충제를 투여하여 예방하도록 한다. 반려동물의 정기적인 구충은 반려동물의 건강뿐 아니라 반려동물과 생활하는 사람의 건강과도 밀접한 연관이 있으므로 정기적인 구충을 실시해야 한다. 특히 반려견은 분기마다 1회 이상 구충을 실시해야 한다. 외부기생충이나 심장사상충의 예방을 위해 수의사의 조언에 따라 적합한 약물을 투약하도록 한다.

1년에 한 번 이상 정기 검진을 통해 질병을 조기에 발견하고 관리하도록 한다.

(5) 운동과 산책

반려견의 건강 관리에 가장 좋은 방법은 칼로리 소모를 유도하는 운동이나 산책이다. 초반에 너무 무리하게 운동을 하면 강아지가 거부감을 일으키거나 관절에 무리가 갈 수 있으므로 가벼운 산책으로 시작하여 서서히 운동량을 늘리는 것이 중요하다.

품종과 연령, 크기에 따라 필요한 운동량이 다르므로 반려견에게 적합한 활동과 산책을 하도록 한다. 예를 들어 시베리안 허스키 등과 같이 매우 에너지가 넘치는 품종은 매일 긴 산책이나 달리기가 필요하다(Wang et al., 2021).

적절한 반려견 장난감을 제공해 주어 반려견의 두뇌 활동을 자극하고 보호자와의 교감과 놀이를 통해 정서적 자극과 스트레스 해소에 도움을 주도록 한다. 장난감이나 공 등을 줄에 묶어 반려견 앞에서 흔들어 주면 움직이는 물체에 대한 추적 본능으로 잡으려고 쫓아다니게 된다. 이렇게 놀아 준 후 장난감을 한 번씩 물려 주면 장난감이 즐거운 놀이 대상으로 인식되어 장난감만 보면 가지려고 하는 소유욕이 발동하게 된다. 이러한 능력을 키워서 후에 훈련이나 행동 교정에 응용할 수 있다.

(6) 훈련과 사회화

'앉아', '기다려'와 같은 기본 훈련은 돌발상황 발생 시 반려견의 행동을 통제 가능하며, 반려견의 안전을 위해 필요하다. 이는 반려견의 불안을 줄여 주고 공격성을 예방하는 데 매우 중요하다.

반려견의 사회화란 감각 기관이 발달하는 생후 2주부터 주변 환경에 대해 배우고 살아가면서 필요한 경험과 대처법을 터득하는 과정을 말한다. 따라서 어린 강아지 시기부터 다양한 환경, 사람, 동물에 노출되도록 하여 사회성을 키워 주도록 한다. 특히 생후 3~14주는 일상의 자극에 대한 반응 형태를 형성하는 중요한 시기이므로 사회화 훈련이 꼭 필요한 시기이다.

① 입양 시 모견 및 형제견과 충분한 시간을 보낼 수 있도록 입양 시기를 결정한다.
② 어린 강아지를 입양한 보호자는 빠른 시일에 다양한 자극에 대한 사회화 교육 계획을 수립해야 한다.
③ 사회화 교육은 보상을 활용하는 등 긍정적인 방법과 상황에서 수행해야 한다.

CHAPTER 03

반려묘에 대한 이해

학습목표

1. 반려묘와 인간에 대해 살펴본다.
2. 반려동물의 품종과 특징에 대해 살펴본다.
3. 반려동물의 긍정강화훈련에 대해 살펴본다.

1. 매력적인 고양이와 인간의 역사

고양이(*Felis catus*)는 개와 함께 인류의 오랜 동반자로, 오늘날 수백만 가정에서 5억 마리가 사랑받는 반려동물로 자리하였다.

인류가 농업을 시작한 시기이며 현대 이라크, 시리아, 레바논, 이스라엘, 요르단, 이집트 일부를 포함하며 티그리스강과 유프라테스강 유역으로 인류 초기 문명의 발상지에서 약 9,000년 전 사람들은 농업을 통해 곡물을 저장하기 시작했는데, 곡물 저장소에는 쥐와 같은 설치류가 모였다. 설치류는 작물의 손실을 유발했으며, 이를 해결하기 위해 설치류를 사냥하는 고양이가 등장했다.

가장 초기에 가축화된 고양이는 아프리카 북부 리비아산(産)에 걸쳐 분포하는 리비아 고양이(Felis silvestris lybica)로 알려진 북아프리카 야생 고양이 종이다. 이 고양이는 인간 사회 주변에서 쉽게 먹이를 구할 수 있었으며, 이러한 관계는 고양이와 인간 사이의 상호공생 관계를 형성하는 데 중요한 역할을 했다.

1) 이집트와 고양이의 신성화

고양이가 문화적으로 처음 중요한 역할을 한 곳은 고대 이집트이다. 기원전 3,000년경, 이집트에서는 고양이가 곡물 창고를 지키는 동물로 가치가 높았다. 곧 고양이는 단순한 실용적인 존재를 넘어 신성한 존재로 여겨졌다. 이집트 신화에서는 고양이 형태를 가진 여신 바스테트(Bastet)가 가정과 출산, 보호를 상징하는 중요한 신으로 숭배되었다.

이집트인들은 고양이를 보호하기 위해 법을 제정하기도 했다. 고양이를 해치는 것은 큰 죄로 간주되었으며, 심지어 고양이가 죽으면 가족 전체가 애도 의식을 치르는 전통이 있었다. 이집트에서 고양이는 단순한 반려동물이 아니라 신성한 존재였고, 심지어 부와 권력을 상징하기도 했다.

튀르키예에서는 동물보호법(Hayvanları Koruma Kanunu)을 통해 길고양이를 보호하고 있다.

- 길고양이에게 먹이와 물 제공: 튀르키예에서는 길고양이에게 먹이와 물을 주는 것이 법적으로 허용된다. 많은 시민과 상점 주인들이 길고양이에게 먹이를 제공하며, 이는 법적으로 권장되기도 한다.
- 포획-중성화-방사(TNR) 프로그램: 튀르키예 정부는 길고양이 개체 수를 인도적으로 관리하기 위해 TNR 프로그램을 운영하고 있다. 지자체는 길고양이를 포획하여 중성화 수술을 시행한 후, 다시 원래 서식지로 방사한다. 이는 길고양이 개체 수를 줄이고 건강을 유지하는 데 중요한 역할을 한다. 지자체는 길고양이를 위한 피난처와 급식소를 마련하여 고양이들이 안전하게 먹고 쉴 수 있도록 한다. 이는 튀르키예의 고양이에 대한 문화가 법률에 실제 적용된 것으로, 튀르키예의 길고양이들은 시민들로부터 많은 사랑을 받고 있으며, 일상생활에서 자유롭게 돌아다니고 상점과 집에서 먹이를 제공받는 경우가 많다. 많은 지역에서는 길고양이를 위한 작은 집과 급식소가 설치되어 있으며, 정부와 시민 단체가 협력하여 고양이를 돌보고 보호한다. 튀르키예의 법률은 이러한 고양이 보호 문화를 법적으로 뒷받침하며, 시민들이 고양이를 돌보는 것을 권장하고 있다.

2) 고양이의 세계적 확산

고양이는 고대 이집트에서 무역을 통해 지중해 지역으로 퍼져 나갔다. 고양이의 뛰어난 설치류 사냥 능력은 선박에서 매우 유용했으며, 이로 인해 고양이는 선원들과 함께 여러 대륙으로 확산되었다. 특히 로마 제국은 고양이의 유용성을 인식하고 이를 반려동물로 받아들였다.

고대 로마에서는 고양이가 행운과 보호의 상징으로 여겨졌다. 이로 인해 고양이는 유럽 전역으로 퍼져 나갔으며, 중세 유럽에서는 농촌 지역에서 곡물과 가축을 보호하기 위한 주요 동물로 자리 잡았다.

3) 중세의 고양이: 오해와 박해

중세 시대에는 고양이에 대한 인식이 양극화되었다. 한편으로는 고양이가 실용적인 역할을 했지만, 다른 한편으로는 고양이가 마녀나 악마와 연관된 존재로 간주되기도 했다. 특히 검은 고양이는 불길함과 악운의 상징으로 여겨져 많은 박해를 받았다.

중세 유럽에서 흑사병(페스트)이 창궐했을 때, 고양이와 마녀가 병의 원인으로 지목되면서 대규모 고양이 학살이 벌어지기도 했다. 그러나 고양이의 숫자가 줄어들면서 설치류가 급증했고, 이는 오히려 질병 확산을 악화시키는 결과를 낳았다. 결국 사람들은 고양이의 중요성을 다시 인식하게 되었고, 고양이는 다시 보호받는 존재로 자리매김했다.

4) 근대와 현대의 고양이

르네상스 시대 이후 고양이에 대한 오해가 점차 사라지면서, 고양이는 다시 가정에서 사랑받는 동물이 되었다. 산업혁명과 도시화가 진행되면서 고양이는 농촌뿐만 아니라 도시에서도 중요한 역할을 하게 되었다. 도시 환경에서 설치류를 제어하는 능력은 여전히 유용했고, 고양이는 점차 반려동물로서의 역할이 더 강조되었다.

18세기 유럽에서 변이종에 관련한 육종학 체계를 갖추면서 고양이 품종 개량이 시작되자 다양한 고양이 품종이 육종가(Breeder)에 의해 개발되었다. 반려동물로서 고양이의 인기는 빅토리아 시대에 특히 높아졌으며, 당시 고양이는 귀족적인 품위와 우아함의 상징으로 여겨졌다. 이 시기부터 고양이는 단순히 실용적인 동물이 아닌, 동반자 동물로 자리 잡게 되었다.

고양이 가축화의 역사는 단순히 인간에게 고양이가 필요했기 때문에 이루어진 것이 아니라, 고양이도 인간을 필요로 했기 때문에 이루어진 상호작용의 결과이다. 오늘날에도 고양이는 독립적이면서도 인간과 교감하는 특별한 존재로, 많은 사람들의 삶에서 중요한 역할을 하고 있다.

이처럼 고양이 가축화의 역사는 현대에는 반려동물로서의 지위를 차지했으며 단순히 야생 동물이 인간에 의해 길들여진 과정이 아니라, 인간과 동물이 서로에게 적응한 독특한 여정이라고 할 수 있다.

2. 반려묘 품종의 이해

1) 품종의 인정

오늘날 고양이 품종의 경우 공식적으로 그룹이 지어져 있지 않으며, 2020년 국제고양이협회(TICA)에서 72종, 고양이애호가협회(CFA)에서 42종 정도로 총 70여 종의 고양이 종이 인정받고 있다.

① 국제고양이협회(The International Cat Association, TICA): 이 협회는 미국 내에 본부를 둔 국제고양이협회로 공신력을 유지하고 있는 단체이다.

② 고양이애호가협회(Cat Fanciers' Association, CFA): 1906년에 처음 조직되었으며, 그해 디트로이트와 버펄로에서 처음 공식적인 캣쇼를 개최하였다. 세계 최대 규모의 애묘 협회 중 하나로, TICA 외 다른 협회의 일부 품

종은 인정하지 않으며, 엑조틱 쇼트헤어, 페르시안, 렉돌 등 총 42여 종의 묘종을 인정하고 있다. 고양이는 롱 헤어, 쇼트 헤어, 롱/쇼트 정도로 구분을 할 뿐, 그룹화는 되어 있지 않다.

2) 고양이의 품종

(1) 샴(Siamese)

- 원산지: 태국 / 기원: 14세기~1700년대 개발
- 체중: 2.5~5.5kg
- 털 종류: 단모
- 특징: 근육질이고, 파이프 모양의 몸체를 긴 다리가 받치고 있으며, 기다란 목과 꼬리가 우아하다. 짧고, 빽빽하고 비단결 같은 털이 긴 몸매를 강조해 준다. 기다란 머리는 아주 똑바른 옆모습과 미끈한 쐐기꼴이다. 커다란 귀는 쐐기꼴을 완성해 주며, 진한 청색의 아몬드 모양의 눈은 기울어서 자리 잡고 있다. 이 고대 품종은 족보가 있는 고양이 중 가장 오래되었다.

(2) 러시안 블루(Russian Blue)

- 원산지: 북유럽 / 기원: 1800년대
- 체중: 3 ~ 5.5kg
- 털 종류: 단모
- 특징: 피모는 이중이고 고급 융단을 만지는 듯한 촉감이며 털색은 반짝반짝 빛나는 라이트 블루이다. 진한 초록색의 둥근 눈을 가졌으며, 미간이 벌어져 있다. 입 주위의 독특한 미소 덕분에 '러시아의 스마일'로 불린다. 다리는 길고 몸통은 가늘고 길며 몸놀림이 부드럽고 아름답다.

(3) 페르시안(Persian)

- 원산지: 페르시아 영국 / 기원: 1800년대
- 체중: 3~ 4kg
- 털 종류: 장모
- 특징: 장모종의 대표이자 족보 있는 고양이 중 가장 인기 있는 품종이다. 털이 풍성하고 체형이 둥글다. 둥근 머리, 짧은 다리, 낮은 코, 둥근 눈과 작은 귀는 서로 멀리 떨어져 있다. 우아한 피모를 아름답게 지켜 주기 위해서는 매일 거르지 말고 빗질이 필요하다.

(4) 버어만(Birman)

- 원산지: 버어마
- 체중: 3~ 4kg
- 털 종류: 장모
- 특징: 버어마에서 Kittah 승려들의 반려 고양이로서 신성하게 여겨졌다. 1919년경에 버어만 고양이 한 쌍이 프랑스로 가는 배에 몰래 실렸다가 수컷 고양이는 긴 항해의 가혹한 조건을 못 견디고 죽었으나, 암컷 고양이 'Sita'는 임신한 채로 살아남아 버어만이 서구 세계에 자리 잡게 되었다.

(5) 망스(Manx)

- 원산지: 영국 / 기원: 1800년대
- 체중: 3.5~5.5kg
- 털 종류: 단모와 장모
- 특징: 망스는 영국 해안의 맨 아일랜드(Man섬)에서 수백 년 전에 기원한 것으로 생각된다. 많은 무역선이 이 섬에 정박하여 고양이를 실어 갔기 때문에 조상 고양이가 정확히 누구라고 말할 수는 없다. 분명한 것은 장모와 단모 모두 돌연변이의 원조라는 점이다. 새끼 고양이는 완전한 꼬리, 짧은

꼬리('엉덩이 융기'로 알려진) 융기를 지녔거나 꼬리가 아예 없을 수 있다. 한배 새끼라 할지라도 꼬리 길이가 다양하게 나타난다. CFA 챔피언십 카테고리에는 오직 엉덩이 융기 고양이만 참가할 수 있다.

(6) 옥시캣(Ocicat)

- 원산지 : 미국 / 기원 : 1950년대
- 체중 : 4.5~7kg
- 털 종류 : 단모
- 특징 : 옥시캣은 적당한 형태의 아구티 반점 고양이이다. 아비시니안, 시아미즈, 아메리칸 쇼트헤어의 혈통이 섞인 이 고양이는 야생고양이를 본뜨기 위하여 품종들을 선택하여 개발해 낸 유일한 집고양이이다. 이상적인 것은 크고, 활동적이고, 운동으로 단련된 외모를 가지고 매우 단단하고, 근육이 잘 발달되었으며, 털은 짧고, 빽빽하며, 근육과 반점들은 공단처럼 윤기가 나게 해서 최고의 장점으로 부각시킨다.

(7) 아메리칸 와이어헤어(American wire hair)

- 원산지 : 미국 / 기원 : 1966년(1967년 등록)
- 체중 : 3.5~5kg
- 털종류 : 단모
- 특징 : 1966년 뉴욕주 업스테이트의 한 고양이 농장에서 태어난 새끼 고양이들 중에서 자연 발생적으로 일어난 돌연변이로 시작되었다. 아메리칸 와이어헤어와 다른 품종을 구별하는 특징은 털이다. 태어날 때의 털 전체가 와이어인 것이 이상적이다.

(8) 봄베이(Bombay)

- 원산지 : 미국 / 기원 : 1953년
- 체중 : 3.5~5kg
- 특징 : 큰 눈과 검은색 짧은 털을 가졌으며, 민첩하고 적응성이 강하다. 버어만과 검은색 아메리칸 쇼트헤어의 혼성 교배종이다.

(9) 브리티시 쇼트헤어(British short hair)

- 원산지 : 영국 / 기원 : 1901년
- 특징 : 브리티시 쇼트헤어는 아마 영국에서 가장 오래된 고양이 품종으로, 조상을 추적하면 로마의 집 고양이로 거슬러 올라간다. 이 품종은 처음에 육체적으로 강하고 뛰어난 사냥 능력을 인정받았으나, 정숙한 태도와 지구력, 사람에 대한 충직성을 다시 한번 인정받고 가치를 재평가받았다.

(10) 히말라얀(Himalayan)

- 원산지 : 영국, 미국 / 기원 : 1955년
- 털 종류 : 장모
- 특징 : 색깔은 안면 마스크와 다리에만 나타나며, 몸체는 흰색부터 엷은 황갈색까지 다양한 색조로 나타난다. 히말라얀은 페르시안의 형태에 시아미즈의 반점 색깔을 결합시키기 위하여 페르시안을 시아미즈에 교배시켜서 개발한 품종이다.

(11) 아메리칸컬(American curl)

- 원산지 : 미국 / 기원 : 1881년
- 체중 : 3~5kg
- 특징 : 아메리칸컬의 귀는 만져 보면 견실하고, 얼굴에서부터 머리의 가운

데 뒤를 향하여 우아한 아치를 그리면서 뒤집혀 있다. 이것은 바로 부모 대로부터 물려받은 유전적인 변화이다. 호기심이 많고, 동료애가 있으며, 사람을 매우 잘 따른다.

(12) 노르웨이 숲(Norwegian forest) –노르웨이지안 포레스트 캣

- 원산지: 북유럽(노르웨이)
- 특징: 밝은 에메랄드 녹색 눈에 황금 띠가 둘러 있다. 털은 길게 흘러내린다. 얼굴은 상냥한 표정을 띤다. 귀는 말쑥하고 발가락은 다듬어져 있다.

(13) 래그돌(Ragdoll)

- 원산지: 미국 / 기원: 1960년대
- 특징: 레그돌은 1960년대에 캘리포니아의 번식가 앤 베이커에 의하여 개발되었다. 크고, 사랑스럽고, 긴 털이 아름다우며, 커다란 청색 눈을 지녔다. 몸체는 연한 색깔이며 얼굴, 다리, 꼬리, 귀에 진한 시아미즈 형태의 반점이 있다.

(14) 소말리(Somali)

- 원산지: 영국 / 기원: 1963년 아비시니안의 돌연변이
- 체중: 3.5~5.5kg
- 특징: 작은 여우를 닮아서 귀가 크고, 얼굴에 마스크 무늬가 있고, 목 갈기털이 풍성하고 꼬리가 수북하다. 영리하며 역동적이고, 부드러운 목소리를 지녔으나, 보통은 조용히 지낸다. 부드러운 울음소리로 사람들과 의사소통을 하며, 매력적인 장식 깃털을 지녔다. 외향적이고, 매우 사교적이다. 장난을 좋아하며 동물이나 사람과 함께 있기를 좋아한다.

(15) 터키쉬 앙고라(Turkish Angora)

- 원산지: 튀르키예 / 기원: 1400년대
- 특징: 순수한 자연 품종으로, 본래 타타르인이 기르던 마눌(Manul)에서 기원한 것으로 보인다. 그들이 튀르키예로 건너와서 오늘날은 튀르키예의 보배로 여겨지고 있다. 고양이 중에서는 가장 영리한 품종이다. 주인을 일편단심으로 섬기며, 길고, 우아하며, 가는 뼈대와 뾰족한 얼굴을 지녔다. 이 품종은 일반적으로 단일색, 태비, 스모크, 파티 컬러로 나타난다. 흰색이 가장 인기 있다.

(16) 터키쉬 밴(Turkish Van)

- 원산지: 튀르키예(중앙아시아) / 기원: 고대 터키 1950년대 개발, 1988년 등록
- 특징: 이란, 이라크, 남서 소비에트 연합과 극동 튀르키예를 포괄하는 중앙/남서 아시아에서 개발된 희귀하고 오래된 품종이다. 'van'은 수많은 도회지, 마을, 호수를 포괄한 지역을 지칭하는 말이므로, 그 지역을 원산지로 하는 독특한 무늬의 고양이를 '밴'이라고 부른다. 얼룩 유전자를 지닌 원조 품종의 무늬는 흰색의 롱헤어에 가까운 고양이가 머리와 꼬리에만 색깔이 있는 무늬를 가진 형태이다. 터키쉬 밴은 크고, 활동적이고, 영리하다. 털은 방수성이 있으며, 캐시미어 같은 매우 독특한 질감을 지녔다. 물을 매우 좋아하여 원산지에서는 '수영하는 고양이'라고 부른다.

(17) 아메리칸 쇼트헤어(American shorthair)

- 원산지: 미국 / 기원: 1600년대
- 특징: 미국 고유의 품종이며, 조상은 유럽으로부터 건너온 개척자들과 함께 북미에 도입된 고양이이다. '메이플라워호'와 함께 몇 마리의 고양이들이 도착했음을 시사하는 기록이 있다. 긴 수명, 튼튼한 건강, 어린이 및 개와 잘 어울리는 것, 잘생기고 태도가 정숙한 것으로 유명하다.

3. 반려묘의 이해

1) 신체적 특징

개는 넓은 운동장에서 뛰거나 산책을 나가서 동네를 돌아다니며 사회적 욕구를 해소하지만 고양이는 개와는 달리 좁은 공간에서도 충분히 운동하고, 스트레스를 해소할 수 있다. 고양이는 높이의 차를 이용한 공간에서 점프를 하거나 뛰어내리는 등의 운동이 필요하다. 실내 공간이 다소 좁더라도 높낮이 차가 있는 공간을 만들어 두면 고양이에게는 운동도 되며 스트레스를 발산할 수 있는 좋은 공간이 될 것이다.

캣 타워가 대표적인 운동기구라고 할 수 있다. 시중에 유통되고 있는 많은 캣 타워는 설치도 간편하고 청소도 용이한 제품들이 있다. 캣 타워를 준비하기 어렵다면 집안의 가구를 활용할 수도 있다. 예를 들어 장롱 옆에 중간 정도 높이의 가구를 두고 그 옆에 작은 수납함을 놓아 계단 형태의 구조를 만들 수도 있다. 오래된 카펫이나 러그를 돌돌 말아서 한쪽 벽면에 세워 두면 고양이에게는 하나의 운동기구가 될 수도 있다.

(1) 눈

근시를 가지고 있어 가까이 있는 물체를 잘 보지 못하며, 고양이 양쪽 눈의 시야각은 사람과 비슷하게 140도 정도이며, 옆으로는 200도까지 볼 수 있다(사람은 옆으로 180도까지 볼 수 있다).

고양이는 야간 시각이 잘 발달한 편이다. 밤이 되면 홍채의 크기를 조절하여 사람보다 6배 이상 물체를 잘 구분한다(사람이 볼 수 있는 빛의 양 1/7 정도만 있어도 가능). 특히 움직이는 물체를 잘 볼 수 있도록 발달되어 있으며, 고양이가 움직이는 물체를 보고 있으면 1초에 70회 정도로 시각중추에 신호가 전달되며, 움직이던 물체가 갑자기 정지하면 일시적으로 인지하지 못하는 경우도 발생한다.

하지만 너무 가까운 것은 초점을 잘 맞추지 못해 고양이 얼굴에서 한 뼘 이내에 있는 물체는 고양이에게 흐릿하게 보인다. 때문에 고양이의 눈두덩과 입 주변에 나 있는 수염을 이용해 근접한 물체의 위치를 감지하며, 고양이가 눈앞의 물체를 잡으려고 할 때는 수염이 전부 정면으로 향한다.

시력은 포유류 중에서 상대적 크기가 가장 큰 안구를 갖고 있으며(두개골 대비 안구의 크기), 이 거대한 눈의 동공을 완전히 개방하면 어두운 곳에서도 잘 볼 수 있다. 야간에 고양이가 노는 모습을 적외선 카메라로 촬영한 영상 등을 보면, 우리 기준에는 완전히 캄캄한 곳에서도 고양이는 주저하지 않고 자유롭게 돌아다닌다.

그러나 평상시에는 사람보다 시력이 훨씬 떨어져 6m 밖의 물체를 제대로 구분하지 못하고, 모든 종이 적록색맹이다. 녹색, 파란색, 노란색 계열은 구분 가능하나 사람만큼 선명하고 세밀하게 색을 구분하지 못하며, 빨간색, 주황색, 갈색 등 적색 계열은 전혀 구분하지 못한다.

여러 동물과 마찬가지로 고양이도 눈에 순막(瞬膜, nictitating membrane)을 갖고 있다. 순막은 우리 인간에게는 없지만 많은 동물들에 존재하는 '제3의 눈꺼풀'로, 반투명한 조직으로 되어 있으며, 양 눈의 내측(코 방향)에서 외측 방향으로 감기는 속눈꺼풀이다. 고양이는 얕은 잠을 잘 때는 눈꺼풀은 가늘게 열어두고 속눈꺼풀만 감은 상태로 잔다. 이 상태에서는 속눈꺼풀이 안구 표면을 덮어 안구의 수분을 보호하면서도 빛의 변화는 감지할 수 있기 때문에 잠을 자다가도 근처에서 뭔가가 움직이면 금방 알아차리고 일어난다. 반면, 깊은 잠을 잘 때는 눈을 꼭 감고 자는데, 이는 고양이가 완전히 안심하고 있다는 뜻이다. 개도 순막이 있지만 고양이의 것보다 약간 작다.

(2) 귀

가청범위가 20Hz~20,000Hz인 사람에 비해 **고양이는 가청범위가 48Hz~85,000Hz로 청력**이 월등하다. 일반적으로 청력이 뛰어나다고 알려진 개의 가청범위(67Hz~45,000Hz)까지도 능가한다. 사람이 들을 수 없는 소리도 들을 수 있다.

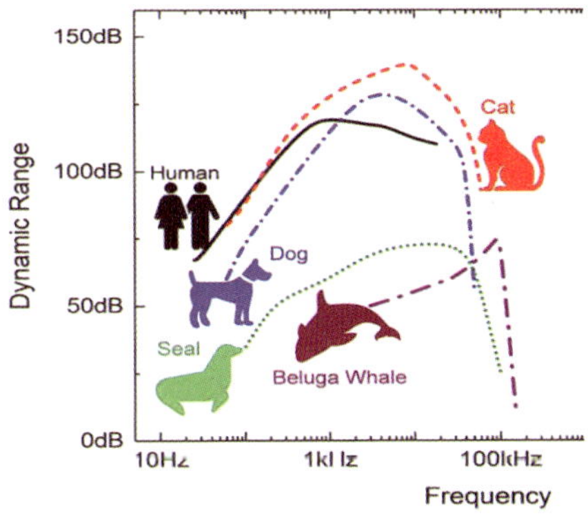

출처 : https://blog.naver.com/ hihappiness/222833853272

(3) 코

세력권(Home Area와 Hunting Area가 있음)을 냄새로 확인하고 음식의 부패 여부, 맛 등을 냄새로 확인하며, 적당한 온도와 습도를 조절하는 역할을 한다.

고양이의 야콥슨기관

야콥슨기관(Vomeronasal organ, VNO)은 포유류의 후각 기관 중 하나로, 인간에게서는 흔적 기관으로 남아 있어 기능하지 않는다. 이 기관은 고양이의 상악뼈와 구강 천장 사이에 위치하며, 특수화된 감각 세포를 통해 특정 화학 신호를 탐지한다. 야콥스기관은 일반적인 냄새와는 다른 화학 신호, 특히 페로몬을 감지하는 데 최적화되어 있다. 페로몬은 동물 간의 의사소통에 사용되는 화학 물질로, 주로 생식 상태, 영역 표시 또는 감정 상태를 전달한다. 고양이는 이를 통해 다른 동물의 상태를 인식하거나 자신의 영역을 확인한다.

플레멘 반응(Flehmen Response)이란 고양이가 입을 약간 벌리고 코를 찡그리며 머리를 들어 올리는 독특한 행동이다. 이 행동은 공기 중의 화학 물질을 야콥슨기관으로 전달하기 위한 것이다. 고양이는 주로 흥미로운 냄새나 페로몬에 반응하여 이러한 행동을 한다.

(4) 수염

정보 수집을 위한 고성능 측정기로 감각모라고 불리는데 입 주위, 눈, 코, 앞다리 뒤쪽의 식모 안에도 있다. 고양이의 수염은 고양이가 위험에서 빠져나갈 수 있게 하거나 사냥을 성공하게 하는 중요한 역할을 한다. 고양이의 앞다리에 나 있는 수염(털)은 먹잇감의 상태를 느낄 수 있고, 눈 위에 나 있는 수염은 위험을 감지해 눈을 감는 반사 작용 역할을 한다.

2) 고양이의 몸짓과 신호

사람과 대면한 고양이의 얼굴 중에 귀가 앞쪽을 향하고 있다면 이것은 그 사람과 만났다는 것을 좋아하고 있단 것이다. 귀를 상단으로 세워 똑바로 앉는 것은 집중해 소리를 듣기 위한 행동으로, 사실 경계하는 것이나 다름없는데 호기심이 많은 고양이라면 흥미가 발동했다는 의미이다. 귀를 평평히 놓고 눈을 크게 뜨는 것은 무섭거나 불안한 증세인데, 이럴 땐 자리를 피해 주는 것이 좋다.

(1) 기분이 좋을 때

- 귀를 앞으로 내리고 수염을 앞쪽으로 향할 때, 귀를 쫑긋 세웠을 때
- 코 옆의 수염을 옆으로 펼칠 때, 꼬리를 흔들 때, 꼬리를 바짝 세웠을 때
- 꼬리를 바짝 세우고 얼굴, 목을 비빌 때, 배를 바닥에 깔고 앞발을 긁을 때
- 배를 보이고 누울 때 등

(2) 기분이 안 좋을 때

- 귀를 내리고 코에 주름을 만들 때, 수염을 얼굴에 바짝 붙이고 있을 때
- 꼬리를 크게 부풀려 S자로 만들 때, 몸의 털을 바짝 세우고 등을 둥근 모양으로 했을 때
- 눈을 크게 뜨고 입을 열었을 때 등

(3) 고양이와 생활할 때의 유의 사항

① 주변 이웃들에게 피해가 가지 않도록: 고양이는 대체로 조용하며 냄새도 많이 나지 않는 편이지만 털이 많이 빠지곤 한다. 베란다 같은 곳에서 브러싱을 할 때 고양이의 털이 다른 이웃의 집으로 날아가지 않도록 신경을 쓸 필요가 있고, 털이 긴 고양이를 목욕시키는 경우 실제로 배관이 막히는 경우도 있으니 주의해야 한다.

② 집안의 위험 요인들을 체크한다.

- 가늘고 긴 전선을 고양이가 물어뜯어서 감전이 될 수도 있다.
- 물이 가득 찬 욕조에 고양이가 빠지는 사고도 발생할 수 있다.
- 열려 있는 세탁기에 고양이가 들어갈 수 있으니 주의한다.
- 베란다 문을 열어 놓을 경우 고양이가 다른 집으로 들어갈 수도 있고 추락 위험도 발생할 수 있다.
- 세제 등의 화학약품 등을 고양이가 핥을 수도 있으니 가급적 서랍 안에 넣어 둔다.
- 조리 시 가스레인지나 인덕션 주변에 고양이가 오지 않도록 주의한다.
- 조리용 도구, 먹다 남은 음식물 등 싱크대 주변을 정리한다.

(3) 고양이의 예방접종

막 태어난 새끼는 어미의 젖을 먹으면서 자연스럽게 어미가 가진 항체를 흡수하기 때문에 면역력을 가지게 된다. 그러나 생후 6~8주가 되면 흡수된 항체가 사라지기 때문에 이 시기에 예방접종을 해야 한다. 보통 고양이는 8~9주에 첫 예방접종을 시작한다.

너무 이른 예방접종은 어미의 항체로 인해 백신 효과가 사라진다. 아기 고양이에게 질병이나 기생충이 있거나, 영양 부족으로 쇠약하거나, 분양받은 지 얼마 되지 않아 스트레스가 있는 경우에는 상태가 좋아질 때까지 예방접종을 미루는 것이 좋다. 건강이 좋지 않다는 것은 아기 고양이의 면역력이 떨어져 있는 상태를 의미하기 때문에 도리어 백신이 독으로 작용할 수 있다. 설사, 움직임, 구토, 밥의 양에 따라 건강 상태를 확인할 수 있다. 이 4가지가 완벽히 충족된다면 병원을 방문하여 접종을 실시해도 좋다.

3) 고양이 관리

(1) 브러싱

단모종의 경우 일주일에 한 번 정도면 되지만, 장모종의 경우 하루에 한 번은 브러싱을 해 주어야 한다. 봄철 털갈이 시즌에는 두 배 정도 더 많이 관리를 해 주어야 하며, 나이가 많은 고양이는 자기 스스로 그루밍을 하기 어렵기 때문에 단모종, 장모종 관계없이 사람이 직접 매일 브러싱을 해 주는 것이 좋다.

(2) 발톱 자르기

실내에서 생활하는 고양이는 밖에서 생활하는 고양이처럼 발톱을 사용하지 않기 때문에 방치하면 발톱이 계속 길어진다. 깎지 않고 놔두면 부러지거나 최악의 경우는 살을 뚫고 들어가는 경우도 있다.

발톱을 자를 땐, 발톱 끝의 뿌리 쪽을 누르면 발톱이 나오는데, 혈관이 보이는 부분은 자르지 말고, 불투명한 부분만 깎아 준다. 앞발은 2주에 한 번, 뒷발은 3주에 한 번 자르는 것이 보통이다.

(3) 귀 청소

면봉에 이어클리너를 묻혀서 이물질을 제거하고, 귀지가 나올 경우에는 클리너 혹은 오일을 묻힌 면봉이나 솜 등으로 닦아 낸다. 귀의 깊은 곳까지 청소하는 것은 때로는 위험하기 때문에 귓속이 많이 더러워졌을 때는 동물병원에 데리고 가는 것이 좋다.

(4) 건강 이상 신호

- 콧물, 눈곱이 평소보다 많이 끼었을 때
- 귀를 자주 긁고 귀지가 눈에 띌 때
- 항문이 부어 있고, 항문 주위에 흰 두드러기가 생길 때
- 구취가 심하고 계속 식욕이 없을 때
- 앞발과 뒷발을 끌면서 걷고, 몸을 만지면 싫어하거나 머리를 흔들면서 걷거나, 똑바로 걷지 못할 때
- 잇몸이 붓거나 침을 흘리거나 할 때
- 화장실을 자주 가고 소변이나 대변을 잘 보지 못할 때
- 물을 마시는 횟수가 평소보다 많을 때

(5) 응급처치

- 열사병: 체온을 내리기 위해서 시원한 물(얼음물은 너무 차서 부적합)에 몸을 담그거나 물에 적신 수건으로 몸을 감싸 준다.
- 출혈: 상처 부위를 물로 씻어 내고 피가 멈추지 않을 때는 상처 부위에서 3~5cm 되는 부분을 천으로 감싸고 지혈을 해 준다. 심할 경우는 천으로 눌러 지혈을 하면서 병원으로 이동한다.
- 추락, 교통사고: 안정감이 있는 딱딱한 나무판자 등에 고양이를 눕힌다. 입, 코 등에서 출혈이 있을 땐 턱을 위로 해서 호흡을 용이하게 해 준다. 병원으로 이동 시에는 고양이의 몸이 최대한 흔들리지 않도록 주의해야 한다.
- 물에 빠졌을 때: 몸을 수건으로 닦고 마른 수건을 따듯하게 하여 몸을 감싸 준다. 만약 고양이가 의식이 없다면 폐 부분까지 물이 들어갔을 수 있다. 두 뒷발을 한 손으로 잡고 거꾸로 들어서 다른 손으로 등을 천천히 문질러 준다. 20~30초 정도 해 주며 물을 토할 때까지 가볍게 흔들어 준다. 그래도 호흡이 없다면 인공호흡을 해야 한다.
- 화상을 당했을 때: 화상 부위를 식혀야 하지만 고양이에게 물을 끼얹으면

갑자기 공격적인 행동을 할 수 있기 때문에 젖은 수건으로 감싸 주는 것도 좋은 방법이다. 화상 부위의 피부가 벗겨질 수 있기 때문에 환부에 직접 손을 대는 것은 삼가도록 하며 가까운 동물병원으로 빨리 이동한다.

고양이 인공호흡

- 턱을 위로 향하게 하여 기도를 확보하고 혀를 입 밖으로 나오게 한다.
- 자기 입으로 고양이의 코와 입을 덮고, 약 3초간 숨을 불어 넣는다. 고양이가 숨을 쉴 때까지 반복한다.
- 앞다리의 뿌리 2~3cm 부근에 손가락을 대보면 심장이 움직이는지 확인 가능하다.
- 사람의 몸 방향으로 머리를 향하게 눕히고, 양손으로 고양이의 몸을 감싼 상태에서 2초 정도 손가락의 힘을 이용해 가슴을 압박하고 이후 1초 정도는 힘을 뺀다. 5회 정도 반복한 뒤 다시 인공호흡을 시도한다.

4) 고양이의 먹이

고양이의 먹이는 가정식으로는 뼈가 제거되고 양념이 포함되지 않은 익힌 닭고기, 생선, 소고기 등을 적당히 제공하며 깨끗한 물을 제공하여야 한다. 동물 사료의 품질과 안전성을 확보하기 위해 「사료관리법」을 통해 관련 규정을 명확히 하고 있다.

고양이 사료의 표준 영양성분은 「사료관리법」과 AAFCO(미국 사료관리 협회)의 가이드라인을 기준으로 보면 반려동물의 사료는 동물의 건강과 안전을 보장하기 위해 영양성분, 제조 과정, 첨가물 등에 관한 명확한 기준을 준수해야 한다. 특히 고양이 사료는 고양이의 생리적 특성과 필수 영양소 요구를 충족해야 하며, 법적으로 다음과 같은 영양성분 기준이 요구된다.

(1) 주요 영양성분 기준

「사료관리법」에 따라 고양이 사료의 필수 성분은 다음과 같다.

① 단백질: 고양이는 육식동물로서 단백질이 풍부한 식단이 필요하다. 성장기의 고양이는 최소 30%(건조 기준), 성묘는 최소 26%(건조 기준)로 주로 동물성 원료에서 단백질이 제공되어야 하며, 닭, 생선, 소고기 등에서 추출된 단백질이 일반적이다.

② 지방: 고양이의 에너지 요구를 충족하기 위해 필요하다. 최소 9% 이상 함유(건조 기준)로 오메가-3, 오메가-6 지방산이 포함되면 피부와 털 건강에 더욱 유리하다.

③ 타우린: 고양이는 타우린을 체내에서 합성하지 못하므로 필수 공급사료로 섭취해야 한다. 최소 0.1%를 포함(건조 기준)하며, 이는 고양이의 시력 유지와 심장 건강에 필수적이다.

④ 미네랄: 칼슘은 0.6%~1.2%, 인은 0.5%~1.1%, 칼슘과 인의 비율은 1 : 1~1.5 : 1로 한다. 마그네슘은 0.08% 이하로 유지해야 요로 건강에 이상이 없다.

⑤ 비타민: 비타민 A는 최소 9000IU/kg, 비타민 D는 최소 750IU/kg, 비타민 E는 최소 50IU/kg를 포함하고, 이 외에도 비타민 B 복합군(특히 티아민), C, K 등이 포함되어야 한다.

5) 고양이와의 교감

고양이와 인간과의 관계는 고양이-고양이 커뮤니케이션 테크닉을 조정하는 것과 동일한 방식으로, 인간도 고양이와 소통하기 위해 인간 고유의 전형적인 사회적 행동 패턴들을 사용한다. 조작적 조건화를 통한 행동을 강화(많이 발생하게 만드는 것)하는 방법을 사용하는 것이다.

(1) 몸짓과 표정

대단히 인간적인 커뮤니케이션 방법인 손가락으로 무언가를 가리키는 행동은 고양이가 하는 행동은 아니다. 하지만 코를 가까이 하는 행동은 고양이 사회에서는 자연스러운 행동이다.

고양이가 내는 크르륵거리는 소리는 흔히 '골골송'이라고 하며, 영어로는 Purring이라고 한다. 이 소리는 고양이가 매우 특별한 상황에서 내는 것으로, 다양한 의미와 목적을 가진다. 고양이는 편안하고 행복할 때 만족감과 행복 표현으로 이 소리를 자주 낸다. 예를 들어 주인이 쓰다듬어 주거나 따뜻한 곳에서 휴식을 취할 때 이러한 소리를 내는데, 이는 고양이가 긍정적인 감정을 느끼고 있음을 나타낸다. 새끼 고양이는 태어나자마자 어미 고양이와 소통하기 위해 골골송을 낸다. 이 소리는 어미에게 '안전하다'는 신호를 주며, 어미 고양이 역시 새끼를 돌보며 골골송을 내어 안정감을 준다. 또한 소리를 통한 치유 효과 연구에 따르면, 골골송은 고양이 자신에게 치유 효과를 줄 수 있는데 고양이의 골골송 주파수(25~150Hz)는 뼈와 조직의 회복을 촉진하며, 고통을 완화시키는 데 기여할 수 있다는 연구 결과도 있다.

(2) 관찰학습

새끼 고양이는 태어나자마자 학습을 시작한다. 새끼들은 각자가 선호하는 젖꼭지로 가는 길을 알아내려고 후각적 단서들을 기억한다. 레버를 누르면 그 대가로 사료가 나온다는 것을 어미가 행동으로 보여 주면 새끼 고양이는 어미의 행동 관찰을 통해 레버를 작동시켜 사료를 얻는 법을 배울 수 있다. 자연 상태에서 관찰학습(observational learning)이나 사회적 학습은 어미가 새끼들에게 반쯤 죽은 먹이를 보금자리로 가져와 사냥하는 법을 가르칠 때 일어난다. 새끼 고양이는 어미 또는 형제가 먹잇감을 죽이는 걸 지켜본다. 성묘도 관찰학습을 할 수 있다. 어떤 고양이가 학습된 반응으로 행동하는 것을 관찰하는 것보다는 다른 고양이가 하는 행동을 배우는 것을 지켜보는 것이 훨씬 더 효율적이다.

스키너와 조작적 조건형성의 과학

클리커 트레이닝은 1930년대 스키너의 세심한 연구 끝에 발견된 학습 방법인 조작적 조건형성(operant conditioning)에 기반을 둔다. 조작적 조건형성은 동물이 자기가 하고 있는 행동과 그 행동의 결과 간에 연관을 형성하는 학습 과정을 말한다. '행동의 결과가 행동을 수정한다.' 이는 바람직한 결과가 오는 행동은 더 자주 하고, 아무 결과가 없거나 심지어 원치 않는 결과가 오는 행동은 하지 않을 확률이 높다는 것을 의미한다.

스키너는 연구 데이터를 모으기 위해 레버와 먹이 공급 시스템이 갖춰진 조작적 조건형성 상자를 고안했다. 아무 자극도 없는 상자 안의 쥐가 우연히 레버를 쳤다가 먹이 알갱이가 공급되자 그 행동이 강화되었다. 자기가 레버를 건드린 직후에 먹이 알갱이가 나왔다는 것을 깨달은 쥐가 레버를 치는 횟수를 늘리기 시작한 것이다. 쥐의 행동은 의도치 않았던 사건에서 의도적인 행동으로 바뀌었다.

2차 세계대전 동안 스키너는 비둘기를 대상으로도 실험했다. 쥐와 비둘기가 하는 간단한 행동과 반응은 스키너의 또 다른 발명품인 누가 기록기(행동을 그래프로 기록하는 장치)에 의해 모두 측정 기록되었다. 기록기는 레버가 눌리는 타이밍과 빈도를 문서화했는데, 이렇게 모인 데이터는 동물이 어떤 행동에 대해 긍정적인 결과 또는 강화물이 있으면 그 행동을 반복한다는 결과를 보여 주었다. 또 강화되지 않으면 그 행동은 사라진다는 것도 보여 주었다.

스키너가 실험 내내 주목했던 것은 동물의 행동을 강화하는 활동이나 아이템 같은 강화물이었다. 그는 이것을 1차 강화물 그리고 2차 강화물(secondary reinforcer) 또는 조건 강화물(conditioned reinforcer)이라 불렀다. 스키너는 1차 강화물로는 전형적으로 먹이를 사용했다. 2차 강화물, 즉 조건 강화물은 먹이 공급기가 1차 강화물인 먹이를 배달하기 직전에 만들어 내는 소리였다. 동물들은 그 소리와 뒤따라 공급되는 먹이 간에 연관을 형성했다. 조작적 조건형성의 또 다른 면은 동물은 어떤 행동을 했을 때 긍정적인 결과가 없으면 또는 부정적인 결과(벌)가 있으면 그 행동을 반복하지 않으려 한다는 것이다. 하지만 스키너의 연구는 벌 없이도 행동을 쉽고 효과적으로 바꿀 수 있는 방법을 보여 주었다.

4. 반려동물의 긍정강화훈련 이해

1) 긍정강화훈련(Positive Reinforcement Training)

반려동물의 긍정강화훈련은 반려동물과 인간의 상호교감에서 시작한다. 많은 반려동물행동교정사, 관리사들은 직간접으로 유수한 동물 관련 훈련프로그램으로 활동하고 있고 각자의 처지에 맞게 동물교감을 해석하고 실제로 많은 노력을 하고 있다. 제공되어지는 긍정강화훈련 매뉴얼은 서울대공원 동물원에서 수의사 · 전문사육사들에게 제공되어 현재 코끼리를 비롯한 영장류, 맹수, 대동물과 기타 소동물에 적용 운영되는 내용을 반려동물에 맞게 재구성하였다.

(1) 긍정강화훈련의 시작

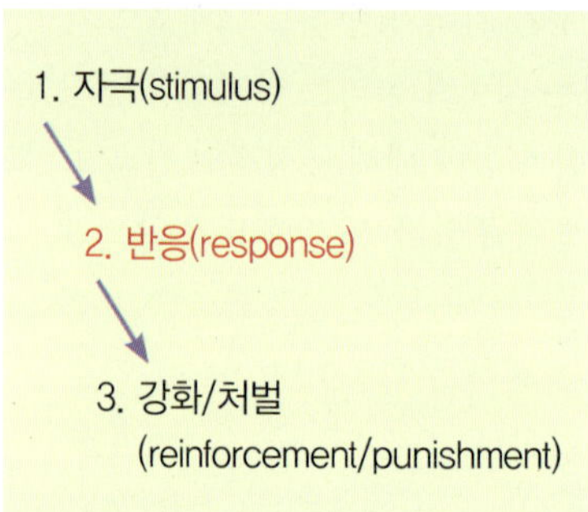

긍정강화훈련(Positive Reinforcement Training)은 반려동물의 특정행동을 자주 발생시키게 하는 행동증가기법으로, 반려동물과 사람이 쌍방향으로 자극 반응 강화 또는 처벌 행동 보상을 통해 학습과 행동 변화를 촉진하는 행동기법이다.

반려동물과의 의사소통(훈련)은 동물을 움직이게 하기(Move), 자리 지키기(Stay), 신호 또는 자극을 인지하고 정확하게 반응하기, 감정 · 시각적 · 청각적 자극 등 다양한 자극을 허용하는 것이다. 반려동물과 교감하는 행동은 조작적 조건형성, 즉 결과에 따라 행동이 바뀌는 활동적인 배움의 과정이다. 조작적 조건형성에는 훈련, 유지, 행동 제거 이렇게 세 가지 방법(긍정적 강화, 부정적 강화 혹은 회피, 처벌)이 있다. 조작적 조건형성의 세 가지 과정은 자극 → 반응 → 강화/처벌로 연결된다.

예를 들어, 반려견이나 반려묘를 부르는 것은 '자극'이고 반려견이나 반려묘가 다가오는 것은 '반응', 당신이 개를 쓰다듬어 주는 것은 '강화'라 할 수 있다.

불렀을 때 다가오는 행동은 당신의 개가 보상(쓰다듬어 주는)이 일어날 것을 알기 때문에 일어나는 것이고 이러한 행동은 신뢰가 크면 클수록 잘 이루어질 것이다.

(2) 긍정강화훈련의 원리

반려동물과의 의사소통(훈련)은 우리가 의도하든 하지 않든 언제나 일어날 수 있다. 동물과 상호작용하는 누군가가 있는 매시간 모든 장소에서 훈련과 의사소통은 일어난다. 이는 반려동물을 키우는 모든 사람에게서 발생한다. 보다 잦은 상호교감으로 보다 많은 훈련의 결과가 만들어진다. 종종 우리 역시도 반려동물에 의해 양방향 의사소통(Two Way)으로 일어난다.

여기서 강화란 어떤 행동 발생의 빈도를 많이 하는 것을 의미하며, 처벌이란 어떤 행동 발생의 빈도를 적거나 일어나게 하는 것을 의미한다.

	추가	제거
바람직한 결과	행동 증가 긍정적 강화 (positive reinforcement)	행동 중단 소거 (extinction)
바람직하지 않은 결과	행동 중단 처벌 (punishment)	행동 증가 부정적 강화 (negative reinforcement)

이전에 반려동물 관리자는 부정적 강화로 반려동물의 행동을 관리하였으나 최근에는 동물 복지의 인식 확산 등으로 추천하지는 못하고 있다.

(3) 긍정강화훈련의 도구

긍정강화훈련에서 도구란, 시각 · 청각 등 반려동물의 언어 비언어적 도구(훈련 장비를 포함한 과정)를 의미하며, 반려동물의 특징과 관리자 훈련숙련도에 따라 다르게 적용된다.

① 브릿지(Bridge) : 휘슬(Whistle) 또는 클리커(click)

클리커(cLick)란, 손가락으로 누르면 '딸깍' 소리가 나는 훈련도구를 말한다. 타깃을 이용한 반려동물과의 의사소통(훈련)은 반려동물이 그 방향으로 움직이도록 하는 기준이다. 타깃은 동물의 전체 또는 세밀한 움직임을 조절하는 데 사용되며, 동물로 하여금 자리나 위치를 유지하도록 훈련하는 데 쓰인다. 진행 중인 의사소통(훈련)의 종류에 따라 고정하거나 가지고 다닐 수 있는 것, 다양한 길이로 된 것과 같이 여러 종류의 타겟을 사용할 수 있다.

② 강화인자(Reinforce)

강화인자는 반려동물이 당신이 원하는 것을 했을 때 사용한다. 1차 강화인자인 먹이는 긍정적 강화훈련에 가장 빈번하고 효과적으로 사용된다. 그리고 접촉, 장난감, 풍부화 장비 등과 같은 조건적 강화인자(2차 강화인자는 장난감)는 특별히 동물이 먹으려 하지 않는 상태나 먹이를 제한하여야 하는 경우에 유용하다. 조건적 강화인자는 훈련자와 동물 간 상호관계에 의존하기 때문에 시간이 많이 소요된다.

브릿지(Bridge)는 클리커, 휘슬 또는 '좋아'란 말을 뜻하며, 초기에는 의미 없는 신호이지만 1차 강화인자와 더불어 반복하면서 그 효과가 강화하게 된다. 브릿지는 반려동물에게 올바른 행동을 했다는 간결한 정보를 제공하거나 반려동물에게 1차 강화인자가 곧 있음에 대한 신호(Sign)의 기능을 가진다.

(4) 긍정강화훈련은 언어적 · 비언어적 의사소통 과정

대체로 기계적 브릿지로 클리커와 'Silent dog' 휘슬이 사용된다. 기계적 브릿지는 사람의 칭찬과 같은 목소리보다 더 선호되는데, 이는 기계적 소리가 어느 누구라도 관계없이 똑같은 반면, 사람의 목소리는 다 똑같지 않기 때문이다. 휘슬과 클리커는 목소리보다 효과적이며 즉각적으로 간결하게 집어내 준다. 결과적으로 사람은 반려동물과 의사소통(훈련)을 하는 동안 긍정적 훈련을 북돋우기 위해 동물에게 말하기 쉽다. '좋아', '잘했어' 하는 칭찬은 반려동물과의 의사소통(훈련) 도중뿐 아니라 다양한 상황이나 맥락 속에서 자주 사용되는 반면, 기계적 브릿지는 훈련 도중에만 사용된다. 이는 우리가 반려동물에게 칭찬을 동시에 해도 반려동물에게 분별력 있는 정확한 정보를 줄 수 있다.

브릿지 사용은 종종 행동의 끝과 동시에 하는데 그 행동이 완성되었다는 신호가 되면 안 된다. 다른 것들(예를 들어, 먹이에 손을 뻗을 때, 위치를 바꿀 때, 목소리 톤이나 위치를 바꿀 때, '좋아'와 같은 칭찬, 또는 다른 신호를 보여 주는 것 등)이 그 행동이 완성되었음을 알릴 것이다. 이는 원하는 행동이 모두 끝난 후에 브릿지를 하는 것이 아니라 원하는 행동을 하는 중에 써야 한다.

반려동물이 반응하고 행동하는 중에 브릿지를 사용하면 매우 다루기 쉽고 정보의 한 특정 부분만을 전달할 수 있다. 이러한 중간 브릿지가 중요한 이유는 행동을 연장하고자 할 때(예: 반려견을 기다리게 할 때 계속 휘슬이나 클리커 신호나 '기다려'를 계속 전달하고자 할 때 혹은 채혈 시 계속 간식을 주거나 칭찬을 할 때), 이전 행동과정 중간 먹이상화인자 진달을 허용, 먹이 보상을 다양한 때에 줌으로써 그 브릿지만으로 또는 1차 강화인자와 함께 훈련한 행동을 말한다.

(5) 긍정강화훈련은 강화의 전달 과정

강화의 전달(DeLivery of Reinforcement)은 반려동물이 원하는 행동을 정확히 했을 때, 우리는 긍정적 강화를 해 주어야 한다. 1차적이든 혹은 조작적이든 계획을 세워 언제 강화인자를 제공할지 결정한다.

조작적 조건형성 관련 문헌에 수많은 계획을 세우는 방법들이 있지만 우리는 가장 유용한 두 가지 방법에 초점을 두고자 한다. 이 두 가지 방법은 ① 지속적 강화 계획, ② 다양한 강화 계획이다. 제공되는 강화의 정도는 '강화 등급'이라 하며, 이는 강화의 크기, 양, 지속성뿐 아니라 해당 반려동물에 대해 이미 알려진 강화(예: 곰이 좋아하는 꿀, 강아지에게 노즈워크, 고양이 낚시놀이)까지 포함한다. 가장 큰 강화인자는 잭팟 또는 보너스라고 한다.

반려동물과의 의사소통(훈련)에 유용한 다양한 강화인자를 보유하는 것이 가장 좋은데, 다양한 강화인자는 동물 선호도에 따라, 또는 어렵거나 복잡한 행동 등에 따라 보상을 탄력적이고 다양하게 할 수 있다. 또한 계속 이어지는 훈련 중 질적으로 다른 반응을 강조할 때, 진행률, 반려동물과의 의사소통(훈련) 과정 중의 동물 개체마다 다른 성취도에 따라 강화의 등급을 달리하는 것이 매우 유용하다.

2) 긍정강화훈련(Positive Reinforcement Training) 과정

(1) 행동형성 또는 Shaping기법이란

행동형성(Shaping) 또는 연속적 접근 Shaping은 '형성' 또는 '조형'이라고 한다. 행동형성은 연속적으로 접근하는 것이며, 최종적인 행동을 완성하기 위해 작은 단계들이 연결되는 것이다. 반려견이 이동장에 들어가게 하는 훈련 기법으로 많이 사용된다

- 중간 목표들을 이으면 각 단계가 된다.
- 학습은 반복에 의해 일어난다.
- 행동형성은 각각 이루어진 많은 단계와 많은 반복으로 이루어진다.
- 학습의 과정은 행동형성 중 훈련된 모든 행동과 연계되어 있기 때문에 퇴행이 쉽게 나타나기도 한다. 일단 하나의 행동이 훈련되면, 유사 행동들은 훈련하기 쉽다.
- 일단 동물이 배우게 되면 학습이 쉬워진다.
- 일단 행동이 학습되면, 그 행동의 질과 완성도를 높이는 차별화되거나 선택적인 강화를 사용한다.

출처 : https://blog.naver.com/trainer_jd/110174885135

Karen Pryor의 행동형성법

- 쉽게 달성할 수 있는 목표를 준다.
- 한 번에 한 행동을 훈련한다: 동시에 두 개의 행동기준을 만들려 하지 말 것
- 행동을 형성할 때, 바로 단계를 더하거나 높이지 말고 현재 가능한 행동훈련을 다양한 프로그램에 적용한 후 단계를 높인다.
- 새로운 기준 혹은 행동을 도입하기 전에 동물이 적응할 시간을 준다.
- 동물은 훈련자가 생각하고 있는 것보다 빨리 배울 수 있으므로 항상 다음 단계를 준비해 둔다.
- 동물 당 여러 명이 훈련할 수 있으나, 행동별로 한 명의 기본훈련가를 둔다.
- 훈련에는 수많은 방법이 있다. 자신만의 방법을 고집하지 않는다.
- 훈련 기간 동안 뚜렷한 이유 없이 훈련을 중단하지 말라. 이는 동물에게 처벌로 여겨질 수 있다.
- 행동에 퇴행이 있을 경우 기초과정(퇴행이 진행된 전 단계)부터 다시 한다.
- 가능하면 각 훈련 과정은 항상 긍정적 상태에서 실행하고 마무리한다.

출처 :Don't shoot the Dog

(2) 행동포착 또는 Capturing 기법

행동포착(Capturing Behavior)은 반려동물의 행동을 기다리다가 앉거나 서거나 하면 클리커 클릭과 동시에 보상하여 그 행동을 자주 발생하게 하는 훈련법이다.

행동포착은 훈련 행동을 위한 또 다른 선택이며 자연스럽게 발생한 그 행동을 강화하는 것을 포함한다. 포착에 의해서만 훈련될 수 있는 배뇨, 발성과 같은 몇몇 행동들이 있는 반면, 행동포착은 훈련의 일차적 수단으로서, 행동형성과 관련된 학습이 되는 것은 아니다. 포착의 문제점은 퇴행이 있을 때 되돌아 밟아갈 수 있는 단계가 없다는 것이다. 따라서 단지 다시 적정한 행동을 할 때까지 기다리는 수밖에 없다. 이것은 동물이 그 행동을 하지 않을 경우 짜증스럽고 시간 낭비가 될 수 있다. 행동형성과 비교한 포착의 또 다른 단점은 배울 기회가 적고 일반화할 수 없다는 것이다.

(3) 모델링(Modeling) 기법

강아지가 다른 강아지의 행동을 보고 따라 하는 행동을 말하며, 사회성 동물군에서 발생하는 경우가 많으며 새로운 행동을 습득하고 발전시키는 과정에서 주변 환경 및 사회적 상호작용의 중요성을 강조하는 행동주의적 이론에서 시작되었다.

모델링(Modeling)은 신체적으로 동물을 적정 장소나 적정 행동으로 움직이도록 하는 것이다. 우리가 반드시 반려동물을 신체적으로 접촉하여 어떤 장소 안으로 가도록 해야 한다. 그렇지 않으면 단점만 있다.

동물이 정해진 위치 안에 가도록 몸을 움직이는 과정에서 일부 훈련될 수 있다는 장점이 있지만 반려동물을 신체적으로 조정하는 문제에 대한 우리의 안전 여부나 움직여서 혹은 강제적으로 정해진 위치 안에 이동하는 것에 저항을 유발할 수 있으며, 모델링을 사용할 때 일어나는 행동에는 거의 학습이 이루어지지 않거나 모델링에서부터 동물이 그 자신에 의해 움직이도록 하는 모든 이동은 매우 어려우며 시간 소모가 크다는 단점도 있다.

관찰학습은 동물이 다른 개체를 관찰하면서 학습하는 것을 말한다. 이는 반려동물을 반복적으로 행동 과정에 노출시킴으로써 훈련되는 초기 단계로, 이후의 훈련을 효과적으로 발전시킬 수 있다. 예를 들어 성체를 따르는 어린 해양 포유류는 훈련을 함에 있어서 그 같은 경험이 전혀 없는 개체보다 훨씬 빨리 배운다는 보고가 있다. 이 사회적 학습방법은 무리로부터 사회적 의미와 학습을 배우는 사회적 동물에게 보다 효과적이다.

3) 원하지 않는 행동을 줄이는 방법

바람직하지 않은 행동을 줄이고 없애기 위해 긍정적 강화훈련에서 사용되는 세 가지 방법은 다음과 같다.

(1) 소멸(Extinction)

어떤 행동을 유지하게끔 하는 강화요소를 제거하는 것이다. 강화요건이 없어지면 시간이 지나 그 행동은 사라질 것이다. 바람직하지 않은 행동을 효과적으로 줄이고 소멸하도록 하기 위해 훈련자는 정확히 무엇이 그 행동을 부추기고 있는지 파악해야 한다. 일단 강화인자가 파악되면, 그것이 제공되지 않도록 해야 한다. 초기 소멸단계에서는 갑작스런 '소멸 급증'이 있을 수 있다. 이러한 일시적인 증가는 훈련자가 계속 강화인자를 주거나 그 행동을 줄이면서 제지하지 않는 한 만족스럽지 않은 결과를 가져올 수 있다. 소멸을 가장 효과적으로 만들기 위해서는 목적한 행동(바람직한 행동)의 강화인자를 함께 동반하여 동물이 훈련자가 무엇을 원하고 원하지 않는지를 알도록 해야 한다.

- 소멸급증(Extinction Burst): 소멸법을 사용하는 초기 단계 중 동물이 과한 행동을 급격히 많이 하는 것이다. 예를 들어 심하게 짖는 개를 교육할 때 초반에 짖는 행위가 평소보다 심해질 수 있다.

(2) 타임아웃(Time Out)

원치 않는 행동을 줄여나가고 없애는 데 효과적인 수단이다. 또한 타임아웃은 긍정적 강화훈련에서 유일하게 가능한 처벌이다. 타임아웃 시간은 수 초에서 수 분까지 다양할 수 있으나 동물이 왜 타임아웃이 있는가를 기억하는 만큼까지여야 한다. 타임아웃의 강도도 동물을 쳐다보지 않는 것에서부터 모두 훈련 공간을 떠나는 것까지 다양하다. 타임아웃을 수행하면서는 나쁜 감정을 남겨 두지 말아야 한다. 적정하게 이어가고 강화해 나갈 수 있도록 동물에게 공정한 기회를 주도록 한다. 타임아웃을 한 그 행동 전 단계로 다시 돌아갈지 혹은 전체적으로 다른 것을 시도할지 선택할 수 있다. 타임아웃은 처벌이기에 이 처벌 방법을 쓰는 것과 연관되어 부정적인 결과도 가져올 수 있다(예: 공격, 자기주도적 행동). 타임아웃을 사용할 때는 원치 않는 결과가 잠재되어 있기 때문에 타임아웃을 바람직하지 않은 행동을 줄이는 첫 번째 수단으로 추천하지는 않는다. 즉, 다른 대안들을 우선 고려하고 성공적인 결과를 얻기 위한 책무는 훈련자에게 있지 동물에게 있지 않음을 기억해야 한다. 처벌은 그 책무를 보다 더 동물에게 향하도록 전가한다.

타임아웃은 바람직하지 않은 행동이 일어난 그 순간에 즉시 주어져야 하며, 그럼으로써 타임아웃이 정확히 무엇 때문인지를 소통하게 해 준다. 타임아웃은 그 효과가 가늠(평가)되어져야만 한다. 즉, 만일 훈련자가 같은 행동에 반복적으로 타임아웃을 주고 있음을 알게 된다면 그 타임아웃은 목적한 결과를 가져오지 못하다는 것이고 이는 새로운 전략이 필요하다는 것이다. 타임아웃 방법을 쓰기 위해선 동물과 훈련자 사이의 아주 좋은 신뢰관계가 형성되어 있어야 하며, 훈련자는 왜 잘못된 행동이 일어나는지 보다 세밀하게 관찰하고 밝혀내야 할 필요가 있다. 타임아웃이 적당하지 않아 동물이 새로운 행동을 배우고 있을 때나 동물이 그 행동, 상황, 사회적 압력 등으로 겁먹고 있는 경우와 동물이 혼란스러워하는 경우와 동물이 훈련에 처음인 경우와 우리가 반려동물과의 의사소통(훈련)에 초보인 경우 긍정적인 상황에서 사용되어야 한다.

(3) 상반 행동(Incompatible Behaviors)

상반 행동이란 반려동물에게 있어 신체적으로 바람직하지 않은 행동과 동시에 하기 어려운 행동들을 말한다. 예를 들어 먹이 급여 시 다른 반려동물을 쫓아다니는 반려동물을 그 먹이 급여 동안 한 곳에 앉도록 훈련하는 것이다. 한 곳에 앉는 것과 쫓는 것은 동시에 같이하기 불가능하다. 병행 불가능한 행동을 신호하거나 강화함으로써 동물은 정확하게 무슨 행동을 해야 하는지 긍정적 강화를 배우게 되며 동시에 원하지 않는 행동을 더 이상하지 않게 된다.

긍정 강화 훈련은 부정적 감정을 최소화하며 효과적으로 학습 유도하여 학습자가 자발적으로 행동을 반복하도록 유도하여 인간과 반려동물과 신뢰를 형성하는 데 도움이 되며 장기적으로 더 안정적인 행동 형성을 가능하게 하는 공존의 방법이다.

CHAPTER 04

관상어에 대한 이해

학습목표

1. 관상어 사육의 역사와 관상어 산업의 발전에 대해 이해한다.
2. 관상어의 종류와 특징을 이해한다.
3. 관상어의 관리 및 질병에 대한 지식을 습득한다.

관상어(觀賞魚, aquarium fish, ornamental fish)는 열대어, 비단잉어, 금붕어 등 수계(水界)에 서식하는 생물 중 보고 즐기는 것을 목적으로 일정한 공간에서 사육 가능한 생물을 말한다(「관상어산업의 육성 및 지원에 관한 법률」 제2조 제1호). 이들 관상어는 오래전부터 애완 물고기로 사육되며 인간의 사랑을 받아왔다. 관상어는 일반적으로 금붕어, 비단잉어, 열대어 등을 말하며, 해수관상어 및 대형어 등도 포함된다.

관상어 사육의 역사는 약 2천 년 전부터 시작되었다. 당시 중국의 궁중에서는 보고 즐기기 위하여 어류를 사육했다는 기록이 있으며, 고대 메소포타미아와 이집트에서는 야생 물고기를 채집하여 종교적 · 미학적 용도로 사육하였다. 메소포타미아인들은 물고기를 신성시하여 포획 후 나앙하세 장식한 연못에서 기르기도 하였으며 고대 이집트 벽화에는 관상 물고기를 사육한 내용이 묘사되어 있다. 특히 나일강에서 채집한 틸라피아(Tilapia)를 연못에서 기르기도 했다. 이는 오래전부터 인간이 물고기를 단순한 식량 자원으로만 보지 않고 감상의 대상으로 여기고 있었다는 것을 보여 준다.

한국의 관상어 사육 역사는 비교적 짧으나 1950년대 종전 이후 점차 생활 수준이 안정됨에 따라 취미생활로 확대 및 보급되었다고 전해진다. 최근 관상어 사육 및 산업이 매우 발전하고 있는데 이는 정서 안정은 물론 교육적 효과 및 아름다운 자연을 곁에 두고자 하는 인간의 욕구와 관련된 것이라 할 수 있다. 즉, 관상어 사육은 인류가 자연을 주거 구역 내 혹은 자신의 가까이로 가져와 감상하고자 하는 욕구에서 비롯되었다 할 수 있다. 관상어 사육은 시대와 문화를 초월하여 발전해 왔으며, 현대에 이르러 비단 취미의 일환뿐 아니라 실험동물로 활용되는 등 과학적 연구와 다양한 활동 영역을 모두 아우르는 분야로 자리 잡게 되었다. 본 절에서는 관상어 사육의 기원과 발전 과정을 알아보고 관상어 사육의 형태가 현대적 양상으로 이어지는 과정을 살펴보고자 한다.

1. 관상어 사육의 역사

관상어 사육은 인간이 자연을 이해하고 감상하려는 노력의 일부로 시작되었다. 관상어는 단순히 아름다움을 감상하는 것 이상의 의미를 지니며, 관상어 사육의 역사적 배경은 문화적 · 경제적 · 생태적 관점에서 중요한 정보를 제공한다.

1) 고대 문명에서의 관상어 사육

관상어 사육의 기원은 고대 문명으로 거슬러 올라간다. 약 2,000년 전, 중국의 한나라 시대에는 금붕어를 장식적인 목적으로 사육한 기록이 발견된다. 금붕어는 연못이나 도자기 그릇에 길렀으며, 이는 부유층과 황실의 취미로 여겨졌다. 금붕어의 사육과 번식 기술은 이후 점차 발전하여 오늘날 다양한 품종이 탄생하게 되었다.

한편, 고대 로마에서도 장식적인 목적으로 물고기를 사육한 사례가 있다. 로마의 귀족들은 정원이나 실내의 수조에서 물고기를 길렀으며, 이는 부와 권력을 상징하는 요소로 여겨졌다.

2) 중세와 르네상스 시대

중세 유럽에서는 수도원에서 수도사들이 정원 연못에 물고기를 키우며 생태계를 연구하고 관리하는 사례가 있었다. 이러한 관행은 이후 르네상스 시대에 이르러 더욱 정교한 수족관 기술과 장식적인 요소로 발전하였다. 특히 이탈리아와 프랑스에서는 화려한 연못 설계와 관상어 사육이 결합되어 예술적 표현의 일환으로 자리 잡았다.

중세 시대의 아시아에서는 특히 중국과 일본에서의 관상어 사육이 크게 발전하였다. 우리가 알고 있는 '금붕어'로 알려진 *Carassius auratus*가 이 시기에 등장하였다. 송나라(960~1279) 시기에는 금붕어를 연못에서 사육하며 다양한 관상용 품종으로 개량하기 시작하였다. 이 시기 일본에서는 비단잉어(Koi)가 사육되기 시작했으며, 에도 시대(1603~1868)에 들어서면서 다양한 색깔과 패턴의 비단잉어 품종이 개발되었다.

근대로 들어오면서 서구 사회에서 관상어 사육에 대한 인기가 특히 높아졌다. 이 시기에는 유리 생산 기술이 발달하였으며, 식민지에서 다양한 생물을 채집해 와 연구·전시하던 문화로 말미암아 대중적인 아쿠아리움이 등장하였고 관상용 해수어 수족관도 발달하게 된다. 18세기 말의 유럽에서는 유리로 된 작은 수조가 개발되면서 실내에서 물고기를 사육하는 취미가 더욱 확산되었다.

3) 현대 관상어 사육의 발전

19세기 산업혁명 이후, 유리와 철강 기술이 발달함에 따라 실내 수족관 보급이 가능해졌으며, 특히 1850년대 영국에서는 최초의 상업용 아쿠아리움이 런던 동물원에 설치되기도 했다. 이는 대중들에게 관상어 사육에 대한 매력을 널리 알리는 중요한 역할을 하였다. 이 시기 미국에서는 아쿠아리움이라는 개념이 대중화되었고, 다양한 물고기와 수초가 전 세계에서 수집되고 전시되었다.

20세기에 접어들며 다양한 과학 분야와 관상어 생산 기술이 비약적으로 발전함에 따라 더욱 많은 사람들이 가정에서 관상어를 사육하고 감상할 수 있게 되었다. 높은 수압을 견딜 수 있도록 수조의 설계 방식이 발전하였으며, 다양한 관상어 사육에 필요한 도구들의 대량 생산 기술 등으로 일반 가정에서도 관상어 사육이 일반화되기 시작하였다. 특히 여과 시스템, 온도 조절 장치, 인공조명 등과 관련한 기술의 발전은 관상어의 생존율을 높이고 사육 환경을 개선하는 데 크게 기여하였다.

현대에 이르러 관상어 사육은 단순한 취미생활을 넘어 생태학, 유전학 등 다양한 학문 분야와 연결되고 있으며, 관상어 산업은 오늘날 전 세계적으로 중요한 경제 활동 중 하나로 자리 잡고 있다. 특히 동남아시아와 남미에서는 관상어의 번식과 수출이 지역 경제에 중요한 역할을 하고 있으나, 남획으로 인한 서식지 파괴와 멸종위기 초래 등은 다양한 관점에서 해결해야 할 숙제이다.

2. 한국 관상어 산업의 발전 과정

한국의 관상어 산업은 1970년대 이후 빠르게 발전하였다. 초기에는 외국에서 수입된 관상어가 중심이었으나, 점차 국내에서 번식과 품종 개량이 이루어지며 자급률이 높아졌다. 특히 1980년대 이후에는 관상어 사육이 취미 활동으로 대중화되면서 수족관 관련 산업도 함께 성장하였다. 한국의 관상어 산업은 전통적인 자연보호 문화와 현대 기술의 융합으로 꾸준히 성장해 오고 있으며, 단시간에 주요 관상어 수출국으로 자리매김하며 독자적인 시장을 형성하게 되었다. 초기 관상어 사육 문화는 주로 일본과 중국의 영향을 받아 금붕어와 비단잉어가 인기를 끌었다.

1) 1960~1980년대

종전 후 1960년대에 들어서며 한국은 경제 성장을 기반으로 관상어 사육이 상업화·산업화되기 시작하였다. 1980년대에는 전문 사육업체가 등장하며, 열대어와 같은 외래 종의 수입과 관상어 번식이 활발해졌다.

2) 1990년대 이후

1990년대 이후 한국은 관상어 양식 기술의 발달로 품질 높은 관상어와 수조 장비를 생산하며 글로벌 시장에 진출하였다. 특히 21세기 들어서는 인터넷과 전자상거래를 통해 국제적인 판매망을 구축하였다.

3) 현재와 미래

최근의 관상어 사육 문화는 환경을 고려한 지속 가능한 사육, 생물 다양성을 고려한 친환경적 접근이 강조되고 있다. 또한 정부와 민간 기관이 협력하여 한국 관상어 산업 발전을 지원하고 있다.

오늘날 한국은 관상어의 번식과 수출에서도 세계적으로 중요한 위치를 차지하고 있다. 국내 연구기관과 민간 기업들은 관상어의 유전자 연구와 질병 관리, 사료 개발 등 다양한 분야에서 기술력을 발전시켜 왔으며, 서울과 부산을 비롯한 대도시에서는 관상어 박람회와 전시회가 다양하게 열리고 있다. 이는 다방면으로 발전하는 관상어 문화를 보다 널리 알리는 데 기여하고 있다.

관상어 사육은 인간의 자연 애호와 심미적 욕구를 반영하며 수천 년 동안 진화해 온 독특한 취미이다. 이는 단순한 감상에서 출발하여 문화적·과학적·산업적 중요성을 가지게 되었으며, 앞으로도 지속적으로 발전할 것으로 생각된다. 특히 스마트아쿠아팜과 같은 최신 기술은 관상어 산업의 새로운 가능성을 열어 주며, 지속 가능성과 효율성을 동시에 충족시키는 방향으로 나아가고 있다.

3. 관상어의 종류

1) 금붕어(*Carassius auratus*)

붕어의 한 품종으로 잉어목 잉엇과의 민물고기이다. 즉, 일반 붕어를 관상어로 개량한 어종이다. 색상이 화려하고 다양한 체형을 가진 고전적인 관상어로 수천 년간 사육되어 오고 있다. 금붕어의 원산지는 중국 저장성 항저우로 알려져 있다. 17세기 상인들에 의해 유럽으로 전파되었으며 18세기 중엽 프랑스를 거쳐 19세기 초 미국 등으로 전래되어 세계적으로 퍼졌다.

체색은 야생종의 경우, 녹갈색, 녹회색, 회색, 은회색, 회색빛이 도는 노란색, 황금색, 흰색 등이며, 사육종의 경우, 붉은빛이 도는 분홍색, 은색, 갈색, 흰색, 검은색 또는 이 색깔들이 고루 합쳐진 색 등 다양하다. 몸길이는 최대 59cm, 몸무게는 최대 3kg 정도까지 성장한다.

아열대기후지역(수온 0~41도)의 담수환경 pH 6~8, 수심 0~20m 사이에 서식한다. 호수, 강, 연못 등 유속이 느린 환경을 선호한다.

2) 비단잉어(*Cyprinus carpio*)

일반 잉어를 관상어로 품종 개발한 어종이다. 일본 전통 관상어로, 생생한 무늬와 문화적 중요성이 특징이다. 한국에서는 1960년대에 우수종을 도입하여 보급되었다. 생명력이 강하고 튼튼하며 먹이를 가리지 않아 초보자도 잘 키울 수 있다. 성격은 온순하며 다른 어종과 함께 키우는 것이 가능하다.

3) 네온테트라(*Paracheirodon innesi*)

카라신과의 열대어로 아마존강 상류의 남동부 콜롬비아, 페루 동부, 브라질 서부 일대 등에 서식한다. 소형 어종이며 떼를 지어 다니는 모습이 아름다워 초보자들의 입문종으로 인기를 끌고 있다. 은백색 복부와 연한 파란색의 등 부분을 가지고 있다. 코에서 기름지느러미 기저부까지 무지갯빛의 파란색 가로줄무늬가 있고, 몸의 중앙에서 시작하여 꼬리지느러미 기저부까지 있는 빨간색 줄무늬가 있다. 암컷이 배가 더 크며 줄무늬가 약간 굽어 있다. 이른 아침에 산란하며 일반적으로 약 130개의 알을 산란하며 비부착성으로 수정란은 바닥으로 떨어지고 약 24시간 안에 부화한다.

4) 구피(*Poecilia reticulata*)

전 세계에서 가장 대중적인 관상어이다. 몸길이 3~4cm의 소형 어종이며, 포에길리아과의 기수성 열대어이다. 난태생이며 빈식이 용이하여 다양한 품종 개발이 이루어져 있다. 원산지는 중앙아메리카, 남아메리카 북부, 브라질 등이다.

암컷은 약 6cm, 수컷은 약 3cm이다. 몸은 가늘고 길며 송사리를 닮았다. 암컷은 수컷에 비해 단조로운 색을 가지며, 수컷은 화려하고 변색이 많아 회색·노란색·흰색 바탕에 푸른색·붉은색·녹색·검은색의 무늬가 있고, 꼬리형에도 변이가 많다.

pH 7~8, 수온 23~24도의 연못, 호수, 하천 및 도랑 등 다양한 서식지에서 발생하며 넓은 염분 범위를 가지고 있다. 난태생어로 임신기간은 21~30일이다. 야생에서는 모기 유충을 포함한 동물 플랑크톤, 작은 곤충 및 잔류물을 먹으며, 사육 시에는 전용 사료를 주도록 한다.

5) 베타(*Betta splendens*)

샴싸움고기의 개량종이다. 농목어목 버들붕어과 베타속에 속하는 어류로 화려한 색상과 무늬, 지느러미 등의 외관으로 구피 등과 함께 매우 인기 많은 열대어 중 하나이다. 공격적인 성격으로 유명하다.

평균 6.5cm로 성장한다. 수족관의 개체는 화려한 색과 커다란 지느러미로 널리 알려져 있지만, 일반적인 야생 개체의 색은 녹색, 갈색, 회색 같은 흐린 색이며 지느러미도 짧다. 관상용으로 양식되면서 선별적 사육을 통해 현재의 색상과 꼬리 형태를 가지게 되었다.

pH 6~8, 수온 24~30도의 범람원, 운하, 논 및 대형 강과 같은 정체된 물에서 서식한다.

산란기 수컷은 물 표면에 거품 둥지를 만들고 다른 수컷이나 암컷에게 지느러미를 펴고 과시하는 행동을 보인다. 쌍이 맺어지면 수컷은 암컷의 몸을 감싸고 압박하여 산란을 촉진하게 된다. 산란이 끝나면 수컷은 알들을 입으로 물어서 거품 둥지로 옮겨 놓아 포식자로부터 알을 보호한다. 알은 산란 후 24~36시간 후에 부화되며, 치어는 난황이 완전히 흡수되기 전까지 2~3일가량 둥지에 머무른다. 둥지를 떠나고 3~6주가 지나면 대기의 공기로 직접 호흡하게 도와주는 기관이 형성되며, 부화 후 4~5개월이 지나면 성적으로 완전히 성숙해진다.

먹이는 야생에서는 동물성 플랑크톤이나 모기 유충을 주로 섭식하며 수족관 내에서는 전용 사료를 주도록 한다. 수명은 2년 정도이다. 수족관에서는 1마리의 수컷과 여러 마리의 암컷을 기르기도 한다.

6) 엔젤피쉬(*Pterophyllum scalare*)

키클라목 키클라과의 민물천사고기속에 속하는 어류이며 아마존강에 서식한다. 수질 적응력이 좋고 우아한 모습으로 인기가 있다. 성격은 사나운 편으로 소형어종과 함께 기르는 것은 피하는 것이 좋다.

7) 플래티(*Xiphophorus maculatus*)

색상이 화려하고 키우기 쉬운 소형 난태생 어종으로, 구피와 함께 많이 사육되는 관상어이다. 중앙아메리카와 멕시코 등에 서식한다. 다채로운 색상과 온순한 성격으로 초보자에게 적합하다.

옆으로 납작한 체형, 팬 모양의 꼬리를 갖는다. 스워드 형의 꼬리지느러미는 나타나지 않으며, 평균적으로 6~7cm이며, 길게는 9cm까지 성장한다. 수컷의 생식기인 Gonopodium은 후크 모양을 나타낸다. 이 종은 매우 다양한 색을 나타내는데 검은색, 흰색, 초록색, 다양한 스펙트럼의 하이브리드를 보이기도 한다. 플래티는 야생에서는 따뜻한 수온의 늪, 매우 작은 하천 등에 서식하며 진흙하상의 식생이 풍부한 곳을 선호한다. 물 흐름이 빠른 곳에는 서식하지 않는다. 따라서 어항에서 기를 때에는 수류를 강하게 하지 않는 것이 좋다.

잡식성으로 벌레, 갑각류, 곤충, 일부 식물 조각 등을 섭식하며, 관상용으로 기를 경우 전용 사료를 주도록 한다.

8) 몰리(*Poecilia velifera*)

열대송사리목 포에킬리아속의 열대어이다. 멕시코 및 중앙아메리카가 원산지로, 담수는 물론 기수에도 서식하는, 적응력이 매우 뛰어난 어종이다. 모습이 귀엽고 다양한 환경에 잘 적응하는 어종이다.

몸길이는 10cm 이상이고 타원형이다. 머리는 앞면이 작고 입이 편평하다. 성숙한 수컷은 등지느러미가 커지며 등지느러미는 18~19개의 연소를 가진다.

pH 8, 수온 25~28도의 늪이나 저지대의 하천, 습지, 강어귀의 담수와 연안 해역에 서식한다. 구피, 몰리 등과 같이 난태생으로 번식이 용이하다. 잡식성으로 전용 사료를 주도록 한다.

9) 코리도라스(*Corydoras spp.*)

원산지는 아마존강 및 남미이다. 메기목 칼리크티스과에 속한다. 대체로 온순한 성격이며, 군집을 이루며 생활한다. 종종 직접 공기를 흡수하여 장내호흡을 한다. 주로 어항의 바닥 근처에서 활동하는 저서어류에 속한다. 청소 물고기라는 이미지가 강하지만 절대 그렇지 않으며, 반드시 전용 먹이를 주어야 한다.

산란과정은 T자형 형태를 나타내는데, 수컷이 암컷의 머리와 등 쪽에 방정을 하면 암컷은 입으로 수컷의 정자를 모은다. 암컷은 20개의 수정란을 돌이나 수초에 붙여 산란한다. 이러한 과정은 2~3시간 동안 이루어지며, 총 100~200개의 알이 산란된다. 산란기에 여러 번의 산란이 가능하다.

10) 디스커스(*Symphysodon spp.*)

아름다운 패턴과 색상으로 '열대어의 왕'이라 불린다. 1804년 독일 어류학자인 헤켈이 최초로 발견하였다. 키클라과 심피소돈속에 속한 관상어이다. 몸통이 원반(Disk)처럼 생겼다고 하여 디스커스라는 이름이 붙었으며 서식지는 아마존 유역이다. 몸길이는 성체 기준 20cm 이상의 중형어에 속한다.

11) 펄구라미(*Trichopodus leerii*)

말레이반도, 태국, 인도네시아 등지가 원산인 버들붕어과 트리코포두스속에 속하는 물고기이다. 은은한 진주 모양의 무늬와 평화로운 성격으로 유명하다. 몸길이는 다 자랐을 경우 평균 12cm 정도이다. 갈색을 띤 은색으로 진주 같은 모양으로 덮여 있으며 물고기의 머리에서 미병부까지 뚜렷한 검은 선이 이어진다. 수컷이 암컷보다 더 크다. 수초와 수초 사이에 거품 둥지를 만들어 번식한다. 적정 수온은 대략 28도이다.

매우 독특한 구애 행동을 나타내는데 수컷은 작고 튼튼한 거품의 둥지를 짓고 암컷은 둥지 아래에서 자세를 취하고 수컷은 몸으로 암컷을 휘감아 암컷의 산란을 유도한다. 산란 후 알을 수컷이 입으로 주워 거품 사이에 넣어 돌본다.

12) 헤체트 피쉬(*Gasteropelecus spp.*)

몸체의 형태가 손도끼와 같다고 해서 '손도끼고기'로도 불린다. 점프력이 좋은 어종으로 수족관 뚜껑을 덮는 등 사육 시 주의를 요한다.

13) 체리바브(*Puntius titteya*)

잉엇과에 속하는 물고기로, 몸길이 4~5cm의 소형 어류에 속한다. 서식지는 스리랑카이며, 남획과 서식지 파괴로 멸종위기에 놓여 있다. 색깔이 매우 아름다운 붉은색으로, 입에는 두 쌍의 수염이 있다.

수컷은 산란기가 되면 배 부분이 진한 적색으로 변한다. 수컷의 지느러미 색은 붉은색이고 암컷의 지느러미는 노란색에 가깝다.

pH 6~8, 수온 23~27도, 그늘지고 유속이 느린 하천의 얕은 곳에서 서식한다.

번식기에 수컷은 암컷의 뒤를 쫓아다니며 다른 수컷을 쫓아낸다. 정수식물 사이에 약 200개의 알을 산란하며 수정란은 1~2일 안에 부화하고 48시간 안에 자유롭게 유영한다. 5주 후 새끼는 1cm가량 자란다.

14) 레인보우피쉬(*Melanotaenia spp.*)

색줄멸목 무지개고기과에 속한 어류를 통칭한다. 호주와 피푸아뉴기니에 많이 서식하며, 40여 종의 레인보우피쉬가 있다. 이름처럼 비늘의 색이 다홍색, 노란색 등 다양한 색으로 보이는 아름다운 물고기로, 여러 마리가 군영을 하는 습성이 있다.

Melanotaenia boesemani 종의 경우 등지느러미는 5~7개 극소와 10~14개의 언조, 뒷지느러미는 1개의 극조와 17~23개의 연조로 되어 있다. 체색은 푸른색 또는 보라색이 앞면의 일부, 주황색이 뒷면을 나타낸다. 지느러미 끝부분에 흰색으로 윤곽선이 나타난다.

pH 7~8, 수온 27~30도의 인도네시아의 호수에 주로 서식하며 빽빽한 초목 사이에서 발견된다. 작은 갑각류, 곤충 및 일부 식물을 섭식한다.

15) 소드테일(*Xiphophorus hellerii*)

크시포포루스속의 민물 열대어이다. '검상꼬리송사리'라고도 한다. 원산지는 중앙아메리카이다. 다 자랐을 경우 크기는 8~12cm 정도이다. 수컷의 꼬리지느러미의 아래가 칼 모양으로 길게 튀어나와 있어 소드테일이라는 이름이 붙었다. 소드테일은 암컷이 수컷으로 성전환을 하는 것으로 유명하며 구피와 같은 난태생으로 번식력이 좋다.

16) 칠리라스보라(*Boraras brigittae*)

다 자랐을 경우의 몸길이가 2~5cm의 소형어로, 잉어목 다니오과의 물고기이다. 붉은색 몸에 중간에 검은색 독특한 무늬를 가지고 있으며 등지느러미와 꼬리지느러미의 가장자리에 붉은색 선 무늬가 있다. 붉은색의 아름다운 어종으로 대부분 수초와 함께 기른다.

pH 6.5~7.0, 수온 25~28도의 인도네시아 남부 보르네오의 산성 수질의 삼림 이탄 습지와 연못에서 서식한다. 산란기에는 수생식물이나 부유물, 물에 가라앉은 침수목에 산란하며 산란 후 2~3일이 지나면 알이 부화하고 24시간이 더 지나면 치어들이 자유 유영을 시작한다.

곤충이나 작은 갑각류 동물성 플랑크톤을 주로 섭식하며 수명은 4~8년이다.

17) 리프피쉬(*Polycentropsis abbreviata*)

남아메리카 아마존강 유역의 페루, 브라질, 볼리비아, 콜롬비아와 베네수엘라가 원산지이며 체색이 짙은 갈색과 밝은 갈색이 나타나 마른 나뭇잎을 닮은 독특한 모양을 하고 있다. 최대 8cm까지 성장한다. 등지느러미, 뒷지느러미가 톱니 모양으로 되어 있다.

바위나 잎의 표면에 약 300여 개의 알을 산란하며 수컷이 알을 보호한다. 무척추동물, 수서곤충, 소형 어류를 먹는 육식어류이다.

18) 나이트고비(*Stigmatogobius sadanundio*)

스리랑카와 안다만 제도를 포함하여 인도에서 인도네시아에 이르기까지 남아시아가 원산지인 고비 종이다. 다 자랐을 경우 크기는 5cm 내외이다. 사육 적정 수온은 24~28도이며, 육식성으로, 산소가 풍부한 환경을 좋아한다.

19) 레드테일블랙샤크(*Epalzeorhynchos bicolor*)

잉엇과에 속하는 물고기로, 꼬리지느러미가 아름다운 붉은색을 띄어 관상용으로 좋다. 수컷이 암컷보다 더 진한 색을 가진다. 입은 주둥이 밑에 있으며 2쌍의 수염이 있다. 몸길이는 12cm로 작은 편이다. 잡식성 어류로, 사육난이도는 낮은 편이다. 태국의 고유종이며 현재 멸종 위기에 처해 있다. 이전에는 야생에서 멸종한 것으로 알려졌으나, 차오 프라야(chao phraya) 지역에서 발견되었다. 그러나 매 클롱(Mae Khlong) 및 방파콩(Bangpakong) 유역에서는 멸종된 것으로 보고되어 추가 조사가 필요하다. 성격은 사나운 편에 속하므로 작은 물고기와 함께 키우는 것은 추천하지 않는다.

pH 6.5~7, 수온 22~26도의 본류와 범람원에 서식한다.

산란은 바위 틈새에서 이루어지고, 30~60시간이 지나면 부화한다. 잡식성어류이며 식물과 작은 저서동물을 섭식한다. 수명은 5~8년이다.

20) 블랙테트라(*Gymnocorymbus ternetzi*)

파라과이 원산의 소형 열대어이다. 최대 7.5cm까지 성장하며, 정사각형의 몸체를 지닌다. 체색은 회색 바탕에 2~3개의 검은 줄무늬가 있다. 머리 쪽의 줄무늬가 가장 진하고 꼬리 쪽으로 갈수록 연해진다. 등지느러미와 뒷지느러미는 검은색을 띠고, 뒷지느러미가 발달되어 커다랗게 자리하고 있다.

원산지에서는 pH 6~8, 수온 21~26도인 물의 흐름이 느린 작은 강의 상류나 중류에서 군집을 이루며 서식한다. 수서곤충의 유충이나 작은 갑각류, 곤충 등을 섭식하는 육식성이며 수명은 6~7년 정도이다.

4. 관상어의 관리

관상어는 아름다운 색채와 우아한 움직임으로 많은 이들에게 사랑받는 반려동물이다. 그러나 건강하고 아름다운 관상어를 감상하기 위해서는 적절한 관리와 환경 조성이 필수적이다. 본 절에서는 관상어 관리에 대한 개괄적인 가이드라인을 제시하고자 한다.

1) 환경 조성

(1) 어항 선택

기르고자 하는 어종과 개체수에 따라 알맞은 크기의 어항을 선택해야 한다. 소형 열대어의 경우 20~40L의 물이 들어가는 어항을 사용할 수 있다. 중대형 어종을 기르려고 한다면 100L 이상의 물이 들어갈 수 있는 어항을 준비하는 것이 좋다.

(2) 수질 관리

대부분의 관상어는 pH 6.5~7.5의 중성 수질을 선호한다. 그러나 어종마다 약간의 차이가 있을 수 있으므로 관상어 종류를 고려하여 조성해 주어야 한다.

수온의 경우 일반적으로 열대어는 24~28도를 유지해야 하나, 간혹 보다 시원한 물을 선호하는 어종이 있으므로 사육하고자 하는 어종의 특성에 맞추어 환경을 조성해 준다. 관상어용 히터를 설치하여 온도를 맞춰 주며, 온도계를 부착하여 정기적으로 수온을 확인하는 것이 좋다.

어항 내부의 아질산염 및 암모니아 등은 물고기에게 매우 치명적이므로 관상어를 키울 수 있도록 세팅된 어항에 이러한 물질을 분해할 수 있는 박테리아제를 먼저 넣어 일주일 정도 가동 후 관상어를 투입한다. 암모니아나 질산염은 물고기가 먹고 남은 먹이, 물고기의 배설물 등이 분해되어 발생하므로 어항의 수질 유지를 위해서는 먹이를 줄 때 한 번에 다 먹을 수 있는 적절한 양의 먹이를 주도록 하며, 정기적인 환수와 올바른 여과기구와 여과제를 사용하여 수질을 유지하도록 한다.

(3) 사육 장비

물속의 불순물과 유기물을 제거하고 관상어가 살기 적합한 수질을 유지하기 위해 여과기는 반드시 설치하는 것이 좋다. 시중에는 매우 다양한 종류의 내외부용 여과기와 여과제가 시판되고 있으므로 본인이 조성하고자 하는 수족관 환경에 적합한 여과기를 선택하도록 한다.

관상어와 수초용 조명은 관상어의 체색을 더욱 돋보이게 해 주며 수초 생육에 필수이다. 최근에는 매우 다양한 수족관용 조명이 시판되고 있고, 특히 LED 조명은 에너지를 절약하고 관상어와 수초의 색상을 더 아름답게 보이게 한다.

대부분의 관상어는 열대어에 속하므로 적정 수온을 유지할 관상어용 히터를 구비하는 것이 필수이다. 또한 어항 내 물의 용존산소량이 적정하게 유지되어야 관상어가 생존할 수 있으므로 에어펌프로 에어레이션을 해 주도록 한다.

치어의 생존율을 높이고 관상어의 스트레스를 줄여 주기 위해 각종 은신처나 수초 혹은 다양한 장식물을 활용할 수 있다. 어종의 습성에 따라 적절한 것을 구비하면 된다. 바닥재는 수초를 심거나 여과에 필요한 박테리아가 생존하는 데 필요한 요소이므로 어항 내 환경에 따라 적절한 것을 선택하도록 한다.

2) 어류의 선택과 관리

(1) 어종 선택

서로 공격적이지 않은 어종을 선택하여 합사하는 것이 좋다. 예를 들면 구피나 플래티, 네온테트라와 같이 작고 온순한 어종은 서로를 공격하는 경우가 드물고 초보자가 키우기 적합한 어종이다. 또한 크기 차이가 크지 않은 어종을 선택하는 것이 좋다.

(2) 건강 상태 확인

관상어를 입양할 때는 건강한 관상어를 선택하도록 한다. 체색이 선명하고 움직임이 활발하며 먹이반응이 좋은 개체가 대체적으로 건강하다. 몸에 상처가 있거나 비늘이 들뜨거나 빠진 부분이 있는 개체, 곰팡이 등에 감염된 개체는 피한다.

(3) 먹이 주기

관상어의 먹이는 영양적으로 균형 잡힌 사료를 주도록 하며, 하루 1~2회 소량으로 한 번에 다 먹을 수 있는 양을 주도록 한다. 먹이를 과도하게 급여하면 남은 먹이와 배설물이 분해되어 수질이 악화된다. 최근에는 어종에 따라 특화된 영양소가 보충된 전문 사료가 다양하게 시판되고 있으므로 사육하고자 하는 관상어 전용 먹이를 구매하여 주면 좋다. 때때로 먹이용으로 시판되는 실지렁이 등의 생먹이를 줄 수도 있다.

(4) 어항 관리 및 유지 보수

일반적으로 일주일에 어항 물의 20~30%를 환수하여 수질을 유지하도록 한다. 특히 여과기와 여과제를 점검하고 주기적인 청소를 하는 것이 좋다. 한 달에 한 번 정도는 어항 내부 유리면을 청소하도록 하며 조명을 점검한다. 과도하게 자란 수초를 다듬어 심미성을 높이는 것도 좋다.

(5) 질병 예방

기존 어항에 새로운 관상어를 투입할 경우에는 질병 예방을 위해 약 2주간의 격리 기간을 거치는 것이 좋다. 일반적으로 관상어의 질병은 수질 악화, 과다 사육(과밀), 스트레스 등으로 발생하므로 어류의 상태를 정기적으로 관찰하여 이상 징후(흰점, 곰팡이 등)가 보이면 즉시 대처하도록 한다.

3) 관상어 질병과 관리

관상어의 치료는 수산질병관리사가 하게 된다.

(1) 콜룸나리스

*Flavobacterium columnare*라는 세균이 원인이 되어 발생하며 관상어에게 자주 일어나는 질병이다. 콜룸나리스에 감염되면 감염된 부위가 썩는 증상이 나타난다. 발병 부위에 따라 아가미에 괴사가 일어나면 아마기부식병(아가미썩음병), 지느러미에 발생하면 지느라미썩음병 등으로 부른다. 콜룸나리스를 유발하는 세균은 산소가 많은 환경을 좋아하는 호기성 세균이므로 물고기의 체내보다는 산소가 풍부한 아가미나 수류 접촉이 많은 지느러미 등 체외에 주로 발병하게 된다.

이 병은 전염력이 강하고 예후가 매우 치명적이다. 특히 아가미에 감염 시 대부분 24~72시간 이내에 폐사한다. 따라서 발병 시 최대한 빨리 치료하도록 하고, 치료약으로는 수산용 항생제를 처방받아 사용하도록 한다.

(2) 백점병

백점충(*Ichthyophthirius multifiliis*)이 체표나 아가미에 기생하여 발생하는 질병으로, 담수어류에 큰 피해를 입히는 기생충이다. 주로 발생하는 시기는 봄과 가을 수온이 낮아지는 시기이며, 치어의 경우 매우 치명적이다. 증상으로는 체표에 설탕을 뿌린 듯 작은 흰점이 생기며, 식욕이 저하되고 호흡장애로 인해 입올림 현상(물고기가 수면 가까이 올라와 호흡하는 것)이 나타난다. 바닥이나 구조물에 몸을 비비는 행동을 보이기도 한다.

백점병이 발생하였을 경우 수온을 29~32도로 올려 주고 3%의 식염수에 1시간씩 7일 간격으로 약욕하도록 한다. 시판되는 치료약(메틸렌블루 등)을 사용해도 좋으며, 수산질병관리사에게 포르말린을 처방받아 사용하기도 한다.

(3) 솔방울병

에로모나스 하이드로필라(*Aeromonas hydrophila*)가 주원인인 세균성 패혈증으로, 에로모나스병이라고도 한다. 주로 수온 변동이 심한 이른 봄에 발병한다. 증상으로는 몸의 표면이나 지느러미에 출혈이 생기며 복수가 차고 비늘이 일어서는 등 다양하다. 특히 비늘 밑에 수종이 형성되고 비늘이 들리게 되어 마치 솔방울처럼 보여 솔방울병이라고도 한다. 복부 출혈과 복부 팽만, 안구 돌출 등의 증상도 보인다. 이 병에 걸리면 관상어는 움직임이 둔해지고 식욕이 떨어진다. 치료 방법으로는 수질 개선이나 항생제 경구 투여 혹은 항생제 약욕을 실시한다. 또한 수온을 27~29도로 올려 가온치료를 실시한다.

(4) 입썩음병(mouth fungus, mouth rot)

'마우스 펑거스'라고 부르기도 한다. 대부분의 구피 등 난태생 물고기에게 발생한다. 전염력이 상당히 강하여 한 마리가 걸리면 수일 안에 어항 내 모든 물고기가 전멸할 수 있다. 따라서 병든 물고기는 조기에 발견하여 격리해야 한다.

이 병에 걸린 물고기는 입 주위가 투명하게 변하며 움직임이 둔해진다. 시판되는 치료약으로 격리한 병어를 약욕시키도록 하며, 가급적 함께 기르던 다른 물고기들도 약욕시키고 수조 내를 청결하게 유지하도록 한다.

(5) 물곰팡이병(수생균증)

열대어 및 냉수성어류 모두에게 감염되는 질병이다. 물고기 체표에 솜 모양의 균사가 증식하여 조직을 붕괴시키며 진피와 근육까지 진행하는 외부 기생종, 뇌나 심장, 간 및 어란까지 침입하는 내부 기생종으로 나눌 수 있다. 초기 증상은 체표에 회백색의 반점이나 무늬가 생기며 때로는 아가미에도 기생한다.

물고기 이동 시 혹은 기생충에 감염된 상처에 사프롤레그니아(*Saprolegnia spp.*)가 체표 상처 부위에 기생하여 발병하게 된다. 이 병에 걸린 물고기는 식욕 저하를 보이며 움직임이 둔해진다. 중증으로 진행하면 근육과 뼈까지 노출될 수 있다. 물속에는 수생균포자가 항상 존재하므로 반드시 요오드로 소독을 실시한다. 치료로는 메틸렌블루 수용액, 시판 치료제 등을 사용한다.

(6) 닻벌레병

닻벌레(*Lernaea cyprinacea*)는 물고기의 표피에 기생하는 갑각류로 어류에 치명적이지는 않으나 대량 감염 시 물고기의 몸에 상처를 입혀서 출혈이나 세균성 질병, 물곰팡이병을 유발시킬 수 있다. 치어의 경우 폐사로 이어질 수 있고 성어의 경우 상품 가치를 하락시킨다. 닻벌레 성충은 완전한 구제가 불가능하므로 부화한 자충을 구제하도록 한다. 이때 트리클로르폰 0.3~0.5ppm, 24시간 동안 약욕(2주일 간격으로 2~3회 실시)한다.

(7) 물이병

기생성 갑각류인 물이(*Argulus japonicus*)가 주로 열대어의 체표에 기생하여 발생한다. 물이는 세계적으로 분포하며 형태는 납작하고 투명하며 담녹색이다. 물고기 체표를 입으로 찔러 영양을 섭취하므로 물고기에게 상처를 입히고 기생 부위에 출혈 염증을 유발한다.

물이가 기생하면 육안으로 물이를 관찰할 수 있으며, 기생 부위에 출혈과 염증이 발생한다. 사용 약제는 닻벌레병의 경우와 같다.

(8) 슈도모나스병(백운병)

슈도모나스(*Pseudomonas fluorescens*)의 감염에 의한 것으로, 잉어류의 몸 표면에 많은 점액이 분비되어 회백색 막을 씌운 것 같은 증상(백운현상)이 나타나는 질병이다. 중증인 경우 점액이 떨어진 부위에 체표 괴사가 유발되며 경증의 경우 수온을 높여 주면 자연 치유도 가능하다. 일반적인 증상으로는 비늘이 떨어지고 체표 및 지느러미에 출혈이 생긴다. 또한 복수로 인해 복부 팽만, 비장에 농양이 형성된다. 슈도모나스는 약제 감수성이 낮아 투약 효과가 거의 없다.

(9) 복수병

물고기의 배가 부풀어 수면에 떠 있게 되는 병이다. 이 병은 물고기의 신장에서 병변이 발견되나 정확한 원인은 알려지지 않았다. 물고기 세뇨관의 기능이 상실되어 오줌이 배설되지 못하고 체내에 고여 복수가 차게 되며 신장의 급성 병변에 의해 발생한다고 여겨진다. 심할 경우 물고기가 거꾸로 수면에 떠 있으며 복부는 터질 정도로 부풀고 서로 겹친 비늘이 한 장 한 장 서로 떨어져 있게 된다. 물고기는 죽지는 않지만 균형을 잡지 못하게 된다. 치료 방법은 알려지지 않았고 병든 물고기를 0.7% 식염수에 넣어 체내 수분 침입을 막고 약제로 약욕시키면 도움이 된다.

(10) 부레병

부레병은 한 번 발병하면 쉽게 치료되지 않는 질병이다. 급성형과 만성형이 있으며 피해도 큰 편이다. 원인은 밝혀지지 않았으나 기생충이나 여러 기능장해로 인해 부레에 염증이 생겨 증상이 나타나며, 주로 여름철 수온이 높을 때 발생한다. 치어나 유어에게 증상이 나타날 경우에는 수질 변화나 산소 부족이 원인인 경우가 많다. 주요 증상으로는 물고기가 수면 근처에 머무르는 행동을 보인다. 특히 배가 부풀어 있으며, 심하면 솔방울병 모양으로 비늘이 일어서게 된다. 등이 휘며 아가미가 창백해진다. 부레병이 더욱 진행되면 내장에 출혈이 일어나며 폐사하게 된다. 증상이 경미할 경우 자연 치유되기도 한다.

(11) 아가미흡충병

닥틸로자이루스(*Dactylogyrus spp.*)가 아가미에 기생하여 생기는 질병으로 물고기의 연령과 크기에 관계없이 기생한다. 감염되어도 외관상 아무런 증상이 없어 보이나 아가미 점액이 과다 분비되어 있고 이것이 호흡장애를 유발하게 된다. 또한 아가미 출혈로 혈중 헤모글로빈이 감소하며 특히 치어의 경우 치명적이다.

치료는 트리클로로폰 0.3~0.5ppm으로 24시간 약욕시킨다(2주 간격으로 3회 실시).

(12) 아가미점액포자충병

믹소볼루스 코이(*Myxobolus koi*)가 잉어류의 아가미에 기생하여 발생하는 질병이다. 원래 한국에는 없던 질병이었으나 1970년대 일본 등에서 수입된 잉어류에서 유입되어 전국적으로 확산된 것으로 보고 있다. 점액포자충의 피해는 특히 잉어류 치어에 매우 심각하며 다각도로 치료 대책을 연구하고 있다. 그러나 점액포자충은 단단한 캡슐 구조를 가져 약품 침투가 어려워 치료에 어려움이 따른다. 점액포자충은 숙주특이성이 강하여 잉어류 이외에는 질병을 일으키지 않는다.

증상은 아가미에 흰색 포자낭이 육안으로 보이며 호흡 곤란으로 입올림 현상을 보인다. 효과적인 약품이 없어 감염되면 치료가 곤란한 실정이다.

CHAPTER 05

특수동물에 대한 이해

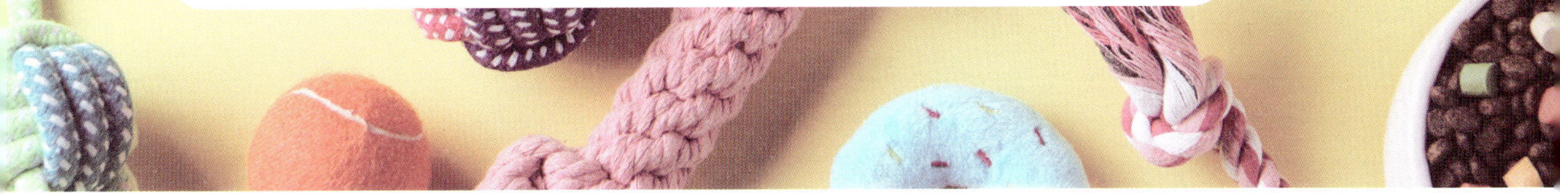

학습목표

1. 특수동물에 대해 살펴보다.
2. 특수동물의 품종과 특징에 대해 살펴본다.
3. 특수동물의 사육관리에 대해 살펴본다.

최근 반려동물산업이 확산하면서 반려견과 반려묘뿐만 아니라 토끼나 햄스터, 페럿, 고슴도치와 같은 포유동물과 도마뱀, 뱀, 거북이 같은 파충류와 도롱뇽, 개구리와 같은 양서류, 앵무새를 포함하여 특수동물을 반려가족으로 기르는 가구가 늘고 있다. 그러므로 특수동물의 생리적 특성이나 사육법 등을 이해하고 특수동물의 종류별 특성을 전달하고 사육할 수 있는 능력과 관리 방법을 이해하며, 특수동물 시장과 관련 산업의 변화에 능동적으로 대처하는 실무능력을 향상시켜야 한다.

포유동물은 일반적으로 체온을 유지하는 항온성, 젖으로 새끼를 기르는 포유습성, 그리고 모피 또는 털을 가지는 특징이 있다. 이러한 특성은 반려동물로서 적합한 이유가 된다.

1. 포유동물

1) 토끼(*Oryctolagus cuniculus*)

반려동물로 길러지고 있는 토끼는 로마 시대에 가축화되어 중세 유럽에서 반려동물로 본격적으로 길러지게 되었다. 토끼는 굴토끼 이외에 산토끼도 가축화되었으나 반려동물로서는 적합하지 않다. 반려동물로 개량된 토끼는 드워프종(소형)에서 대형종까지 약 150종류 정도이다.

처음에는 식용으로 길러지고 있었다. 지중해 부근에서 사육되었으나 토끼의 번식력이 강해 세계 각지에 퍼졌다. 중세 초기부터 수도원에서 사육되어 수도사나 수도원에 숙박하는 사람의 식료가 되었는데, 현재 오스트레일리아나 뉴질랜드에서는 야생화된 굴토끼가 농치를 망쳐 해수 취급을 받고 있다.

천적으로부터 피하기 위해 진화한 큰 귓바퀴, 측면에 위치하는 안구, 발달된 뒷다리가 있다. 본래 야행성으로 저녁 무렵에 활동하는데, 이것은 시력과도 관계가 있다. 눈을 뜬 채로 잘 수 있는 이유는 습격당해도 도망갈 수 있도록 준비하기 때문이라는 설이 있다. 뒷다리의 각력이 강하고 높은 장애물을 뛰어넘을 정도로 도약력이 우수하며, 대형 들토끼는 최고 속도 시속 80km에 도달할 정도로 굉장히 빠르다. 골질은 얇고 가벼우므로 골절하기 쉽고 고양이와 비교해 1/3이며 장골이나 요추에 골절이 다발한다. 토끼의 외형은 다음과 같다.

- 발: 발가락의 수는 앞발 5개, 뒷발 4개이다. 털로 덮여 있어 발바닥을 보호하고 지면에 착 달라붙어 달릴 수 있게 되어 있다.
- 입: 위의 입술이 세로로 찢어져 자유롭게 열거나 닫을 수 있다.
- 이빨: 총 28개이다. 설치목으로 그 절치의 특징으로부터 중치아목으로 불리린다. 위턱의 절치는 4개로, 큰 절치의 뒤에 소절치가 줄이 서 나 있다. 절치의 에나멜질은 전면은 매우 두껍고 후면은 거의 없다. 딱딱한 에나멜질이 전면에 있으므로 후면보다 마모가 늦으며 날카로운 절단면을 형성하고 있다. 절치도 어금니도 무근이므로 일생동안 성장을 계속하는 이빨이

평생 자라는 상생치이다.

- 피부: 항문부와 서경부에 취선을 가지는데, 물건에 목 아래를 문질러 바르는 습성은 턱선의 취선 냄새를 남기는 것이다.
- 귓바퀴: 빠르게 달려 천적으로부터 몸을 지키므로 청각이 특히 발달해 있다. 좌우의 귀는 스스로 움직일 수 있어 희미한 소리도 확인할 수 있고 체온을 방산하는 체온 조절 기능도 가지고 있다.
- 눈: 머리 양측으로 눈이 위치하여 시야가 넓고 편안의 시각 범위는 170~90도이다. 배후까지 보이므로 전 시야는 왼쪽, 오른쪽 합쳐 360도이다.

2) 페럿(*Mustela putorius furo*)

세계에 25속 70종이 있다. 족제비 · 오소리 · 수달의 3아과로 크게 나뉘며 무산쇠족제비처럼 몸길이가 57~78.5cm나 되는 큰 것부터 극히 작은 동물까지 포함된다. 족제빗과에 속하는 동물은 암수 크기 차이가 심하며, 여름털과 겨울털의 차이가 심한 것도 있다.

일반적으로 몸은 가늘고 길며, 항문선이 발달되어 있어 자신을 보호하기 위해 극심한 악취가 있는 유동액을 내뿜는 것도 있다. 낮에 활동하는 것도 있고, 야행성도 있으며 구멍을 파고 사는 것도 있고 나무 위에 보금자리를 만드는 것도 볼 수 있다. 또 수달과 같이 수중생활을 하는 것도 있다. 전 세계에 널리 분포되어 있다. 다만, 마다가스카르섬과 오스트레일리아에는 서식하지 않는다.

(1) 페럿의 수명과 번식

평균 수명은 7~9년이다. 발정은 생후 4~8개월에 몇 차례 오는데, 보통 태어난 뒤 첫 봄에 온다. 임신 기간은 41~42일이고, 한 배에 평균 8~10마리의 새끼를 낳는다. 많을 때는 18마리까지 낳기도 한다. 출생 시의 몸무게는 8~10g이고, 생후 6~8주면 젖을 뗀다.

(2) 페럿이 길러진 역사

페럿은 유럽 긴털족제비의 애완용 개량종이다. 페럿은 로마시대 때부터 유럽에서 길러졌다가 1870년대에 미국으로 수입되었다. 페럿은 작은 동물들을 사냥하기도 하고 토끼나 쥐처럼 굴을 파기 위해 구멍에 들어가기도 한다. 페럿은 개나 고양이처럼 다른 반려동물들과는 잘 지내지만 햄스터, 토끼, 기니피그와 같은 작은 반려동물과는 잘 지내지 못한다.

페럿은 머스텔리다(mustelidae)종으로, 같은 과학적 종으로는 스컹크(skunk)가 있다. 이 종의 동물들은 항문 근처에 내분비선이 있어 그곳에서 지독한 냄새를 방출하는데, 이 냄새가 매우 강하다.

(3) 페럿의 집 만들기

페럿의 집은 그 종류와 크기가 매우 다양하다. 철망으로 만든 것은 단층, 이층 또는 삼층으로 된 것도 있다. 어떤 것이라도 넓은 것이면 상관없다. 한 마리에서 두 마리의 페럿을 키우는 데는 길이 약 90cm에 넓이 약 45cm에 높이 45cm면 된다. 페럿은 매우 활동적인 동물이며 두 마리가 따로 자고, 먹고, 작은 상자가 들어갈 충분한 크기이면 된다. 지루한 페럿은 약한 곳을 찾느라 시간을 보내기도 한다. 만약 탈출할 곳을 찾으면 그곳을 통해 빠져나갈 것이므로 튼튼한 우리가 필요하다.

(4) 페럿의 관리

페럿은 매일 씻고 단장한다. 그러나 피부와 내분비선 때문에 자연적으로 사향 냄새를 풍긴다. 이 냄새는 거세되지 않은 페럿에게서 더 심하다. 그러므로 판매되는 모든 페럿은 거세되거나 개량된 종이다. 그럼에도 페럿은 냄새가 나는데 그것은 피부의 내분비선이 제거되지(제거할 수 없음) 않았기 때문이다. 페럿의 우리 주위에는 항상 약간의 사향 냄새 악취가 풍긴다. 하지만 일주일에 한 번씩 페럿용 물비누로 씻겨 주면 냄새도 방지할 수 있고 청결도 유지된다.

거세된 페럿을 사는 것은 항상 거세되지 않은 페럿을 사는 것보다 낫다. 하지만 악취를 줄이기 위해 거세된 페럿은 더 조용하고 새끼를 낳지도 못한다. 만약 암컷을 샀다면 거세된 동물을 사야 한다. 거세되지 않은 암컷은 짝짓기 시기에 짝이 없어 교미를 하지 못하게 되면 돌이킬 수 없는 치명적인(죽음) 상태에 이를 수 있다.

한 달에 한 번씩은 페럿의 발톱을 잘라 주어야 한다. 페럿은 갯과의 질병이나 광견병 등을 예방하기 위하여 해마다 주사를 맞아야 하며, 이는 페럿의 계속적인 보호를 위해 필요하다.

(5) 페럿의 먹이

페럿은 육식성이므로 높은 동물성 단백질과 지방으로 된 좋은 음식이 필요하다. 가장 좋은 먹이는 상업용 페럿 먹이이다. 페럿 먹이를 구하지 못했다면 질 좋은 마른 고양이 먹이를 주어도 무방하다. 페럿은 신진대사가 활발하여 하루 종일 작은 고기 조각을 먹는다. 약간의 신선한 과일이나 야채 등을 맛보게 할 수도 있다.

3) 햄스터(*Mesocricetus auratus*)

(1) 햄스터의 수명과 번식

수명은 2~3년 정도이며, 임신 기간은 10~14일로, 연 5~6회 한 배에서 8~10마리의 새끼를 낳는다.

(2) 햄스터의 생김새와 유래

몸길이는 7~15cm, 꼬리 길이는 1~2cm, 몸무게는 100~180g 정도이다.

등면은 붉은빛을 띤 오렌지색, 배면과 볼, 앞발의 윗면은 흰색, 황금색을 띤다. 시리아 햄스터(Hamster)라고 불리며, 원래 연구에 사용할 목적으로 잡혔다.

1931년에 시리아의 자연학자들은 예루살렘의 헤브루 대학(Hebrew Univ.)에서 실험을 하기 위해 어미 햄스터와 어린 새끼 햄스터가 들어 있는 굴을 발견했다. 세 마리의 햄스터가 있었는데 한 마리의 수컷과 두 마리의 암컷이었다. 이 세 마리가 햄스터의 조상이라고 생각된다.

(3) 햄스터의 종류

크기가 비슷한 것만 해도 볼 수 있는 종류만 30여 종과 3가지 이상의 모피 형태를 가진 것이 있다. 크림색, 엷은 황갈색, 은빛이 나는 파란색이 있고 다양한 색이 혼합된 형태도 있다. 세이틴(satin)종은 곧고 빛나는 털을 가졌고 렉스(rex)종은 짧은 곱슬곱슬한 털을, 긴 털 햄스터는 말 그대로 아주 긴 털을 가졌다.

(4) 햄스터의 먹이 주기

햄스터는 먹이 주기가 쉽다. 반려동물 가게에는 햄스터가 먹을 수 있는 다양한 종류의 완벽한 영양분을 갖춘 먹이가 있다. 항상 먹이그릇에 있는 음식을 확인해야 하지만 햄스터는 우리의 구석 깔개 속에 먹이를 저장해 둘 것이다. 햄스터에게 작은 조각의 야채나 과일을 먹이로 줄 때는 한 번에 먹을 수 있는 양만 주어야 하고 남는 먹이는 제거한다. 저장고에 저장된 음식물은 부패하고 햄스터를 아프게 할 수도 있다. 신선한 물은 항상 물병에 담아 공급해야 한다.

(5) 햄스터의 집 만들어 주기

햄스터는 철망 우리, 뚜껑이 있는 수조, 튼튼한 플라스틱으로 된 조립형 우리에서 살 수 있다. 조립형 우리는 다루기 쉽고 플라스틱 튜브 등으로 연결해서 확장시킬 수도 있다. 어떤 종류의 우리이든지 약 40cm의 길이에 약 30cm의 폭과 약 25cm의 높이를 가진 것이어야 한다. 작은 발 때문에 꼬마 햄스터는 딱딱한 평면 바닥이나 벽이 있는 우리에서 키워야 한다. 우리 바닥에는 나무 대패 조각을 놓아두어야 하며, 햄스터가 보금자리를 만들기 위해 짚이나 보금자리 재료를 공급해야 한다.

햄스터는 뛰어난 탈출의 귀재로, 아주 작은 구멍으로도 빠져나갈 수 있다. 약한 곳을 찾기 위해 우리의 타고 기어오를 수 있는 것을 이용할 것이다. 그리고 작은 공간 밖으로 나가기 위해 몸으로 밀거나 몸을 끼워 넣을 것이다. 몇몇 햄스터는 갉지 못하도록 한 딱딱한 우리 밖으로 나가기 위해 플라스틱 우리를 갉아댈 수도 있다.

많은 장난감들이 원기 왕성한 햄스터를 위해 만들어져 있다. 햄스터는 플라스틱 튜브를 기어다니고 쳇바퀴를 돌리고 사다리를 빠르게 오르내리며 놀 수 있다. 플라스틱을 공처럼 말아서 만든 제품은 햄스터에게 훌륭한 놀이기구가 될 것이다.

4) 기니피그(*Cavia porcellus*)

(1) 기니피그의 수명과 번식

수명은 3~8년 정도이다. 임신기간은 65~70일이고, 야생종은 연 1회 한배에 1~2마리를 낳지만 사육종은 연 수회에 걸쳐 6~8마리의 새끼를 낳는다. 생후 3개월이면 새끼를 낳을 수 있다.

(2) 기니피그의 발견

땅을 쓸고 다니는 배를 가진 길고 뚱뚱한 기니피그(Guinea Pig)는 전 세계적으로 반려동물로 사랑받고 있는 설치류이다. 기니피그는 처음 남미 인디언들이 그들의 맛 좋은 고기로 수백 년 전부터 키워진 동물이다. 16세기에 유럽 뱃사람들이 남미 징벌을 하러 왔을 때 유럽으로 돌이기 기니피그를 키우게 되었다. 남미의 야생에서 기니피그는 안데스산맥의 낮은 경사에서 살아왔다. 기니피그 무리는 노출된 바위나 다른 동물들이 버리고 간 굴을 파서 산다. 북미 모르모트(marmot)처럼 기니피그는 휘파람이나 소리를 내어 서로에게 위험을 신호한다.

(3) 기니피그의 생김새

네 개의 다리는 복부 아래에 숨겨져 있다. 큰 머리를 가지고 있고 목이 없는 것처럼 보이며, 꼬리가 없다. 기니피그라는 이름으로부터 파생된 여러 가지 이름이 있다. 애호가들은 종종 더 학술적인 명칭인 케이비(cavy)라는 이름을 좋아하며, 몇몇 반려동물 가게에서 기니피그를 케이비라는 이름으로 팔고 있는 것을 볼 수 있다.

(4) 기니피그의 종류

기니피그는 크기가 비슷한 것만 해도 13가지의 다양한 종류가 있다. 다른 종류를 교배한 기니피그가 가장 보편적이다. 기니피그는 털의 종류에 따라 크게 세 가지로 구분된다.

미국 기니피그는 털이 부드럽고 짧으며 털에서 빛이 나고 손에서 미끄러지는 듯한 느낌을 느낄 수 있다. 이 종은 털 정리를 안 해 주어도 되기 때문에 다루기 쉽다. 아비시니아 기니피그(Abyssinians Guinea Pig)는 등을 따라서 등 위나 몸 전체에 거친 털의 장미덩굴 같은 결이 있다. 긴 털을 가진 페루 기니피그(Peruvians Guinea Pig)는 땅까지 닿는 긴 부드러운 털이 있다. 이 털은 잘라 주어도 계속 자라서 얼굴에 흘러내려 덮어버리기도 한다. 그래서 종종 '먼지떨이' 같은 여러 가지 귀여운 별명으로 불리기도 한다. 페루 기니피그는 털을 자주 빗겨 주어야 하며, 주기적으로 털을 잘라 주고 엉킨 털을 매일 빗겨 주어야 한다.

기니피그는 네덜란드종(흰색의 몸에 하나 또는 두 가지의 색상으로 무늬가 있는 종류), 히말라야종(흰색의 몸에 코와 발, 귀 부위가 다양한 색으로 되어 있는 종류), 거북이 등껍질 같은 무늬를 가진 것, 달마시안 같이 검은 점이 있는 것, 검은색, 크림색, 초콜릿색, 황금색과 많은 무늬를 포함한 여러 가지 색깔이 있다. 완전히 자란 기니피그는 몸길이가 약 18~25cm이고 무게는 약 0.9~1.4kg 정도 된다. 수컷이 암컷보다 조금 크다.

(5) 기니피그 먹이 주기

기니피그는 먹이로부터 비타민 C를 섭취해야 한다. 토끼용 사료에는 비타민 C가 없으므로 토끼용 사료를 먹인 기니피그는 아프고 괴혈병으로 발전할 수도 있다. 또한 신선한 야채나 과일을 공급하고, 하루에 약 200~250cc 정도의 물을 물병에 담아 준다. 기니피그는 하루 종일 조금씩 먹으므로 항상 먹이를 확인해야 하며, 매일 같은 시간에 먹이를 주어야 한다.

2. 새와 조류학

1) 조류의 진화

조류는 약 1억 5,000만 년 전에 파충류, 특히 공룡의 일종인 수각류(theropod dinosaurs)에서 진화가 시작되었다. 아르카이옵테릭스(Archaeopteryx, 시조새)는 날개와 깃털이 있지만 이빨과 긴꼬리 같은 공룡의 특징을 유지했다. 이 동물은 다양한 환경에 적응하면서 현재의 놀라운 생물학적 다양성을 이루게 되었다. 조류만큼 우리와 지속적으로 다양하고 풍부하게 연관을 맺고 있는 동물도 없다. 초기 인류의 기록으로부터 조류는 평화와 전생의 상징이었고, 예술의 주제였고, 연구와 스포츠의 대상이었다. 조류가 우리의 상상력을 자극하는 것은 놀랄 일도 아니다. 왜냐하면 조류는 놀라운 생명체이고, 매우 다양한 능력을 가지고 있으며, 종이 다양하고, 날 수 있으며, 노래도 할 수 있다.

새는 전 세계 어디서나 볼 수 있다. 북극의 눈올빼미부터 중동의 사막 지역에는 검은배사막꿩(black-bellied sandgrouse)이 있고, 페루 안데스산맥의 가장 높은 고도에서도 흰날개디우카핀치(white-winged diuca finch)가 살며, 남극에는 황제펭귄이 산다. 거대한 독수리부터 밝은색의 앵무들이 열대우림지역에 있고, 말똥가리는 건조한 지역에 살고 있다.

2) 조류의 특징

정온동물로 알로 번식한다. 비행이 가능하고 가볍고 유선형의 몸을 가졌으며, 모든 운동근육, 무거운 복부기관이 몸체의 중심 쪽에 위치해 있다. 예민한 시각과 빠른 조절이 가능한 시각적이고 동적중심 두뇌를 가지고 있다.

앵무새의 조상은 약 6,000만 년 전으로 거슬러 올라가며, 화석 기록에 따르면 Quercypsitta sudrei와 같은 초기 조류가 앵무새의 직접적인 조상으로 여겨진다. 이 화석은 프랑스 케르시(Quercy) 지역에서 발견되었으며, 앵무새의 독특한 형태와 행동적 특성을 이해하는 데 중요한 단서를 제공한다.

3) 열대조류의 소개

(1) 앵무새(Parrot) 분포 지역

앵무새류는 유황앵무류(cockatoo), 금강앵무류(macaw), 잉꼬(parokeet) 등이 모두 포함되며, 영어로 parrot이라고 한다. 전 세계에 350여 종이 있는 것으로 알려져 있으며, 열대지방, 남반구의 온대지방, 남태평양의 섬에 분포되어 있다.

(2) 앵무새 종 차이(Species Differences)의 이해

앵무새를 생태학적으로 구분지을 때는 크게 오스트레일리아에 분포하며, 충분한 먹이와 물을 찾아 이동하며 유목생활을 하는 앵무새와 좁은 공간에 먹이가 끊임없이 공급되는 열대기후의 새로 구분한다. 남아메리카 금강앵무(macaws)와 아마존앵무(Amazons)를 비교할 때, 사회적 행동과 개별행동의 측면에서 진화적으로 상당한 차이를 보이며 발달해 왔다. 예를 들어 유목생활을 하는 종(잉꼬, 노란앵무)은 집락을 형성하는 경향이 있다. 이 적응 생존메커니즘은 그들에게 큰 도움이 된다. 이들 무리에서 더 많은 개체의 수는 포식동물로부터 그들을 보호해 주며, 먹이를 구하는 능률을 높여 준다. 따라서 사회화는 쌍 특이적으로 나타나는 경우가 드물고, 대립적인 우월행동이 적게 나타난다. 당연히 이들 유목새들의 큰 무리는 남아메리카 종에 비해서 동종으로부터 더 빠르게 배운다. 무리에서 새로운 먹이를 사냥하는 것을 배우는 사회적 학습구조를 나타낸다.

앵무새에 대한 일반화가 표본연구에서 이루어졌음에도 불구하고, 종이나 개체 사이, 사육 상태 등에 따라 상당한 다양성이 있을 수 있다.

(3) 앵무새의 암수 차이 구분

앵무새는 한 쌍이 나란히 붙어 서로의 털을 골라 주고, 손을 잡은 채(정확히는 발을) 온몸을 비벼댄다. 고개를 서로의 목 아래로 집어넣은 채 쓰다듬어 달라고 졸라대기도 한다. 사육되는 앵무새가 인간의 손이나 신체에 머리를 부비는 것을 좋아하는 것도 이 때문이다. 앵무새는 암수가 영속적인 일대일 관계를 형성하고 평생 신의를 지키며 산다. 배우자가 죽으면 여생을 혼자 외롭게 살다가 죽는 경우가 대부분이다. 그래서 앵무새는 암컷, 수컷 간에 색상이나 크기 차이가 거의 없는데, 다른 동물들처럼 많은 이성과 짝짓기를 맺기 위해 자신을 더 아름답게 보이거나, 더 크게 보일 필요가 없기 때문이다. 예외적으로 뉴기니와 호주에 사는 뉴기니앵무와 장수앵무는 암수 색상이 확연히 달라 오랫동안 다른 종으로 여겨졌었다. 사랑앵무는 1년에 4번 짝짓기를 하는데 짝을 바꾸어 번식이 가능하다.

4) 주요 조류

(1) 금강앵무(MACAW Ara spp.)

앵무과의 큰 앵무새의 일종이다. 몸 전체의 길이는 약 90~95cm이다. 선명하고 아름다운 깃털을 가졌고, 날개의 색상 배합에 따라 다양한 이름으로 불린다. 이들의 울음소리는 먹이, 자신의 위치, 위험요소 등을 서로에게 알리는 신호이며, 무리마다 고유의 언어를 가지고 있다. 금강앵무는 대개 1년에 한 번 2~3개의 알을 낳으며, 우기가 끝나는 시점에 야자나무에 직접 구멍을 만들거나 구멍이 있는 곳을 더 파서 구멍 안에 알을 낳고 24시간 동안 경비를 서며 수컷과 암컷이 교대로 새끼를 돌본다. 태어날 때는 털이 하나도 없고 눈도 못 뜬 상태이지만, 5개월이 되면 깃털이 완전히 생긴다. 이소 후에도 어미로부터 3년 이상 무리생활을 하는 방법과 먹이를 사냥하는 방법을 놀이 행동을 통하여 배운다.

(2) 뉴기니아 앵무(Eclectus spp.)

뉴기니아는 암컷이 수컷을 공격하여 상처를 입히는 경우가 자주 발생한다. 그래서 암컷에 비해 수컷이 다루기 쉽다는 특징이 있다.

어떤 물체나 상황을 집중하여 응시하는 경향이 있고 이것은 뉴기니아가 둔감하게 보이게도 하지만 부리를 이용한 학습능력이나 넓은 범위의 단어능력을 발달시킬 수 있다. 집단 구성이 되어 있을 경우엔 지나치게 종간에 투쟁이 적은 편이다. 뉴기니아의 근원적인 영양 문제와 질병은 깃털 망가뜨리기와 발톱 뜯기와 같은 비정상적인 행동학적 표현에 중요한 요소이다.

(3) 아프리카 회색앵무(Grey Parrot)

가장 말을 잘하는 종으로, 몸길이는 33~40cm 정도이다. 몸은 연한 회색, 허리는 회백색, 꼬리는 적색, 눈 주위는 하얗고 부리와 다리는 검은색이다. 짧은 꼬리를 가진다. 암수가 같은 색깔이며, 수컷이 암컷보다 약간 크다. 작은 무리로 행동하는 경우가 많으나 서식지에서는 200마리 이상 모이는 경우도 있다. 저지 산림에 둥지를 짓고, 곡류 · 식물 종자 · 나무열 매 등을 먹는다. 번식이 어렵고 고도의 사육기술이 필요하다. 사람의 말을 가장 잘 흉내 내는 것으로 유명하다. 아프리카 중부에 분포한다.

(4) 유황앵무(cockatoo)

몸길이는 50cm 정도이다. 순백색의 깃털에 뒷머리부터 앞쪽으로 구부러진 매력적인 노란색의 깃이 있다. 화가 나거나 기분이 좋으면 부채처럼 이 깃을 펴서 자신의 감정을 표현한다. 어려서부터 가르치면 간단한 말도 할 수 있다.

유황앵무 중 팜 코카투(Palm cockatoo)는 몸길이가 60cm 정도로, 18종의 코카투 중에서 가장 크다. 강력한 부리로 각종 씨앗과 열매, 야자나무 열매(Palm Nut)까지 부숴 먹을 수 있다.

독특한 짝짓기 행동으로 유명한데, 앞발로 적당한 크기의 나뭇가지를 들고 마치 지휘하듯 나무를 통통통통 친다. 머리깃을 잔뜩 펴서 세우고, 고개를 좌우로 움직이며 리듬을 타는 모양새가 아주 재미있다(앵무새는 발가락이 2개는 앞으로, 2개는 뒤로 향해 있어서 물건을 잡을 수 있다).

5) 앵무새의 행동 관찰

(1) 행동시간 분석

- 앵무새의 행동에 대한 시간 할당(분배)(Time Allocation and Behaviors) : 앵무새가 주요 행동을 수행하는 데 쓰이는 시간의 비는 다음과 같다. 이것은 새들이 둥지에 없을 때 수량화된 것으로, 몇몇 연구는 부수적인 사육행동을 나타낼지도 모르는 구애나 세력권의 정도를 포함시키기도 하였다.

시간 할당과 행동

- 다듬기(혼자 혹은 서로 다듬기): 20~66%
- 먹이 구하기: 40~60%
- 소리내기: 2~5%
- 사회적 행동: 10~40%

(2) 앵무새의 감각(Senses)

대부분의 새에서 시력과 청력은 가장 뛰어난 감각이다. 촉각 또한 잘 발달되어 있으나 제한적으로 이용된다. 후각과 미각은 포유류보다 덜 중요하다.

(3) 앵무새의 지능

조류학자 조안나 버거(Joanna Burger)는 종이 따라 다르긴 하지만, 앵무새는 대개 5~6살가량의 어린아이의 지능을 가지고 있다고 하였다.

앵무새는 사회성이 뛰어난 동물로 장난을 매우 좋아하고 호기심이 왕성하며, 항상 누군가와 어울리기를 좋아한다. 이런 앵무새를 새장 속에 한 마리씩 가둬두는 것은 이들을 극도로 외로움에 빠지게 만들고 심할 경우 정신 이상을 겪게 되기도 한다. 일부 케이지에 고립된 생활에 나머지 미쳐서 자해를 한다. 찢어질 듯한 목소리로 끊임없이 울거나, 횃대를 이리저리 계속해서 반복적으로 왔다 갔다 거리기도 한다. 깃털을 뽑아 벌거숭이가 되거나 심지어 피까지 흘리는 모습 등을 볼 수도 있다.

(4) 앵무새의 발성(소리: Vocalization)

새의 발성 범위는 광범위하다. 그리고 새는 전달된 정보를 해석하기 위하여 각각의 노래와 울음소리를 구별할 수 있다. 다른 훈련을 통하여 얻은 연구결과는 조류의 뇌에서 좌우 반구가 비대칭적인 기능을 가지고 있음을 나타낸다. 인간처럼 새의 좌뇌는 학습과 소리를 통한 의사소통(즉, 노래)이 주를 이룬다.

① 혈연관계가 아닌 새로 부화된 호주산 잉꼬(*Melopsittacus undulates*)는 유성음과 비슷한 소리를 만들어 낸다. 그러나 3주까지 그들의 울음소리는 부모새의 울음소리를 흉내 내는 것에 불과하다. 새끼 새와 부모 새 사이에서 상호적인 울음소리의 인식은 보편적이다. 새끼 새와 동종의 다른 새의 새끼들과 같은 거리에 있는 부모 새는 다른 새들의 소리는 무시하는 반면에

곤궁에 처한 자기 새끼 새의 소리에는 극도로 반응한다. 이와 같이 왕관앵무(*Nymphicus hollandicus*)의 새끼는 둥지에서 그들의 시야 밖에 있는 부모 새의 울음소리에 대답하지만 다른 어른 왕관앵무의 소리에는 대답하지 않는다.

② 중앙아메리카에 인접한 아마존은 지역적인 표현방식(일종의 사투리)을 갖는다. 인접 지역에 있는 각각의 새들은 서로의 소리(사투리)를 내고 인지할 수 있다.

조류의 신경학과 신경해부학의 광범위한 연구는 많은 새들이 울음소리를 모방할 능력이 있음에도 불구하고, 동종이 아닌 새들이 다른 종의 소리를 완전히 이해하지 못한다는 것을 보여 준다. 온대기후에 위치한 동종의 새에서 소리의 강함, 지속성과 속도 조절은 열대기후의 새와는 확연히 다르다. 이들 차이의 잠재적인 중요성은 아직 논쟁의 여지가 있다.

(5) 앵무새의 Body Language

앵무새가 자세를 취하는 것은 동종의 새에게 다양한 메시지를 표현하는 데 사용된다. 영역과 사육행동의 표현(발기, 자발적인 동공의 수축과 확장, 꼬리 깃털의 펼쳐짐, 날개의 펴짐, 부리로 쪼는 것 포함)은 자연 상태에서나 사육 상태에서 모두 관찰된다. 사람들은 이러한 명백한 행동은 인지하면서 더 미묘한 바디랭귀지와 앵무새가 전달하고자 하는 메시지를 완전히 인지하지는 못하는 것 같다.

(6) 앵무새의 수렵 또는 사냥 행동(Foraging Behaviors)

새의 자연적인 먹이 사냥 방법은 사육환경에서 몇 가지로 구분된다.

① 무리 지어 먹이를 구하는 종(왕관앵무와 모란앵무처럼 종종 유목생활을 하고, 건조한 지역에 서식하는 종)은 동종과 더 강한 사회적 상호작용을

하고, 집단을 형성하는 경향이 있다.

② 무리 지어 먹이를 구하는 새(앵무새와 앵무새가 아닌 새 모두)는 홀로 먹이를 구하는 새와는 다르게 새로운 먹이를 선택하는 법과 먹이를 먹는 법을 동종으로부터 빠르게 배우는 경향이 있다.

③ 어른 새(대부분의 어른 동물처럼)는 먹이를 구할 때 먹이 선택에 신중하다. 이것은 살아남기 위한 것으로, 독성을 지니고 영양분이 적은 먹이의 섭취를 최소화시킨다. 그러나 이것은 어른 새로서 개선된 먹이로의 전환을 꾀하며, 사육되는 새에서는 더 큰 도전이다.

④ 먹이를 구하는 것은 일일 대사량에 기초했을 때 상당량의 에너지를 소모시킨다. 먹이의 부족분을 구하는 것은 건설적인 신체적 · 정신적 에너지의 방출을 감소시키고, 이것은 건강으로 인도하며, 사육되는 새에서 행동학적 문제를 일으킬 수 있다.

(7) 앵무새 종간의 접촉과 종별 차이(다양성)(Intraspecies Contact and Species Variations)

왕관앵무는 부부간, 부모 자식 간의 상호작용의 일부로 머리를 부리로 다듬어 준다. 그러나 이러한 털다듬기는 공격적인 요소로 작용할 수 있다. 성인 새(주로 수컷)는 암컷을 둥지로부터 몰아내기 위하여 암컷의 머리털을 부리로 다듬는다. 이러한 털다듬기의 암시가 받아들여지지 않으면 털다듬기는 부리로 쪼는 것으로 변한다. 대부분의 수의사들은 둥지에서 몇몇 부모 왕관앵무가 아기 새의 머리를 과도하게 다듬거나 잡아 뜯거나 또는 손상을 입히는 경향에 대해 주목해 왔다.

왕관앵무는 머리를 다듬어 주는 새가 머리 다듬기를 멈추면 화를 내기로 유명하다. 역으로, 어른 왕관앵무는 동종과 신체접촉을 피하는 경향이 있는데, 다른 새와 어쩌다가 부딪히면 즉시 놀라서 접촉을 피한다.

왕관앵무와 모란앵무(Peach-faced Lovebirds, *Agapornis roseicollis*)를 비교하면,

모란앵무는 둥지에서 어린 새뿐만 아니라 어른 새도 떼 지어 모이는 것을 선호하는 경향이 있다. 모란앵무에서는 넓은 범위의 신체접촉이 모든 나이에서 관찰된다. 모란앵무는 털다듬기에 있어서 훨씬 덜 공격적이다. 수컷은(암컷이 둥지에 있을 때) 암컷의 털을 공격적으로 되는 일 없이 전체적으로 다듬어 준다.

털을 다듬는 정도와 시기에 대해서 종간에 굉장한 다양성이 존재한다. 이것은 사육되는 앵무새에서 털다듬기가 비정상적이거나 과도하게 진행되는 때를 규정하기 어렵게 만든다.

6) 사육되어지는 앵무새의 행동학(Captive Psittacine Development)

(1) 사육되어지는 앵무새의 행동

앵무새 사육시설은 최근 수십 년간 새로 태어난 새들의 많은 생리학적 요구(온도, 습도의 조절과 개선된 영양)를 충족시키며 발달해 왔다. 신체접촉과 사람의 손을 통한 새들의 환경적응은 손으로 사육하는 과정의 일부로 자리 잡아 왔으며, 최소한 초기에는 사람에게 붙임성이 있는, 사람과 상호작용을 하는 새를 만들었다. 그러나 이들 새들의 감정적·사회적 발달은 자연 상태에서 일어나는 것과 비교했을 때, 의심할 여지 없이 동종 간 상호작용의 결핍에 영향을 받는다. 깃털 망가뜨리기, 과도한 울음, 물어뜯기와 같은 받아들이기 어렵고 과도한 행동은 손으로 사육되는 애완 앵무새에서 높은 비율로 나타난다. 이러한 행동은 일반적으로 야생에서 잡힌 애완 앵무새나 잡힌 채로 부모 새와 같이 살도록 한 새에서는 보고된 바가 없다. 이러한 행동학적 이상은 유아기에 애정과 안정을 빼앗겼을 때 인간 어린이에게 나타나는 고아증후군(orphanage syndrome) 또는 반응성 애착장애(relative attachment disorder)와 유사한 것으로 여겨져 왔다. 어린이(또한 사람이 키운 앵무새)에서 그런 행동학적 이상은 종종 어느 정도 나이가 들 때까지 나타나지 않는다.

부모 새가 새끼 새를 품고 기르는 것을 허용하는 것은 앵무새 사육자에게 잠재적인 경제적·감정적 의무를 발생시킨다. 깨진 알, 학대된 혹은 소홀히 다뤄진 새끼, 우연한 상처는 새끼 새들이 둥지를 떠날 때 모두 발생할 수 있다. 그러나 이것이 감정적 · 사회적 발달을 위한 이상적인 환경인지 조금 의심스럽다. 또한 둥지 안에서의 발달은 더스키 앵무새(Dusky poinus parrots, *Pionus fuscus*)에 대한 연구에서 증명된 것처럼 물리적인 이점이 있다. 16일과 45일 사이에 뼈의 성장은 빠르고 골격구조는 여전히 약하다. 인큐베이터에 따로 갇힌 어린 새는 형제와 부모를 찾아서 뒤뚱거린다. 한 어미 새에서 나온 새끼 새들은 가까이에 모여 있으며, 적게 움직인다. 그리고 이렇게 뭉쳐져 있는 것은 부속골격을 지지하는 데 도움이 된다. 부가적인 연구는 인큐베이터에서 개별적으로 갇혀 자란 새끼 새에서 뼈 이상과 뼈 형성 장애가 증가하는 것을 보여 준다. 다행히 증가하는 많은 사육자들은 근래에 어미 새가 새끼 새들이 독립할 때까지 알을 품고, 부화시키고 키울 수 있도록 하고 있다.

사람과 새끼 새의 상호작용은 둥지에서 아니면 새끼 새가 독립한 이후에 시작될 수 있다. 이런 방식으로 매일 짧은 시간 상호작용함으로써 인간의 손에 적응하는 동안에 어린 새들은 어미 새, 형제 새와 상호작용하면서 여전히 이점을 취하게 된다. 캘리포니아 대학에서 진행 중인 연구에서 데이비스(Davis)는 최소한 노란빰아마존앵무(Orange-winged Amazons, *Amazona amazonica*)에서 어미 새가 새끼 새를 키우도록 하는 동안에 어린 새를 규칙적으로 다루면서 얻는 이점을 보여 주었다. 몇몇 종과 개체에서는 인간과의 상호작용이 어미 새에 의한 학대나 무시의 위험을 증가시킨다. 따라서 이러한 기술은 모든 상황에 적용할 수 없다.

앵무새 새끼를 손으로 길러야 한다면, 그 개체의 생리학적 · 정신적인 요구를 만족시키기 위하여 모든 시도를 해야 한다. 이러한 필요의 정확한 본질에 대한 구체적인 자료의 부족은 야생 상태에서 제공되는 환경과 상호작용을 복제하도록 한다. 이것은 신체 압력, 따뜻함과 접촉, 어둡고 안전한 둥지, 요구에 따른 먹이 공급, 둥지 환경을 탐험하는 능력, 물리적으로 노출되지 않은 채 바깥 세계를 시각화하는 것을 포함한다. 피비 린든(Phoebe Linden)은 태생기와 유년기 앵무새 발달의 이런 점들을 Abundance Weaning처럼 특이 먹이 급여 기술과 도구로 나누었다. 독자들은 이러한 도구를 정확히 이해하고, 고객에게 초기와 진행 중인 발달의 풍부화의 필요성을 알리기 바란다.

(2) 앵무새의 사회화(Socialization)

이전에 언급했듯이, 초기 발달에서 앵무새가 다른 종(동종, 다른 새, 사람, 다른 반려동물)과 사물에 노출되는 동안에 이것을 받아들이거나, 최소한으로 두려움과 회피가 감소하는 시기가 존재한다. 이 시기 동안에 동종에 노출의 부족하면 정상적인 발달과 성공적인 짝짓기가 이루어지지 않을 수 있다. 많은 포획된 앵무새에서 어미 새와 형제 새, 짝을 대신하여 사람이 앵무새를 돌본다.

앵무새 사육자는 보통 그들의 새와 강한 정서적 · 물리적 유대를 갖기를 원하고 그것은 둥지에서 떨어져서 먹이를 손으로 줌으로써 생겨난다. 그러나 행동적 · 의학적 문제의 근원은 이런 비정상적인 유대관계로부터 근원한 것이다.

같은 현상이 사냥을 하기 위해 길러진 새에서도 나타난다. 송골매와 매가 사육되는 동안 강력한 사회화는 문명(사람, 자동차, 사냥개 등)의 영향을 덜 받는 새를 만들어 낸다. 이런 사람에 대한 각인은 또한 순종과 잡종 사냥매의 인공수정을 위한 정자수집 도구를 가진 인간과 짝짓기를 하는 데 이용되기도 한다. 그러나 인간에 대한 두려움의 제거는 맹금류의 정상 영역에 인간이 침입했을 때, 맹금류가 폭력적으로 반응할 가능성을 증가시킨다. 다시 말해서, 앵무새에서처럼 어떤 종은 더 영역 공격성을 띠는 것 같다.

(3) 앵무새의 자극(Stimulation)

자극은 사회화와 유사하지만 상호작용할 누군가(사람 또는 동물)를 필요로 하지 않는다. 대신에 행동 또는 상황을 내포한다. 일반적으로 비교적 어린 나이에 노출되는 자극이 많고 다양할수록 그러한 사물이나 소리 또는 현상에 대한 두려움이 적다. 쉼터(hide box, 숨을 공간을 제공하는 박스)를 통해 과자극을 멈추는 능력은 어린 새뿐만 아니라 어른 새를 위해서도 제공되어야 한다.

이 정신적 자극은 두려움을 제거할 뿐만 아니라, 사건과 사물의 기능과 본질을 결정하려는 시도를 함으로써 새에게 흥미를 북돋운다. 간단한 예는 새가 바깥을 볼 수 있고(되도록 망이 달린 창), 하늘, 나무, 다른 새, 다람쥐를 관찰할 수 있고, 교통소음을 들을 수 있고, 압력의 변화를 느낄 수 있는 곳에 새장을 두는 것이다. 이는 새를 위해 텔레비전이나 라디오를 켜두는 것보다 훨씬 낫다.

(4) 앵무새가 너무 좋은 환경에서 있을 때 나타나는 털뽑기 또는 자해(Consequences of Inactivity)

안전하고, 깨끗하고, 안정적인 사육환경에서 정상적인 스트레스원의 제거는 종종 깃털을 뽑는 행동이나 자동반복증과 같은 문제 행동의 주원인이 된다. 사실 이러한 '문제' 행동은 전형적으로 나타내고/나타나거나 정상행동이 과장되어 나타난다. 수의사에게 흔한 예는 정다운, 세심한, 성실한, 사육사가 소유한 새이다. 그 주인은 깨끗하고 안정적인 환경, 충분한 물과 음식의 일정한 공급, 다수의 장난감을 제공한다. 이러한 주인은 특별히 그들의 새가 깃털을 뽑는 행동을 시작했을 때 괴로워하고, 새에게 무언가가 부족하다고 생각한다. 사실은 그 반대다. 이들 새들은 안전하고 그들의 모든 요구는 어떠한 신체적 또는 정신적 에너지의 누출 없이 만족되었다. 따라서 그들은 어떠한 정신적 또는 신체적 자극도 없다. 먹이를 구할 필요도, 포식자로부터의 보호도, 은신처를 구할 필요도, 짝을 매료시킬 필요도, 둥지를 틀 장소를 정할 필요도, 새끼들에게 먹이를 줄 필요도 없다. 남아 있는 자연적 행동의 하나로 털다듬기와 같은 것은 주요 역할로 추정되며, 비정상적인 정도에 따라 가속화된다. 또한 자폐 증상을 지닌 사람에서 나타나는 증상과 유사성이 있다. 어떠한 자연적인 도전도 없는 환경에서는 부정적인 자극이라 할지라도 자극에 대한 필요는 종종 털을 당기거나 자해를 초래한다.

(5) 앵무새 장남감의 중요성

각각의 새에 따라 장난감은 정신적 · 신체적 여분의 에너지를 사용하기 위한 유용한 표현도구가 될 수 있다. 다양한 장난감이 이용될 수 있고, 이것은 여러 가지 목적을 수행한다. 낡은 전화번호부와 같은 물체는 씹고자 하는 본능을 해소할 수 있는 수단을 제공하고, 과도한 에너지를 기계적으로 소비할 수 있도록 해 준다. 퍼즐 장난감(먹이를 넣거나 조작 후에 드러나고 얻어지는 물체를 넣은)은 신체적 · 정신적 자극을 모두 제공한다. 그러나 장난감과 상호작용하는 능력과 욕구는 일반적이지 않고 어느 정도 학습될 수 있다. 장난감을 하나씩 주는 것으로 인간과의 상호작용과 훈련하는 것을 대체하는 일은 드물다.

(6) 앵무새의 정상적 행동의 과장된 표현(Exaggeration of Normal Behaviors)

사로잡힌 앵무새에서 가장 흔한 못마땅한 행동은 정상행동의 과장 또는 확장에서 근원할 것이다. 이것을 이해해야 이러한 행동의 감소(반드시 제거하는 것이 아니라)에 대한 합당한 기대를 갖을 수 있다. 예를 들어 앵무새가 아침과 늦은 오후에 어느 정도 우는 것은 본능적인 행동이다. 털다듬기 또한 어떤 상황(야생 또는 새장)에서든지 많은 시간을 차지하는 정상적인 행동이다. 깃털을 망가뜨리는 행동에 대한 기계적인 방어장치를 만들 때, 앵무새에서 깃털 유지의 중요한 기능과 그에 따르는 털다듬기의 필요성과 능력을 고려해야 한다.

(7) 앵무새에 대한 사육사의 능동적 행동

앵무새 사육사는 합당한 스케줄에 따른 새와의 상호작용을 지속적으로 진행해야 한다. 어떤 사람은 그들의 새와 일정하게 시간을 보낼 수 없거나, 보내지 않는다. 그런 상호작용이 타고난 자질과 그것을 개선시킬 수 있는 잠재성을 지닌다는 것을 충분히 설명한다면, 이들은 새와 일정한 시간을 보낼 것이다. 주인과 새가 과정에서 즐거움을 느낀다면 새와 함께하는 시간이 늘어날 것이다. 새가 즐기는 습관, 즐거움, 상호작용을 알아가는 것은 성공적인 행동교정에 중대한 역할을 한다. 유사하게, 헌신적인 대부분의 주인은 그들의 새가 주인에게 보답하는 어떤 행동을 배울 때 생겨난다. 새와 주인 사이의 상호적인 자극은 사육사가 새와 훈련을 계속할 가능성을 증가시킨다. 새에게서 받은 심리적인 강화는 새로운 행동의 습득뿐만 아니라, 이들 행동의 지속적인 수행의 가능성을 높여 준다.

(8) 앵무새의 훈련 방법(기본 방법의 시작)

새가 사육사(이는 앵무새 행동 상담사, 수의사, 또는 다른 개인이 될 수 있다)의 손에 있을 때, 초기 단계에서 몇몇 기본적인 행동교정을 할 수 있을지도 모른다. 특히 어른 새에서 새로운 환경이나 새로운 사람과의 상호작용은 선행되어야 한다. 이것은 만성적인 행동 양식을 방해하고, 학습, 탐험, 새로운 행동을 표현하고자 하는 의지를 자극시키기 위해서이다. 명령에 따라 배우는 것과 사람이 새를 잡고 발 위에 엄지를 올려놓아 날지 못하게 하여 학습을 시키는 두 가지 기본 훈련 방법이 있다. 이 방법들은 심화학습을 촉진시킨다. 또한 이것들은 뜻하지 않은 사건이 일어나는 동안 안전을 위해 매우 중요하다.

(9) 앵무새 교육 시 체벌은 절대 안 되는 이유

신체적 체벌은 새에게 결코 받아들일 수 있거나 생산적인 훈련 방법이 아니다. 동물의 종류를 막론하고 행동학자와 조련사에 의해서 체벌은 이미 일반적으로 행해지지 않지만, 특히 새에 있어 체벌은 훈련 방법으로 적합하지 않다. 이것에는 여러 가지 이유가 있다. 무엇보다도, 동종과의 대부분의 정상적인 상호작용은 일반적인 털다듬기(grooming)를 넘어서 물리적이지 않다. 새는 발성, 표시, 자원에 접근, 환경에서의 위치, 그리고 심지어는 겁을 주어서 점유한 공간을 이용하여 의사소통하고 상호작용한다. 따라서 이것들은 외형적인 행동에 사용되는 훈련도구이다. 특별히 뛰어난 개체이거나 생활이 변화(예로 영역 다툼)할 때, 드물게 물리적인 폭력이 발생한다. 이러한 종류의 상호작용은 사육사가 얻고자 하는 조화롭고 친밀한 관계가 아니라, 기피 또는 적의를 낳는다. 해부학적인 차이 때문에 새의 전형적인 신체적 상호작용을 사람이 복제하는 것은 불가능하다. 사람은 주로 손으로 상호작용하는 반면에 새는 부리로 상호작용을 한다. 그들은 교류하지 않고, 그들의 지능에도 불구하고, 손과 팔로 만든 어떠한 동작 또는 행동도 이해하지 못하는 것처럼 보인다.

종종 어떠한 종류의 행동(울거나 무는 행동)은 억제하기 위해 체벌을 사용하는데, 이것은 정상적인 행동으로 정서적인 건강을 해치지 않고서는 결코 억누를 수 없다. 지루함 때문에 못되게 구는 매우 지능적인 앵무새는 혐오적인 반응이라 할지라도, 체벌에 따르는 관심을 얻기 위해 나쁜 행동을 늘릴 것이다.

(10) 앵무새와 사육사 간 적절한 관계의 성립과 인정

앵무새와 사육사 사이에 건강한 관계를 성립시키거나 정의하는 일은 흥미롭다. 사육사가 원하는 상호작용의 정도는 종종 야생에서 주어진 종에게 징싱직이지 않거나 오직 부모와 자식 간 또는 짝을 이룬 쌍에서만 나타난다. 과도하거나 부적절한 유대는 사로잡힌 새에서 부정적인 신체적 · 행동적 결과를 낳는다.

앵무새가 성숙하면서 그들의 애정이 가족 내 다른 사람에게 옮겨갈 수 있다. 이것은 종종 부모로 인식했던 사람과의 이전 관계가 사라지면서 나타난다. 그것은 동반자를 구하는 성장 중인 앵무새에서 놀랄 일은 아니다. 사육사가 짝짓기 상대가 아니라면, 부모를 대신하여 인지한 사람이다. 이상적으로, 짝은 이성의 동종이다. 그러나 안전과 이점이 증가하면서 동반자에 대한 수요는 이성의 짝을 요구하는 것보다 현저히 강해졌다. 자연과 큰 새장에서 한 종류의 성이 불균형적이 수로 존재하면서 동성의 쌍은 흔하게 나타난다.

성숙기 동안에, 실제로 새를 길러 준 사람에서 다른 사람에세로 애정이 이동할지도 모른다. 이것은 처음에 새와 유대 관계를 맺은 사람에게는 매우 불쾌할 수 있다. 어떤 상황에서는 새가 유대 관계를 이동할 수 있는, 또는 이동하고자 하는 다른 대상이 없을 수 있다. 이런 상황에서 관계는 성격의 변화 없이 같은 사람과 지속된다.

자연 상태에서 대부분의 앵무새는 여러 해 동안 또는 장기간, 일년 내내 같은 배우자와 짝짓기를 한다. 예를 들어 광택유황앵무(Glossy Black Cockatoos, *Calyptorhynchus lathami*)는 짝짓기를 하지 않은 개체보다 지배계급에서 상위를 차지하고, 또한 상대 짝과 조직 내에서 비슷한 위치를 차지한다. 번식 철이 아닐 때에도 그 관계를 지속적으로 유지하는 것에 대하여 많은 논의가 있었다. 지속적으로 새끼를 보살피고, 다음 번식기간 동안 배우자 선택이 용이하다는 것은 다른 몇몇 종의 새에도 해당된다. 그러나 로리킷(lorikeets), 흰아마존앵무(White-fronted Amazons, *Amazons albifrons*)는 짝과 합심하여 세력권을 차지하는 것이 가장 우선하는 이점으로 보인다. 보통 선호되는 먹이나무를 확보하고 연중 적절한 영양 공급을 보장한다.

(11) 앵무새의 집 크기(Size)

새장의 크기는 부분적으로 새의 종류와 새가 새장에서 보내게 될 시간에 따라 달라진다. 최소한으로, 새는 새장의 어느 모서리와도 닿지 않고 날개를 펼 수 있어야 하며, 새가 횃대에 있는 동안 꼬리가 바닥이나 다른 물체와 닿지 않도록 충분한 여유 공간이 있어야 한다. 그 새의 종류에 맞는 것으로 알려진 새장의 크기보다 한 치수 큰 것이 좋다. 확실히, 아연도금을 한 철사(예로, 새장에서 접시, 장난감의 일부)와 같은 독성물질은 피한다.

(12) 앵무새의 횃대에 대한 정리(Perches)

이상적으로, 다양한 직경과 질감의 횃대가 애완 앵무새에게 가능하다. 또한 대부분의 새는 선호하는 횃대의 위치가 변하기 때문에, 이것을 바꿔 줄 필요가 있다. 덜 활동적이고, 덜 무거운 새는 피부염을 예방하는 데 횃대가 더욱 결정적이다.

새가 횃대에 서서 몇 걸음 걸어서 원하는 장난감과 먹이에 접근할 수 있는 곳에 위치한 적절하고 콘크리트 횃대를 사용하면 발톱이 유지되므로 사람이 다듬을 필요가 없다. 이것은 200~1,000g 사이의 무게의 새에서 가장 효과적으로 작용한다. 더 작은 새는 발톱을 마모시킬 만한 충분한 힘이 없는 것처럼 보인다. 그리고 매우 큰 새는 거친 표면이 발에 닿으면 화를 낸다.

거친 횃대는 부리를 문지를 때 사용된다. 이것은 새가 여분의 먹이와 케라틴을 제거함으로써 미용상 부리 다듬기를 할 필요도 줄어들었다. 부드러운 나무 횃대는 다양한 길이의 일회용 횃대로서 씹기 위한 도구이다. 그러나 횃대가 완전히 씹히면 새장 바닥에 떨어질 수 있다.

(13) 앵무새의 목욕(Bathing)

목욕은 신체적 · 정신적 건강을 위해 중요하다. 많은 새들이 사육사가 씻겨 주는 것을 좋아한다. 또한 많은 새들은 실외에 위치한 새장에 있는 동안 자연적인 빗줄기를 즐긴다. 비가 오기 전에 새는 압력의 변화를 느낀다. 특히 남아메리카 종은 비가 올 것을 예견하는 자세를 취한다. 날씨가 좋을 때 새가 바깥이나 베란다에서 털을 말리도록 하는 것은 자연적인 털다듬기를 유도한다. 일부 사람들은 드라이어를 사용한다. 이것은 잠재적으로 피부를 건조하게 하고 자연적으로 털을 다듬고자 하는 욕구를 제거시킨다. 그러나 새가 자연적으로 몸을 말리는 동안 따뜻하게 유지할 수 있는 방법이 없다면 이것은 불가피하다.

(14) 앵무새의 먹이와 영양(Nutrition)

영양은 앵무새의 신체적 · 정서적 건강과 밀접하게 연관되어 있다. 새는 영양적인 요구가 충족되었을 때 정서적으로 최상의 상태를 유지한다는 것을 알아야 한다.

많은 종에서 어떤 먹이가 있으면 번식행동이 촉진된다. 싹, 신선한 푸른 잎, 고지방 견과류는 모두 잠재적으로 번식행동을 증가시키는 자극으로 기능한다. 이것은 애완 새에서 불리하고, 알을 낳게 되면 신체적인 문제가 발생할 수 있다. 그리고 과도한 성적 흥분은 인간과 공존할 수 없게 한다. 생식능력을 자극하는 식단의 중요성은 종, 다른 환경인자, 그리고 먹이가 자연적인지 합성된 것인지에 따라 다양하다.

(15) 앵무새의 광주기(Photoperiod)

앵무새가 노출되는 낮과 밤의 길이는 각각 앵무새의 건강(예로 충분한 휴식을 포함)과 번식주기 또는 그것의 부족에 영향을 준다. 특히 행동혼란과 관련하여 전체적인 정서적 건강은 적절한 수면에 의존한다는 것을 기억해야 한다. 방해가 없는 어둡고 조용한 지역은 일정한 시각에 적절한 시간 동안 반드시 제공되어야 한다. 이런 단순한 교정에 의하여 문제 행동이 얼마나 빨리 사라지는지 새로운 축주(畜主)들은 종종 놀라기도 한다.

(16) 앵무새의 깃털, 부리, 발톱, 날개깃 다듬기

어린 새와 중간 나이의 새에서 발톱 손질은 대부분 전적으로 축주의 편안함을 위해서이고, 새의 신체적인(따라서 정서적으로도) 안정에 피해를 준다. 날카로운, 바늘 같은 끝부분은 정상적인 앵무새 발톱으로, 비가 오거나 바람이 불 때처럼 안 좋은 날씨에 다양한 크기의 가지를 단단히 붙잡을 수 있게 해 준다. 그러나 대부분의 축주들은 앵무새가 안정적으로 앉게 하기 위하여 그들의 손과 팔에 상처가 생기는 것을 원치 않는다. 따라서 종종 동물병원에 가서 발톱을 무디게 한다. 축주들은 새들이 안전하게 잡기 위하여 어느 정도의 날카로움을 필요로 한다는 것을 알아야 한다. 또한 그들이 길다고 생각하는 발톱의 길이가 그 개체에서는 정상적일 수 있다는 것도 알아야 한다. 가장 흔한 예외는 늙은 새, 영양 공급이 부족한 새, 간 기능이 저하된 새이다. 이들 경우에는 발톱이 너무 빠르게 휘어지는 경향이 있고, 새가 편안하고 안전하게 앉기 위해서 발톱을 다듬어 주어야 한다. 발톱 관리에 관해서 이전에 언급했듯이 거친 횃대는 보통 매우 날카로운 발톱에는 작용하지 않는다.

날개깃 관리는 가능할 때 점차적으로 행해져야 한다. 새에게 비행능력의 감소뿐만 아니라, 필요한 균형과 날개운동적응에 순응할 시간을 주어야 한다.

(17) 앵무새의 무는 행동(Biting)

앵무새가 심하게 또는 반복적으로 부리를 사용하는 것은 야생 앵무새에서는 보통의 방어 행동은 아니다. 앵무새의 부리 사용은 자연 상태에서 오직 공격적으로 사용된다. 자연 상태에서 생태사슬의 하층에 있는 앵무새가 포식자에게 잡혔을 때 부리는 가장 효과적인 무기이다. 따라서 앵무새가 인공사육될 때의 무는 행위는 그들이 원하는 것에 대한 보상으로 유도되어 학습된 행동으로 추정된다.

다음은 앵무새의 무는 습관을 제거하는 일반적인 단계별 방법이다.

① 새를 작은 욕실과 같은 중립적인 공간으로 이동시킨다.
② 새가 손이나 팔을 물지 않고 앉았을 때 칭찬한다. 또한 눈을 맞춘다.
③ 새가 물려고 하면, 흔들림 또는 지진법을 사용한다(새가 앉은 손을 재빠르게 약간 떨어뜨린다. 이것은 새가 중심을 다시 잡도록 유도하여 무는 행위를 삼가도록 하는 것이다).

3. 파충류

1) 파충류의 정의

뱀, 도마뱀, 악어, 거북으로 대표되는 파충류는 약 2억 5천만 년 전에 양서류로부터 진화되었다. 지구상에 현존하는 파충류는 약 7,780종이며, 이중 뱀과 도마뱀류가 전체 파충류의 95% 이상을 차지한다.

파충류에는 갈라파고스코끼리거북처럼 200년까지 사는 것도 있고, 남미 아마존의 아나콘다처럼 7m 이상 되는 대형종도 있지만, 가장 많은 수를 차지하는 것은 몸무게 20g 이하의 도마뱀이다.

양서류로부터 진화된 파충류는 양서류와 다르게 수분을 보존할 수 있도록 촉촉한 피부 대신 비늘을 발달시켰고, 방수성의 알을 낳으며, 암모니아 대신 불용성의 요산 형태로 질소대사산물을 배설할 수 있어 물을 떠나 건조한 사막에서도 살 수 있게 되면서 남극지방을 제외한 전 대륙에서 발견된다.

하지만 조류, 포유류와 다르게 여전히 대부분의 파충류는 비교적 연중 기온이 높은 열대지역에서 발견되며, 온대에 사는 몇몇 종도 여름 동안 먹이를 먹어서 몸 안에 충분한 지방을 축적한 다음 겨울에는 동면에 들어간다. 이것은 파충류가 조류, 포유류와는 다르게 파충류 스스로 몸 안에서 열을 만들어 내지 못하고 외부 기온에 따라서 체온이 변하는 변온동물이기 때문이다. 이것은 파충류를 조류, 포유류와 구별 짓는 중요한 차이이며, 파충류가 조류, 파충류와 완전히 다른 몸 구조와 생리를 가지고 있는 것에 대한 설명이기도 하다.

2) 파충류의 특징

파충류강(class Reptilia)에 속하는 동물은 다음과 같은 특징을 공통으로 가진다. 이들은 변온동물(ectothermy)이고 피부는 건조하며 비늘로 덮여 있다. 사지에는 대개 5개의 발가락이 있고 총배설강(cloaca)과 3개(예외적으로 악어는 4개)의 방실로 된 심장을 갖는다. 또한 발생기의 모든 단계에서 기능적인 폐(lung)가 있고 체내 수정을 하며, 난생(oviparous)이거나 난태생(ovoviviparous), 혹은 태생(vivipaous)이다.

① 파충류는 분비선(gland)이 거의 없는 건조한 피부가 각화되어 형성된 비늘(scale)이나 등갑(scute)이 보호막 역할을 한다. 각화된 층(keratin) 아래에는 지방층이 있으며, 이것이 수분의 손실을 막아 주기 때문에 파충류가 육상에 적응하고 생존할 수 있었다.

② 파충류는 환추골(atlas)과 관절하는 후두골관절융기(occipital condyle)가 하

나밖에 없다. 양서류와 달리 파충류는 목(neck)이 잘 발달했기 때문에 시야를 잘 살필 수 있었고 육지에서 생존할 수 있었다.

③ 뱀이나 도마뱀과 같은 많은 파충류는 동적인 두개골(kinetic skull)을 가지고 있다. 이는 파충류의 두개골이 대부분 골화되지 못하고 탄성연골(elastic cartilage)로 되어 있어 두개골의 각 부위 사이가 움직일 수 있다는 것을 의미한다. 따라서 파충류는 먹이를 먹을 때 입을 더 벌리기 위해 위턱을 경첩(hinge)과 같이 올릴 수 있고 아래턱과 위턱 사이에서 관절하는 방형골(quadrate bone)도 자유롭게 움직일 수 있다.

④ 파충류가 육지에서 생존할 수 있었던 것은 양막란(amniotic egg, 양막과 양수가 있는 알)을 발달시켜 물과 관계없이 번식할 수 있었기 때문이다. 난황이 많은 알은 보호막인 양막과 요막에 영양을 공급하여 호흡하고 노폐물을 저장할 수 있도록 하였다. 또한 양피(parchment)와 같은 알의 껍데기는 발생기의 배아가 부화되기 전까지 탈수되지 않고 충분히 성장할 수 있는 보호막이 된다.

⑤ 대부분의 파충류는 수용성의 암모니아와 요소(urea) 대신 불용성의 요산(uric acid)을 배설한다. 이것은 불투과성의 알 안에서 생성되는 노폐물이 발생 중인 배아에게 독성을 나타내지 않도록 해 준다.

⑥ 악어를 제외한 파충류는 3개의 방실로 구획된 심장을 가지고 있으며, 이는 2개의 심방과 하나의 공통 심실로 구성된다. 따라서 파충류의 혈액은 폐를 향해 순환할 수도 있고 폐가 아닌 다른 혈관으로도 순환할 수 있어 체온 조절이나 잠수를 돕는다.

3) 파충류의 분류 및 동정

(1) 파충류의 분류

파충류는 현재 7,780종 이상이 생존하고 있으며, 파충류강(class)을 4개의 목(order)으로 분류하고 있다. 파충류를 대상으로 한 분류학적 연구들은 대부분

몸을 덮고 있는 비늘의 숫자, 크기, 모양, 배열에 치중해 있다. 수컷의 경우 반음경의 크기와 모양이 중요한 분류키가 된다.

목(Order)	아목(Suborder)	일반명	종의 수(대략적)
거북목 (Chelonia)	잠경아목(Cryptodira)	turtle(바다거북), tortoises(육지거북), terrapins(담수거북)	295
	곡경아목(Pleurodira)		
옛도마뱀목 (Rhynchocephalia)		Tuatara	2
유린목 (Squamata)	뱀아목(Ophidia)	Snakes(뱀)	2,920
	도마뱀아목(Sauria)	Lizards(도마뱀)	4,470
	장님뱀아목(Amphisbaenia)	Worm lizards	156
악어목 (Crocodylia)		Crocodile, Alligator, Gavial	23

① 거북목

12개 과, 295종의 바다거북, 담수거북, 육지거북으로 나뉜다. 몸은 2개의 뼈로 된 껍질(등갑과 배갑) 안에 위치한다. 치아는 없고 턱은 각질화된 부리처럼 발달되어 있다. 목을 구부리는 방식에 따라 곡경아목(Pleurodira)과 잠경아목(Cryptodira)으로 나뉜다.

- 곡경아목: 머리가 등갑 안으로 들어가는 것이 아닌 옆으로 구부리는 거북류
- 잠경아목: 머리가 등갑 안으로 완전히 들어가는 거북류

② 옛도마뱀목

1개 과, 2종이 있으며, 원시도마뱀(Tuatara)으로, 뉴질랜드에 서식한다.

③ 뱀목

육지에서 살아가는 종류, 굴을 파고 사는 종류, 나무 위에서 살아가는 종류, 물속에서 살아가는 종류, 바다에 사는 종류로 나눌 수 있다.

뱀목은 몸이 비늘로 덮여 있고, 이빨이 있으며, 쌍으로 된 교미기관이 독특한 특징이다. 2개의 아목으로 나뉜다.

- 도마뱀아목(Sauria): 20개 과, 3,000종이 있으며, 긴 몸통과 쌍으로 된 사지를 가진다. 일반적으로 눈꺼풀이 있다.
- 뱀아목(Serentes): 13개 과, 3,000종이 있으며, 사지가 없이 긴 몸통, 길게 늘어날 수 있고 포크처럼 생긴 혀, 움직이지 않는 눈꺼풀이 있다.

④ 악어목

3개 과, 10여 종의 크로커다일, 앨리게이터, 가비알로 나뉘며, 어느 정도 육상과 수상생활을 모두 할 수 있다. 초기의 악어는 트라이아스기부터 살았다.

머리의 피부는 근육 없이 두개골에 직접적으로 붙어 있다. 턱을 다물면 입이 맞붙지 않아서 물을 완전히 차단할 수 없다. 따라서 목 안에 특수한 밸브가 있어 폐로 물이 들어가는 것을 막아 준다. 대형 열대 파충류는 1~6m까지 크기가 다양하다.

(2) 동정

① 거북목

뿔 달린 판형으로 된 골성 껍질을 가지고 있다.

① 늑대거북과(Chelydridae)- 늑대거북(Snapping turtles): 수생성이며, 후퇴할 수 없는 대형의 무거운 목을 가지고 있다. 방어 행동으로 낚아채서 물 수도 있다. 배갑은 배 쪽에 작은 부위를 차지한다.

② 사향거북과(Kinosternidae)- 진흙거북(Mud turtle), 사향거북(Musk turtle): 주로 주행성이다. 등갑이 높은 편이고 만지면 특유의 냄새가 난다. 신흙거북은 접히는 배갑을 지니고 있다.

③ 늪거북과(Emydidae): 수생성이며, 등갑이 유선형이고 뒷발가락에는 약간의 물갈퀴가 있다. 물 위의 통나무에서 선탠을 즐긴다.

④ 육지거북과(Testudinidae)- 육지거북(Land tortoise): 등갑이 돔형이고 전형적인 육지성 거북이다. 몇몇 종은 대형이다.

⑤ 바다거북과(Chelonidae)- 바다거북(Sea turtle): 해양성으로, 대형 거북이다. 노를 저을 수 있는 형태의 사지가 있다.

⑥ 장수거북과(Dermochelyidae)- 장수거북(Leather back sea turtle): 가장 큰 해양성 거북류다. 등갑이 매우 부드러운 면으로 되어 있다.

⑦ 자랏과(Trionychidae): 수생성이며, 뿔 형태의 판이 아닌 부드러운 등껍질을 가진다.

⑧ 뱀목거북과(Chelidae): 등갑 아래로 목을 집어넣을 수 있는 거북류다. 머리를 숨길 수는 있으나 목은 여전히 노출되어 있다. 마타마타거북은 부드러운 턱을 지니고 있고 음식을 통째로 삼킨다.

② 옛도마뱀목(Tuatara)

옛도마뱀목(투아타라)을 훼두류(rhynchocephalians, 부리처럼 생긴 머리를 가진 파충류)라고 한다. 고대 파충류 가운데 현존하는 유일한 종으로, 살아 있는 화석으로 불린다. 현재 2종만 호주 대륙에 살아 있다. 교접기관이 없고 3번째 눈의 흔적을 지니고 있다.

③ 유린목(Squamata)

도마뱀과 뱀을 포함하며, 도마뱀아목과 뱀아목으로 분류한다.

가. 도마뱀아목(Sauria)

① 도마뱀붙잇과(Geckonidae)- 도마뱀붙이(Gecko): 도마뱀붙이 뒷발바닥을 살펴보면 미세한 주름이 갈고리처럼 겹쳐져 있어 부드러운 바닥 면에서도 달릴 수가 있다. 소리를 잘 내며, 순부 형태나 납작한 형태의 꼬리를 가진다. 대부분의 도마뱀붙이는 야행성인데, 이러한 야행성 종은 수직형 홍채를 가진다(홍조리개가 톱니처럼 작은 구멍들을 만듦).

② 경주도마뱀과(Agamidae)- 경주도마뱀(Agamid): 구대륙 도마뱀류로, 200여 종이 있다. 보통 중간 정도 크기이며, 사지가 잘 발달되어 있고 두개골

이 평평하게 넓다. 꼬리는 길고 홀쭉하며, 등 부위에 갈기가 종종 있다. 벽에 붙으면 쉽게 떨어지지 않는다.

③ 카멜레온과(Chamaeleonidae)- 카멜레온(Chamaeleon): 납작한 몸통과 짧은 목, 두껍고 긴 혀, 자유자재로 움직이는 꼬리, 무엇이든 잘 잡는 손발을 가진다. 작은 홍채를 지닌 눈이 앞으로 튀어나와 있다. 어떤 종은 이마 부위에 뿔이 있다. 몸의 색을 자유자재로 바꿀 수 있으며, 움직임이 느리다. 나무 위에서 산다.

④ 이구아나과(Iguanidae)- 이구아나(Iguana): 신대륙 도마뱀류로, 경주도마뱀류와 유사하나 이빨이 턱 안쪽으로 연결되어 잇몸이 살점과 결합되어 있다.

⑤ 도마뱀과(Scincidae)- 스킨크(Skink): 매끈한 피부를 가지며, 몸이 뱀처럼 늘어난다. 사지는 몸 크기에 비해 줄어들어 있다. 종종 땅을 파기도 한다.

⑥ 상시뱀과(Lacertidae)- 장지뱀(Lacertid): 구대륙 도마뱀류로, 머리 방패(Shield)는 두개골과 융합되어 있다. 몸매가 가늘며 긴 꼬리는 울퉁불퉁 능선을 따라 비늘이 있다. 꼬리 주위로 비늘이 환형으로 되어 있다.

⑦ 악어도마뱀과(Anguidae)- 악어도마뱀: 아주 작은 다리 혹은 거의 다리가 없는 뱀 같은 형태의 도마뱀류이다.

⑧ 갑옷도마뱀과(Cordylidae)- 갑옷도마뱀(Girdle-tailed lizard): 꼬리 주변에 용골성 비늘로 되어 있다.

⑨ 독도마뱀과(Helodermatidae)- 미국독도마뱀(Gila monster), 멕시코독도마뱀(Mexican beaded lizard): 머리는 뭉툭하며 눈이 작고, 꼬리는 두껍다. 긴 발톱을 지닌 강한 사지를 지니고 있으며, 비늘은 구슬 형태로 되어 있다. 두 종 모두 독을 지니고 있으며, 아래턱 쪽에 독을 내뿜는 분비선이 있다.

⑩ 왕도마뱀과(Varanidae)- 왕도마뱀(Monitor lizard): 기다란 머리와 목, 몸집이 크며 꼬리는 길고 두껍다. 발톱은 길고 구부러져 있으며, 사지가 매우 튼튼하다. 혀는 길고 포크 형태로 되어 있어 입 밖으로 멀리 나갈 수 있다. 대부분의 종이 크고 공격적이며, 굉장히 민첩하다.

나. 뱀아목(Ophidia)

사지가 없다. 먹이를 통째로 삼키기 때문에 입을 크게 벌릴 수 있도록 턱이 특수화되어 있다. 눈꺼풀이 없으며, 눈은 투명 비늘로 덮여 있다. 혀는 포크 형태로 되어 있다. 귓구멍이 없고 청력이 약해 다른 감각이 발달되어 있다. 다른 도마뱀류처럼 꼬리가 떨어지지 않는다.

① 비단구렁이과(Pythonidae)- 보아(Boa), 비단구렁이(Python): 보아류는 새끼를 낳고 비단구렁이류는 알을 낳는다. 수컷은 측면에 큰 비늘이 있지만 암컷은 큰 비늘이 없다. 먹잇감을 꽉 조인 상태로 질식시켜 잡아먹는다.

② 뱀과(Colubridae): 1,000종이 있으며, 대부분이 약한 독성을 지닌 뱀이거나 독이 없는 뱀이다. 뱀과는 이빨 형태에 따라 두개의 그룹으로 나뉘는데, 홈이 없는 부드러운 이빨을 가지거나 턱에 독 분비샘이 있는 뱀 종류, 홈이 있는 이빨을 가지거나 위턱 뒤쪽에 독이 있는 뱀 종류가 있다.

③ 코브라과(Elapidae)- 코브라, 산호뱀: 몸통이 홀쭉하며, 머리는 목보다 더 크지 않다.

④ 바다뱀과(Hydrophidae)- 바다뱀

⑤ 살무삿과(Viperidae, Crotalidae)- 살모사, 방울뱀: 머리가 삼각형이고 묵직한 몸통을 가진다. 대부분 야행성이며, 수직형 홍채를 가진다. Pit viper는 신대륙 살모사, True viper는 구대륙 살모사이다. (※ 피트(Pit): 열을 감지할 수 있는 감각기관)

⑥ 바다뱀과: 바닷속에서 잘 적응해 살아가며, 몸통과 꼬리는 납작하다. 비늘이 중첩되지 않으며, 전면부에 판 구조가 없다.

④ 악어목

피부를 이용해 숨통을 닫을 수 있어 물속에서도 먹이를 잡아먹는다. 침샘이 없고 콧구멍을 통해 숨을 쉰다.

① 크로커다일과(Crocodylidae): 위턱과 아래턱 양쪽 각각에 14~15개의 이빨을 지니고 있다. 입을 다물었을 때 아래턱 4번째 이빨이 위턱 바깥쪽으로

튀어나와 있다.

② 앨리게이터과(Alligatoridae)- 앨리게이터(Alligator), 카이만(Caiman): 위턱과 아래턱 양쪽 각각에 17~22개의 이빨을 지니고 있다. 입을 다물었을 때 아래턱의 4번째 이빨이 위턱 안으로 감춰져 보이지 않는다.

③ 가비알과(Gavialidae)- 가비알(Gavial): 위턱과 아래턱 양쪽 각각에 20~21개의 이빨을 지니고 있다. 물고기가 주식이며, 길고 좁은 주둥이를 지닌다.

4. 양서류

1) 양서류의 정의

척추동물의 한 강(綱)을 이루는 동물군이다. 어릴 때는 아가미로 수중호흡을 하면서 물에서 살고, 성장하면 폐와 피부를 통하여 호흡을 하며 육상에서 살아서, 두 곳에서 산다는 의미로 양서류라고 한다. 알에 양막이 없고 변온동물이며 일생의 일부분을 육지에서 생활하는 동물이다. 대부분의 양서류는 다른 사지동물과는 다르게 완전히 육지에서만 생활하는 것이 제한되어 있다. 잘 발달하지는 않았으나 한 쌍의 폐를 가지고 있어 폐호흡이 가능하나 폐호흡으로 부족한 호흡량을 보충하기 위하여 피부호흡이 함께 이루어진다.

오늘날에는 개구리류나 두꺼비류(Anura목에 해당), 도롱뇽류나 영원류 또는 사이렌류(모두 Caudata목), 무족영원류(Caecilian) 등이 여기에 해당하며, 약 7,400~8,000여 종 정도가 알려져 있다.

(1) 개구리목(무미목)

개구리목 또는 무미목(無尾目)은 양서류의 하위분류로, 개구리, 두꺼비, 맹꽁이 등을 포함한다. 몸이 굵고 짧으며, 목 부분에는 잘록한 부분이 없다. 성체에서는 꼬리가 없어지고 네 다리, 특히 뒷다리가 매우 발달되어 있다.

(2) 도롱뇽목(유미목)

도롱뇽목 또는 유미목(有尾目, Urodela)은 양서류의 하위분류로, 도롱뇽, 영원 등이 이 목에 속한다. 도롱뇽은 물에서만 사는 것과 거의 땅에서만 사는 것, 물과 땅에서 모두 사는 것이 있다. 무미목과 달리 모든 개체가 긴 꼬리를 가지고 있으며, 신체 부위가 부절되어도 다시 자라나는 회복력을 가지고 있다.

(3) 무족영원목(무족목)

무족영원(無足蠑螈目) 또는 무족목(無足目)은 양서강의 한 목이다. 여기 속한 동물은 다리와 발이 없으며, 작은 것은 지렁이 크기 정도 되고, 크면 1.5m까지 자란다. 꼬리는 없거나 아주 짧으며 배설강이 몸 끝 가까이에 있다.

2) 호흡법

대부분의 양서류는 피부호흡과 폐호흡을 함께 사용하며, 피부호흡은 양서류가 물속, 물 밖 어떤 장소에 있든 항상 일어난다. 피부에는 항상 풍부한 혈액 공급이 있으며 기체 투과성을 가지고 있다. 이때 산소가 혈액으로 확산되기 위해서는 습한 표면에서 용해가 되어야 하는데 이것이 양서류가 항상 촉촉한 피부를 유지해야 하는 이유이다. 폐호흡은 물 밖에서 사용되는 주요 호흡이다. 양서류는 폐가 완벽하게 발달하지 않아 피부호흡과 구강호흡으로 부족한 산소를 보충받는다. 구강호흡은 협측호흡(buccal pumping)이라 불리기도 하는데, 이는 양서류의 폐를 수축·이완시킬 수 있는 유일한 수단이다.

협측호흡(buccal pumping)에는 크게 4가지 단계가 있는데 첫 번째로 공기가 콧구멍을 통해 유입된다. 이때 입과 연결된 협측강이 확장된다. 협측강이 가득 차면 콧구멍이 닫히고 폐로 가는 기도가 열리고 주변 근육을 사용하여 공기를 폐로 밀어 넣는다. 숨을 내쉴 때는 반대로 협측강을 부풀려 폐를 수축시키고, 협측강이 가득 차면 기도를 닫고 콧구멍을 열어 배출한다.

3) 사육 환경

양서류는 육생, 수생, 반수생 등 종에 따라 다양한 환경을 요구하므로 종에 알맞은 사육 환경을 세팅하여 개체를 건강히 길러내는 것을 목표로 한다. 육생의 경우에는 크게 그라운드형 습성을 가진 종과 교목형 습성을 가진 종으로 나뉘고 수생의 경우에는 계류성, 또는 정체된 물(저수지 등)에 사는 종으로 나뉜다. 반수생에 경우에는 대부분의 사육 환경이 동일하나 일부 무폐 도롱뇽 개체의 경우에는 타 반수생 개체와 상이한 환경을 요구한다.

(1) (육생) 그라운드 성향을 가진 양서류의 세팅

기본적으로 그라운드 성향을 가진 양서류는 대부분 버로우하는 습성이 있다. 굵고 튼튼하게 발달된 다리로 사육장 내부의 바닥재를 헤집어 놓는 경우가 많다. 따라서 바닥재를 어느 정도 깊이감 있게 깔아 주어야 하며, 위아래로 높은 사육장보다는 넓이가 넓은 사육장을 사용한다. 피부호흡을 하므로 습기를 잘 머금어 줄 수 있는 바닥재를 사용하고, 물그릇을 배치하여 항상 청결한 물이 공급될 수 있도록 한다.

무미류는 유미류보다 배설물, 즉 똥과 오줌의 배출량이 훨씬 많기 때문에 주기적인 청소가 매우 중요하다. 이는 비바리움 등의 관상형 사육 세팅을 추천하지 않는 이유이기도 하다. 그러므로 개체가 버로우 하는 습성인지, 배회성 습성인지 잘 파악 후 개체가 안정감을 느낄 수 있는 환경을 제공한다.

(2) (육생) 교목 성향을 가진 양서류의 세팅

교목 성향을 가진 무미류는 대체로 긴 팔다리를 가지고 있으며, 발가락 끝에 흡판을 가지고 있다. 주로 구조물이나 벽에 붙어 생활하기 때문에 그라운드형 습성을 가진 양서류에 비해 상대적으로 오염의 위험에서 안전하므로 폭넓은 세팅과 손쉬운 관리가 가능하다. 버로우를 하지 않기 때문에 스트레스 방지를 위해 사육장 내부에 숨을 수 있는 공간을 만들어 주는 것이 좋다.

그라운드형 습성을 가진 양서류에 비해 바닥재를 통한 수분 획득이 어렵기 때문에 생화를 넣어 줌으로써 부족한 수분을 보충해 줄 수 있도록 한다. 일부 무미류 종은 히팅(열원) 시스템을 요구하므로 종의 특성에 맞게 스팟램프 등의 히팅 기구를 조성해 주도록 한다.

(3) (수생) 정체된 물(저수지, 호수, 논 등)에 서식하는 양서류의 세팅

정체된 물에 사는 양서류는 계류성 양서류에 비해 수질에 강한 모습을 보인다. 따라서 사육 환경 조성에 있어 비교적 폭넓은 세팅이 가능하다. 같은 수생 양서류더라도 종마다 요구하는 환경이 다르기 때문에 사육하고자 하는 종의 특성에 맞게 사육 환경을 세팅한다.

일반적으로 수생 유미류는 외부 아가미를 가지고 있으며, 원활한 호흡을 위해 낮은 온도를 요구하므로 에어컨, 냉각기 등으로 20~22도 정도의 수온을 항상 유지할 수 있도록 한다. 반면, 대부분의 수생 무미류는 26~28도 사이의 어느 정도 높은 수온을 요구하므로 겨울철에는 수중 히터를 이용하여 수조의 온도를 높여 주어야 한다.

바닥재는 관리가 용이한 바닥재를 깔아 주어도 괜찮지만, 임팩션이나 오염, pH 조절 실패 등의 문제가 생길 수 있으므로 탱크항으로 세팅하여 관리하는 것을 추천하며, 여과기는 선택이 아닌 필수이다.

수중에서는 외부 아가미를 통한 호흡과 피부호흡이 병행되는데, 두 호흡법 모두 수질이 평균치보다 나쁠 경우에 문제가 생기기 때문에 용량에 맞는 여과기를 구비하는 것이 좋다.

(4) (수생) 계류성 물에 서식하는 양서류의 세팅

계류성 물에 서식하는 양서류는 수질 오염, 특히 질산염의 노출에 매우 취약하다. 따라서 높은 수준의 물리적 · 화학적 여과를 요구하므로 외부여과기, 상면 여과기, 저면여과기 등의 높은 효율을 낼 수 있는 여과 장치를 설치해야 한다.

뿐만 아니라 용존산소량이 많은 계류성 물의 특성에 맞게 피부호흡 비중이 높은 쪽으로 진화되었기 때문에 사육 환경에서도 높은 수준의 에어레이션 장치가 있어야 하고, 계곡과 같은 환경을 세팅하기 위해 수조 내부에 수류를 만들어 주는 것이 개체의 안정에 좋으며, 수질 안정을 위해 여러 가지 수초를 넣어 주는 것이 좋다.

(5) 반수생 환경을 필요로 하는 양서류의 세팅

대부분의 반수생 양서류는 비슷한 사육 환경을 요구한다. 주로 보통 육지와 물의 비율을 4 : 6 정도의 비율로 맞추어 세팅하는 것이 가장 바람직한데, 이때 물과 육지를 보다 쉽게 이동할 수 있도록 다리 역할을 수행하는 구조물이 꼭 필요하다.

반수생 환경을 요구하는 양서류는 대게 수생 의존도가 높은 다른 양서류보다 수질 민감도가 낮은 편이다. 따라서 여과기의 설치는 사육자의 편의에 맞게 선택할 수 있지만, 설치하는 것을 추천한다.

무폐 도롱뇽의 경우 폐가 없기 때문에 오로지 피부호흡에 의존하게 되는데, 이러한 개체의 사육장을 세팅할 때는 항상 촉촉하게 습기를 머금을 수 있는 바닥재와 사육장 내부에서 많은 비율의 수중 부분이 필요하다.

해외에서는 주로 여러 가지 바닥재를 배합한 배합토를 사용하지만, 관리의 편의성과 위에서 언급한 항상 머금을 수 있는 습기, 많은 비율의 수중 부분을 충족시키기 위해 폴리나젤 스펀지를 사용하는 것도 개체를 위한 좋은 선택이 될 수 있다.

CHAPTER 06

반려동물의 영양 및 사료

학습목표

1. 반려동물의 생태적 특성과 행동 양식에 대해 이해한다.
2. 주요 영양소의 기능과 역할의 중요성을 이해한다.
3. 반려동물 사료를 이해하고 건강한 체형 관리 방안을 이해한다.

1. 반려동물 영양

1) 반려동물 영양의 특징

1961년에 '개 영양'에 관한 첫 번째 논문이 발표되었으며, 그 이후도 개와 고양이 영양에 대한 지식은 계속 발전되어 왔으며, 지난 60년 동안 개와 고양이의 영양소 요구를 정의하는 데 중요한 단계가 이루어져 왔다. 이제 반려동물 영양에 있어서 개와 고양이의 건강과 웰빙을 위해 필요한 필수 영양소가 밝혀졌다. 개와 고양이의 영양소 요구에는 몇 가지 유사점이 있지만 고양이의 고유한 특성에 의해 중대한 차이가 있다. 해부학적 특징에 의해서 개와 고양이의 소화 흡수 과정은 탄수화물에 비해서 동물성 단백질과 지방을 소화 흡수하는 데 더욱 활성화되도록 진화되어 왔다.

개와 고양이는 유전학적으로 엄연히 거리가 먼 동물이다. 개는 무리를 지어 다니는 늑대의 후손이고, 고양이는 홀로 돌아다니는 아프리카 들고양이의 후

손이다. 집고양이는 약 1만 년 전에 최초로 출현했으나, 개는 4만 년 동안 인간 곁에 살면서 인간이 주는 음식을 먹고 살았다. 개의 조상인 늑대는 주로 고기를 먹지만 동물의 알, 야생 과일, 풀도 함께 섭취해 부족한 영양분을 채운다. 늑대의 후손답게 개 또한 잡식성 동물로, 식물을 소화할 수 있다. 단백질 최소요구량과 필수 아미노산만 충족하면 채식을 하더라도 단백질 측면에선 문제가 없다.

개도 고양이처럼 아르기닌, 히스티딘, 이소류신, 류신, 라이신, 메티오닌, 페닐알라닌, 트레오닌, 트립토판, 발린 등 10개의 필수 아미노산을 몸속에서 스스로 합성하지 못해 외부로부터 섭취해야 한다. 이 아미노산은 식물성 원료에도 존재한다. 이론적으로 콩, 대두 등 특정 식물성 단백질로 필수 단백질을 대체할 수 있다. 그러나 식물의 단백질 함량에서 문제가 생긴다. 미국사료관리협회(Association of American Feed Control Officials, AAFCO)의 기준에 따르면 개의 단백질 최소요구량은 대략 22%이다. 그런데 식물은 단백질 수치가 낮고 탄수화물 수치가 높다. 단백질이 20% 이상 함유된 식물은 거의 없으므로 최소요구량을 맞추기 위해서는 다량을 섭취해야 한다. 단백질 외에 비타민 D, 비타민 B1 등 식물에 없는 성분도 건강을 위해 필요하다. 고양이보다 조금 낮지만 개도 비건(Vegan)이 좋은 선택은 아니라는 뜻이다.

개는 간에서 분비되는 에너지 분해 효소인 글루코키나아제(glucokinse)와 헥소키나아제(hexokimse)를 모두 가지고 있어 열량공급원으로 탄수화물을 잘 이용할 수 있다. 그러나 고양이는 개가 생산하는 췌장 아밀라아제의 5%만 생산하며, 헥소키나아제(hexokimse)만 가지고 있어 탄수화물의 이용성이 매우 낮기 때문에 주로 단백질과 지방으로부터 열량을 공급받아야 한다.

반려동물에게 필요한 6대 영양소는 물, 단백질, 지방, 탄수화물, 비타민, 미네랄로 나눌 수 있다. 여기에서 탄수화물, 단백질 및 지방은 신체를 구성하며 에너지를 제공하는 영양소이고, 비타민, 미네랄 및 물은 체내 신진대사를 조절하는 영양소이다. 반려동물의 건강은 영양에 있어서 완전하고 균형 잡힌 사료를 급여하는 데 달려 있다.

에너지는 단백질, 지방 및 탄수화물을 통해 식단에 제공되며, 킬로칼로리(kcal) 또는 킬로줄(kJ)로 표시된다. 지방은 단백질과 탄수화물보다 그램당 약 두 배 더 많은 에너지를 전달한다. 개와 고양이는 정상적인 대사 기능을 유지하기 위해 에너지가 필요하다. 부적절한 에너지 섭취는 동물의 건강과 성장에 해로울 수 있는 반면, 일일섭취량을 초과하면 체중 증가와 건강 악화를 초래할 수 있다.

〈표 6-1〉 6대 영양소의 기능

영양소 분류	영양소	에너지(kcal/g)	주요 기능
에너지 공급 영양소	탄수화물	4	에너지 제공
	지질(지방)	9	에너지 제공 및 저장
	단백질	4	성장 및 유지 보수 촉진
신진대사 지원 영양소	비타민	0	생화학 반응, 항산화 조절
	미네랄	0	생화학 반응 조절, 구조 제공
	물	0	체온 조절, 윤활 작용

식품의 총에너지(GE)는 봄열량계(bomb calorimeter)에서 식품이 완전히 연소될 때 방출되는 화학에너지의 양이다. 단백질, 지방 및 탄수화물의 GE 값은 각각 5.7kcal/g, 9.4kcal/g 및 4.1kal/g이다.

음식을 섭취하면 대부분의 GE가 사용되지만, 일부는 대변에서 손실된다(가소화에너지라고 함). 소변과 가스의 에너지 손실을 더 고려하면 대사에너지(ME)가 되며, 이는 대사에 사용할 수 있는 에너지이다. 동물의 영양소 요구량이 명시되어 있으면 1,000kcal ME당 표시된다.

고양이와 개의 일일 에너지 요구량은 체중에 따라 계산된다. 일반적인 성묘(성숙한 고양이)의 경우, 체중에서 직접 일일 에너지 요구량을 계산하는 간난한 공식이 있다. 고양이의 에너지 요구량은 '55×W kcal/일'로, 여기서 W는 체중(kg)을 의미한다.

개의 체중에는 약 1kg에서 90kg까지 다양한 변화가 있기 때문에 개의 에너지 요구량은 체중과 선형적인 상관관계는 없다. 이 상황에서 과학적 증거에서 파생된 수학적 함수를 체중에 적용하여 평균적인 성견의 경우, 다음 방정식으로 구해야 한다. 개의 에너지 요구량은 '$110W^{0.75}$kcal/일로, 여기서 W는 체중(kg)을 의미한다.

체중 외에도 신체 활동, 신체 상태, 수명 및 환경 조건을 포함하여 동물의 에너지 요구량에 영향을 미칠 수 있는 여러 가지 다른 요인이 있다. 위의 공식은 개체변이를 고려하면서 적용되어야 한다. 강아지, 고양이, 임신/포유하는 어미, 노령 또는 과체중 반려동물에 대해서는 다른 공식이 존재한다.

개에 대한 이해

- 개는 육식동물목(육식동물)에 분류되어 있다. 육식에 잘 적응하고 있다.
- 개는 잡식성 식단을 더 많이 섭취할 수 있다.

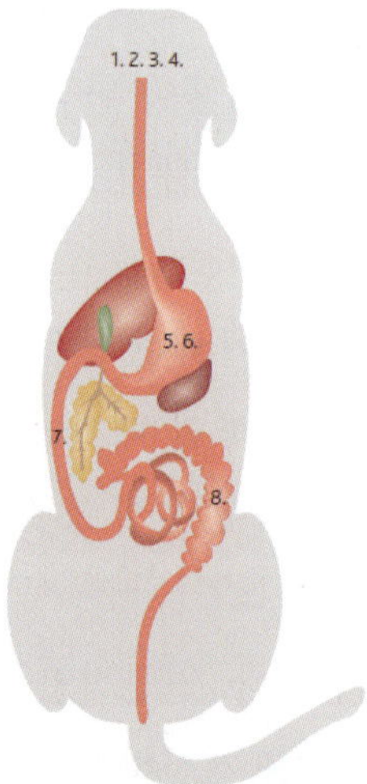

1. 개의 후각은 인간보다 최대 10,000배 더 민감하다.
2. 자르고, 찢고, 갈기 위한 42개의 치아가 있다. 개 치아의 에나멜은 사람보다 약 5배 더 얇다.
3. 인간보다 적은 수의 미뢰를 가지고 있다.
4. 타액 내 아밀라아제는 제한적이다. 타액 pH는 사람보다 알칼리성이 높다.
5. 많은 사료 섭취량에 적응할 수 있도록 매우 확장 가능한 위가 설계되어 있다.
6. 위 내 pH는 뼈의 소화와 유해 박테리아 사멸을 위해 인간보다 더 산성이다.
7. 장을 통과하는 데 걸리는 시간은 12~30시간으로, 사람의 경우 30시간~5일이 소요된다.
8. 대장에서는 세균에 의해 발효가 이루어진다.

[그림6-1] 개 소화관 해부도

고양이에 대한 이해

- 고양이는 육식동물목(육식동물)에 분류되어 있다. 육식을 위해 잘 적응되어 있다.
- 고양이는육식동물이므로 식단에 고기가 있어야 한다.

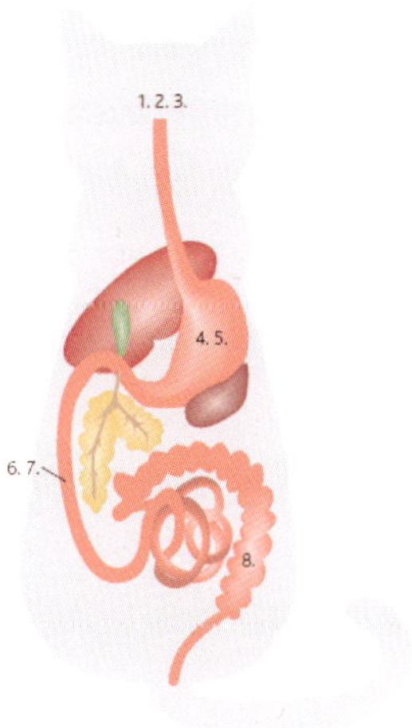

1. 30개의 치아는 모두 날카롭고 자르고 찢을 수 있도록 설계되었다. 턱은 옆으로 움직이지 않는다. 고양이 치아의 에나멜은 사람보다 약 10배 더 얇다.
2. 고양이는 개보다 미뢰가 훨씬 적다. 고양이는 비기능성 당분 미각 수용체를 가지고 있다.
3. 타액 아밀라아제가 없다. (탄수화물 예비 소화 없음)
4. 위는 하루종일 소량의 식사를 많이 할 수 있도록 설계되었다.
5. 위 내 pH는 뼈의 소화와 유해 박테리아 사멸을 위해 인간보다 더 산성이다.
6. 장을 통과하는 데 걸리는 시간은 12~24시간으로, 사람의 경우 30~5일이다.
7. 소장은 단백질과 지방을 소화하는 데 매우 적합하다. 고양이는 단백질 소화효소를 하향 조절할 수 없으므로 단백질이 풍부한 식단이 필요하다.
8. 대장에서는 세균에 의해 발효가 이루어진다.

[그림6-2] 고양이 소화관 해부도

2. 반려동물에게 요구되는 영양소

1) 물

물은 생명체의 가장 필수적인 영양소로서, 동물의 신체를 구성하는 주요 성분(출생 시 75%, 성체동물 60%)이며, 모든 주요 생리적 기능에 관여한다. 고양이는 사막 동물의 후손으로, 소변을 농축할 수 있기 때문에 물은 거의 마시지 않는 것으로 알려져 있다. 그러나 그 농도가 너무 높으면 요로 내에 결정과 결석이 형성될 위험이 증가한다. 그러므로 고양이와 개는 항상 식수를 자유롭게 이용할 수 있어야 한다.

물의 체내 역할

1. 영양소와 노폐물을 체내로 운반하는 데 이상적인 매체
2. 대부분의 대사 과정에 필요
3. 체온 조절
4. 관절, 눈, 귓속의 윤활(소리 전달을 위한)

물 공급원

1. 음용수
2. 음식: 건조식품은 최대 10%, 습식식품은 약 80%의 물이 함유되어 있다. 습식식품을 먹인 개와 고양이는 수분 함량이 높기 때문에 건조식품을 먹인 반려동물보다 훨씬 적은 양의 물을 마실 수 있다.
3. 체내 대사 과정의 대사수

깨끗한 식수를 자유롭게 이용하면 탈수를 예방하는 데 도움이 되며, 그 징후는 탄력이 부족하고 심박수가 높으며 고열이 있는 건조한 피부이다. 체내 수분이 10% 이상 감소하면 건강에 심각한 영향을 미칠 수 있다. 음수량 증가는 당뇨병이나 신장 질환의 징후일 수 있다.

2) 단백질

단백질은 신체 내에서의 역할을 결정하는 미리 정의된 아미노산 사슬로 구성되어 있다. 소화관에서 식이 단백질이 분해되어 생성되는 아미노산은 장기와 조직을 만들고 복구하며, 분자를 운반하고, 한 기관에서 다른 기관으로 메시지를 보내는 호르몬 및 질병과 싸우는 데 필요한 항체 단백질을 합성하는 역할을 한다.

좋은 단백질 공급원은 동물성 생산물(고기, 내장, 생선)과 일부 식물성 생산물(곡물 글루텐, 쌀, 대두)에서 추출한다.

개와 고양이는 피부와 모피 건강을 유지하기 위해 식이 단백질의 30~35%를 사용한다.

(1) 아미노산: 단백질 구성 요소

아미노산은 단백질과 그 파생물의 구성 요소이다. 단백질에는 총 20가지 아미노산이 포함되어 있으며, 이 중 필수 아미노산은 고양이는 11개, 개는 10개뿐이고 체내에서 생산할 수 없으므로 식단에 반드시 제공해야 한다.

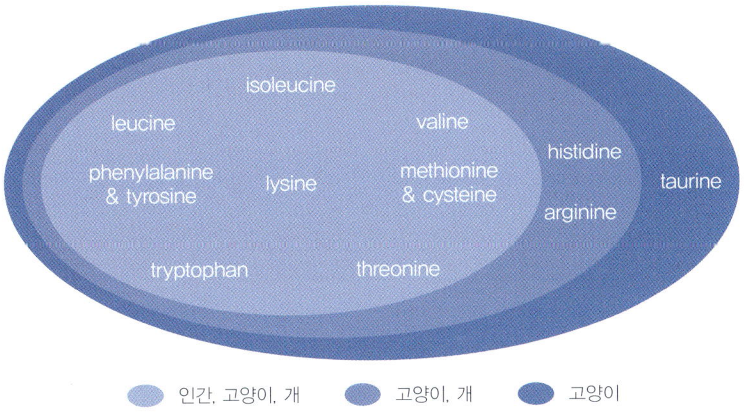

[그림 6-3] 개, 고양이, 인간의 필수 아미노산

아미노산은 건강한 생리적 기능을 보장하기 위해 신체에 필요하다. 필수 아미노산이 결핍되면 고양이와 강아지의 성장이 느려지고 건강이 손상될 수 있다. 결핍된 성체 동물의 경우 질소 노폐물 제거 및 헤모글로빈 합성과 같은 과정이 중단된다.

동물 또는 식물에서 유래한 모든 식이 단백질은 화학적으로 결합된 일련의 상호 연결된 아미노산으로 구성된다. '생물학적 가치가 높은' 식이 단백질은 좋은 소화율과 달걀, 육류(심장, 신장, 간, 폐와 같은 장기 포함), 생선 단백질 및 시리얼 글루텐과 같은 필수 아미노산의 함량이 높은 단백질을 결합한 단백질이다.

식단에서 필수 아미노산이 없으면 필수 단백질의 합성이 중단된다. 이러한 조건에서 동물은 신체 조직을 분해하여 필요한 아미노산을 공급하여 건강을 심각하게 손상시킨다. 특히 인간과 고양이, 개에 공통으로 필요한 필수 아미노산은 이소류신(isoleucine), 류신(leucine), 발린(valine), 페닐알라닌(phenylalanine)과 티로신(tyrosine), 라이신(lysine), 메티오닌(methionine)과 시스테인(cysteine), 트립토판(tryptophan), 트레오닌(threonine)이고, 고양이와 개에게는 추가로 히스티딘(histidine), 아르기닌(arginine)이 필요하며, 고양이에게는 타우린(taurine)이 필수적이다.

(2) 메티오닌(methionine) 및 시스테인(cysteine): 모발 단백질, 케라틴(keratin)의 주요 성분

메티오닌과 시스테인은 모발 단백질인 케라틴 합성에 중요한 함황아미노산이다. 피부와 모발을 유지하는 데 필요한 케라틴 합성은 성견의 일일 단백질 요구량의 최대 30%를 차지할 수 있다.

메티오닌과 시스테인이 결핍되면 탈모, 모발 성장 둔화, 일반적으로 건조하고 부서지기 쉬운 모발 모양이 될 수 있다.

메티오닌은 식단에서 필수적이다. 시스테인은 메티오닌에서 합성할 수 있으나 시스테인이 충분히 제공되면 다른 기능을 위해 메티오닌을 유리시키는 데 도움이 된다. 함황아미노산의 대사는 황산을 생성하고, 황산은 소변을 통해 제거된다. 함황 아미노산이 풍부한 육식동물의 자연식은 산성 소변을 생성하는 경향이 있다.

메티오닌과 시스테인은 특히 카제인뿐만 아니라 생선, 계란 단백질에도 풍부하다. 밀과 옥수수 글루텐도 매우 풍부한 공급원이다.

시스틴(cystine)[두 개의 시스테인(cysteine) 분자가 결합하여 형성됨]과 메티오닌(methionine)은 모발 단백질 케라틴 구조에 가장 중요한 아미노산이다.

(3) 타우린(taurine): 건강한 시력, 건강한 심장, 천연 항산화제

타우린은 1826년에 소의 담즙(Bos taurus)에서 발견되었기 때문에 그 이름이 붙여졌다. 고양이는 타우린을 합성할 수 없으므로 개와 달리 고양이에게만 필수적이다. 타우린은 대부분의 동물 조직에서 발견되는 함황아미노산으로, 다른 필수 아미노산과 달리 단백질 합성에는 아무런 역할을 하지 않는다. 아직 완전히 이해되지 않은 이유로 습식 고양이 사료는 고양이가 적절한 수준의 영양소를 흡수할 수 있도록 건조 사료의 두 배 수준의 타우린 보충이 필요하다.

타우린은 간에서 담즙염을 합성할 수 있게 해 준다. 또한 세포 안팎으로 칼슘이 유입되는 것을 조절하여 작용하며, 건강한 심장 기능에 중요한 역할을 한다. 타우린은 건강한 번식과 건강한 시력 및 청각에 필요하다. 타우린은 중요한 항산화제일뿐만 아니라 피부의 장벽 기능을 지원하는 복합 지방(글리코스핑고지질, glycosphingolipids) 합성의 전구체 역할을 한다.

타우린 결핍은 고양이 중추 망막 변성(FCRD) 및 그에 따른 실명, 부적절한 면역 반응, 성장 저하, 출생률 감소 및 선천성 기형 출산을 포함한 번식 기능 저하를 초래할 수 있다.

동물성 단백질 공급원, 특히 장기(예: 심장, 신장, 간)는 타우린의 주요 천연 공급원이다.

(4) 아르기닌(arginine): 성장 및 요소 생산을 위한 필수 아미노산

아르기닌은 암모니아에서 요소를 합성하는 데 중요하다. 아르기닌이 없으면 고양이는 구토, 과식증, 신경 문제를 포함한 암모니아 중독(고암모니아 혈증)의 임상 징후가 빠르게 발생한다. 이 결핍은 치료하지 않으면 몇 시간 이내에 치명적일 수 있다.

아르기닌은 암모니아 배설에 관여하는 것 외에도 혈관 이완과 여러 호르몬 방출에 중요한 역할을 한다.

아르기닌은 장기를 포함한 육류에 풍부하다. 젤라틴은 아르기닌이 풍부한 공급원이다. 아르기닌이 없는 식단은 과도한 타액 분비, 근육 떨림, 구토 및 사망과 관련이 있다. 장기적으로 아르기닌 결핍은 백내장 발병으로 이어질 수 있다. 결핍의 징후는 개보다 고양이에서 더 심각한 경향이 있다. 암모니아는 단백질 분해로 인해 생성되므로 식단의 단백질 함량이 높을수록 아르기닌 요구량이 증가한다.

(5) 라이신(Lysine): 모든 단백질 합성을 위한 필수 아미노산

라이신은 종종 식단에서 제1 제한 아미노산으로서, 반려동물 사료 제조 시에 주의하지 않으면 결핍될 위험이 가장 크다. 라이신은 열에 민감하고 반려동물 사료를 가공하는 동안 당과 화학반응(메일라드 반응, Maillard reaction)을 일으켜 맛과 향을 생성하기 위해 중요하다. 라이신은 단백질 합성에 사용되는 필수 아미노산이다. 라이신은 동물성 공급원, 특히 근육조직에 풍부하다. 대두 단백질도 좋은 공급원이다. 라이신은 식단에 반드시 제공되어야 하는 필수 아미노산으로, 결핍 시 음식 섭취 감소와 체중 감소로 이어질 수 있다. 개에게서 라이신이 너무 많으면 아르기닌(arginine) 결핍 징후가 나타날 수 있다.

(6) 페닐알라닌(phenylalanine) 및 티로신(tyrosine): 갑상선 및 부신 기능, 모발 색소 침착

페닐알라닌과 티로신은 동물의 털 색깔을 정의하는 페오멜라닌(노란색에서 빨간색까지의 착색제)과 유멜라닌(갈색에서 검은색까지의 착색제) 생성에 필수적인 방향족 아미노산(고리 구조 때문에 붙여진 이름)이다. 방향족 아미노산 중 페닐알라닌만이 필수적인 것으로 간주된다. 티로신은 페닐알라닌에서 합성할 수 있다. 그러나 티로신이 충분한 양으로 제공되면 다른 기능을 위해 페닐알라닌을 유리시키는 데 도움이 된다.

페닐알라닌은 갑상선 호르몬 및 기타 주요 대사 산물을 생성하는 데 필수적이며, 티로신 합성에도 필수적이다. 티로신은 모발과 홍채 색소 침착에 대한 역할 외에도 도파민, 노라드레날린 및 아드레날린 전구체이기도 하다. 이러한 분자는 뇌의 적절한 기능과 번식에 필요하다. 페닐알라닌은 소고기, 돼지고기, 가금류, 생선과 같은 대부분의 동물성 단백질 공급원에서 발견된다. 티로신은 식단에 직접 제공되거나 필수 아미노산인 페닐알라닌에서 합성된다. 쌀은 유용한 양의 티로신을 함유한 유일한 식물성 공급원이다. 결핍의 징후로는 신경학적 기능 장애, 고양이의 불량 보행 및 과잉 활동 등이 있다. 개의 경우 체중 감소와 사료 섭취 감소, 검은색 털의 붉어짐 등이 있다.

(7) 측쇄아미노산(BCAA): 근육 단백질 합성을 위한 필수 아미노산

류신(leucine), 이소류신(isoleucine), 발린(valine)은 필수 아미노산 계열 내에서 측쇄아미노산(branched chain amino acids: BCAA)의 한 종류이다. 신체는 이를 충분히 신속하게 만들 수 없기 때문에 식이 공급원이 필요하다. 류신, 이소류신, 발린은 단백질 합성을 자극하고 근육의 손상을 늦춘다. 이 두 작용 모두에서 BCAA의 효과는 나이가 늘면서 감소하는 것으로 보인다. BCAA는 근육량을 늘리고 근육 손실을 예방하는 데 도움이 된다.

류신, 이소류신, 발린은 일반적으로 소고기, 양고기, 가금류를 포함한 근육질 고기에서 발견된다.

BCAA가 결핍되면 체중이 감소하고 무기력해질 수 있다. 특히 이소류신이 결핍되면 털이 거칠어지고, 발에 병변이 생기고, 보행이 조화롭지 않을 수 있다.

(8) 히스티딘(histidine): 구조 단백질

히스티딘은 1896년에 처음 분리되었다. 히스티딘은 여러 가지 중요한 화합물의 전구체 역할을 한다. 히스티딘은 단백질의 구조적 기능 외에도 히스타민과 같은 여러 신경계 화합물의 전구체이다. 고기는 히스티딘의 좋은 공급원으로, 특히 혈액에 높은 농도로 존재한다. 히스티딘 결핍은 체중 감소와 사료 섭취 거부를 초래할 수 있다. 고양이의 경우, 장기간에 걸쳐 급여할 경우 약간의 결핍이라도 백내장을 유발할 수 있다.

(9) 트레오닌(threonine): 에너지 생산에 필수적인 요소

트레오닌은 알파 아미노산으로, 구조 내에 알코올 그룹을 포함하는 유일한 필수 아미노산이다. 트레오닌은 에너지 생성에 관여하는 피루브산을 비롯한 여러 대사활성 분자의 전구체 역할을 한다. 가금류, 생선, 양고기, 돼지고기, 소고기는 모두 트레오닌의 좋은 식이 공급원이다. 트레오닌 결핍은 고양이와 개 모두에서 체중 감소와 섭취 거부를 초래할 수 있다. 고양이의 경우 약간의 결핍이라도 신경계 문제를 일으킬 수 있다.

(10) 트립토판(tryptophan): 호르몬 생성에 필요

트립토판은 1901년에 처음 분리되었으며, 많은 중요한 대사 분자의 전구체이다. 트립토판은 개에서 니아신(niacin) 합성의 전구체 역할을 한다. 고양이는 트립토판에서 니아신을 합성하는 능력이 있지만 피콜린산 카르복실라제 효소(picolinic carboxylase)의 활성으로 인해 트립토판이 이 기능을 수행하지 못하게 된다. 트립토판은 세로토닌(serotonin)과 멜라토닌(melatonin)의 전구체 역할도 한다. 가금류, 생선, 콩은 트립토판의 훌륭한 공급원이다. 트립토판 결핍은 섭취 거부와 체중 감소를 초래할 수 있다.

3) 지방

지방은 단백질과 탄수화물보다 그램당 두 배 이상 많은 에너지를 공급하는 풍부한 에너지원이다. 지방은 필수 지방산을 전달하고 장에서 지용성 비타민을 흡수하는 데 필요한 환경을 제공한다. 동물성 및 식물성 지방(및 오일)은 다양한 필수 지방산 공급원을 제공한다. 소기름과 종실유와 같은 성분은 이러한 영양소를 전달하기 위해 반려동물 사료에 정기적으로 사용된다. 지방산은 건강한 피부와 털의 유지, 강력한 면역 체계 및 번식 기능을 포함한 신체의 여러 과정에 필요하다. 장에서는 식이 지방이 담즙산에 의해 유화되고 췌장 효소(리파제, lipases)에 의해 소화된다. 지방산은 그 후에 혈류나 림프계로 흡수된다.

(1) 지방산: 에너지원, 지용성 비타민 운송

지방산은 지방의 주요 구성 성분으로, 길이와 화학 구조가 다양한 탄소 사슬로 구성된다. 포화 지방산과 불포화 지방산은 각각 탄소 사슬 내에 하나 이상의 이중 결합이 없거나 존재하는지에 따라 명명된다. 장쇄포화 지방산은 체내 에너지에만 사용되며, 다중불포화 지방산(polyunsaturated fatty acids, PUFA)의 역할은 더욱 다양하다. 체내에서 생성될 수 없는 지방산은 필수 지방산이라고 한다. PUFA의 오메가-3 및 오메가-6 그룹은 포유류 영양에서 필수적인 주요 지방산이다. 지방의 공급원으로는 해바라기씨, 아마씨 등 식물성 기름과 어유, 소기름 등 동물성 지방 등이 있다. 지방산이 결핍되면 지용성 비타민 결핍(비타민 A, D, E, K)과 피모 상태가 나빠질 수 있다.

(2) 오메가-3 지방산: 항염증 작용, 세포 산소 공급, 신체적 노력

에이코사펜타엔산(Eicosapentaenoic acid, EPA), 도코사헥사엔산(docosahexaenoic acid, DHA), 알파리놀렌산(alphalinolenic acid, ALA)은 함께 오메가-3 계열의 다중불포화 지방산(PUFA)에 속하는 지방산이다.

정상적인 배아 성장 및 발달을 위해 임신한 동물의 식단에 오메가-3 PUFA가 필요하다는 증거가 있다. 그러나 성묘와 성견의 경우 식단에서 오메가-3 PUFA의 절대 최소 요구량을 뒷받침하는 증거가 충분하지 않다. 성묘와 성견에게 필수적인 것은 아니지만 오메가-3 지방산은 피부와 털 상태를 개선하고 항염증제 역할을 하는 등 다양한 기능적 이점을 제공할 수 있다. 노화된 동물의 경우 오메가-3 PUFA는 뇌 산소 공급을 개선하여 인지 기능 저하를 예방하는 데 도움이 될 수 있다. ALA의 풍부한 공급원으로는 아마씨 오일이 있으며, DHA와 EPA의 가장 풍부한 공급원은 해양 어유이다. EPA와 DHA는 식물성 플랑크톤과 단세포 조류에서도 발견된다. 오메가-3 PUFA 과다 시 반려견의 면역 기능이 손상될 수 있다.

(3) 오메가-6 지방산: 피부 건강, 피모 상태, 번식

아라키돈산(Arachidonic acid)과 리놀레산(linoleic acid)은 오메가-6 계열 PUFA에 속하는 필수 지방산이다. 개는 식이 리놀레산에서 아라키돈산을 합성할 수 있지만 고양이는 이 전환 단계를 수행할 수 없기 때문에 아라키돈산은 고양이의 식단에서 필수 영양소다. 오메가-6 지방산은 프로스타글란딘 합성에 관여하기 때문에 건강한 번식에 필수적이다. 프로스타글란딘은 배란과 분만을 포함한 여러 생식 과정을 조절하는 호르몬 유사 화합물이다. 아라키돈산은 소기름이나 가금류 피부와 같은 동물성 지방에서 발견된다. 리놀레산은 해바라기씨유와 같은 식물성 기름에서 발견할 수 있다. 오메가-6 지방산이 결핍되면 생식 능력 저하, 피부 및 피모 상태 악화로 인해 건조하고 자극적이며 피부가 벗겨지고 피모가 칙칙해 보일 수 있다.

4) 탄수화물

고양이와 개는 아미노산에서 혈당을 합성할 수 있다. 따라서 탄수화물은 필수 다량 영양소가 아니다. 그러나 고양이와 개는 식단에 제공되면 탄수화물을 활용할 수 있으며, 반려동물 사료에 에너지와 식이섬유의 공급원으로 사용된다. 탄수화물 수치는 습식 반려동물 사료보다 건조 반려동물 사료에서 더 높은 경향이 있다.

탄수화물은 탄소, 산소, 수소로 구성된 분자로, 공통적으로 특정한 화학적 특성이 있다. 탄수화물은 혈당, 근육과 간의 글리코겐, 우유 유당을 제외하고는 주로 식물성에서 유래한다.

탄수화물은 다음의 네 가지 유형으로 나눌 수 있다.

- 흡수성 탄수화물: 신체에서 즉시 사용할 수 있는 형태이다. 포도당은 탄수화물의 가장 일반적인 식이 단위이지만 일반적으로 효소에 의해 분해되어야 하는 복잡한 탄수화물의 구성 요소로 존재한다.

- 가소화 탄수화물: 주로 전분이며 식물성 탄수화물이 주요 형태이다. 효소에 의해 흡수 가능한 탄수화물로 분해된다.
- 발효성 탄수화물: 장내 박테리아가 사용하며 신체에서 사용할 수 있는 형태로 분해될 수 있다. 숙주에 유익한 장내 박테리아가 특별히 사용하는 경우 프리바이오틱스로 분류할 수 있다. 예를 들어 펙틴이 있다.
- 비발효성 탄수화물: 일반적으로 섬유질로 알려진 이 범주의 탄수화물은 소화되지 않은 채로(예: 리그닌) 체내를 통과하여 장 내용물에 용량을 추가하는 역할을 한다.

(1) 당: 에너지원

당이라는 용어는 흡수 가능한 일부(예: 포도당 및 과당)와 소화 가능한 일부 탄수화물(예: 유당 및 자당)을 의미한다. 식단에 설탕이 제공되면 에너지를 공급한다. 준비된 반려동물 사료에서 식이당은 가공 중에 라이신과 반응하여 풍미와 향을 향상시킬 수 있다. 필수는 아니지만 설탕은 식단에 제공될 때 에너지원으로 사용할 수 있다.

모유에 들어 있는 유당은 강아지나 새끼 고양이의 에너지원으로 작용하지만, 젖당을 생물학적으로 이용할 수 있도록 소화효소인 락타아제가 필요하며, 동물이 젖을 먹지 않으면 락타아제는 소멸된다. 당은 대부분의 과일, 시리얼, 뿌리, 덩이줄기에서 자연적으로 발견된다. 당분을 과도하게 섭취하면 설사와 소장 박테리아 과증식을 유발할 수 있다.

(2) 전분: 비필수 소화 가능 탄수화물, 에너지원

전분은 가소화 탄수화물로, 간단한 화학 결합으로 연결된 수천 개의 포도당 분자로 구성되어 있다. 필수는 아니지만 식이 전분은 에너지원으로 사용된다. 전분 분자는 소화효소에 의해 소장에서 흡수되는 포도당 분자로 분해된다. 전분을 조리하면 젤라틴화가 증가하여 소화가 더 쉬워진다. 전분은 식물에서 흔히 볼 수 있으며, 동물의 지방과 유사한 방식으로 에너지를 저장하는 데 사용된다. 일반적인 공급원으로는 쌀, 옥수수, 밀, 보리, 감자가 있다. 전분은 고양이와 개에게 필수 영양소가 아니기 때문에 결핍이 생길 수 없다. 그러나 잘 익지 않은 전분이나 높은 식이 섭취는 설사를 유발할 수 있다.

(3) 섬유소: 장 건강에 유익

대부분의 가용성 섬유소는 발효성[예: 프락토올리고당(fructooligosaccharides, FOS) 및 펙틴(pectin)]이고 대부분의 불용성 섬유는 비발효성[(예: 리그닌(lignin) 및 셀룰로오스(cellulose)]이다. 예외로 용해성이지만 발효되지 않는 섬유질인 실리움(psyllium)이 있다.

섬유질은 장내 이동에 유익하다. 프리바이오틱스로 알려진 일부 섬유질은 유익한 장내 박테리아에 의한 군집화를 촉진할 수도 있다. 섬유질의 역할은 유형에 따라 다르다. 리그닌과 같은 비발효성 섬유질은 소화관 내에서 대량으로 작용하여 소화 전달을 조절한다. 장내 전달은 영양소를 효율적으로 흡수할 수 있을 만큼 충분히 느리지만 변비가 발생할 정도로 느려서는 안 된다. 적절한 수준의 식이섬유는 장내 전달 시간을 최적화하는 데 도움이 될 수 있다. FOS 및 만난올리고당(MOS)과 같은 발효성 섬유질은 유익한 박테리아에게 먹이를 제공함으로써 소화관의 건강을 개선할 수 있다. 이러한 특정 섬유질은 프리바이오틱스로 알려져 있다. 그러나 모든 발효성 섬유가 프리바이오틱스 효과를 내는 것은 아니다.

대부분의 섬유질은 식물성이며, 일반적인 예로 비트펄프, 셀룰로오스, 알팔파, 검, 팩틴 등이 있다. 섬유질은 고양이와 개에게 필수적인 영양소가 아니기 때문에 결핍이 생길 수는 없다. 그러나 섬유질이 너무 적거나 너무 많으면 대변의 질이 저하될 수 있다.

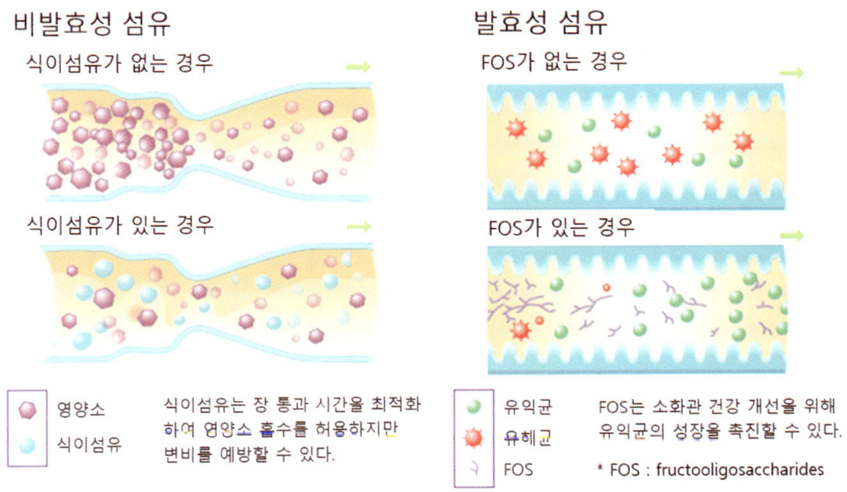

[그림 6-4] 소화관에서 비발효성 및 발효성 섬유질의 역할

5) 비타민

비타민이라는 단어는 생명에 필수적인 아민(바이탈 아민)이라는 단어에서 유래했다. 티아민은 최초로 명명된 비타민이다. 또한 비슷한 역할을 하는 다른 물질도 비타민이라고 한다.

비타민은 지방에 용해되는 비타민(비타민 A, D, E, K)과 물에 용해되는 비타민(비타민 B 계열) 두 가지로 나눈다. 비타민을 과도하게 섭취하면 지방 수용성 비타민이 체내에 축적되어 독성을 일으킬 수 있는 반면, 과잉된 수용성 비타민은 소변으로 배출된다.

비타민은 다양한 재료를 통해 제공되며, 미리 준비된 비타민 믹스를 통해 반려동물 사료에 첨가할 수도 있다. 비타민은 빛, 열, 산화에 민감하기 때문에 조리 과정과 제품의 유통기한을 결정할 때 주의해야 한다. 각각의 비타민은 여러 가지 다른 기능에 관여한다.

〈표 6-2〉 필수 비타민의 주요 기능

구분	비타민	주요 기능
지용성 비타민	A	시력, 피부
	D	칼슘 및 인 대사
	E	항산화제
	K	혈액 응고
수용성 비타민	B1 (thiamin)	신경계
	B2 (riboflavin)	피부
	B3 (niacin)	피부, 세포 에너지
	B5 (pantothenic acid)	성장, 피부
	B6 (pyridoxine)	세포 에너지
	B7 (biotin)	피부, 머리카락
	B9 (folic acid)	혈액 세포의 형성
	B12 (cobalamin)	혈액 세포의 형성
	Choline	인지질의 합성

(1) 비타민 A(레티놀, retinol): 시력에 필수 요소

비타민 A는 1913년에 분리되었고 1931년에 화학 구조가 도식화되었다. 비타민 A는 지방에 용해되는 긴 사슬 알코올이다. 소장에서 흡수되어 간에 저장된다. 개는 베타-카로틴에서 비타민 A를 합성할 수 있지만 고양이는 이를 수행하는 데 필요한 효소가 부족하다. 고양이와 개 모두 다량의 비타민 A를 처리하도록 설계되었다. 비타민 A는 건강한 시력, 특히 어둠에 적응하는 데 필요하다. 또한 생식 호르몬과 단백질 합성뿐만 아니라 피부 세포의 성장과 피지 생성을 조절하는 데 관여한다. 비타민 A 함량이 높으면 관절 이상과 생식 능력 저하를 초래할 수 있다. 식이 비타민 A의 좋은 공급원은 간, 생선, 달걀이다. 비타민 A가 결핍되면 눈 문제, 피부 건조, 번식 이상, 감염 및 폐 합병증에 대한 민감도가 높아질 수 있다. 비타민 A(레티놀)는 색 인식과 야간 시력에 필요한 망막 색소의 합성에 중요한 역할을 한다.

(2) 비타민 D(콜레칼시페롤, cholecalciferol): 뼈 성장 및 광물화

구루병 예방을 위한 생선 간유의 효능은 1782년에 발견되었고 비타민 D는 1932년에 분리되었다. 인간과 초식동물은 햇빛이 비추면 피부 스테롤에서 비타민을 합성하지만 고양이와 개에서는 이 과정이 없기 때문에 비타민 D를 식단으로 제공해야 한다. 체내에서 활성화되려면 섭취된 비타민 D가 간과 신장에서 변형되어야 한다. 비타민 D는 칼슘과 인의 장내 흡수를 증가시키고 칼슘이 뼈에 흡수되는 것을 최적화하며, 소변으로 칼슘과 인의 손실을 줄임으로써 칼슘과 인 대사 조절에 필수 역할을 한다. 육류와 채소에는 비타민 D가 거의 완전히 부족하다. 좋은 공급원으로는 기름진 생선과 간이 있다. 비타민 D 결핍은 구루병(개와 고양이에서 드물게 발생), 체중 감소 및 골연화증(관절 및 근육통, 뼈 골절)을 유발할 수 있다. 비타민 D를 과도하게 섭취하면 개의 뼈 회전율이 낮아지고 골화되어 과도한 뼈 광물화가 발생할 수 있다. 고양이의 경우 연조직에 미네랄이 축적되고 고칼슘혈증, 우울증, 구토, 무기력증이 발생할 수 있다.

(3) 비타민 E(알파 토코페롤, alpha tocopherol): 산화제 – 활성산소에 대한 보호

비타민 E는 1920년에 발견되었고 1936년에 분리되었다. 1980년대에 이르러서야 황산화 잠재력이 발견되었다. 비타민 E는 여러 물질을 포괄하는 일반적인 용어이다. 알파 토코페롤은 생물학적 활성이 가장 높은 가장 일반적인 형태이다. 비타민 E는 간과 근육 내 지방 조직에 저장된다. 다중 불포화 지방산이 함유된 식단은 지방간 질환을 예방하기 위해서 더 많은 비타민 E가 필요하다. 비타민 E는 활성산소의 작용으로부터 세포를 보호하는 데 도움이 된다. 활성산소는 정상적인 대사를 통해 세포에서 생성되며, 결과적으로 노화 과정에 기여한다. 활성산소는 운동, 오염, 햇빛과 같은 신체에 영향을 미치는 외부 요인의 결과로도 생성된다. 활성산소는 세포 사멸에 작용할 수 있다. 비타민 E는 세포막을 자유 라디칼 손상으로부터 보호하고 면역체계를 강화하는 데 도움이 된다. 비타민 E의 가장 중요한 공급원은 식물성이다. 오일, 곡물 및 시리얼도 포함된다. 비타민 E는 간과 같은 일부 동물성 제품에서도 발견된다. 개와 고양이의 결핍 징후로는 근육 약화, 번식 실패, 망막 퇴화, 지방조직 변색 등이 있다. 고양이의 과도한 비타민 E는 혈액 응고 시간을 연장하는 것으로 나타났다. 비타민 E는 독성이 가장 적은 지용성 비타민이다.

(4) 비타민 K(메나퀴논-7-MK-7, menaquinone-7-MK-7): 혈액응고 과정에 필수 요소

출혈을 예방하는 식이 요인의 존재는 1929년에 입증되었으며, 비타민 K는 1936년에 분리되었다. 비타민 K는 복잡한 생화학적 경로를 통해 혈액 응고를 가능하게 하는 몇 가지 유사한 지용성 물질 그룹으로 알려져 있다. 비타민 K 그룹은 많은 효소의 보조 인자이며, 이는 효소 활성을 가능하게 하려면 비타민 K가 존재해야 한다는 것을 의미한다. 결과적으로 일부 혈액 응고 과정에 필수적인 요소이다. 또한 단백질 대사와 칼슘의 골격 내 결합을 돕는 역할도 한다. 비타민 K는 일반적으로 간에 저장된다. 고양이와 개의 장내 박테리아는 비타민 K를 생성한다. 그러나 이 과정은 모든 상황에서 일일 요구량을 충분히 제공하지 못할 수 있으므로 식이 공급원이 필요하다. 비타민 K의 주요 공급원은 간, 육류 및 시금치와 같은 채소이다. 비타민 K가 결핍되면 혈액 응고 과정이 부적절하여 소화기, 비강, 피부 및 뇌출혈이 발생할 수 있다. 경미한 출혈은 시간이 지나면 빈혈(혈중 산소를 운반하는 적혈구 부족)로 이어질 수 있다.

(5) 비타민 B1(티아민, thiamin): 신경 기능에 중요한 기능

티아민은 최초로 발견된 비타민이다. 각기병(beriberi)은 기원전 2600년 초에 인간에게 관찰되었지만 1885년에 영양학적 기원이 입증되었고 1910년에야 티아민 결핍이 질병의 원인으로 밝혀졌다. 티아민은 물에 녹으며 심장, 간, 신장 및 뇌에 농축된다. 티아민은 세포의 에너지를 생성하는 데 도움이 되는 많은 복잡한 생화학 반응에 관여한다. 티아민은 감각 자극의 전달을 돕는 신경계의 건강한 기능에 필수적이다. 효모와 밀 배아는 티아민 함량이 가장 높지만 육류, 곡물 껍질, 시리얼에서도 발견된다. 결핍 시 피로, 근육 약화, 보행 및 시력 문제, 발작 및 궁극적으로 사망에 이르기까지 인간과 동물에게 각기병을 유발할 수 있다.

(6) 기타 비타민 B 그룹: 건강에 필수적

① 비타민 B2(리보플라빈, riboflavin)

리보플라빈은 피부와 표피 건강에 기여하며, 결핍 시 눈과 복부 주변에 피부 변화가 생길 수 있다. 효모, 간, 달걀에 매우 흔하다. 리보플라빈은 수용성이며 빛에 매우 민감하다. 비타민 B2는 비타민 B3와 함께 에너지 생산에 관여한다.

② 비타민 B3(니아신, niacin)

니아신은 비타민 PP와 니코틴산으로도 알려져 있다. 사람의 경우 피부, 소화, 정신 및 혈액학적 장애가 결합된 노인성 질환인 펠라그라(pellagra) 예방에 도움이 된다. 개의 경우 결핍으로 인해 복부와 뒷다리 주변에 피부염이 발생할 수 있다. 니아신은 다른 비타민 B와 함께 피부 지방, 특히 세라마이드의 합성을 촉진하여 피부 탈수를 제한함으로써 피부 보호에 도움이 된다. 개의 경우 일부 니아신은 필수 아미노산인 트립토판에서 합성되지만 일일 필수 요건을 충족하기에는 충분하지 않다. 고양이는 이 기능을 수행할 수 있는 능력이 매우 제한되어 있으므로 식단 내에서 니아신을 공급해야 한다. 대부분의 식품에 존재하는 니아신은 육류, 생선 및 시리얼에 다량으로 존재한다.

③ 비타민 B5(판토텐산, pantothenic acid)

판토텐산은 식품에 매우 흔하기 때문에 결핍이 매우 드물고 증상이 일반적이다. 조효소 A의 원소인 판토텐산은 세포의 에너지 생산에 핵심적인 역할을 하며, 거의 모든 대사 과정에 관여한다. 다른 비타민(니아신 및 콜린)과 시너지 효과를 발휘하여 피부 지방의 합성을 촉진하여 피부를 보호하는 데 도움이 된다. 비타민의 이름은 '어디에서나 볼 수 있는'이라는 뜻의 그리스 판토스(pantos)에서 유래했으며, 주요 공급원은 육류, 곱창, 달걀이다.

④ 비타민 B6(피리독신, pyridoxine)

피리독신은 조효소로서 다양한 대사 경로, 특히 아미노산의 대사 경로에서 여러 가지 역할을 한다. 공급원에는 효모, 밀 배아 및 육류가 포함된다. 결핍 시 피부, 신경 및 혈액에 장애를 유발할 수 있다.

⑤ 비타민 B7(비오틴, biotin)

비타민 H라고도 알려진 비오틴은 동물의 윤기 있는 털과 건강한 피부를 위해 중요한 비타민 중 하나이며, 신경계의 건강한 기능에 직접적으로 관여한다. 지난 세기 초, 날달걀 흰자를 다량 섭취하면 피부 병변, 탈모, 신경근육 장애를 유발하는 '달걀 흰자 질환'에 대한 연구 과정에서 발견된 비오틴은 날달걀 흰자의 항비오틴에 의해 억제되는 효모에 존재하는 것으로 밝혀졌다. 개에서 비오틴은 장내 박테리아에 의해 생성되므로 식이 공급원은 항균제가 있는 경우에만 필요하다. 고양이의 경우 식이 공급원이 필요하다. 비오틴은 포도당, 지방산 및 일부 아미노산을 분해하는 데 관여할 뿐만 아니라 다른 지방산의 합성에도 필수적이다. 비오틴은 피부와 털 건강에도 필수적이다. 간과 신장에서 다량으로 발견된다.

⑥ 비타민 B9(엽산, folic acid)

엽산은 신경계 조직 발달에 관여하며, 결핍은 태아에 기형(예: 척추 파열)을 유발할 수 있다. 임신 중인 어미 개에게 엽산을 보충하면 신생 강아지의 구개열 발생률을 줄이는 데 도움이 된다. 엽산은 빈혈 예방에도 도움이 된다. 간에 저장되는 엽산은 빠른 세포 증식(예: 태아)에 필수적이며, 필수 DNA 성분의 합성에 관여한다. 개의 경우 일부 엽산은 장내 박테리아에 의해 생성된다. 그러나 이것이 일일 필요량에 충분한지 여부는 알려져 있지 않으므로 식이 공급원이 필요하다. 고양이에게는 엽산의 식이 공급원이 필요하다. 효모는 간, 시금치와 같은 녹색 채소와 함께 엽산의 좋은 공급원이다.

⑦ 비타민 B12(코발라민, cobalamin)

코발라민은 구성에 미네랄(코발트)이 포함된 유일한 비타민이다. 많은 필수 생화학 반응에서 조효소이며, 단백질 합성과 적혈구 생성에도 주요 역할을 한다. 코발라민은 동물성 생산물(간, 신장, 심장, 폐, 생선 및 육류)에서만 발견되며 노화, 채식주의 식단, 소화기 질환 및 특정 형태의 암으로 인한 흡수 감소로 인한 결핍은 식단을 통해 보충해야 한다.

⑧ 콜린(Choline): 건강한 간 기능에 필수적인 요소

콜린은 모든 동물이 어느 정도 합성할 수 있기 때문에 진정한 의미에서 비타민이 아니다. 우리 몸은 간에서 콜린을 합성할 수 있지만 생산이 항상 요구사항을 충족하기에 충분하지는 않으며, 식단에 첨가해야 한다. 콜린은 세포막을 형성하는 역할을 한다. 또한 탈수로부터 피부를 보호하는 역할도 한다. 콜린은 인과 결합하면 레시틴이 되어 세포막과 혈중 지단백질의 일부를 형성한다. 콜린은 신경 전달에 매우 중요한 매개체인 아세틸콜린의 구성 요소이기도 하다. 콜린은 간과 심장, 달걀을 포함한 육류와 콩에 풍부하게 함유되어 있다. 콜린은 간에 지방산이 병리적으로 축적되는 것을 방지하기 위해 필요하다.

6) 미네랄

미네랄은 식단 내의 무기 영양소이다. 식품의 에너지를 분석할 때 미네랄을 제외한 모든 영양소가 제거된다. 나머지 물질은 식이 미네랄로서 '회분'이라고 한다. 식단 내에서 상대적으로 높은 수준으로 필요한 미네랄을 마크로미네랄이라고 하고, 마이크로미네랄(미량 원소라고도 함)은 훨씬 적은 양이 필요하지만 신체의 건강한 기능에 필수적이다.

〈표 6-3〉 필수미네랄의 주요 기능

마크로 미네랄 (다량광물질)	칼슘(Ca)	뼈 골화
	인(P)	에너지 전달
	칼륨(K)	세포 이온 균형
	나트륨(Na)	세포 이온 균형
	마그네슘(Mg)	감각 충동
	염(Cl)	산-염기 균형
마이크로 미네랄 (미량광물질)	철분(Fe)	적혈구 내 헤모글로빈 합성
	아연(Zn)	피부 및 피모 건강
	망간(Mn)	연골 및 피부 형성
	코발트(Co)	피부 색소 합성
	요오드(I)	갑상선 기능
	셀레늄(Se)	항산화제

미네랄은 준비된 반려동물 사료에 일반적으로 사용되는 성분 내에 자연적으로 존재할 수 있다. 그러나 황산철, 산화아연, 산화망간, 황산구리, 아셀레늄산나트륨, 요오드산칼슘과 같은 정제된 염으로 첨가할 수도 있다. 미네랄의 생체이용률은 염에 따라 다르므로 반려동물 사료에 사용하기 위한 미네랄 보충제를 조제할 때 이 요인을 고려해야 한다.

(1) 칼슘, Calcium(Ca): 건강한 뼈와 치아에 필수적인 요소

칼슘은 지구 표면과 바닷물에서 다섯 번째로 풍부한 원소이다. 칼슘 섭취는 건강한 뼈 성장과 유지를 위해 인(P)과 균형을 맞춰야 한다. 식이 칼슘 수치가 필요한 식이 수치보다 낮거나 초과하면 골격계 이상이 발생할 수 있다. 수유와 성장에는 다른 생애 단계보다 높은 식이 칼슘 수치가 필요하다. 결핍 징후에는 성장 장애가 포함되며, 과도한 칼슘은 뼈 이상 및 골연골증을 초래한다. 칼슘은 신체에서 두 가지 기본적인 역할을 한다. 신체에서 발견되는 칼슘의 90% 이상은 뼈와 치아에 보존되며, 인과 함께 이러한 구조를 단단하게 만드는 역할을 한다. 칼슘은 세포 간의 정보 전달과 신경 자극 전달에도 역할을 한다. 칼슘은 포유류, 조류, 어류의 뼈에서 발견되며, 일반적으로 반려동물 사료에 골분으로 첨가된다. 유제품에는 상당한 양의 칼슘도 포함되어 있다. 브로콜리나 양배추와 같은 채소는 적당히 좋은 공급원이다. 일반적인 미네랄 소금에는 탄산칼슘, 황산칼슘, 인산칼슘이 포함된다.

(2) 인, Phosphorus(P): 뼈 구성, 세포막의 구성 요소

인은 여러 가지 역할을 하며, 각각 똑같이 중요하다. 인체에서 발견되는 인의 상당 부분(80% 이상)은 칼슘과 함께 이러한 구조를 단단하게 만드는 역할을 하는 뼈와 치아에 남아 있다. 인은 세포막의 구성 요소이며, 에너지 생산에 필요하다. 인은 세포의 유전 코드를 운반하는 분자인 DNA와 RNA의 구조적 구성 요소이다. 결핍 시 성장 둔화, 식욕 부진 및 뼈 기형을 초래할 수 있다. 식단의 최대 인 함량은 일반적으로 칼슘 수준과 칼슘 : 인 비율 유지에 의해 결정된다. 그러나 노령 고양이는 임상적으로 신부전증을 보일 수 있으며 과도한 인의 영향에 더 취약할 수 있다. 인은 포유류, 새, 물고기의 뼈에서 발견되며, 일반적으로 골분으로 반려동물 사료에 첨가된다. 고기 또한 인이 풍부하다.

(3) 칼륨, Potassium(K): 세포 기능 및 에너지 대사

칼륨은 공기 중에서 빠르게 산화되고 물과 잘 반응하는 알칼리성 광물질이다. 칼륨은 체내에서 여덟 번째로 풍부한 광물질이다. 칼륨 결핍은 드물지만 칼륨이 결핍된 강아지의 경우 불안과 근육 마비가 보고되었다. 설사는 이 질환이 지속되면 칼륨 손실이 크게 발생하여 결핍을 초래할 수 있다. 심장 또는 신부전이 있는 고양이와 개를 위해 설계된 식단에서 칼륨 상한선을 줄여야 한다. 요로 산성화로 인해 칼슘 손실이 증가할 수 있으며, 이는 식단에서 보충해야 한다.

칼륨은 세포 내부에서 발견되는 가장 풍부한 양이온(양전하를 띠는 이온)이다. 칼륨은 세포의 올바른 기능을 위해 필수적이며, 나트륨과 함께 이 미네랄은 산-염기 균형을 유지하는 역할을 한다. 칼륨은 또한 신경 자극 전달을 담당하며, 에너지 대사에 중요한 역할을 한다.

칼륨은 채소, 육류, 생선, 달걀에서 일반적으로 발견된다. 일반적인 미네랄 염으로는 중탄산칼륨, 염화칼륨, 황산칼륨이 있다.

(4) 나트륨, Sodium(Na): 세포 평형, 갈증 및 소변량 조절

나트륨은 세포의 건강한 기능에 필수적이다. 칼륨과 함께 산-염기 균형을 유지하고 세포 안팎의 압력을 유지하는 역할도 한다. 세포 에너지 대사에도 중요한 역할을 하며, 신경 자극 생성과 전달에도 관여한다. 나트륨은 수분 균형 조절, 갈증 감각, 소변 농도에도 중요하다. 고양이와 개에게는 나트륨 결핍이 거의 없다. 결핍 시 불안감 증가, 수분 섭취, 감소, 소변 배출량 증가 등의 증상이 나타난다. 매우 높은 수준의 나트륨 섭취는 구토와 점막 건조를 유발하는 것으로 나타났다. 나트륨은 일반적으로 염화나트륨(식용 소금)의 형태로 자연적으로 발생한다. 채소는 일반적으로 나트륨 함량이 낮은 반면 가공되지 않은 육류는 약 3배 더 높다. 다른 일반적인 미네랄 소금으로는 인산나트륨과 탄산나트륨, 중탄산나트륨과 트리폴리인산나트륨(STPP)이 있다.

(5) 마그네슘, Magnesium(Mg): 건강한 뼈 구조, 신경계 기능

마그네슘은 지구 지각의 약 2%를 구성하여 여덟 번째로 풍부한 원소이다. 자유 원소 금속은 반응성이 매우 높아 자연적으로 발견되지 않는다. 세포 내 양이온 중 두 번째로 풍부하며, 300개 이상의 대사 과정에 관여한다. 마그네슘은 에너지 대사, DNA 및 RNA 대사, 단백질 합성, 근육 및 신경 세포막 기능에 중요한 역할을 한다. 마그네슘은 칼슘 및 인과 마찬가지로 뼈와 치아의 중요한 구성 요소이기도 하다. 마그네슘은 포유류, 조류, 어류의 뼈에서 발견되며, 일반적으로 반려동물 사료에 골분으로 첨가된다. 결핍 시 관절의 과신전, 마비, 고혈압 및 식욕 부진을 포함한 신경 문제의 출현을 초래할 수 있다. 과도한 식이 마그네슘은 고양이의 요로 결석 형성과 관련이 있다.

(6) 염소, Chloride(Cl): 산-염기 균형

염소는 동물의 세포외액에서 가장 흔한 음전하 이온이다. 염소는 세포외액의 농도를 유지하는 데 중요하며, 산-염기 균형에 중요한 역할을 한다. 염소는 대부분 식품에서 제한된 농도로 발견된다. 따라서 식단에는 염소가 포함된 소금[예: 염화나트륨(소금)]을 보충해야 한다. 결핍 징후로는 허약함, 성장 부진, 칼륨 결핍 증상이 있다. 과도한 염소는 혈액 내 칼슘 및 칼륨 수치의 변화와 대사성 산증을 초래할 수 있다.

(7) 칠분, Iron(Fe): 신소 수송

철분은 전체 체중의 약 0.005%를 차지하는 신체에서 가장 흔한 미량 원소이다. 철분은 적혈구에서 체내 산소를 운반하는 분자인 헤모글로빈과 근육에서도 같은 역할을 하는 미오글로빈의 필수 성분이다. 철분은 특히 세포 호흡과 관련하여 많은 효소 기능도 가지고 있다. 간, 육류, 생선, 브로콜리, 시금치와 같은 녹색 채소는 풍부한 천연 철분 공급원이다. 탄산염과 산화물의 철분 공급원은 이 광물의 공급이 부족한 형태이다. 결핍 시 성장 저하, 창백한 점막, 설사 및 빈혈을 유발할 수 있다. 철분 수치가 높으면 망간, 구리 및 아연에 한계 결핍이 발생할 수 있다. 철분 수치가 매우 높으면 구토와 설사가 발생할 수 있다.

(8) 아연, Zinc(Zn): 피부 및 코팅 건강, 생식 기능

아연은 신체 곳곳에서 발견되는 전이 금속이다. 아연은 대부분의 조직에 상대적으로 저농도로 존재한다. 아연은 세포 복제, 탄수화물 및 단백질 대사, 세포막 구조에 관여하는 약 200개의 아연 함유 효소의 보조 인자이다. 혈액에서 비타민 A를 운반하는 데 필수적이며, 생식에 중요한 역할을 한다. 또한 콜라겐과 케라틴 합성에도 중요하며, 따라서 피부와 털 건강, 상처 치유에 관여하는 근본적인 요소이다. 통곡물 시리얼과 육류는 아연의 풍부한 천연 공급원이다. 아연은 황산아연 및 산화아연과 같은 미네랄 염에서도 발견될 수 있다. 결핍 시

발바닥과 같은 마모 부위에 성장 부진과 피부 병변을 초래할 수 있다. 과도한 아연은 고양이에게 발작을 일으킬 수도 있다. 식단의 아연 수치가 높으면 신체 내 경쟁 흡수 부위로 인한 한계적 결핍을 피하기 위해 구리와 철 수치를 최소 요구 사항 이상으로 높여야 한다.

(9) 망간, Manganese(Mn): 뼈와 연골

망간은 동물 조직 내에서 소량 발생한다. 성견에서의 몸 전체 망간 함량은 3~15mg에 불과할 수 있다. 망간은 미토콘드리아의 올바른 기능에 적극적인 역할을 하며, 뼈와 관절 연골의 형성과 신경학적 기능에 중요하다. 망간은 또한 많은 효소에서 구조적인 역할을 한다. 곡물과 미네랄 염은 망간의 좋은 공급원이다. 육류에는 망간이 함유되어 있지만 다른 공급원보다 양이 적다. 결핍 시 성장 과정에서 앞다리가 짧아지고 구부러질 수 있다. 성견의 슬럼프, 관절 비대, 운동 능력 저하도 보고되었다. 망간 결핍은 번식 중 발정 지연, 임신율 저하, 사산 및 저출산 등 심각한 영향을 미칠 수 있다. 망간 과잉이 오래 지속되면 철분 결핍이 발생할 수 있다.

(10) 구리, Copper(cu): 빈혈, 모발 색소 침착의 예방 및 치료

개와 고양이의 몸에는 매우 적은 양의 구리가 함유되어 있다. 어린 개의 총 구리 함량은 체중 1kg당 7.3mg으로 보고되었다. 구리는 철분의 장내 흡수와 헤모글로빈으로의 통합을 촉진한다. 구리는 많은 효소에서 활성 원소이다. 구리는 활성산소로 인한 세포 손상을 줄이는 데 중요한 역할을 하며, 힘줄의 콜라겐과 신경계 내 미엘린 합성에도 관여한다. 구리는 모발 색소인 멜라닌 합성에도 참여한다. 구리 함량이 높은 식품에는 육류(양고기, 돼지고기, 오리고기)와 단백질이 풍부한 두과곡물(완두, 렌틸콩, 대두)이 포함된다. 구리는 미네랄 염의 형태로 반려동물 사료에 첨가될 수도 있지만, 산화구리는 구리의 이용성이 떨어지는 형태이다. 결핍 시 빈혈, 모발 색소 감소 및 하지의 과신전을 초래할 수 있다. 구리는 간에 저장되며 독성은 드물지만, 베들링턴 테리어와 같은 특정 품종은 구리 저장 질환에 걸리기 쉽다.

(11) 요오드, Iodin(I): 갑상선 호르몬 합성

요오드는 고양이와 개에게 필수적이며 가장 무거운 미네랄이다. 요오드는 매우 소량만 요구된다. 요오드는 성장, 발달 및 대사율 조절에 중요한 갑상선 호르몬의 필수 구성 요소이다. 천일염, 해조분, 생선은 요오드의 일반적인 공급원이다. 결핍 시 갑상선종, 탈모, 건조한 털, 체중 증가가 나타난다. 이는 갑상선 활동의 변화로 인한 것이다. 고양이의 경우, 과도한 요오드는 티록신(thyroxine) 수치를 감소시켜 결핍에서 보이는 것과 유사한 증상을 유발하는 것으로 나타난다.

(12) 셀레늄, Selenium(Se): 세포 손상 및 면역 반응 감소

셀레늄은 필수 미량 미네랄이다. 동물 조직에 널리 분포되어 있지만 특정 기관이나 조직에는 극소량만 존재한다. 셀레늄은 활성산소로 인한 세포 손상을 줄이는 데 중요한 역할을 한다. 셀레늄은 면역 반응에도 지원 역할을 한다. 셀레늄은 무기 미네랄 염과 생선에서 발견된다. 육류, 간, 신장에서는 소량 발견된다. 결핍 시 식사 거부, 우울증, 호흡 곤란 및 혼수 상태를 초래할 수 있다. 셀레늄 과잉은 생선이 많이 함유된 식단에서 발생할 수 있다. 증상으로는 사료 섭취 거부와 체중 증가의 저하가 있다.

3. 제조된 반려동물 사료의 이점

필수 영양은 복잡한 주제이다. 각 영양소는 몇 가지 공통적인 특성을 공유하지만 개, 고양이, 인간 사이에는 눈에 띄는 생리적 차이가 크다. 이러한 차이점은 영양소의 식이 요구 사항이 다르다는 것을 의미한다. 대부분의 차이점은 고양이와 개의 고유하고 특화된 적응 때문이다. 모든 필수 영양소 요구 사항이 충족되도록 하는 한 가지 방법은 제조된 식단을 먹이는 것이다. 잘 제조된 습식, 건식 및 반습식 식단은 모두 강아지, 새끼 고양이, 성견 또는 노령견 등 생활 단계에 따라 적절한 양의 적절한 영양소를 제공하도록 신중하게 설계되어 있다.

전 세계의 많은 개와 고양이는 여전히 인간의 음식과 테이블 찌꺼기로 만든 집에서 만든 식단을 먹는다. 인간에게 적합한 식단은 과도한 과식 없이는 개나 고양이에게 충분한 영양소를 거의 제공하지 못한다.

집에서 완전하고 균형 잡힌 반려동물 사료를 만드는 것은 매우 어렵다. 대부분의 집에서 만든 식단은 불완전하며 반려동물의 건강과 활력을 손상시킬 수 있다. 비만 및 기타 건강 문제의 위험 증가와도 관련이 있다. 집에서 만든 날고기 식단은 반려동물과 주인 모두에게 기생충과 박테리아에 오염될 수 있는 추가 위험이 있다. 일부 일반적인 인간 식품 성분은 고양이와 개에게 독성이 있을 수 있으며, 대표적인 예로 초콜릿, 포도, 건포도, 양파가 있다.

〈표 6-4〉 가정에서 조리한 반려동물 사료와 제조한 반려동물 사료의 영양소 성분 차이

가정에서 준비한 음식	개 요구량	고양이 요구량
쌀밥 3인분 닭가슴살 2인분 익힌 야채 1인분	아연, 1.5배 더 많은 양 비타민 E, 36배 더 많은 양 비타민 B, 10배 더 많은 양	비타민 E, 12배 더 많은 양
쌀밥 2인분 생선찜 1인분	지방, 2배 더 많은 양 아연, 3배 더 많은 양 비타민 E, 11배 더 많은 양 비타민 B12, 2배 더 많은 양	지방, 2배 더 많은 양 아연, 2배 더 많은 양 비타민 E, 2배 더 많은 양 비타민 B12, 2배 더 많은 양

4. 건강한 체중 유지

개의 1/3과 고양이의 절반이 과체중이라고 보고되었다. 과도한 체중과 관련된 건강 위험에는 관절 문제, 암, 호흡기 기능 장애, 골관절염, 당뇨병 및 백내장이 있다. 비만에 기여하는 가장 중요한 요인은 과식이다. 반려동물이 건강한 체중을 유지하려면 주인이 반려동물의 생애 단계와 라이프스타일에 권장되는 급식 지침을 따르고 개별 반려동물에 따라 약간의 조정을 하는 것이 중요하다. 반려동물이 과체중이라는 것을 인식하고 인정하는 것은 종종 주인에게 장벽이 된다. 반려동물의 크기, 건강 및 신체를 평가하는 가이드는 사용하기 쉬운 과학적으로 정확한 흐름도 기반 시스템으로, 훈련되지 않은 주인도 사용할 수 있도록 검증되었으며, 반려동물의 신체 상태 점수를 매길 수 있다. 이 가이드는 또한 점수 결과에 따라 유용한 조언을 제공한다.

(1) 위험 요인

비만이 발생하는 주된 이유는 에너지 소비보다 에너지 섭취가 많기 때문이다. 이 상태에 도달하는 데에는 여러 요인이 관련될 수 있다.

- 유전학: 일부 개 품종은 체중 증가에 더 취약한 것으로 보인다.
- 연령: 중년은 위험 요인이다.
- 중성화: 일반적으로 활동이 감소하여 체중이 증가한다.
- 성별: 일부 개 연구에서 암컷이 수컷보다 더 위험에 처한 것으로 나타났다.
- 라이프스타일: 실내 라이프스타일이 위험 요인이다.
- 주인 요인: 과체중 주인은 과체중 반려동물과 관련이 있다.
- 반려동물과 주인과의 관계: 비만 고양이의 주인에게서 더 심각하다.

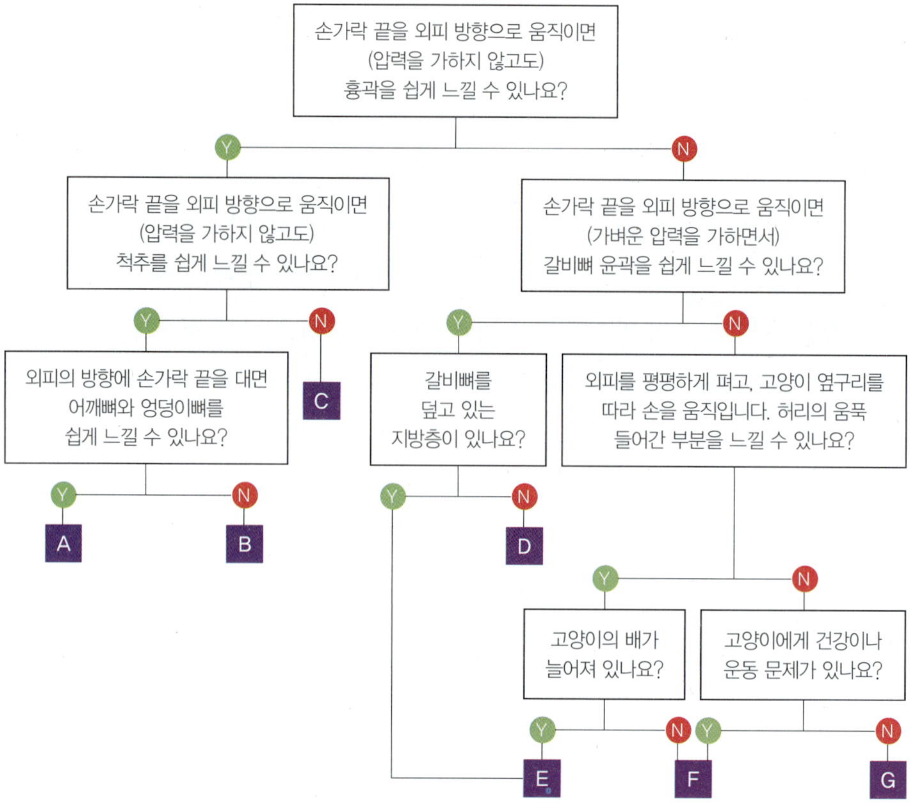

[그림 6-5] 고양이 체형 가이드

〈표 6-5〉 고양이 체형 평점표

점수	체형 설명
A	**매우 마름** – 고양이의 체지방 총량이 매우 적거나 전혀 없음 **권장 사항**: 신속한 수의학적 조언을 구함
B	**마른 체형** – 고양이의 전체 체지방이 소량임 **권장 사항**: 수의사의 조언을 받아 고양이에게 적절한 양의 사료를 제공하고 있는지 확인. 2주마다 체형 가이드차트를 사용하여 재평가
C	**약간 마른 체형** – 정상보다 체지방이 적어 이상적인 범위의 하한선에 있음 **권장 사항**: 제공되는 음식을 약간 늘릴 것. 체형 가이드차트를 사용하여 매월 모니터링하고 변화가 없으면 수의사의 조언을 구함
D	**이상적** – 고양이의 전체 체지방이 이상적임 **권장 사항**: 고양이가 이 범주에 속하는지 확인하기 위해 매월 모니터링하고 다음 방문 시 수의사에게 검사를 받음

점수	체형 설명
E	**약간 과체중** – 고양이가 이상적인 범위의 상단에 있으며 체지방이 약간 초과함 **권장 사항**: 수의사의 조언을 받아 고양이에게 적절한 양의 음식을 제공하고 활동 수준을 높임. 과도한 간식은 피하고 체형 가이드차트를 사용하여 매월 모니터링
F	**적당히 과체중** – 고양이의 전체 체지방이 과도함 **권장 사항**: 수의사의 조언을 받아 활동 수준을 높이는 것을 포함한 적절한 체중 감량 계획을 안전하게 시행. 2주마다 체형 가이드차트를 사용하여 재평가
G	**심각하게 과체중** – 건강과 웰빙에 영향을 미치는 과도한 총 체지방이 많음 **권장 사항**: 고양이의 체중을 줄이고, 활동 수준을 높이고, 전반적인 건강을 개선하기 위한 체중 감량 계획을 도입하기 위해 즉시 수의사의 조언을 구할 것

※ 참고: 일부 품종과 다른 생활 단계는 서로 다른 이상적인 체형 가이드 점수를 가질 수 있음. 확실하지 않으면 수의사와 상의할 것.

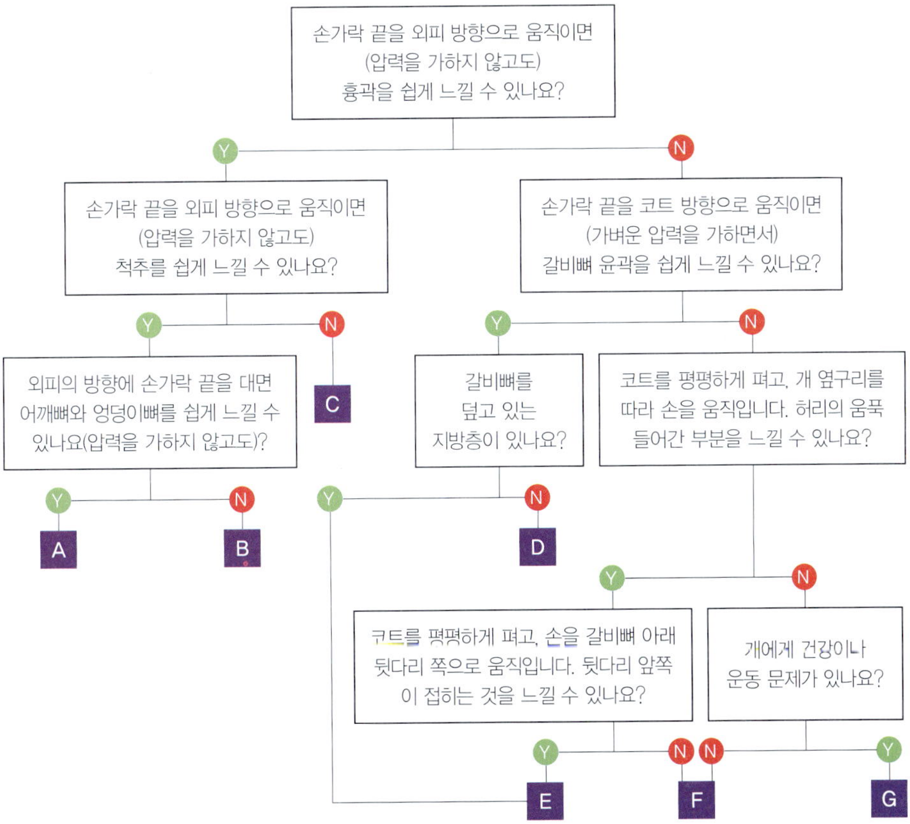

[그림 6-6] 반려견 체형 가이드

〈표 6-6〉 반려견 체형 평점표

점수	체형 설명
A	**매우 얇음** – 반려견의 체지방 총량이 매우 적거나 전혀 없음 **권장 사항**: 신속한 수의학적 조언을 구함
B	**마른 체형** – 반려견의 전체 체지방이 소량임 **권장 사항**: 수의사의 조언을 받아 반려견에게 적절한 양의 사료를 제공하고 있는지 확인. 2주마다 체형 가이드차트를 사용하여 재평가
C	**약간 마른 체형** – 정상보다 체지방이 적어 이상적인 범위의 하한선에 있음 **권장 사항**: 제공되는 음식을 약간 늘릴 것. 체형 가이드차트를 사용하여 매월 모니터링하고 변화가 없으면 수의사의 조언을 구함
D	**이상적** – 반려견의 전체 체지방이 이상적임 **권장 사항**: 반려견이 이 범주에 속하는지 확인하기 위해 매월 모니터링하고 다음 방문 시 수의사에게 검사를 받음
E	**약간 과체중** – 반려견이 이상적인 범위의 상단에 있으며 약간의 과체지방이 있음 **권장 사항**: 수의사의 조언을 받아 반려견에게 적절한 양의 음식을 제공하고 활동 수준을 높임. 과도한 간식은 피하고 체형 가이드차트를 사용하여 매월 모니터링
F	**적당히 과체중** – 반려견의 전체 체지방이 과도함 **권장 사항**: 수의사의 조언을 받아 활동 수준을 높이는 것을 포함한 적절한 체중 감량 계획을 안전하게 시행. 2주마다 체형 가이드차트를 사용하여 재평가
G	**심각하게 과체중** – 건강과 웰빙에 영향을 미치는 과도한 총 체지방이 많음 **권장 사항**: 반려견의 체중을 줄이고, 활동 수준을 높이고, 전반적인 건강을 개선하기 위한 체중 감량 계획을 도입하기 위해 즉시 수의사의 조언을 구할 것

CHAPTER 07

반려동물의 해부생리

학습목표

1. 동물의 신체를 구성하는 조직, 기관의 형태, 위치 및 그 구조를 이해하고 설명할 수 있다.
2. 반려동물학의 기본 동물인 개와 고양이의 해부생리학적 특징을 바탕으로 설치류, 토끼, 페럿, 파충류 등 다양한 포유동물과 조류의 해부학적인 특징을 비교하여 설명할 수 있다.
3. 동물의 정상 기능 및 조절 기전 및 생체현상에 대한 기초 지식을 습득하여 동물 개체의 생명현상을 이해할 수 있다.

1. 개와 고양이

1) 근골격계 및 신경계

골격의 주 기능은 신체의 견고한 틀이자 내부 장기와 구조를 보호하는 것이다. 각 뼈에는 근육이 부착되어 근육의 수축과 이완에 따라 움직일 수 있다.

개와 고양이는 사람과 비슷한 골격 구조를 가진다. 하지만 사람은 갈비뼈가 12쌍인 반면, 개와 고양이는 보통 13쌍이다. 또한 개에게는 쇄골뼈가 퇴화되어 있다. 꼬리뼈는 종, 개체마다 다르며, 움직임을 도와주고, 의사소통, 감정을 나타내는 역할을 한다. 또한 이들은 손바닥과 발바닥을 이용해 몸을 지지해서 서 있는 것이 아니라 발가락뼈를 이용해 서 있는다. 특히 고양이의 척추에는 꼬리를 제외하고 30개의 척추뼈가 있고 회전율이 높은데, 이 덕분에 유연성이 좋고 높은 곳에서 떨어져도 두 발로 착지할 수 있다.

신경계는 신체의 내 · 외부에서 일어나는 여러 가지 정보를 받고, 반응하여 지각, 감각, 운동, 정신적 작용을 이용해 신체를 상황에 맞게 조절 및 통제한다. 신경계 또한 사람과 비슷한 구조로 이루어져 역할을 한다. 중추신경계 중 뇌는 두개골로 둘러싸여 있으며, 그 사이를 뇌척수액이 채워 외부의 충격으로부터 보호받고 있다. 뇌는 대뇌, 소뇌 등으로 나뉘어 각각 다른 기능을 하며, 감각 정보 분석, 기억 저장, 사고, 균형 유지, 운동 기능 조절, 호흡 유지 등의 중심 역할을 한다. 척수는 말초 신경에서 전달받은 감각을 뇌로 전달하고 뇌에서 지시하는 명령을 말초 신경계로 전달하여 여러 신경계와 뇌를 연결하는 역할을 한다.

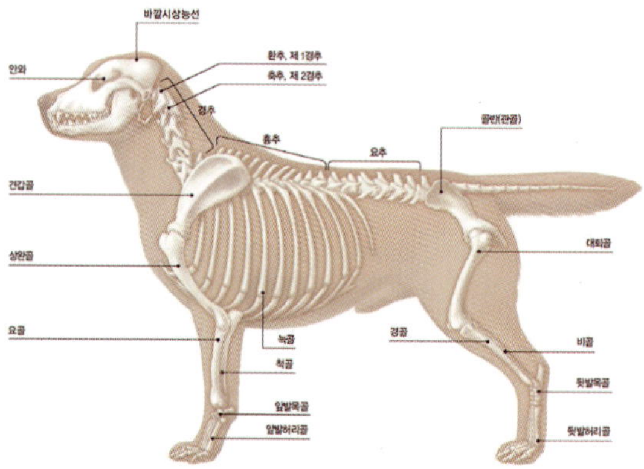

[그림 7-1] 개의 골격계

출처: https://blog.naver.com/western_animal/220708570390

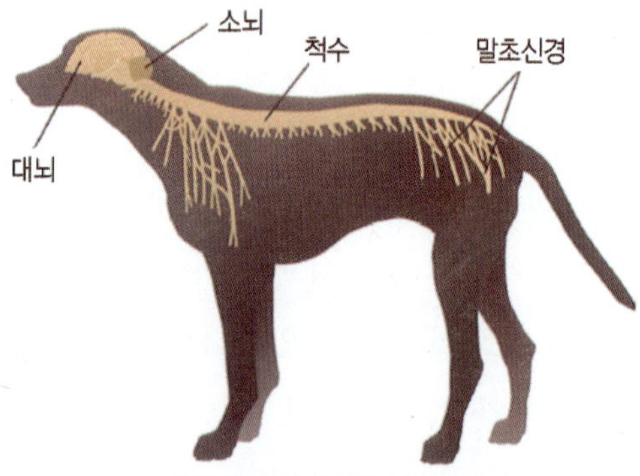

[그림 7-2] 개의 신경계

출처: https://www.isvma.org/wp-content/uploads/2020/11/ServingupNeurolocalization.pdf

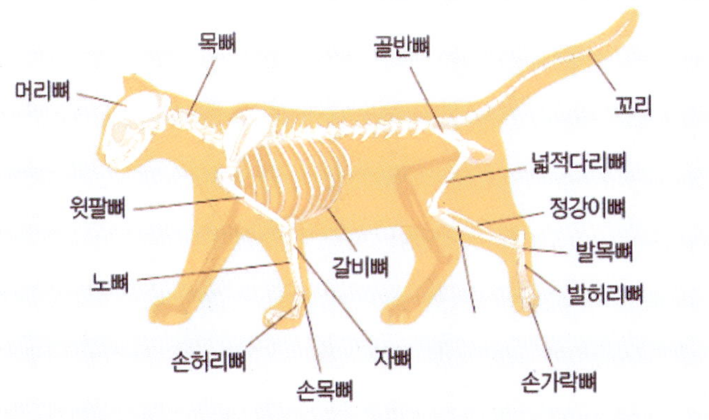

[그림 7-3] 고양이의 골격계

출처 : https://www.catster.com/cat-health-care/how-many-muscles-do-cats-have/

2) 심혈관계

심혈관계는 몸을 이루는 세포가 기능을 하고 성장할 수 있도록 몸 전체에 기체, 호르몬, 영양소를 운반하는 역할을 한다.

심장은 산소가 공급된 혈액을 혈관을 통해 몸 전체로 공급하고 산소가 없는 혈액을 되돌려 받아 이를 폐로 보내 다시 산소를 공급받은 혈액을 얻을 수 있게 한다. 개와 고양이는 사람의 심장 구조와 마찬가지로 2개의 심방과 2개의 심실로 총 4개의 방으로 이루어져 있다. 심박수는 크기와 품종, 연령 별로 다르지만 대개 개는 60~180bpm, 고양이는 120~220bpm이다.

동맥은 심장에서 나가는 혈액이 지나가는 혈관이며, 정맥은 심장으로 다시 들어가는 혈액이 지나가는 혈관이다. 모세혈관은 매주 가늘고 벽이 얇은 혈관으로, 전신에 분포되어 산소, 이산화탄소, 물, 이온 등의 물질이 혈액과 세포 사이를 이동할 수 있도록 한다. 일반적으로 허벅지 안쪽에 있는 대퇴 동맥을 만지면 맥박을 느낄 수 있다.

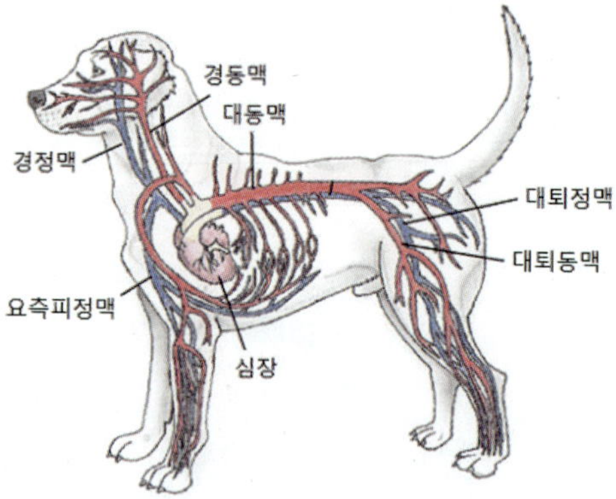

[그림 7-4] 개의 심혈관계

출처: https://canineanatomyforbeginners.wordpress.com/cardiovascular-system/

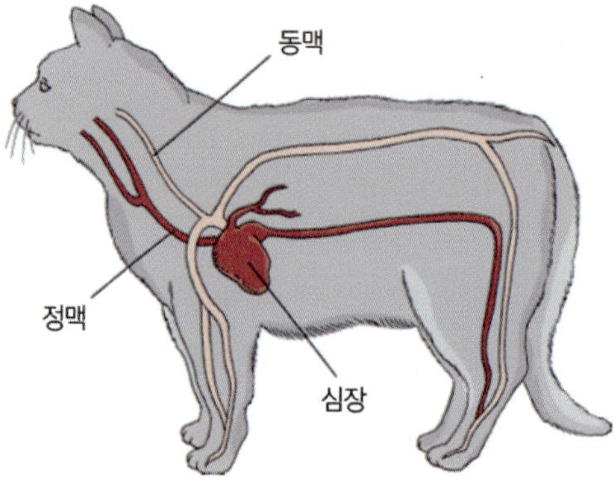

[그림 7-5] 고양이의 심혈관계

출처: https://www.msdvetmanual.com/cat-owners/heart-and-blood-vessel-disorders-of-cats/introduction-to-heart-and-blood-vessel-disorders-in-cats

3) 소화기계

소화기계는 음식을 소화하여 적절한 영양소를 흡수한 후 체내의 고형 노폐물을 제거한다. 대개 입과 이빨, 식도, 위, 소장, 대장, 직장, 항문 순으로 음식물이 이동하여 소화 과정을 거치게 된다. 이 외에도 췌장의 외분비샘, 간, 담낭 등 소화효소를 분비하는 기관이 있어 소화를 돕는다.

성체를 기준으로 개는 총 42개의 이빨, 고양이는 30개의 이빨을 가지고 있다.

개와 고양이의 침에는 사람과 달리 탄수화물을 분해하도록 도와주는 소화효소인 아밀라아제가 들어 있지 않아 음식 조각이 식도로 내려가도록 돕는 윤활제 역할만 한다.

개는 육식동물로 위에서 분해된 음식물을 빠르게 처리해야 섭취한 육류 단백질을 흡수할 수 있기 때문에 인간의 소장보다는 짧다.

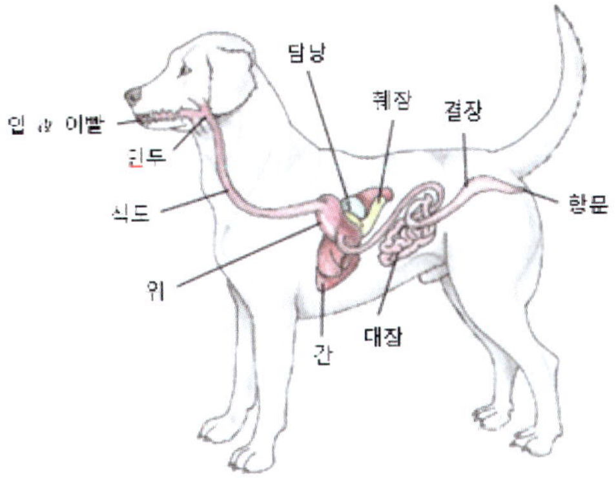

[그림 7-6] 개의 소화기계

출처 : https://canineanatomyforbeginners.wordpress.com/cardiovascular-system/

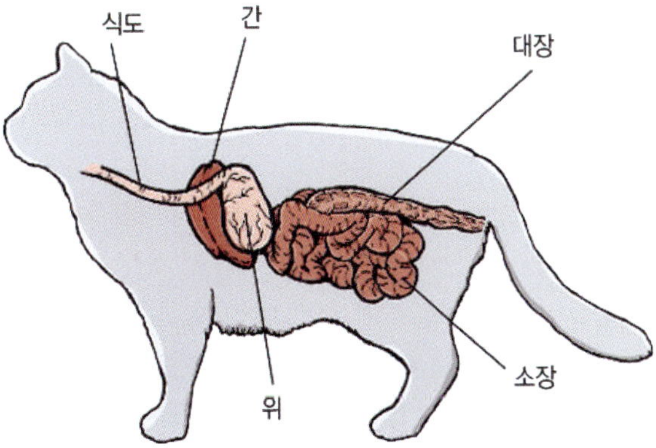

[그림 7-7] 고양이의 소화기계

출처 : https://www.msdvetmanual.com/cat-owners/heart-and-blood-vessel-disorders-of-cats/introduction-to-heart-and-blood-vessel-disorders-in-cats

4) 내분비계

내분비계는 몸 안에서 생성되어 각종 변화를 유도하는 호르몬과 생물학적 물질이 분비되는 기관으로, 개와 고양이의 내분비 기관은 뇌하수체, 갑상선, 부갑상선, 췌장, 부신 등으로 이루어져 있다.

뇌하수체는 뇌의 시상하부라고 하는 부위 아래쪽에 위치해 있으며, 성장 호르몬, 갑상선 자극 호르몬, 항이뇨 호르몬 등을 분비한다. 췌장(이자)은 소화효소를 분비하는 외분비샘의 기능과 혈당을 조절하는 인슐린과 글루카곤 등을 분비하는 내분비샘의 기능을 겸한다. 부신은 양쪽 신장의 머리 쪽에 존재하는 기관으로, 혈압, 말초혈관 수축을 조절하는 아드레날린, 칼슘, 수분, 성장 등을 조절하는 코르티코이드계 호르몬 등을 분비한다. 갑상선은 목 부근 기관 양옆에 존재하는 기관으로, 몸의 대사를 조절하는 호르몬을 분비한다. 특히 고양이에서 갑상선 관련 내분비계 질환이 자주 발생한다.

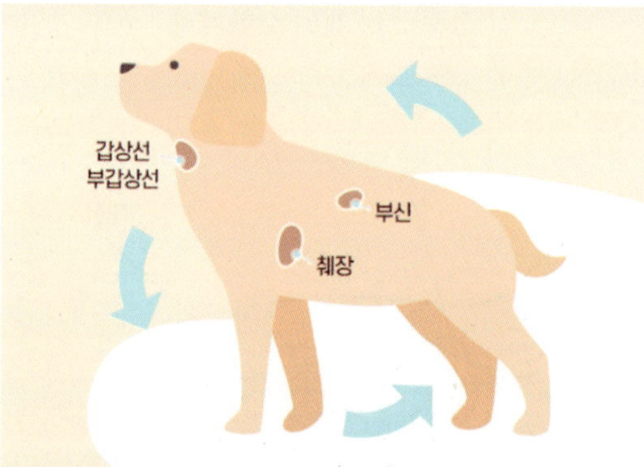

[그림 7-8] 개의 내분비계

출처: https://www.24onnuri.com/characterization/integrated/endocrinology/

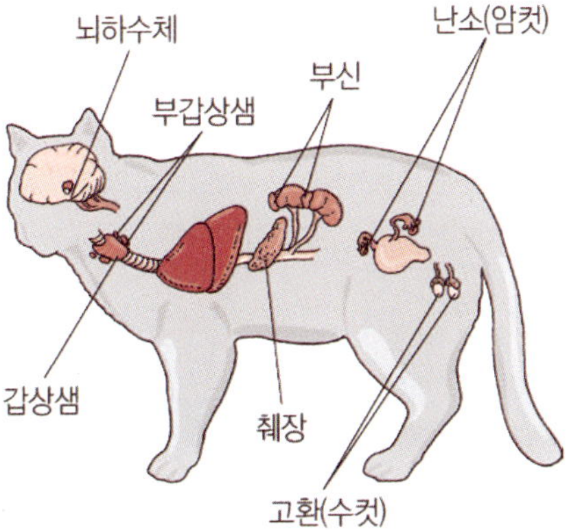

[그림 7-9] 고양이의 내분비계

출처: https://www.msdvetmanual.com/cat-owners/heart-and-blood-vessel-disorders-of-cats/introduction-to-heart-and-blood-vessel-disorders-in-cats

5) 호흡기계

호흡기계는 산소를 흡입하고 이산화탄소를 제거하는 역할을 한다. 개와 고양이는 사람처럼 땀을 흘릴 수 없고 발바닥의 패드를 통해서만 땀을 배출하기 때문에 이들의 호흡기계는 체온을 유지하는 데 중요한 역할을 한다. 코와 입, 후두, 기관, 기관지, 폐를 통해 공기를 순환하게 된다.

이들의 호흡기계는 사람과 같은 기능을 한다. 코와 입은 공기가 드나드는 통로로, 비강의 털과 점액은 이물질을 걸러내는 방어선 역할을 한다. 후두는 기관 입구를 보호하여 음식이나 물 등 이물이 폐로 넘어가는 것을 막고, 공기의 흡입과 방출을 조절하며 성대가 위치한다. 개와 고양이 또한 횡격막이 있어 가슴 공간(흉강)과 배 공간(복강)을 분리하며 이 근육의 수축과 이완으로 호흡을 할 수 있다.

개와 고양이의 위턱에는 야콥슨기관이라는 후각을 촉진하는 기관이 있는데, 이 기관의 수용체 세포는 뇌의 한 영역으로 바로 연결된다. 고양이가 흥미롭거나 새로운 냄새를 맡으면 입을 반쯤 벌리고 윗입술을 끌어 올리는 모습을 볼 수 있는데, 이는 야콥슨기관을 통해 냄새를 맡고 분석하기 위함이다.

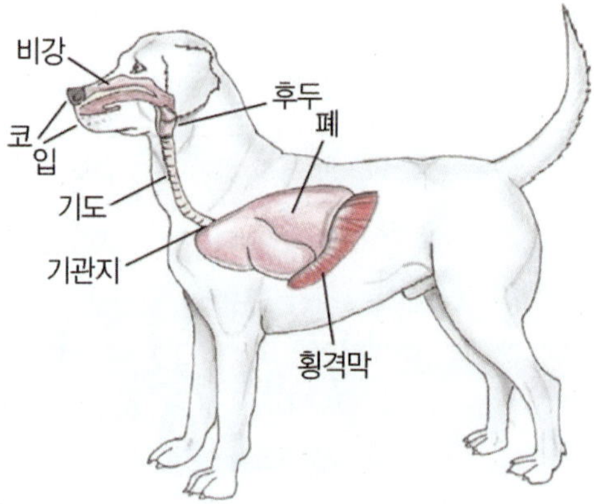

[그림 7-10] 개의 호흡기계

출처 : https://canineanatomyforbeginners.wordpress.com/respiratory-system/

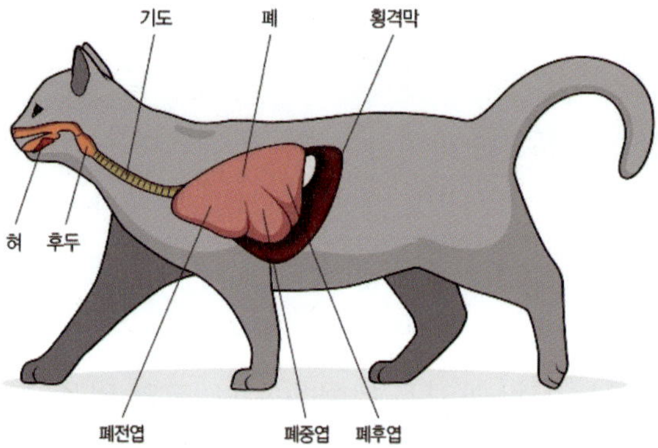

[그림 7-11] 고양이의 호흡기계

출처 : https://animalalmanacblog.wordpress.com/2016/09/21/dont-skip-a-beat-a-felines-circulatory-system/

6) 비뇨생식기계

비뇨기계는 노폐물을 걸러 오줌을 형성, 배설하는 것과 관련된 기관들을 통칭하며, 신장, 요관, 요도로 구성되어 있다. 신장과 요도를 통해 대사 폐기물을 걸러내며, 신장을 통해 혈압 조절, 신체 내 전해질 및 구분 균형을 유지할 수 있도록 한다.

생식기계는 발정, 임신, 분만과 관련된 계통이며, 암컷은 질, 자궁, 난소 등으로 이루어져 있고, 수컷은 고환, 전립선, 음경 등으로 이루어져 있다.

개와 고양이는 사람과 같이 태생(알이 아닌 태아가 자궁 내에서 성장하고 태어난 것)이며, 개는 보통 6~8마리, 고양이는 보통 4~6마리의 새끼를 낳는다.

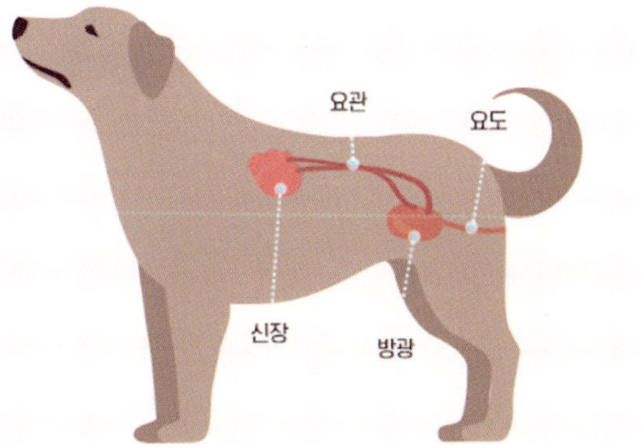

[그림 7-12] 개의 비뇨기계

출처: https://www.24onnuri.com/characterization/integrated/urology/

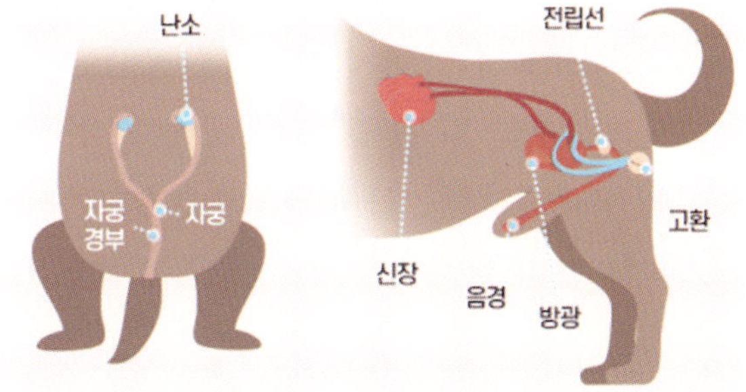

[그림 7-13] 개의 생식기계(좌: 암컷, 우: 수컷)

출처: https://www.24onnuri.com/characterization/integrated/urology/

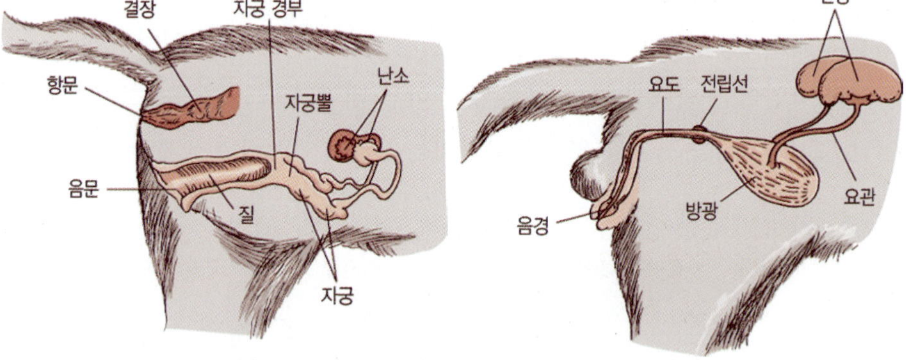

[그림 7-14] 고양이의 생식기계(좌: 암컷, 우: 수컷)

2. 설치류, 토끼, 페럿

1) 근골격계 및 신경계

설치류는 다소 튀어나온 듯한 눈을 가지고 있어 눈을 자주 깜빡인다. 안구 뒤에는 샘이 존재하며, 이 샘은 지질과 포르피린이 풍부한 분비물을 생성하여 눈의 윤활과 페로몬 매개 행동 역할을 한다. 포르피린은 눈물이 붉게 보이도록 하며, 자외선 아래에서는 형광을 띈다. 일반적으로 눈물샘에서 분비되는 물질은 설치류 스스로가 손질하는 동안 털 전체에 퍼지게 된다. 하지만 스트레스가 많은 상황이나 특정 질병 상태에서는 눈물이 과도하게 흐르거나 넘칠 수 있다.

토끼의 뼈는 얇고 섬세하여 체중의 7~8%만이 골격의 무게이다. 이 때문에, 특히 사육장에서 길러진 늙은 토끼는 운동 부족과 칼슘 부족으로 인해 골다공증이 빈번하게 생기기도 한다.

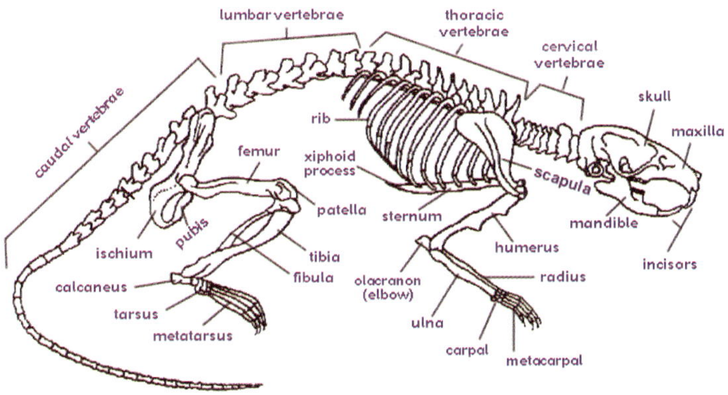

[그림 7-16] 토끼의 골격계

출처 : https://www.biologycorner.com/worksheets/rat_external.html

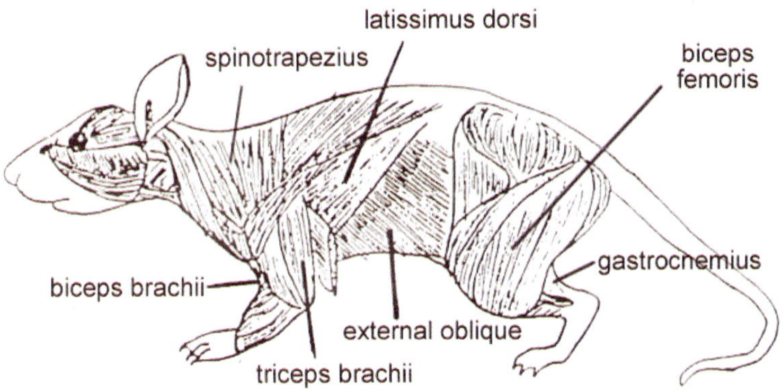

[그림 7-17] 토끼의 근육계

출처 : https://www.biologycorner.com/worksheets/rat_external.html

페럿은 좁은 관을 잘 드나들 수 있게 해 주는 짧은 다리와 긴 몸통을 가지고 있다. 꼬리뼈를 제외한 척추의 수는 30~32개로, 그 수가 많기 때문에 매우 유연하다. 수컷은 암컷보다 두 배 정도까지 성장하며, 장기의 배치는 고양이와 비슷하다. 페럿의 시력은 좋지 않기 때문에 청각, 후각, 미각이 더 발달되어 있다.

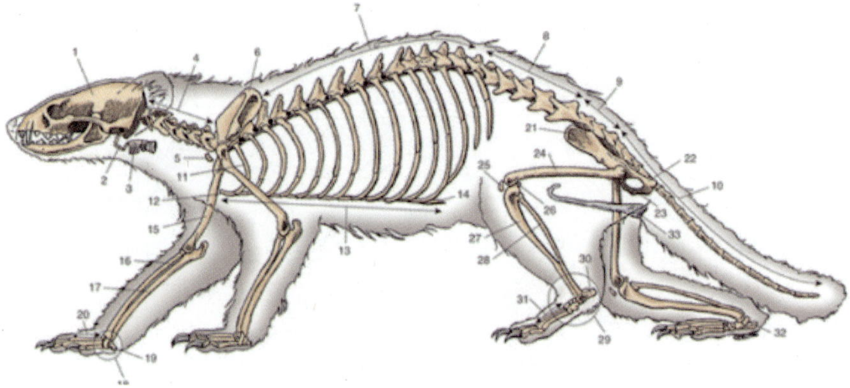

[그림 7-18] 페럿의 골격계

출처: https://veteriankey.com/basic-anatomy-physiology-and-husbandry/

2) 심혈관계

토끼의 심장 또한 개, 고양이와 유사한 구성으로 이루어져 있고 기능을 하지만 흉부가 몸통의 크기에 비해 매우 작다.

페럿의 심장은 크기가 비슷한 개, 고양이에 비해 더 뒤쪽에 위치해 있다.

3) 소화기계

설치류의 앞니는 4개이며, 뿌리가 열려 있어 계속 자라난다. 반면에 어금니는 뿌리가 열려 있지 않아 앞니처럼 계속 자라나지는 않는다. 일반적으로 윗니와 아랫니 길이의 비율은 약 1 : 3인데, 종종 아랫니가 더 긴 것을 과하게 자란 것으로 착각하여 인위적으로 자르거나 깎는 일도 있는다. 하지만 이런 행위는 지양해야 한다.

설치류는 보통 초식성이거나 잡식성이며 분변을 먹는다. 배설물은 대장에 서식하는 박테리아가 생성하는 비타민 B와 같은 영양소를 포함하고 있다. 설치류는 자신의 배설물을 먹음으로써 영양분을 공급받는 것이다. 설치류는 위에서 음식물이 역류하는 것이 어렵고 대사율이 매우 높기 때문에 수술 전에 금식은 필요하지 않거나 권장되지 않는다.

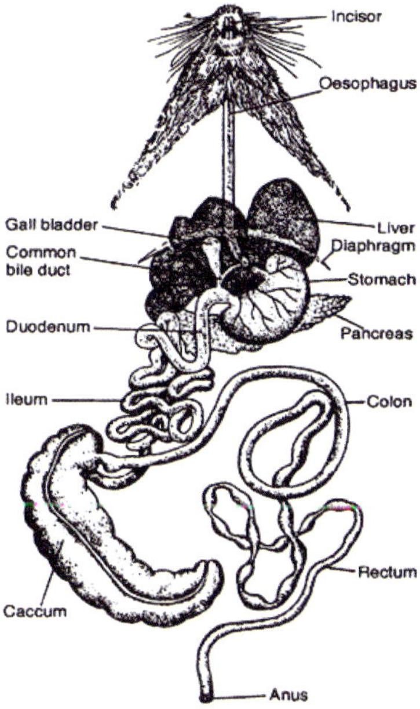

[그림 7-19] 설치류의 소화기계

출처: https://www.notesonzoology.com/mammalia/digestive-system-of-rattus-norvegicus-with-diagram-zoology/3880#google_vignette

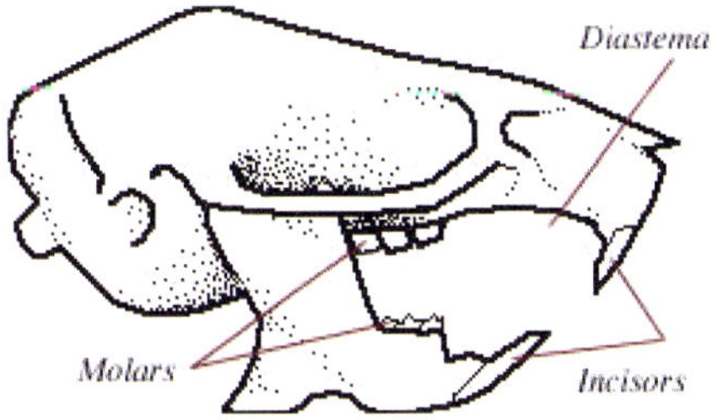

[그림 7-20] 설치류의 이빨

출처: https://www.ratbehavior.org/Teeth.htm

토끼는 후장 발효 동물로, 주로 맹장과 대장에서 장내 미생물의 발효가 이루어진다. 토끼의 소화관은 비교적 길어 체중의 10~20%를 차지한다. 식물성 물질을 분해하는 방이 대장의 일부를 구성한다. 음식물이 소화관을 통해 빠르게 통과하고 섬유질이 빠르게 제거될 수 있다는 특징이 있다. 이로 인해 토끼는 몸 크기와 무게가 작게 유지되어 빠른 속도와 민첩성을 보인다.

토끼의 입은 작으며 혀는 비교적 크다. 모든 치아는 뿌리가 열려 있고, 평생 자라나므로 딱딱하거나 섬유질이 많은 음식으로 이빨이 갈려 마모될 수 있도록 해야 한다. 토끼의 이빨 개수는 28개이다.

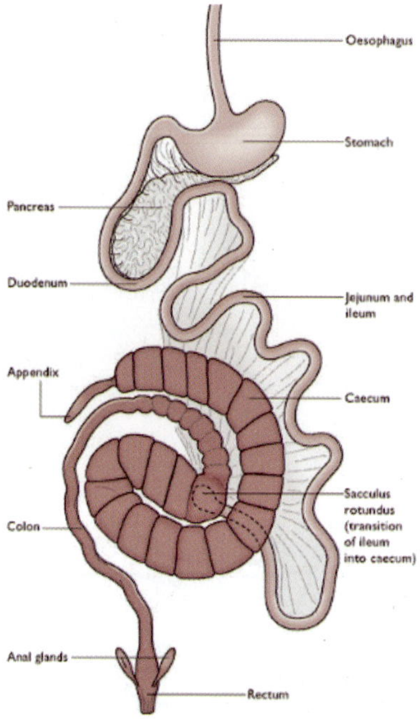

[그림 7-21] 토끼의 소화기계

출처 : https://veteriankey.com/mammals/

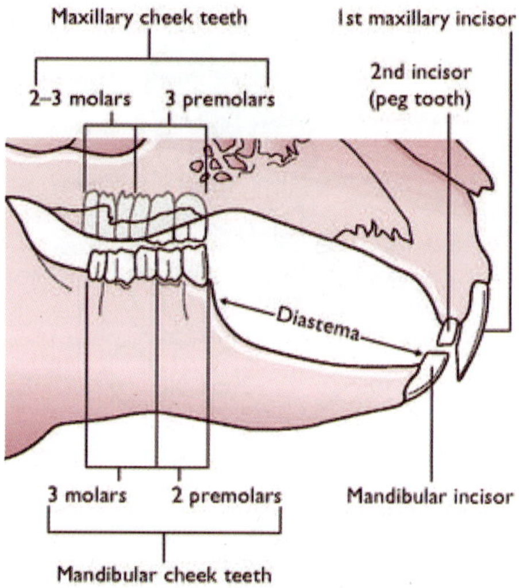

[그림 7-22] 토끼의 구강 치열

출처 : https://veteriankey.com/mammals/

페럿은 육식동물이므로, 육식동물의 소화기계 특징을 지닌다. 또한 짧은 이빨을 가지고 있는데, 이빨이 매우 날카롭기 때문에 조심해야 한다.

4) 내분비계

토끼 및 설치류의 내분비계는 개, 고양이 등의 포유류와 동일하다. 이른 중성화와 자연적 광을 많이 쐬지 못하면 부신 피질과 관련된 질환에 걸리기 쉬우므로 햇빛을 자주 쐬게 해 주는 것이 좋다.

5) 호흡기계

설치류는 땀샘이 없으며, 개처럼 혀를 내민 채로 헐떡거릴 수 없다. 설치류는 귀와 꼬리를 통해 열을 발산시키는데, 이는 열을 발산하는 정도가 제한되어 있기 때문에 따뜻한 기온에 반응하여 침을 흘리기도 한다. 따라서 설치류는 열로 인한 스트레스를 받기 쉽기 때문에 높은 온도에 노출되어서는 안 된다.

토끼 또한 코를 통해 숨을 쉬며, 토끼가 개구호흡(입으로 호흡)을 한다면 예후가 좋지 않다는 신호이다. 후두는 작고 혀가 비교적 커서 가려지기 때문에 눈으로 보기는 어렵다. 흉선(가슴샘)은 성체가 되어서도 큰 크기를 유지하게 된다. 토끼의 흉강은 매우 작다.

6) 비뇨생식기계

암컷 설치류의 요로와 생식 기관은 별도의 요도와 질 구멍에서 끝난다. 작은 설치류는 자발적으로 배란하며 다발정이다. 대부분의 암컷 설치류의 음부는 발정기, 분만 후, 감염 시에만 열린다. 대부분의 수컷 설치류는 복잡한 비뇨생식기를 가지고 있으며, 고환은 보통 음낭에 있다. 하지만 고슴도치, 아구티, 친칠라, 카피바라의 경우 고환이 사타구니에 있기 때문에 종종 음낭이 없기도 하다.

정상적인 건장한 토끼의 오줌은 진한 빨간색에서 노란색 또는 흰색으로 다양하다. 토끼의 오줌에는 칼슘이 존재하기 때문에 탁도는 맑음에서 흐릿함 사이로 다양하다. 신장은 칼슘 배출의 주요 경로이며, 칼슘의 혈청 수치는 식이에 따라 달라진다. 이에 따라 과도한 칼슘 섭취는 토끼의 대동맥과 신장에서 석회화를 일으킬 수 있다.

어린 토끼에서 성 구분은 어려울 수 있으며, 수컷 토끼의 고환이 음낭으로 내려간 후에는 구별이 쉽다. 암컷에게만 젖꼭지가 있으며, 배를 따라 8쌍의 젖꼭지를 가진다. 수컷은 약 5주가 지나면 비교적 털이 없는 큰 음낭을 가지고 있으며, 여기에는 수축이 가능한 고환이 들어 있다.

페럿은 특히 항문낭이 잘 발달되어 있는데, 스컹크와 비슷하게 노란색의 액체를 생성하고 공포감을 느끼거나 짜증이 나면 이를 방출한다. 하지만 스컹크와 달리 멀리 뿜을 수는 없고, 냄새만 잠시 지속된다.

페럿이 성적으로 성숙하는 나이는 6~8개월 사이이며, 대부분 6주령이 되기 전에 중성화를 하는 편이다. 특히 수컷 페럿이 중성화 수술을 받지 않고 번식기에 들어서면 강한 냄새를 풍기게 된다.

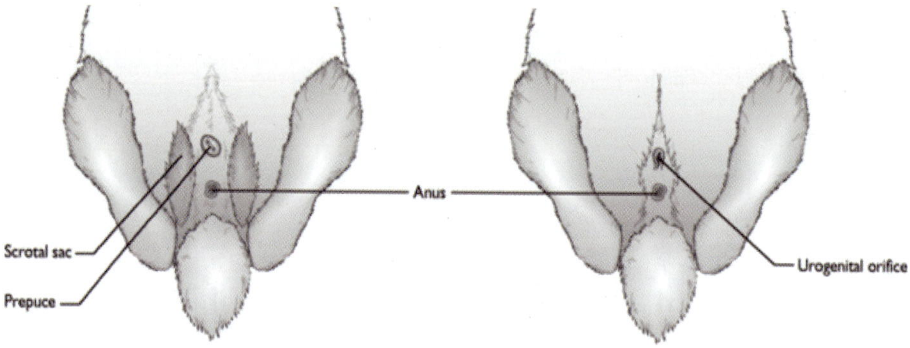

[그림 7-23] 토끼의 비교생식기(좌: 수컷, 우: 암컷)

출처 : https://veteriankey.com/mammals/

3. 조류

1) 근골격계 및 신경계

조류의 뼈는 비행을 하기 위해 매우 가볍고 매우 튼튼하다. 비행을 하기 위해서 조류의 골격계를 이루는 뼈 중 중심을 이루는 뼈는 함기골로 이루어져 있다. 이 함기골은 뼈의 무게를 줄이기 위해 뼈 중심에 골수가 아닌 공기가 채워져 있다. 하지만 모든 뼈가 함기골로 이루어져 있지는 않다. 조류의 두개골은 가벼운 상자와 같은 구조로 이루어져 있으며, 안와는 두개골의 절반에 달하는 크기로 안구가 크다. 이는 조류에 있어서 시각 정보가 중요함을 나타낸다. 이렇게 날기 적합한 신체를 가지기 위한 해부학적 구조는 외상성 부상에 취약하다.

조류는 상하좌우로 움직이는 과정을 위해 전체 몸의 15%의 근육이 흉곽에 집중되어 있다.

조류의 뇌신경은 포유류와 유사하다. 따라서 4살의 어린아이와 가까운 지능 수준을 보이고, 고도로 발달된 색각, 뛰어난 청각 및 발성능력을 가지고 있다.

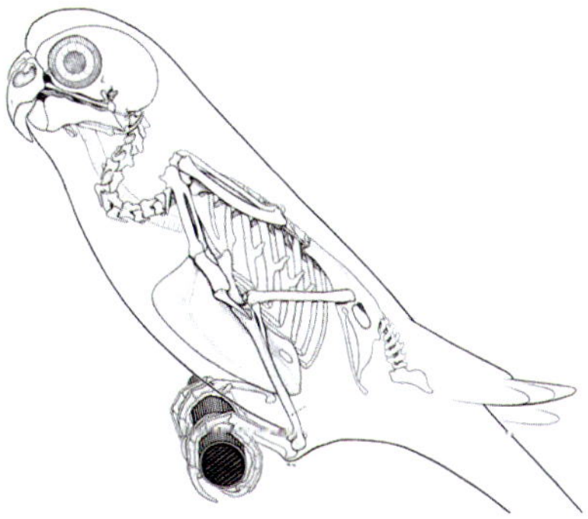

[그림 7-24] 조류의 골격계

출처: https://blog.naver.com/ransuz/220712257820

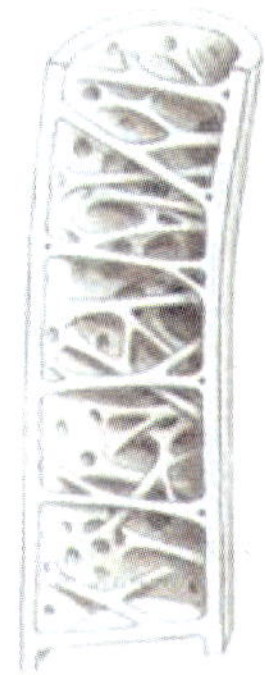

[그림 7-25] 함기골의 구조

출처: https://www.hisark.com/?p=112530

2) 심혈관계

조류의 심장 및 혈관 구조는 개, 고양이와 유사하다. 하지만 조류의 심장은 빠른 심박수를 위해 몸 크기에 비해 포유류의 심장보다 크다.

3) 소화기계

새는 음식을 자르거나 갈기 위한 이빨이 없다. 새는 음식을 잠시 저장하는 데 사용되는 기관인 소낭이 존재하고, 이로 인해 새가 빨리 먹는 동시에 이동할 수 있게 된다. 조류는 장의 길이가 상대적으로 짧으며, 대변과 소변을 동시에 배설하는 곳인 총배설강을 가지고 있기 때문에 새의 똥에는 수분이 많다.

4) 내분비계

새의 내분비계는 포유류와 유사하다.

5) 호흡기계

조류의 폐는 몸의 등쪽 벽에 단단히 부착되어 있다. 새는 횡격막이 없어 호흡을 하기 위해 흉벽을 확장 및 이완하며 호흡한다. 새는 폐와 연결되어 있는 기낭(air sacs)을 가지고 있다. 기낭은 체강 전체와 날개 및 다리 함기골로 확장되는 얇은 벽 구조가 있는 것이 특징이다. 이 기낭은 폐로 산소가 지속적으로 흐르게 한다. 새는 숨을 쉴 때마다 폐에 있는 공기의 50% 신선한 공기로 대체하는데, 이 고효율 시스템 덕분에 높은 고도에서 몸 전체에 산소를 전달할 수 있다.

6) 비뇨생식기계

새의 비뇨기계는 체벽을 따라 위치한 2개의 신장, 2개의 요관 및 총배설강으로 구성된다. 타조를 제외한 모든 조류는 별도의 방광이 없고 총배설강을 통해서 바로 배설된다.

생식기관은 암컷의 경우 2개의 난소(성숙한 조류에서는 일반적으로 오른쪽 난소는 비활성화 상태), 수컷의 경우 2개의 고환과 음경은 일부 종에서는 존재할 수 있지만 앵무과에는 없다.

광주기(photoperiod)의 계절적 변화는 새의 생식 기관에 영향을 미친다. 번식과 산란은 빛이 증가하는 기간인 봄에 증가하고, 번식 후 빛의 기간이 짧아지는 가을이 되면 털갈이가 촉진된다. 인공조명 아래에서 새를 사육하면 번식기간에 영향을 미치며, 때로는 반려 새에게 해를 끼친다.

4. 뱀, 이구아나, 거북이

1) 근골격계 및 신경계

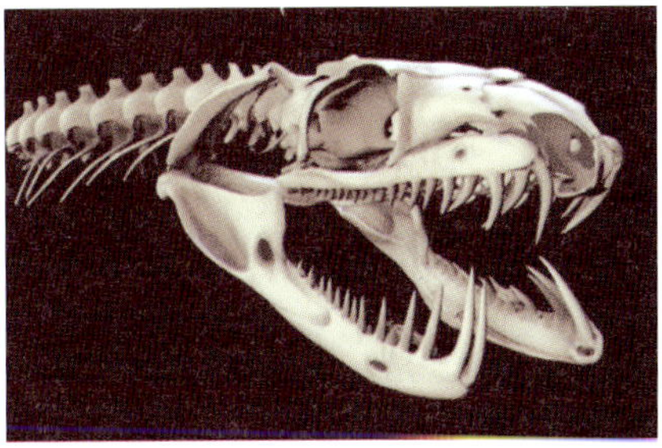

[그림 7-26] 뱀의 턱뼈 구조

출처: https://biomedicalsciences.unimelb.edu.au/departments/department-of-biochemistry-and-pharmacology/engage/avru/blog/sneaky-snake-facts

뱀은 강하고 유연할 수 있도록 150~400개 이상의 많은 척추뼈를 가지고 있다. 또한 몸 전체에 분포된 장기를 보호하기 위해 척추뼈는 한 쌍의 갈비뼈를 가지고 있다. 하지만 배쪽 중앙선에는 연결되지 않아 흉골이 없다. 뱀은 일반적인 동물과 달리 두개골이 분리되어 있을뿐더러, 위턱과 아래턱도 각각 좌우로 나뉘어 두개골이 엄청나게 유연해지고, 턱은 여러 방향으로 넓게 뻗을 수 있다. 이 덕분에 자신의 머리보다 훨씬 큰 것을 삼킬 수 있다. 700~800개의 근육을 가진 인간과 달리 작은 뱀이더라도 10,000~15,000개의 근육이 있으며 각각의 근육을 따로 움직일 수 있다. 뿐만 아니라 언제나 빠르게 움직일 수 있다.

이구아나의 기본적인 골격은 척추동물의 골격과 비슷하다. 특정적인 것은 많은 종의 도마뱀은 자기절단을 하는데, 이는 꼬리를 내어 줌으로써 포식자로부터 자신을 보호하기 위한 수단이다. 잘린 꼬리는 계속 움직이기 때문에 포식자를 혼란스럽게 한 후 도망갈 수 있다. 꼬리는 다시 자라지만 종종 색이 다르고 약간 위축되기도 한다. 새로 자라는 꼬리의 척추는 완전한 뼈가 아니고 연골성의 뼈이다.

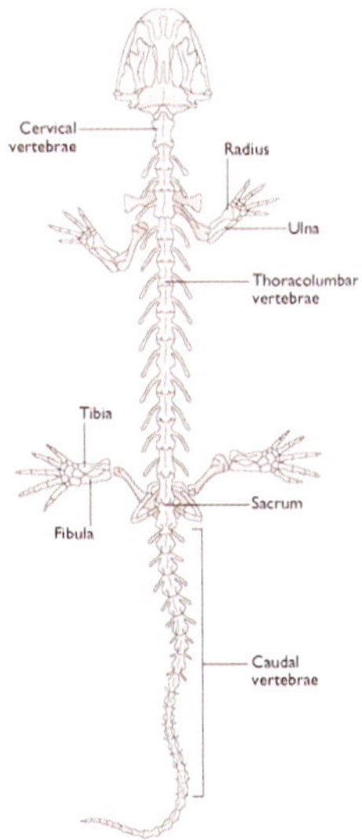

[그림 7-27] 이구아나의 골격계

출처: https://veteriankey.com/reptiles-and-fish/

거북이의 골격계는 내골격과 외골격이 포함되어 있다. 내골격은 인체의 뼈와 매우 유사하며, 뼈 안에는 스펀지 골수가 포함되어 있다. 외골격은 신체를 둘러싸고 있는 단단한 뼈 껍질(갑골)로 구성되어 있다. 이처럼 돔 모양의 등갑과 평평한 배 부분인 복갑으로 구성된 단단한 바깥 껍질이 거북이의 특징이다. 껍질은 바깥쪽에서 자라서 각 껍질의 주변을 따라 발달하여 전체 껍질이 더 커진다. 일부 종에서는 이러한 성장 고리를 사용하여 나이를 추정할 수 있다.

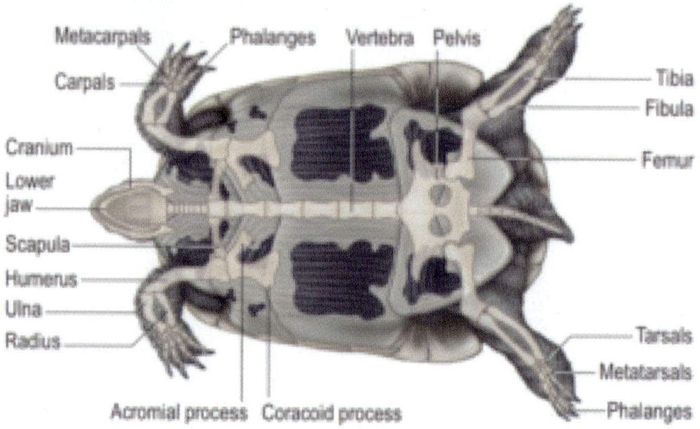

[그림 7-28] 거북이의 골격계(아래)

출처: https://turtleallyprogram.wordpress.ncsu.edu/access-modules/turtle-anatomy-and-physiology/

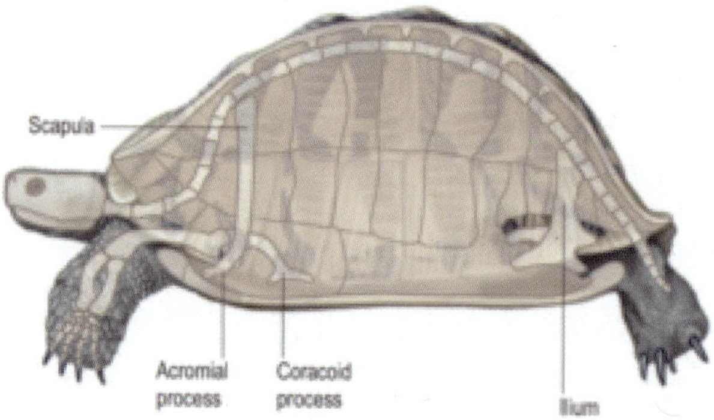

[그림 7-29] 거북이의 골격계(옆)

출처: https://turtleallyprogram.wordpress.ncsu.edu/access-modules/turtle-anatomy-and-physiology/

파충류의 신경계는 뇌가 세로로 길쭉한 관 모양이며, 척수는 꼬리 끝까지 뻗어 있다. 거북이의 신경계는 인간의 신경계보다 훨씬 덜 복잡하다. 거북이의 신경계는 뇌, 신경, 척수로 구성되어 있다. 뇌는 거북이의 신경계의 중심이며, 감각 기관에서 신경이 전달하는 자극이 처리되는 곳이다. 거북이의 척수는 거북이의 등 아래로 뻗어 있으며 외골격에 의해 보호된다. 거북이는 매우 민감한 생물이며, 척수에 신경 종말이 있기 때문에 감각과 접촉하는 것을 느낄 수 있다.

2) 심혈관계

거북이는 파충류로 분류되며, 파충류는 좌우 심방과 좌우 심실로 총 네 개의 심장의 방을 가지고 있는 포유류와 달리, 2개의 심방과 1개의 심실로, 총 세 개의 방을 가지고 있다. 심실은 구조적으로는 하나이지만, 기능적으로 세 개의 방으로 나누어져 있어 각각 혈액을 보내고 받는다.

변온동물인 거북이는 외부 온도에 따라 신체와 머리의 온도를 조절하기 위해 순환계를 사용한다. 열을 얻거나 유지하기 위한 여러 가지 생리적 메커니즘(말초 혈류와 심박수 증가, 신체의 햇볕 쬐는 시간을 늘리기 위해 머리 냉각)과 열을 발산하기 위한 말초 혈류 조절, 열 교환 부위 노출) 여러 가지 생리적 메커니즘을 제공한다.

뱀의 심장은 일반적으로 몸길이의 1/3 지점에 있고 횡격막이 없어 심장이 이동할 수 있는데, 이 심장의 이동성은 비교적 큰 먹이가 통과할 때 용이하게 해 준다.

거북이의 심장은 신체 순환도 하지만, 신체 순환을 계속하기 전에 많은 양의 혈액도 갑각 아래로 보내져 워밍업된다. 세 개의 방으로 이루어진 심장은 거북이가 드물게 호흡할 때 혈류에 축적되는 이산화탄소를 견딜 수 있게 해 준다.

3) 소화기계

뱀, 이구아나, 거북이의 소화기계통은 일부 다르지만, 공통적으로 소화기계통의 마지막 출구 부분은 총배설강이라 불리는 소화계, 비뇨기계, 생식계가 모두 합쳐진 곳으로 이루어져 있다.

뱀은 음식을 씹지 않고 통째로 삼킨다. 식도는 큰 먹이를 통째로 통과시킬 수 있도록 확장이 가능하며, 위는 매우 길고, 장은 다른 육식동물에 비해 짧다. 뼈를 포함하여 먹은 동물을 구성하는 대부분을 소화할 수 있는데, 소화를 시키지 못하고 남아 있는 유일한 부분은 케라틴으로 이루어진 털과 뼈의 칼슘이다. 이는 펠릿의 형태로 배출한다. 뱀은 소화가 시작되면 큰 음식 덩어리로 인해 사실상 움직일 수 없다.

이구아나는 대부분 양쪽 아래턱에 부착된 이빨을 가지고 있지만, 포유류처럼 맞물리지는 않는다. 이빨은 정기적으로 빠지고 다시 새로 난다. 혀는 야콥슨 기관과 함께 미각을 담당한다. 이구아나는 주로 초식성이며 잎, 꽃, 과일을 먹는다.

거북류는 이빨이 없고 각질 부리를 이용하여 음식을 조각낸다. 입 밖으로 튀어나올 수 없는 크고 뚱뚱한 혀가 있다. 식도는 목의 왼쪽을 따라 내려가 몸을 가로질러 위와 연결된다. 거북이는 대부분의 다른 척추동물과 같은 소화 기관을 가지고 있지만 음식과 물이 제한적일 때 매우 잘 대처하도록 적응했다. 일반적으로 거북이는 소화 과정이 다소 느리다. 소화 속도가 느린 목적은 식물 세포벽의 미생물 소화가 내부의 영양분을 방출하고 미생물 스스로가 대장에서 흡수할 수 있는 추가 영양분을 생성할 수 있도록 한다.

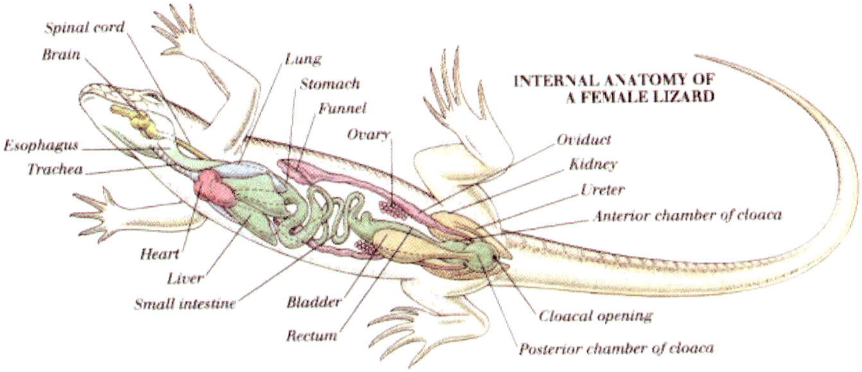

[그림 7-30] 이구아나의 소화기계

출처: https://learn.shilpa64.lk/res/geo/uni/big/I10-82-lizard.jpg

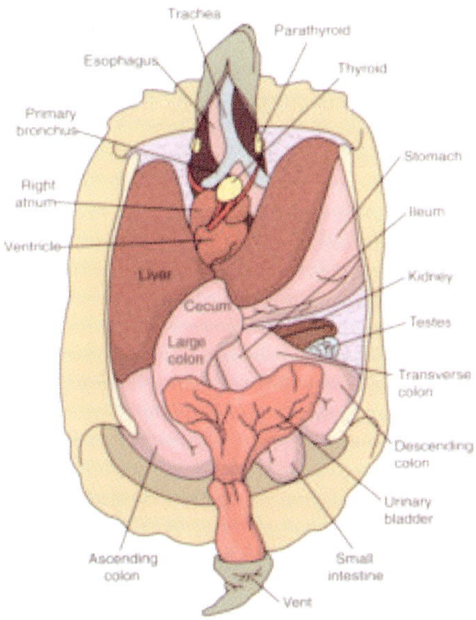

[그림 7-31] 거북이의 소화기계

출처: https://turtleallyprogram.wordpress.ncsu.edu/access-modules/turtle-anatomy-and-physiology/

4) 내분비계

뱀의 갑상선은 탈피와 성장에 중요한 역할을 한다. 실수로 갑상선을 수술적으로 제거할 경우 탈피 횟수가 증가할 수 있으며, 이는 도마뱀의 반응과 반대이다. 일부 종에서는 갑상선 추출물을 투여하면 탈피가 억제된다. 이외 췌장과 뇌하수체 등은 위치나 형태가 종마다 차이가 있지만 대부분 포유류의 것과 유사한 기능을 한다.

5) 호흡기계

포유류와는 다르게 횡격막이 없다. 횡격막이 없어 흡기(들숨)는 오로지 갈비뼈와 늑간근(갈비뼈 사이 근육)의 바깥쪽 움직임에 의한 것이다. 날숨은 복부와 갈비뼈 사이 근육의 수축과 폐 자체의 탄력성 반동에 의해 촉진된다. 이에 기침반사를 할 수 없기 때문에 호흡기 감염 시 매우 심각해질 수 있다.

뱀은 폐가 길쭉하며, 왼쪽 폐는 항상 축소되어 있어 오른쪽 폐 길이의 85% 정도이다. 머리와 가까운 부분은 호흡 기능을 가지고 있고, 꼬리와 가까운 부분은 공기주머니에 가까운 역할을 한다. 뱀은 혀 바로 뒤에 성문이라고 하는 작은 구멍이 있는데, 이 구멍은 기관 또는 기도로 열린다. 포유류와 달리 숨을 쉬지 않는 한 항상 닫혀 수직으로 갈라진다. 성문 바로 안쪽에 있는 작은 연골 조각이 뱀이 폐에서 공기를 강제로 내뿜을 때 진동하고 이것은 뱀의 특징적인 쉿쉿거리는 소리를 낸다.

딱딱한 바깥 껍질은 호흡하는 동안 체벽이 확장되는 것을 방지한다. 호흡은 거북이는 머리와 팔다리를 껍질 안팎으로 움직여 폐의 압력을 변화시킬 수 있다. 거북이는 외부 콧구멍으로 호흡하므로 입으로 호흡하는 것은 호흡기 문제를 나타낼 수 있다. 성대문은 혀의 맨 끝에 있고, 기관은 짧아서 목을 움츠려도 호흡을 할 수 있다. 폐는 등쪽, 등갑 아래에 위치하며 수생 종의 부력을 돕는다.

6) 비뇨생식기계

콩팥은 헨레 루프가 없어 농축된 오줌을 만들어 내지 못한다. 신장을 통해 노폐물을 배출하고, 정상적인 염분과 물 농도 유지, 산-염기 균형의 조절, 호르몬과 비타민을 생성한다. 포유류와 달리 헨레 루프가 없어 고장성 소변을 생성할 수는 없다.

파충류의 대부분은 알을 낳는 난생 동물이다. 알의 노른자가 영양분을 제공하게 된다. 일부는 난태생으로 알을 난관이라는 기관에서 품고 있다가 부화한 후에 살아 있는 새끼를 낳는다.

뱀의 성별 구분은 종에 따라 다르다. 몸의 색이나 마킹을 보고 성별을 구별하거나 배설구(배설강 출구)로부터 꼬리 끝까지 측정하는데, 수컷은 암컷보다 꼬리가 길며, 배설구 주변이 눈에 띄게 부풀어 있다. 뱀의 수컷은 배설구 바로 아래쪽 꼬리 밑부분에 생식기가 있으며, 교미할 때 암컷의 배설강에 삽입된다.

방광을 가지지 않은 이구아나가 많은데, 녹색 이구아나에게는 방광이 있다.

거북이는 방광을 가지고 있으며, 체중의 최대 25%까지 차지할 수 있다. 거북이는 사람의 요도 대신 배설강을 가지고 있어 산소와 기타 영양소를 섭취할 수 있다. 따라서 거북이는 동면 중에도 엉덩이를 통해 숨을 쉴 수 있다.

거북이는 성별에 따라 형태가 다르며, 색상, 꼬리 길이, 껍질 크기 및 모양과 같은 외부 특징에서 다음과 같은 차이가 있다.

① 수컷 거북이는 암컷보다 꼬리가 길다.
② 수컷의 복갑은 오목하여 암컷의 돔형 등딱지 위에 올라탈 수 있다.
③ 암컷의 꼬리갑은 짝짓기 중에 꼬리를 들어 올릴 수 있도록 위쪽으로 휘어져 있다.
④ 수컷 거북이는 긴 앞발톱을 가지고 있어 암컷의 턱을 간지럽힌다.

CHAPTER 08

반려동물 질병학

학습목표

1. 반려동물에서 발생하는 각종 감염성 질병 병원체 특성, 질병 발생 역학, 병리 발생 기전, 진단 및 진단기술, 예방(치료) 및 치료 등에 관한 지식을 습득하고 이해할 수 있다.
2. 반려동물학의 각 계통별 대표 질환의 종류와 질병 진단 및 치료 방법과 질환 관리 방법에 대한 지식을 학습하고 이해할 수 있다.
3. 동물에서 발생하는 급성질환이나 손상 및 여러 재난 상황에서 있어서 동물에 대한 응급처치/진료 및 수술에 대한 전문직 지식을 배우고, 나아가 동물 환자 관리에 실제 적용할 수 있는 방법을 학습하고 이해할 수 있다.

1. 감염병 및 예방

1) 파보바이러스 감염증(Parvovirus infection)

파보바이러스 감염증(Parvovirus infection)은 주로 개와 고양이에서 발생하는 심각한 바이러스성 질병이다. 이 바이러스는 특히 어린 동물에게 치명적일 수 있으며, 전염성이 매우 강하다. 개에서의 파보바이러스 감염증은 주로 장염을 유발하며, 구토, 설사(특히 혈성 설사), 식욕 부진, 무기력 등의 증상이 나타난다. 감염된 개는 빠르게 탈수 상태에 이를 수 있으며, 치료가 지연될 경우 생명이 위태로울 수 있다. 고양이의 경우, 고양이 파보바이러스(고양이 범백혈구 감소증 바이러스) 감염증이 있으며, 이 역시 심각한 질병으로, 주로 면역 체계에 영향을 미친다. 증상으로는 발열, 식욕 감소, 구토, 설사 등이 있다. 예방을 위해서는 백신 접종이 중요하며, 감염된 동물과의 접촉을 피하는 것이 필요하다. 감염이 의심되는 경우 즉시 수의사와 상담하는 것이 좋다.

2) 디스템퍼(Distemper)

디스템퍼(Distemper)는 주로 개와 같은 육식동물에게 영향을 미치는 바이러스성 감염증이다. 이 질병은 디스템퍼 바이러스(Canine Distemper Virus, CDV)에 의해 발생하며, 호흡기, 소화기, 신경계에 영향을 미칠 수 있다. 주요 증상으로는 호흡기 증상(기침, 콧물, 호흡 곤란 등), 소화기 증상(구토, 설사 등), 신경계 증상(경련, 마비, 행동 변화 등) 등이 나타날 수 있다.

전파 경로는 감염된 동물의 체액(예: 침, 콧물)을 통해 전파된다. 공기 중의 비말이나 감염된 물체와의 접촉을 통해 쉽게 전파될 수 있다. 디스템퍼는 예방접종을 통해 효과적으로 예방할 수 있다. 개는 일반적으로 6주령부터 예방접종을 시작하며, 이후 정기적으로 부스터 샷을 맞아야 한다.

디스템퍼에 대한 특정한 치료법은 없지만, 증상을 완화하고 합병증을 예방하기 위한 supportive care(지지 치료)가 필요하다. 감염된 동물은 수의사의 진료를 받아야 하며, 적절한 관리가 중요하다.

3) 개 간염(Canine Hepatitis)

아데노바이러스에 의해 발생하며, 간과 신장에 영향을 미치는 질병이다. 초기 임상증상으로는 발열, 식욕 부진, 기운 없음 등이 나타나며, 진행 시 구토, 설사, 복통, 안구 혼탁(Blue Eye), 황달, 점막 출혈 등이 나타난다. 심각한 경우 간부전, 출혈성 쇼크, 사망할 수 있으며 예방접종으로 예방할 수 있다. 치료로는 바이러스성 질병이므로 특효약은 없으며, 대증요법(증상 완화 치료)이 시행되며 수액 요법, 항구토제, 간 보호제를 사용하고 중증일 경우 입원 치료를 필요로 할 수 있다. 백신 접종이 가장 효과적인 예방 방법이다. 생후 6~8주에 첫 접종 후, 추가 접종 및 매년 재접종을 권장한다.

4) 개 기생충 감염(Heartworm, Fleas, Ticks)

개 기생충 감염(Heartworm, Fleas, Ticks)은 심장사상충, 벼룩, 진드기 등 다양한 기생충에 의한 감염이 있으며, 이들은 심각한 건강 문제를 일으킬 수 있다.

강아지 심장사상충(Canine Heartworm, Dirofilaria immitis)은 강아지의 심장과 폐동맥에 기생하는 기생충으로, 심각할 경우 생명을 위협하는 질병이다. 모기가 심장사상충 유충(미세사상충, Microfilaria)을 옮긴다. 감염된 개의 피를 모기가 흡혈한 후 모기의 체내에서 성장 감염된 모기가 다른 개를 물 때 유충이 개의 피부에 침입한다. 유충이 혈관을 통해 심장과 폐로 이동해 성충으로 성장하여 질환을 일으킨다. 초기에는 증상이 거의 없으나, 심해질수록 피로, 기력 저하, 지속적인 기침, 운동 기피, 체중 감소, 복수(배에 물이 참), 호흡 곤란, 청색증(입술과 혀가 파래짐), 실신 같은 증상이 나타나며 심부전, 폐동맥 고혈압, 사망으로 이를 수 있다. 예방약 투여로 관리할 수 있다.

강아지 벼룩(Fleas)은 강아지에게 가려움증과 피부 질환을 유발하는 외부 기생충이다. 심할 경우 빈혈, 알레르기성 피부염 및 다른 질병을 전염시킬 수 있다. 감염 시 지속적인 가려움과 긁기, 피부에 붉은 발진, 상처, 탈모가 발생할 수 있다. 벼룩 배설물(작은 검은 점)이 피부나 털에서 발견될 수 있으며, 심한 경우 빈혈(잇몸 창백, 무기력)이 나타날 수 있다. 치료제는 성충뿐만 아니라 알과 유충에도 효과가 있는 제품을 선택해야 한다. 월 1회 예방약으로 관리하며, 산책 후 몸을 점검하고 깨끗이 씻기는 것이 중요하다. 집 주변 청결 유지 및 모래밭, 풀밭에서의 접촉을 최소로 한다. 벼룩은 빠르게 번식하므로 초기에 관리하는 것이 중요하다. 강아지가 자주 긁거나 몸을 불편해한다면 빠르게 치료하는 것이 필요하다.

강아지 진드기(Ticks)는 강아지의 피부에 붙어 피를 빨며, 심각한 질병을 전염시킬 수 있는 외부 기생충이다. 진드기 감염은 불쾌감뿐만 아니라 라임병, 아나플라스마증, 바베시아증과 같은 심각한 질병을 유발할 수 있다. 진드기는 강아지뿐만 아니라 사람에게도 전염될 수 있다. 진드기 치료제는 성충, 약충, 유충까지 제거 가능한 제품을 선택하는 것이 중요하다. 월 1회 예방약 바르기 또는 복용을 통해 관리하며, 산책 후 강아지의 귀, 목, 겨드랑이, 발가락 사이 등 진드기가 잘 붙는 부위를 꼼꼼히 확인하는 것이 중요하다.

2. 계통별 질환

1) 호흡기계 질환

(1) 개와 고양이의 호흡기계 질환

강아지 기관 허탈(Tracheal Collapse)은 기관(숨관)의 연골이 약해져 기관이 평소보다 좁아지는 질환이다. 특히 소형견(포메라니안, 요크셔 테리어, 몰티즈, 치와와 등)에서 흔하게 발생한다. 기관이 좁아지면 호흡이 어려워지고, 심할 경우 생명을 위협할 수 있다. 선천적 요인으로는 기관 연골의 선천적 발달 이상이 있으며, 후천적 요인으로는 비만, 잦은 흥분이나 격렬한 운동, 목줄 압박(목줄을 당길 때), 알레르기, 기관지염 등으로 인한 지속적인 기침, 노화로 인한 연골 약화 등이 나타난다. 치료로는 기관지 확장제, 스테로이드, 체중 관리가 필요하며, 심한 경우 스텐트 삽입 등의 수술적 처치가 필요할 수 있다.

폐렴은 강아지의 폐에 염증이 발생하는 질환으로, 세균, 바이러스, 곰팡이, 기생충, 흡인(aspiration) 등 다양한 원인에 의해 발생한다. 폐의 염증으로 인해 산소 공급이 원활하지 않으며, 심한 경우 생명을 위협할 수 있다. 세균에 의한 감염이 가장 흔하게 나타나며, 이밖에 바이러스, 흡인성, 곰팡이성, 기생충성 폐렴 등이 발생할 수 있다. 증상으로는 기침(습하고 깊은 기침), 호흡 곤란, 헐떡임, 구호흡(입으로 숨쉬기), 피로, 무기력, 운동 기피, 발열, 식욕 부진, 코에서 화농성 콧물(노란색, 초록색), 심한 경우 청색증(혀, 잇몸이 파래짐) 등이 나타나며, 흡인성 폐렴의 경우 갑자기 기침과 구토 후 급성으로 증상이 나타날 수 있다.

강아지와 고양이 모두 호흡기 질환은 초기에 발견하고 관리하는 것이 중요하다. 기침, 콧물, 호흡 곤란 증상이 보인다면 동물병원에서 빠르게 진료받는 것이 좋다.

(2) 설치류, 토끼, 페럿의 호흡기계 질환

설치류, 토끼, 페럿은 호흡기 질환에 취약하며, 특히 사육 환경, 스트레스, 영양 상태가 질환 발생에 큰 영향을 미친다. 호흡기 질환은 초기 증상이 경미해 보일 수 있지만 빠르게 악화될 수 있으므로 신속한 진단과 치료가 필요하다.

폐렴 및 기관지염은 Mycoplasma pulmonis, Bordetella bronchiseptica, Streptococcus 등 원인균에 의해 발생하며, 증상은 재채기, 코 분비물(붉은색 분비물 · 포르피린), 쌕쌕거림, 구호흡, 운동 기피, 체중 감소 등이 나타난다. 치료는 항생제(엔로플록사신, 독시사이클린), 기관지 확장제 등으로 관리할 수 있다. 청결한 환경 유지: 환기, 먼지 제거, 스트레스 감소 정기 건강 검진, 적절한 백신 접종(페럿 인플루엔자, 토끼 파스튜렐라 등), 균형 잡힌 영양 공급 등이 필요하다. 빠른 치료가 중요하고 초기 호흡기 증상 발생 시 즉각 동물병원에 방문해야 한다. 작은 동물은 호흡기 질환이 빠르게 진행될 수 있으므로, 조기 발견과 예방 관리가 필수적이다.

(3) 조류의 호흡기계 질환

조류는 호흡기계가 매우 민감하며, 호흡기 질환이 빠르게 진행될 수 있다. 조류의 기낭(air sac)은 폐와 연결되어 있어 감염이 쉽게 확산된다. 그러므로 적절한 사육 환경, 위생 관리, 영양이 호흡기 건강 유지에 매우 중요하다.

조류 호흡기 감염증(Avian Respiratory Disease)은 Mycoplasma gallisepticum, E. coli, Pasteurella균과 바이러스성 감염에 의해 발생하며, 증상으로는 재채기, 콧물, 호흡 곤란, 코 주변 오염, 눈 분비물(결막염), 쌕쌕거림, 구호흡 등이 나타난다. 치료로는 항생제(독시사이클린, 엔로플록사신), 습도 조절, 안정 등이 필요하다.

(4) 파충류(뱀, 이구아나, 거북이)의 호흡기계 질환

파충류의 호흡기 질환은 환경 관리가 부적절하거나 면역력이 저하된 상태에서 흔히 발생한다. 특히 온도, 습도, 위생이 중요한 역할을 하며, 호흡기 질환이 발생하면 빠르게 치료해야 한다.

뱀의 호흡기 질환인 폐렴(Pneumonia)의 원인은 세균(Pseudomonas, Aeromonas), 바이러스, 곰팡이 감염이며, 증상으로는 입을 벌리고 호흡, 호흡 시 쌕쌕거림, 거품 섞인 침, 잦은 하품, 무기력, 식욕 부진 등이 나타날 수 있다. 치료로는 항생제(세프타지딤, 엔로플록사신) 네블라이저(흡입 치료), 사육장 온도 및 습도 조절(온도 상승, 습도 50~60%) 등으로 관리해야 한다.

이구아나의 호흡기 질환은 저온, 고습, 세균 감염(Salmonella, Klebsiella) 등에 발생할 수 있으며, 비타민 A 부족으로 점막이 두꺼워져 기도가 막히는 호흡기 질환 등이 발생할 수 있다. 비타민 A 주사 또는 경구 보충제 항생제 등으로 관리할 수 있다.

거북이의 호흡기 질환은 저온, 비타민 A 결핍, 세균 감염(Mycoplasma, Pasteurella)에 의해 발생할 수 있으며, 증상으로는 콧물, 구호흡, 눈 주위 부종, 눈 감김, 기운 없음, 물에 뜨거나 가라앉음 등의 증상이 보인다. 항생제(암피실린, 세프타지딤) 투여, 비타민 A 보충, 수온 상승(28~30°C) 등으로 관리할 수 있다.

2) 심혈관계 질환

(1) 개와 고양이의 심혈관계 질환

심혈관계 질환은 개와 고양이에서 흔히 발생하는 질병으로, 주로 심장과 혈관에 영향을 미친다. 심장 질환은 심장의 기능을 저하시켜 여러 합병증을 유발할 수 있으며, 조기에 발견하고 치료하는 것이 중요하다.

개의 심혈관계 질환에는 심장판막질환(Valvular Heart Disease), 심근병증(Cardiomyopathy), 심장사상충(Heartworm Disease), 고혈압(Hypertension) 등

이 있으며, 임상증상으로는 기침, 호흡 곤란, 활동량 감소, 피로 심장 소리가 비정상적으로 청진된다. 심장판막질환(Valvular Heart Disease)은 주로 승모판막(Mitral Valve) 질환으로, 고령의 소형견에게 흔하게 나타나며, 심근병증(Cardiomyopathy)은 심장 근육 자체에 문제가 발생하며, 대형견에서 주로 발생한다.

고양이의 심혈관계 질환으로는 고양이 비대성 심근병증(Hypertrophic Cardiomyopathy, HCM)이 대표적이다. 이는 고양이에게 가장 흔한 심장 질환으로, 심장 근육이 두꺼워져 혈액 순환에 어려움을 겪는다. 증상으로는 급성 호흡 곤란, 기침, 운동 후 피로, 구토 등이 나타날 수 있다.

심장질환의 경우 심장에 좋은 약물 사용(이뇨제, ACE 억제제, 베타 차단제 등), 식이 조절로는 염분 섭취 제한, 심장 건강을 위한 특별한 사료 급여가 필요하며, 정기적인 검진으로 심장 상태를 지속적으로 모니터링하며 치료 계획 조정이 중요하다. 또한 운동과 활동을 적절히 조절하여 심장에 부담을 주지 않도록 하며, 스트레스가 심장 질환을 악화시킬 수 있으므로 안정된 환경 유지를 해야 한다. 심혈관계 질환은 초기 증상이 경미하거나 없을 수 있으므로 주기적인 검진과 적극적인 관리가 중요하다. 심장 질환이 의심되면 빠른 치료와 예방이 필수이다.

(2) 설치류, 토끼, 페럿의 심혈관계 질환

설치류(쥐, 햄스터 등), 토끼, 페럿은 각기 다른 심혈관계 질환에 걸릴 수 있으며, 이러한 질환은 종종 초기 증상이 미미하여 늦게 발견될 수 있다. 환경, 영양, 유전적 요인 등이 심혈관계 질환의 주요 원인으로 작용할 수 있다. 그러므로 각 동물의 특성에 맞는 예방과 치료가 중요하다.

설치류의 심혈관계 질환으로 고혈압(Hypertension) 등이 발생할 수 있으며, 심근병증, 선천적 심장 결함, 비타민 E 결핍 등에 의한 심장질환(Heart Disease)이 발생할 수 있다.

토끼 및 페럿의 심혈관계 질환으로 심장비대증(Cardiomegaly)이 유전적 요인,

비만, 노화 등으로 발생하며, 심장 질환으로 인해 심장 기능이 저하되어 발생하는 심장마비(Heart Failure), 고지방식, 비만 등으로 혈관이 경직되고 좁아져 발생하는 동맥경화증(Arteriosclerosis) 등이 나타날 수 있다.

(3) 파충류(뱀, 이구아나, 거북이)의 심혈관계 질환

파충류는 심혈관계 질환이 상대적으로 적지만, 환경적 요인과 유전적 요인에 의해 발생할 수 있다. 온도, 습도, 영양 상태 등 환경 관리가 심혈관계 건강에 중요한 영향을 미친다. 파충류의 심혈관계 질환은 종종 늦게 발견되므로 주기적인 건강 체크와 예방이 필수적이다.

3) 소화기계 질환

(1) 개와 고양이의 소화기계 질환

소화기계 질환은 개와 고양이에서 자주 발생할 수 있으며, 이들은 소화기 시스템의 다양한 부분(입, 식도, 위장, 장 등)에 영향을 미친다. 소화기계 질환은 개와 고양이의 건강을 크게 해칠 수 있기 때문에 증상을 조기에 인지하고 적절한 치료를 받는 것이 중요하다.

위염(Gastritis)은 음식의 변화, 감염, 독소, 스트레스 등으로 발생할 수 있다. 증상으로 구토, 식욕 부진, 복통, 배변 문제, 혈액이 섞인 구토물(심각한 경우) 등이 나타나며, 치료로는 금식과 점진적인 식이 조절, 항염증제, 진통제 투여 등이 있다.

과민성 대장증후군(Irritable Bowel Syndrome, IBS)은 스트레스, 감염, 식이요인 등으로 대장이 과도하게 자극을 받아 발생하는 질환이다. 증상으로는 설사 또는 변비, 식사 후 배변 활동 이상, 복부 팽창 및 불편감 등이 있으며, 치료로는 식이 조절(고섬유질, 알레르기 유발 음식 피하기), 약물 치료(항염증제, 진경제 등), 스트레스 관리 등이 있다.

간질환(Liver Disease)의 원인은 간의 기능 저하나 간염, 간경화, 간종양 등이 있으며, 증상으로는 황달(피부 및 눈의 황색 변색), 구토, 식욕 부진, 체중 감소, 복부 팽창이 있다. 치료로는 간 기능 회복을 위한 약물 치료, 요법(저지방, 고단백), 간 보호제를 통한 치료가 있다.

소화기계 질환의 조기 발견을 위해 정기적인 검진이 중요하며, 적절한 영양 관리를 위한 고품질의 균형 잡힌 식사 제공이 중요하다. 또한 소화기계에 영향을 미칠 수 있는 스트레스를 최소화하고 음식물의 청결 및 배변 관리를 통한 청결한 환경 유지 및 기생충 예방 등이 중요하다. 소화기계 질환은 초기 증상이 미미할 수 있기 때문에 정기적인 검진과 관리가 중요하다. 개와 고양이가 소화기계 질환에 걸리지 않도록 예방 조치를 취하고, 증상이 나타날 경우 빠르게 치료를 받는 것이 중요하다.

(2) 설치류, 토끼, 페럿의 소화기계 질환

설치류, 토끼, 페럿 등 소형 동물은 사람과 다른 소화기계 시스템을 가지고 있어 특별한 관리가 필요하다. 이들 동물의 소화기계 질환은 종종 식이, 환경, 스트레스 등과 관련이 있으며, 적절한 식이 관리와 예방 조치가 중요하다. 설치류, 토끼, 페럿은 소화기계에 민감한 동물이므로 올바른 식이 관리와 환경 조성이 중요하다. 소화기계 질환의 초기 증상을 조기에 인지하고, 적절한 치료와 예방을 통해 건강한 상태를 유지할 수 있다.

(3) 파충류(뱀, 이구아나, 거북이)의 소화기계 질환

파충류는 그들의 독특한 소화 시스템 때문에 다양한 소화기계 질환에 걸릴 수 있다. 파충류의 소화기계 질환은 주로 환경, 식이, 기생충, 감염 등과 관련이 있으며, 치료와 관리에 주의를 기울여야 한다. 뱀, 이구아나, 거북이의 주요 소화기계 질환으로 소화불량(Dyspepsia), 장내 기생충(Intestinal Parasites), 위염(Gastritis), 위장관 이물질(Gastrointestinal Obstruction), 변비(Constipation) 등이 발생할 수 있다.

4) 비뇨기계 질환

다양한 반려동물은 비뇨기계 질환에 걸릴 수 있으며, 이러한 질환은 신장, 방광, 요도 등 여러 부위에서 발생할 수 있다. 적절한 치료와 예방을 위해서는 이들 질환의 조기 발견과 관리가 중요하다.

요로 감염(Urinary Tract Infection, UTI)의 원인은 박테리아, 특히 Escherichia coli(E. coli) 등이 주된 원인이며, 감염 시 잦은 배뇨, 배뇨 시 고통, 혈뇨(붉은색의 소변), 배변이나 소변을 자주 보고자 하는 행동, 불안정한 보행, 과도한 핥기 등의 증상이 나타난다. 치료로는 항생제 치료, 충분한 수분 섭취 유도, 약물 치료와 함께 소변의 pH 균형 맞추기 등이 있다.

방광 결석(Bladder Stones)의 원인은 칼슘, 인, 요산 등의 과다 섭취 또는 불균형 등에 발생할 수 있으며, 배뇨 시 고통, 혈뇨, 배뇨 어려움, 소변이 끊어지는 증상, 복통, 기운 없음 등이 나타난다. 치료로는 결석의 종류에 따라 다르나 약물로 녹이거나 수술적 제거를 할 수 있다.

요도 폐쇄(Urinary Obstruction)는 요도에 결석이나 점액, 세균 등이 막혀 발생하는 것으로, 소변을 보지 못함, 배뇨의 어려움 등이 나타나며, 요도 확장 및 결석 제거 수술 등이 필요하다.

신부전(Kidney Failure)은 만성 신장 질환, 급성 신장 손상 등으로 나타날 수 있으며, 구토, 체중 감소, 다뇨(소변의 양이 급격히 증가) 또는 소변 감소, 식욕부진, 피로 등이 나타난다. 치료로는 수액 요법으로 탈수 보충, 특수 처방식 사료 제공, 만성 신부전 관리용 약물 치료(ACE 억제제 등) 등이 필요하다.

예방 및 관리로는 균형 잡힌 식이 제공, 충분한 수분 섭취, 정기적인 검진, 스트레스 관리, 기생충 및 비뇨기계 감염을 예방하기 위해 정기적인 기생충 예방과 예방접종이 필요하다.

5) 생식기계 질환

(1) 개와 고양이의 생식기계 질환

개와 고양이는 생식기계 질환에 걸릴 수 있으며, 이러한 질환은 여러 가지 원인에 의해 발생할 수 있다. 생식기계 질환은 번식 능력에 영향을 미칠 수 있으며, 일부 질환은 동물의 건강에 심각한 영향을 줄 수 있기 때문에 조기에 진단하고 적절한 치료를 받는 것이 중요하다.

자궁염(Pyometra)은 자궁에 세균 감염이 생겨 자궁에 고름이 차는 질환으로, 증상으로는 비정상적인 질 분비물(고름이 섞인 분비물), 체온 상승, 무기력, 식욕 부진, 구토, 배뇨 및 배변 문제 등이 나타날 수 있다. 치료로는 수술적 치료(자궁 및 난소 제거), 항생제 치료(수술 전후)가 필요하며, 예방을 위해서는 중성화 수술(자궁 및 난소 제거)이 있다.

발정 주기 문제(Estrus Cycle Problems)는 호르몬 불균형, 감염, 스트레스 등에 의해 발생할 수 있으며, 증상으로는 발정 주기가 불규칙하거나 지나치게 자주 발생, 발정 중 비정상적인 행동, 배뇨 문제, 복통 등이 나타난다. 치료로는 호르몬 치료(호르몬 불균형 조절), 중성화 수술(배란 및 발정 주기 조절) 등을 진행할 수 있다.

전립선 비대증(Benign Prostatic Hyperplasia)은 나이가 많은 수컷 개에서 발생하는 질환으로, 증상으로는 배뇨 시 고통, 빈번한 배뇨, 혈뇨, 배뇨 후 불편한 행동, 성욕 감소 등이 나타나며, 치료로는 호르몬 치료(테스토스테론 차단), 수술적 치료(전립선 제거) 등이 있다.

(2) 설치류, 토끼, 페럿의 생식기계 질환

설치류, 토끼, 페럿은 각기 다른 생리적 특성을 가지고 있어 생식기계 질환의 발생 원인과 증상도 다를 수 있다. 이들 동물은 생식기계 질환이 발생할 경우 빠르게 건강이 악화될 수 있으므로 정기적인 건강 관리와 조기 진단이 중요하다. 자궁염(Pyometra), 발정 주기 문제(Estrus Cycle Problems), 난소낭종(Ovarian Cyst) 등의 질병이 있다. 설치류, 토끼, 페럿의 생식기계 질환은 대부분 예방할 수 있으며, 중성화 수술, 호르몬 관리, 정기적인 건강 검진이 필수적이다. 문제가 발생하면 빠른 치료가 필요하므로 증상을 잘 관찰하고 적절한 조치를 취하는 것이 중요하다.

(3) 파충류(뱀, 이구아나, 거북이)의 생식기계 질환

파충류는 다른 동물과 달리 생리적·해부학적 특성이 다르기 때문에 생식기계 질환이 발생할 수 있다. 이들 질환은 일부가 생명에 위협이 될 수 있으며, 조기에 진단하고 치료하는 것이 중요하다. 파충류의 생식기계 질환은 주로 번식 능력에 영향을 미칠 수 있으며, 환경적 요인(온도, 습도 등)이나 영양 불균형, 감염 등이 원인으로 작용할 수 있다. 대표적인 질환으로는 정소염(Orchitis), 자궁염(Pyometra), 발정 주기 문제(Estrus Cycle Problems), 난소낭종(Ovarian Cyst) 등이 있다.

6) 내분비계 질환

내분비계는 호르몬을 생성하고 분비하는 여러 기관으로 구성되어 있으며, 호르몬의 불균형이나 질환은 여러 신체 기능에 영향을 미칠 수 있다. 개와 고양이를 포함한 다양한 동물에서 발생할 수 있는 주요 내분비계 질환은 여러 가지 증상과 건강 문제를 일으킬 수 있기 때문에 조기 진단과 치료가 중요하다. 주요 내분비계 질환으로는 갑상선 질환, 당뇨병, 부신 질환 등이 있다.

갑상선은 갑상선 호르몬(T3, T4)을 분비하는 기관으로, 신진대사와 에너지 수준을 조절하는 중요한 역할을 한다. 갑상선 질환은 갑상선 호르몬의 과다 또는 부족으로 인해 발생할 수 있으며, 개와 고양이에서 각각 다른 형태로 나타날 수 있다. 갑상선 질환은 일반적으로 호르몬 불균형을 일으켜 신체 여러 부위에 영향을 미친다. 당뇨병은 인슐린의 분비나 작용에 이상이 생겨 혈당을 정상적으로 조절할 수 없는 질환이다. 개와 고양이 모두에서 발생할 수 있으며, 특히 고양이와 개에서는 발병 원인과 치료 방법에 차이가 있을 수 있다. 당뇨병은 관리가 필요한 만성 질환으로, 적절한 치료와 관리가 이루어질 경우 충분히 관리할 수 있다.

당뇨병은 인슐린의 분비나 작용에 이상이 생겨 혈당을 정상적으로 조절할 수 없는 질환이다. 개와 고양이 모두에서 발생할 수 있으며, 특히 고양이와 개에서는 발병 원인과 치료 방법에 차이가 있을 수 있다. 당뇨병은 관리가 필요한 만성 질환으로, 적절한 치료와 관리가 이루어질 경우 충분히 관리할 수 있다. 당뇨병의 위험 요소에는 나이(중년에서 노령견에서 더 많이 발생), 비만, 유전적 요인(특정 품종에서 더 자주 발생: 킹찰스 스패니얼, 복서, 시추 등), 호르몬 질환(예: 쿠싱증후군, 갑상선 기능 저하증), 스테로이드 약물의 장기 사용 등이 있다. 당뇨병 치료의 핵심은 인슐린 주사이다. 대부분의 개는 인슐린이 부족하므로 매일 일정한 시간에 인슐린을 주사하여 혈당을 조절한다. 저탄수화물, 고단백 식이 요법이 추천되고 규칙적인 식사 시간이 중요하며, 간식은 제한해야 한다. 과체중은 당뇨병의 진행을 악화시킬 수 있으므로 비만이 원인일 경우 체중 감량이 중요하다.

부신은 신체의 스트레스 반응을 조절하고, 여러 중요한 호르몬을 분비하는 두 개의 작은 기관이다. 부신에서 발생하는 질환은 여러 가지가 있으며, 대표적인 질환은 쿠싱증후군(Cushing's disease)과 애디슨병(Addison's disease)이다. 이 두 질환은 부신에서 호르몬 불균형을 일으켜 여러 가지 증상을 초래할 수 있다. 쿠싱증후군은 부신에서 코르티솔이라는 호르몬이 과도하게 분비되는 질환이다. 코르티솔은 스트레스 반응에 중요한 역할을 하지만, 과잉 분비되면 여러 가지 건강 문제를 일으킬 수 있다. 애디슨병은 부신에서 분비되는 코르티솔과 알도스테론 호르몬이 부족한 상태이다. 이 질환은 주로 부신 기능 저하로 발생하며, 자가면역질환이나 부신에 발생한 손상으로 인해 호르몬 분비가 감소한다.

7) 조혈기계 질환(Hematologic Disorders)

조혈기계 질환은 혈액과 관련된 질환으로, 혈액을 생성하는 조혈기관인 골수, 비장, 간 등의 문제로 발생한다. 강아지에서 발생할 수 있는 주요 조혈기계 질환에는 빈혈, 혈소판 감소증, 백혈병, 혈액응고 장애 등이 있다.

빈혈(Anemia)은 혈액 내 적혈구 수치가 정상보다 낮을 때 발생한다. 빈혈의 원인은 다양하며, 크게 출혈성 빈혈, 용혈성 빈혈, 생성 부진성 빈혈로 나눌 수 있다. 출혈성 빈혈(Hemorrhagic Anemia)은 외부나 내부 출혈로 인해 적혈구가 손실되는 경우에 발생하며, 원인은 외상, 위장관 출혈, 자궁출혈, 기생충 감염(예: 편충, 장티푸스), 종양 등이 있을 수 있다. 용혈성 빈혈(Hemolytic Anemia)은 적혈구가 파괴되거나 용해되는 경우로, 면역질환(자가면역성 용혈성 빈혈), 감염성 질환(예: 렙토스피라증), 기생충 감염(예: 에르리히아), 약물 반응 등에 의해 발생할 수 있다. 생성 부진성 빈혈(Non-regenerative Anemia)은 골수에서 적혈구가 정상적으로 생산되지 않거나 생산이 부족한 경우 나타나며, 만성 질환, 골수 부전, 영양 결핍(비타민 B12, 철분 부족), 암 등에서 발생한다. 주요 증상은 피로, 무기력이 나타나고 적혈구가 부족해져 산소 공급이 어려워지고 빈혈이 심해지면 잇몸과 피부가 창백해질 수 있다. 또한 산소 운반 능력이 떨어지기 때문에 숨이 차거나 호흡이 빨라질 수 있다. 심장이 더 많은 산소를 보내려 하여 심박수가 증가할 수 있다. 빈혈은 원인에 따라 치료가 다르다. 예를 들어 출혈이 원인이라면 출혈을 멈추고, 감염이 원인이라면 항생제나 항바이러스제를 사용한다. 심한 빈혈이 있는 경우, 수혈을 통해 혈액을 보충할 수 있다. 자가면역성 빈혈이 있을 경우 면역억제제를 사용하거나 철분 보충이 필요할 수 있다.

혈소판 감소증(Thrombocytopenia)은 혈액 내 혈소판 수치가 정상보다 낮을 때 발생하는 질환이다. 혈소판은 출혈을 막는 데 중요한 역할을 하므로 혈소판이 부족하면 출혈이 쉽게 일어날 수 있다. 주요 증상은 잇몸에서 출혈, 코피, 소화기 출혈, 피부에 멍이 쉽게 생기거나, 작은 반점 형태의 출혈이 나타날 수 있다. 치료로는 자가면역성 혈소판 감소증의 경우 면역억제제를 사용하여 면역 반응을 억제하고 혈소판 수치가 매우 낮을 경우, 혈소판 수혈을 고려할 수 있다. 감염이 원인이라면 항생제나 항바이러스제를 사용한다. 혈액암이 원인이라면 종양 치료가 필요하다.

백혈병(Leukemia)은 비정상적인 백혈구가 과도하게 생산되는 혈액암이다. 백혈병은 크게 급성 백혈병과 만성 백혈병으로 나눌 수 있다. 급성 백혈병은 백혈구의 미성숙 세포가 빠르게 증식하는 형태로, 급성의 심각한 질환이다. 만성 백혈병은 상대적으로 천천히 진행되는 질환으로, 백혈구의 성숙한 세포가 비정상적으로 증식하는 경우이다. 임상증상으로는 백혈구가 비정상적으로 증가하여 정상적인 혈액 세포들이 부족해져 피로감과 무기력함이 나타나며 적혈구가 부족해져 창백하고 피곤해지며, 식욕이 감소할 수 있다. 혈소판 수가 감소하면서 출혈이 자주 발생할 수 있으며, 비정상적인 백혈구로 인해 면역 체계가 약화되어 감염에 취약해진다. 백혈병 치료의 주된 방법은 화학요법을 통해 비정상적인 백혈구의 증식을 억제하는 것이다. 조혈모세포 이식, 감염 관리, 혈액 수혈 등 지지적인 치료가 필요할 수 있다.

혈액응고 장애(Coagulation Disorders)는 출혈이 발생한 후 혈액이 정상적으로 응고되지 않는 상태를 말한다. 주로 혈우병이나 비타민 K 결핍이 원인이 될 수 있다. 주요 증상은 과도한 출혈, 쉽게 멍이 들고 혈액응고 능력이 떨어져 작은 상처에도 멍이 쉽게 생긴다. 치료는 비타민 K 결핍이 원인인 경우, 비타민 K를 보충하여 응고 기능을 개선한다. 혈우병의 경우, 결핍된 응고 인자를 보충하는 치료가 필요하다. 출혈이 발생하면 수혈과 응급처치가 필요할 수 있다.

조혈기계 질환은 혈액 생성, 응고, 및 면역 반응과 관련된 다양한 질환을 포함한다. 각 질환에 따라 증상, 진단 방법 및 치료가 달라지며, 조기에 진단하고 치료하는 것이 매우 중요하다.

8) 신경계 질환(Neurological Disorders)

신경계 질환은 개와 고양이의 뇌, 척수, 신경을 포함한 신경계에 영향을 미치는 여러 가지 질환을 포함한다. 이들 질환은 종종 운동 능력, 감각, 행동, 또는 반응에 영향을 미치며, 빠른 진단과 치료가 중요하다. 주요 신경계 질환으로는 간질, 디스크 탈출증, 뇌염, 외상성 뇌손상, 수두증 등 여러 가지가 있다.

간질(Epilepsy)은 원발성 간질과 속발성 간질로 나눌 수 있다. 원발성 간질인 경우 특별한 원인 없이 뇌의 전기적 활동에 이상이 생겨 발생한다. 이 경우 대개 유전적 요인이 관련된다. 속발성 간질은 다른 질환, 예를 들어 뇌종양, 뇌염, 기생충 감염 등으로 인해 발생할 수 있다.

디스크 탈출증(Intervertebral Disc Disease, IVDD)은 척추 뼈 사이에 있는 디스크가 탈출하거나 파열되어 척수에 압력을 가하는 상태이다. 이로 인해 신경에 손상을 일으킬 수 있다. 특히 추간판 탈출증은 중형 및 소형견에서 흔하며, 나이가 많고 비만한 강아지에게 더 많이 발생한다.

뇌염(Encephalitis) 중 감염성 뇌염은 바이러스나 세균, 기생충에 의해 뇌에 염증이 생길 수 있다. 예를 들어 파보바이러스, 헤르페스 바이러스 등이 원인일 수 있다. 자가면역성 뇌염은 면역 시스템이 뇌를 공격하여 염증이 발생하는 경우이다.

수두증(Hydrocephalus)은 뇌실 내에 뇌척수액이 과다하게 축적되어 뇌를 압박하는 상태이다. 선천적일 수 있으며, 종종 소형견에서 발생한다. 특히 뼈가 아직 자라지 않은 강아지에서 두개골이 부풀어 보일 수 있으며, 뇌압이 증가하면서 발작을 일으킬 수 있다.

개와 고양이의 신경계 질환은 다양한 원인으로 발생할 수 있으며, 증상에 따라 발작, 행동 변화, 마비 등 여러 신경학적 이상을 나타낸다. 이들 질환은 정확한 진단과 치료가 필요하며, 특히 간질, 디스크 탈출증, 뇌염 등은 조기 발견과 치료가 중요하다. 신경계 질환이 의심되면 빠르게 수의사에게 진료를 받는 것이 필요하다.

3. 응급처치

동물이 갑작스럽게 위급한 상황에 처했을 때, 적절한 응급처치를 통해 생명을 구할 수 있다.

1) 호흡 정지(Respiratory Arrest)

응급처치방법으로 먼저 개가 의식을 잃었고 호흡이 멈춘 경우, 우선 목에 장애물이 있는지 확인하고 제거한다. 이후 인공호흡을 진행하는데, 개를 등을 대고 눕힌 후, 입을 열고 코를 막고 개의 코에 입을 대고 공기를 불어 넣는다(코와 입이 작은 개의 경우, 입을 완전히 덮어 공기를 불어 넣는다). 1초 정도 공기를 불어 넣고, 약간의 시간 간격을 두고 반복한다. 1분에 10~12회 정도 진행한다.

심폐소생술(CPR)을 실시할 때는 개의 심장 부위를 손바닥으로 1~2초 동안 압박하고 풀어 주는 과정을 반복한다. 개의 크기에 따라 압박 상노를 소설하며, 소형견은 가슴의 중앙, 대형견은 가슴 뒤쪽에 압박을 가한다.

2) 출혈(Bleeding)

먼저 지혈을 위한 출혈 부위 압박을 실시한다. 상처 부위에 깨끗한 천이나 거즈로 강하게 압박을 가하여 출혈을 멈추게 한다. 출혈이 심한 경우, 출혈 부위를 심장보다 높게 올려서 출혈을 줄일 수 있다. 다리나 꼬리 등에서 출혈이 심할 경우 지혈대(타이핑)를 사용하여 출혈을 멈추도록 한다. 지혈대는 15~20분 이상 사용하지 않도록 하며, 수의사에게 빨리 데려가야 한다. 상처가 커서 깊다면, 적절한 봉합이 필요할 수 있다. 이 경우에는 응급처치 후 수의사에게 이동하는 것이 중요하다.

3) 질식(Choking)

질식의 경우 먼저 장애물 확인이 중요하다. 개가 질식하고 있다면 입과 목 안을 확인하여 이물질을 제거한다. 하임리히법(Heimlich maneuver)을 실시하여 이물을 제거한다. 실시 방법은 아래와 같다.

- 소형견: 개를 엎드린 자세로 놓고, 한 손으로 가슴을 눌러 이물질을 밖으로 빼낸다.
- 대형견: 개를 무릎에 앉힌 후, 한 손으로 가슴을 눌러 이물질을 제거한다. 이때 가슴을 강하게 눌러 이물질을 밀어낸다.

4) 열사병(Heatstroke)

열사병을 위한 응급 처치로는 먼저 동물을 시원한 곳이나 그늘로 옮긴다. 찬물로 젖은 수건으로 개의 몸을 닦아 체온을 낮춘다. 물을 계속 마시게 하되, 강제로 먹이지 않는다. 열사병은 생명을 위협할 수 있으므로 빠르게 수의사에게 데려가야 한다.

5) 골절(Fractures)

골절의 경우 응급처치로는 우선 골절 부위를 움직이지 않도록 하고, 개가 통증을 느끼지 않도록 조심스럽게 고정한다. 가능하면 부목을 사용하여 골절된 부위를 고정시킨다. 이때, 부목이 너무 꽉 조이지 않도록 주의해야 한다. 골절이 심한 경우 즉시 수의사에게 이송하여 치료를 받도록 한다.

6) 중독(Poisoning)

중독 물질 확인을 우선으로 해서 개가 무엇을 먹었는지, 어떤 독성 물질을 접했는지 확인한다. 개가 독성 물질을 먹었다면 구토를 유도할 수 있다. 하지만 식물이 독성이거나 산성 물질을 섭취한 경우 구토를 유도하지 말고, 즉시 수의사에게 데려간다. 구토를 유도할 때는 식초나 소다를 이용해 적절히 섭취하게 할 수 있다. 이 방법은 수의사에게 먼저 문의 후 시행하는 것이 좋다.

7) 경련(Seizures)

개가 발작을 일으킬 경우, 주변의 위험한 물건에서 강아지를 안전하게 보호하는 것이 중요하다. 침대나 바닥에 부드럽게 눕히고, 떨어지거나 부딪히지 않도록 한다. 발작 중에 개 입에 물건을 넣지 말고, 머리를 고정시켜 주지 않도록 한다. 발작이 끝난 후에는 개를 조용히 진정시키고 수의사에게 상담한다.

8) 저혈당(Hypoglycemia)

동물이 저혈당 증세가 보이면 설탕물이나 꿀을 입에 살짝 발라 주거나 혀 밑에 넣어 준다. 빠르게 반응하지 않으면 수의사에게 데려가야 한다. 저혈당이 반복되면, 개를 자주 모니터링하고 식사 습관을 개선해야 한다.

동물이 응급 상황에 처했을 때 빠르고 정확한 응급처치가 필요하다. 증상이 나타나면 먼저 침착하게 상황을 파악하고 적절한 응급처치를 시행한 뒤 즉시 수의사에게 연락하여 병원으로 이송하는 것이 중요하다.

CHAPTER 09

동물행동과 미용

학습목표

1. 동물행동학의 변천과정을 이해하고 동물행동의 분류를 설명할 수 있다.
2. 동물 학습의 기본원리를 설명할 수 있다.
3. 애견 미용의 역사를 이해하고 국내 관련 기관을 설명할 수 있다.

1. 반려동물행동학

1) 동물행동학의 이해

동물행동학은 동물의 행동에 관한 연구로서, 많은 자연주의자가 오랫동안 동물 행동의 측면을 다방면으로 연구해 왔다. 우리가 알고 있는 전통의 동물행동학은 19세기 다윈(Darwin)의 『종의 기원(*On the Origin of Species*)』(1859)을 통하여 알 수 있다. 다윈은 자연적으로 변화하는 환경에서 동물이 선택적으로 진화할 수 있는 기에 대한 의심을 가지고 동물행동학을 접근하였다. 그는 환경에 따라 새로운 생활에 적응하며 생존을 위해 생활하고 종족을 번식하기 위한 동물들의 행동 패턴을 연구하였다. 다윈은 동물은 살아가야 하는 환경적

Darwin by Britannica

인 요인 때문에 살아가기 가장 적합한 새로운 발전을 하며, 이 변화는 새로운 종으로 변화되기도 한다고 주장하였으며, 이 특징은 번식을 통해 후손에게도 대물림된다는 이론을 펼쳤다.

20세기에 들어서는 러시아 생리학자 이반 파블로프가 개의 행동에 대한 연구를 했고, 미국 심리학자 존 B. 왓슨, 에드워드 톨먼, 칼 래슐리가 설치류를 연구하였다. 조류는 미국 심리학자 B. F. 스키너가, 영장류는 독일계 미국 심리학자 볼프강 쾰러와 미국 심리학자 로버트 예르케스가 연구하였다. 이들은 실험실과 연구실에서 동물의 행동을 관찰하고 설명하는 것으로 시작하여 일반적으로 우리가 궁금해하는 질문인 "이 동물들은 왜 그렇게 행동하는가?"를 알아내거나 자신이 정한 가설에 어떠한 결과가 나오는지를 알아보기 위한 실험 형태가 많았다. 이 시기에는 동물의 행동학적 성장보다는 생물학적 연구의 결과가 더 많이 쏟아져 나왔다. 호르몬과 신체적 변화에 따른 여러 가지 다른 수치들이 행동을 분석하고 이해하는 데 그 목적이 되는 경우가 많았기 때문이다. 살아가기 위해 먹이를 찾고, 더 많은 먹이와 무리 생활을 하는 종족을 지키기 위해 신호를 만들거나 학습을 하지 않았으나 인지를 하는 동물들의 행동을 보며, 동물들의 유전적인 인지력에 대한 연구도 많은 결과물을 만들어냈다.

현재 우리가 잘 알고 있는 학문적 동물행동학은 일반적으로 1920년대 생물학자들의 연구와 그에 따른 통계 분석으로 학문으로 성장하였으며, 대표적인 연구학자로 네덜란드의 니콜라스 틴베르헌(Nikolaas Tinbergen)과 오스트리아의 콘라트 로렌츠(Konrad Lorenz)를 통해 널리 알려져 있다.

틴베르헌은 동물행동학에 대해 『본능의 연구(*The Study of Instinct*)』(1951)를 출간하며 동물들의 인과관계(causation 또는 mechanism), 발달(development), 진화(evolution), 기능(function)에 대한 많은 연구물을 세상에 남겼다. 오스트리아의 로렌츠는 1935년에 어린 오리 새끼와 거위 새끼의 학습 행동을 연구한 결과를 세상에 소개하였다. 그는 부화 직후의 특정한 단계에서 이들이 부모로 인지한 개체를 부모로 따르는 법을 배운다는 것을 관찰하였다. 이 과정을 각인(Imprinting)이라고 하며, 이들의 부모 대상에 대해 시각적 · 청각적 자극이 포함되며, 이는 어린 조류에게 후속 반응을 유발하여 이후 성인 행동에도 영향을 미친다고 하였다. 로렌츠는 부화한 청둥오리 새끼 앞에 나타나 어미 오리의 꽥꽥거리는 소리를 흉내 내어 어린 오리들이 그를 어미로 여기고 그에 따라 그를 따라가는 현상을 소개하여 많은 사람들의 관심을 받았다.

로렌츠 박사

이처럼 행동학은 실험실과 현장 과학의 조합으로, 신경해부학, 생태학, 진화론 등 다른 특정 학문과 긴밀한 관련이 있다. 행동학자는 특정 동물 그룹보다는 행동 과정에 관심이 있으며, 종종 여러 관련 없는 동물에서 한 가지 유형의 행동(예: 공격성)을 연구하는 경우가 많다. 동물이라는 개념도 경제적 동물 개념보다는 반려동물의 개념으로 더 다가가고 있는 요즘, 우리가 이야기할 동물행동학의 주제와 연구 목적도 변화하고 있다. 동물과의 의사소통 방법을 관찰하며 정보를 제공하는 과정에서 나타내는 시각적 · 청각적 신호를 분석하며 이들과 함께 살아가기 위한 학습의 단계까지 동물행동학의 범주로 들어가고 있다. 동물과 함께 살아가는 우리는 그들의 행동을 이해하고 분석하며 조건 없는 사랑을 나누고 소통을 위한 연구를 하고 있다고 볼 수 있다. 동물행동학의 전문 분야의 내용도 광범위하지만 이 책에서는 동물을 이해할 수 있는 가장 기본적인 이론과 동물에게 학습을 만들어 낼 수 있는 메커니즘을 가볍게 학습해 보기로 하자.

(1) 동물행동 분류

① 개체 유지 행동과 사회 행동

가장 우선시되는 동물의 행동학적 분류는 개체 유지 행동과 사회 행동으로 나뉜다. 생존을 위해 취하는 모든 행동을 개체 유지 행동이라 정의할 수 있는데, 먹고 자고 배설하고 휴식하는 자신의 생활을 영위하기 위한 모든 행동이나 자신의 천적이나 먹잇감의 경쟁자 혹은 포식자를 찾아내기 위한 탐색, 자기방어의 행동 등이 이에 포함된다. 반면 사회 행동은 자신 이외에 다른 동물과 경쟁, 화합 등 상호 관계 행동이다. 짝짓기를 통한 번식 활동, 새끼 돌보기 등의 양육 활동, 같은 종족들과의 무리 생활, 다른 경쟁집단이나 세력권으로부터의 자기방어 등이 대표적 사회 행동으로 볼 수 있다.

② 선천적 행동(Innate behavior)

탁란

출처: 대구신문

선천적 행동의 대표적인 예는 뻐꾸기의 탁란이다. 뻐꾸기는 출산이 임박한 다른 둥지에 몰래 알을 낳는데 이렇게 일찍 부화한 새끼 뻐꾸기는 자신의 둥지에 다른 알들을 눈도 뜨지 않은 채 모두 둥지 밖으로 밀어내어 버린다. 영문도 모른 채 뻐꾸기를 자신의 새끼인 줄 알고 키우는 가여운 어미 새는 몸이 부서져라 먹이를 물어 온다. 이렇게 학습도 하지 않고 본능적인 행동 그 자체가 그 사회의 생활이 되어 버리는 이러한 행동을 선천적인 행동이라 한다.

③ 학습행동

'학습행동'이란 동물이 주변 환경으로부터 영향을 받고 다른 동물들로부터 살아가기 위해 필요한 방법을 배우는데 이러한 변화를 초래하는 과정 경험 또는 연습의 결과로 인한 행동의 변화를 말한다. 먹이를 찾는 방법이나 사냥하는 방법 등으로 쉽게 설명할 수 있다. 또는 도구를 사용하거나 지리적 조건을 사용하는 영특한 모습도 볼 수가 있다. 개체마다 학습행동을 습득하는 기간의 차이가 날 수 있으며, 유전적인 도움을 받아 선천적인 행동을 기반으로 한 빠른 습득 능력을 가진 종도 있다. 양몰이를 하는 보더 콜리가 훈련도 빨리 익히는 모습을 보면 유전적인 도움이 없다고 말할 수도 없을 것이다.

④ 조정행동과 이상행동

환경이 바뀌면 살아가는 방식도 변화하게 되는 모습은 사람을 비롯한 많은 동물의 생활에서 볼 수가 있다. 동물원에서 살아가고 있는 동물은 사냥을 하고 번식을 하기 위한 생존의 모습을 상실해 버리고 인간에게 구걸을 하거나 집착하는 모습까지 보이곤 한다. 넓고 위험천만인 자연환경에서 스스로 생명을 유지하기 위해 힘들게 살아가던 환경은 좁고 인위적이지만 안락한 동물원 환경으로 옮겨지게 되면 환경에 맞춰서 다른 행동 양상을 보이고 있기 때문이다. 이처럼 환경이 변화하면 그에 따라 환경에 적응하여 자신의 행동을 조정하게 되는데 이것을 '조정행동'이라고 한다.

'이상행동'은 개체의 정상적인 행동 패턴과 비교했을 때 비정상적으로 나타나는 행동을 말하는 것으로, 신체적 · 정신적 문제, 정서적인 불균형, 스트레스, 불안 등이 원인으로 나타나는 경우가 많으며, 환경이 동물에게 충분히 적합하지 못하면 나타나는 행동이다. 환경적 문제도 있을 수 있으나 동물의 심리적 · 유전적 요인에 의해서 발생하기도 한다. 이상 행동의 대표적 사례가 '정형행동'이다. 정형행동은 의미 없는 행동을 끊임없이 반복하는 일종의 동물의 정신 이상 증세이다. 동물원의 동물에게서 흔히 볼 수 있다. 어느 동물원의 반달가슴곰은 야외 사육장 내 설치된 작은 우물 주위를 한 시간 넘게 빙빙 돌고, 대표적인 아프리카 중형 고양잇과인 서발(serval)도 벽에 붙은 채 직선 방향으로 걷는 행동을 반복하고 있었다. 넓은 수조 안에 있는 남아메리카물개는 구석에서만 헤엄치고 있었고, 코끼리 두 마리는 각각 사육장 입구와 목재 설치물 옆에 서서 네 다리를 바닥에 고정한 채 몸을 앞뒤로 흔들고 있기도 했다. 이렇게 국내 동물원의 심상치 않은 이야기는 많은 보도 매체를 통해 보도되고 있다.

⑤ 공격행동

'공격행동'이란 동물들이 다른 동물을 위협하거나 물리적인 힘을 가하여 공격을 취하는 행동을 말한다. 발생하는 원인과 유형은 환경적·유전적으로 매우 다양하다. 번식과 영역 등의 서열 행동이 일어나는 품종이나 무리 내에서 서열을 가리기 위해 공격행동이 나타나기도 한다. 먹이와 잘못된 애착관계에서 일어나는 공격행동으로 반려동물 사이에도 많은 이슈가 생기기도 하고 과도한 공격행동을 중재하지 못해 파양이나 심지어 안락사까지 고려해야 하는 상황이 되기도 한다. 심한 스트레스를 받거나 어떠한 상황에 대한 심한 긴장감이나 공포감을 느끼거나 배가 고플 때, 몸이 피로할 때, 먹이를 먹고 있는 동안 방해를 받을 때 등 다양한 상황에서 공격행동이 나타나기도 한다. 잘못된 학습으로 인한 공격행동도 그 빈도수가 많아지고 있다.

(2) 동물행동에 영향을 주는 요인

① 유전

동물 각자의 행동은 다양한 요인에 의해 형성되며, 그 요인은 환경적인 이유와 연결되어 생존, 사회성, 문화적 영향을 받으면서 동물의 행동 방향을 결정짓는다. 이러한 결정 상황이 오랜 시간 거치면서 하나의 형태를 만들기도 한다. 윗대의 조상으로부터 계속된 생활방식 혹은 태어날 때부터 물려받는 환경 적응법은 그 종의 행동 방식에 영향을 미치게 되어 있다.

품종의 특성이 그 대표적인 예이다. 식물에게 적용되는 유전적인 이론이 동물에게도 적용되듯이 개량 번식을 통해 유전적인 요인을 더욱 두각시키기 위한 브리딩(breeding)을 할 수 있다. 더 순하게, 더 빠르게, 혹은 더 좋은 생식 능력(예: 탐지견)을 가질 수 있도록 활용하기도 한다.

② 경험

과거의 경험은 행동에 큰 영향을 미치며, 특히 동물 환경적 요인과 살아가기 위해 거쳐야 하는 그 경험은 중요한 역할을 한다. 탐색행동을 하거나 섭식행동을 하거나 배설행동을 할 때 일어난 자신의 경험은 평생을 살아가는 자신의 행동 판단의 근거가 된다. 성행동과 모성행동 역시 경험을 통해 방법을 학습하거나 종족 번식을 위해 모방하여 행동하기도 한다. 경험을 통한 동물행동의 변화는 동물들의 발달 시기와 큰 연관이 있는 편이다.

③ 교육

교육과 학습은 동일시되어 설명되는 부분이 많다. 학습은 자극에 노출된 후 동물의 행동에 나타나는 변화로 정의하고 있는데, 그 변화는 활동 속에서 빠르게 변화하는 경우가 있고 잠재의식 속에 내장되어 있기도 하다. 하지만 교육과 학습을 통하여 동물의 행동 변화가 일어나고 있으며, 그 학습은 태아기부터 평생 학습을 하고 있다고 보는 것이 맞는 이야기일 것이다. 학습으로 일어난 인지는 자극 이후 일어나는 반응을 경험하고 그것을 다시 반복된 인지 기능으로 기억을 하는 단순한 형태이지만 동물의 행동 양식을 설명할 때는 매우 중요한 요인으로 해석된다.

④ 가축화

인간과 함께 생존해야 하는 동물이 인간 사회의 조직으로 통합되어 가는 과정을 가축화라고 정의한다. 고대 생활 환경을 이야기할 때 동물의 가축화는 인간의 행동을 변화시킨 설명으로도 많이 언급되는 분야이다. 동물을 사냥하고 가축화시키고, 이렇게 길들여진 동물은 경제적 개념이 되어 때로는 매우 중요한 자산으로 변형되기도 하였다. 우리가 흔히 알고 있는 갯과(Canidae)의 동물도 인간에게 먹이를 얻어먹음으로써 힘든 야생의 생활을 포기하게 되고 인간에게 의존하면서 야생의 동물보다 작은 뇌를 가진 개체로 변하였으며, 인간이 추구하는 외모나 생활 형태로 변모한 모습을 볼 수 있다.

2) 동물의 학습

(1) 개의 훈련 방법

다양한 훈련 방법은 트레이너 고유의 선택적 방법이다. 이 책에서는 간단한 원리에 대해서 설명하고자 한다.

① 습관화 및 민감화(Habituation & Sensitization)

습관화와 민감화는 어떠한 자극적 행동을 습관처럼 학습해 버려 그 자극을 무시하거나 또는 아주 즉시 그 자극에 대응하도록 만들어 주는 학습 방법이다. 이 자극들은 일정한 패턴이 없으면 일관성도 존재하지 않는다. 다만, 자극이 일어났을 때 반복적으로 그 자극에 노출된 동물이 그 자극에 무감각하게 되는 것을 배우는 것으로, 그 반복 속에서 동물은 이것이 위험한 상황인지 아닌지 스스로 판단하고 행동하게 되는 것이다.

예를 들면, 태어나 처음 목줄을 매는 개는 목줄을 왜 매어야 하는지 알 수가 없다. 그 목줄을 매고 났을 경우 어떠한 자극이 더 올지 모르기 때문이다. 물론 이러한 두려움을 무시하고 계속 채워 둔다면 그 자극이 사라지기만을 기다리던 개는 아무 일이 일어나지 않는다는 것을 알게 되는 순간 그 목줄을 받아들일 것이다. 이것이 습관화(habituation)이다. 반면, 민감화(sensitization)는 동물에게 자극을 무시하라고 가르치는 것이 아니라 두려움을 가르친다. 습관화가 자극에 무던해지는 것을 학습한다면, 민감화는 반대로 학습된 공포라는 말이 더 맞다. '자라 보고 놀란 가슴 솥뚜껑 보고 놀란다.'는 속담이 민감화를 설명하는 좋은 이야기가 될 수 있다. 경고와 조심, 회피 등의 행동 반응을 더욱 높이기 위해 민감화의 방법을 사용한다.

습관화와 민감화는 일회성 학습인 비연합 학습으로 불리며, 동물이 어떠한 경험을 단 한 번 함으로써 무언가를 배우게 되는 경우, 이것을 비연합 학습이라고 설명한다.

② 조작적 조건화(Operant Conditioning)

습관화과 민감화가 비연합적 학습이라면 조작적 조건화는 연합학습의 대표적인 예이다. 동물은 어떠한 자극이 일어난 그 상황과 연결 지어 학습한다. 행동의 결과에 의해 영향을 받는 학습법으로 자신이 원하는 것을 얻을 수 있다면 그 행동이 강화될 것이며, 자신이 원하지 않는 것이라면 그 행동은 점점 약화될 것이다. 동물은 경험을 통해서 자신의 행동 후에 일어나는 결과가 긍정적인지 부정적인지 평생 학습하게 된다.

시행착오를 통해 잘못된 조건화 행동을 만들 수가 있는데, 이것을 강화 또는 처벌이라고 한다. 강화는 그 행동의 빈도수를 늘려 주는 기능적인 역할을 해야 한다. 이를 위해 사용된 모든 자극물을 강화물이라고 하며, 강화물은 모든 동물에게 같은 자극을 만들지는 않는다. 흔히 사용하는 간식의 경우에도 어떤 개에게는 훌륭한 강화물이 되지만 어떤 개에게 낯선 환경에서 주어지는 불쾌한 경계물이 되기도 한다.

조작적 조건화에는 부적 강화(Negative Reinforcement)와 정적 강화(Positive Reinforcement) 이렇게 두 가지 유형으로 분류할 수 있다. 부적 강화는 행동이 일어날 때 자극을 제거하여 행동을 강화하는 것으로, 엘리베이터에 낯선 사람이 타는 것을 두려워하는 강아지가 짖음으로써 상대방이 타지 않는다면 상대방이 사라지는 성과를 거둔 강아지는 더욱 맹렬히 짖을 것이다. 이때의 강화물은 엘리베이터가 멈출 때 띵! 하고 울리는 소리가 될 수 있다.

정적 강화는 우리가 흔히 잘 알고 있는 방법으로, 동물이 특정 행동을 하고 난 직후 또는 그 행동이 일어나고 있을 때 원하는 자극(또는 강화물)을 추가해 주는 것이다. 대부분의 1차 강화물은 간식, 물, 온도 변화 등이 될 수 있으며, 2차 강화물로는 장난감과 칭찬, 주인의 시선 등이 있다.

조작적 조건화에서 훌륭한 강화 성과만 이루어지는 것은 아니다. 행동의 약화가 이루어지는 것을 강화하는 방법의 대표적인 예가 바로 처벌이다. 처벌에는 정적 처벌(Positive Punishment)과 부적 처벌(Negative Punishment)이 있다. 정적 처벌은 동물이 특정 행동을 하고 난 직후 또는 그 행동이 일어나고 있을 때 원하는 자극을 해 주는 것이다. 다만, 그 행동이 약해진 것이 아니라면 적절한 처벌이 아니라는 것을 명심하여야 한다. 오히려 인간과의 유대관계가 망가질 수 있으니 유의해야 한다.

부적 처벌은 행동의 결과로 자극이 제거되고 행동이 약화하는 것이다. 예를 들어 자신의 사료 그릇 근처에 다가올 때 주인에게 으르렁거린다면 그 주인은 밥그릇을 치워버린다. 자신의 으르렁 결과로 소중한 먹이까지 사라져 버린 셈이다. 하지만 먹이를 치워버린 주인을 원망할 수 있으니 유의해야 한다. 이처럼 처벌은 우리의 의사전달을 하기에 부정확한 면이 없지 않아 있다. 많은 트레이너가 처벌을 반대하는 이유가 바로 그 때문이다.

강화와 처벌	자극(강화물)을 제공(정적+)	자극(강화물)을 제거(부적+)
행동 증가(+)	정적 강화 Positive Reinforcement	부적 강화 Negative Reinforcement
행동 감소(−)	정적 처벌 Positive Punishment	부적 처벌 Negative Punishment

③ 고전적 조건화(Classical Conditioning)

고전적 조건화란 조작적 조건화와는 달리 강도나 횟수 등의 자극의 조건을 설정하여 자신이 원하는 반응을 끌어내는 방법이다. 생리학자 이반 파블로프(Ivan Petrovich)가 만들어 낸 이 이론은 행동주의 심리학자들이 더 많이 애용하고 있는 이론이다. 그 원리는 특정 자극에 대해 무의식적으로 반응하는 현상 중 그 자극과 이에 상응한 반응이 선천적으로 타고난 본능과는 관계가 없음에도 불구하고 학습을 통해 조건반사 반응이 새롭게 형성될 수 있다는 사실을 말해주고 있다. '파블로프의 개'의 원리에 의하면, 음식(무조건 자극)을 보면 침(무조건 반응)을 흘리는 개에게 음식을 주기 전 종(조건자극)을 치고 음식을 급여하였다. 이러한 사실을 학습한 개는 차후에는 음식이 없어도 종(조건자극)을 치니 침(조건 반응)을 흘리는 현상이 관찰되었다.

2. 반려동물 그루밍

1) 애견 미용의 이해

(1) 애견 미용의 역사와 정의

애견 미용의 가장 오래된 문서화된 기록은 지도자급의 권력자들이 개를 특별히 애지중지하던 고대 이집트 시대로 거슬러 올라갈 수가 있다. 벽화에는 특별하게 치장한 개의 모습을 여기저기서 볼 수 있다. 이 시대에 개의 그루밍은 목욕을 하고 향수를 뿌릴 뿐만 아니라 아름답게 꾸미기 위해 무엇인가를 두르거나 바르기도 하는 등의 화장도 했다. 고대 예술 작품에는 흔하게 개가 묘사되어 있으며, 숭배의 대상으로 그려진 벽화 속에서 명백히 존경받는 위치에 있어 신성시되고 있는 모습을 볼 수가 있다. 그도 그럴 것이, 개는 인간의 사냥을 도왔고, 가축을 몰았고, 가족을 지키는 등 인간의 옆에서 다양한 기능을 하였다.

출처: www.nativebreed.org

로마 시대의 로마인들은 개를 위한 최초의 그루밍 도구 중 일부를 발명한 것으로 알려져 있는데, 주목할 만한 것은 벼룩 빗이었다. 이들은 종종 개의 털을 빗어서 위생을 청결히 하였고 고수를 사용하여 잘 관리된 모습을 유지하였다. 역사상 최초의 애견 미용사는 켄넬 보이즈(Kennel Boys)였다. 요즘 시대에 비하자면 사육사의 개념으로, 왕족이 소유한 개들과 함께 같은 공간에서 살았다. 그는 견사를 청소하고, 개의 건강을 돌보고, 개의 건강을 유지하기 위해 최상

출처: www.historicaleve.com

컬리 코티드 리트리버

출처: 로얄캐닌 품종 라이브러리

의 정원 관리와 환경 정리까지 주변에 개에게 해를 끼칠 만한 것이 없도록 했다. 왕족과 같은 사람들에게는 특별한 관리인이 되었으며, 노비 계급 중에서는 귀중한 존재로 대우받기도 하였다. 이 시대의 그림을 보면 거리에서 털 손질 서비스를 제공하는 상인 모습을 볼 수 있다. 로마 시대에 들어서면서 점점 더 개를 애완동물로 생각하는 경향이 커졌고 그와 함께 그 역할에 가장 적합한 개를 개량 번식시키기 시작하였다.

애견 미용의 매뉴얼로 통하는 푸들의 선구자인 컬리 코티드 리트리버는 최초로 손질을 받은 개로 알려져 있다. 이 품종은 물을 좋아하고 수영에 능하며, 주인이 사냥에 성공하여 물에 떨어진 오리나 물 근처에 서식하는 물새를 회수해 오는 역할을 잘 수행할 수 있었다. 하지만 곱슬거리고 긴 털이 물에 젖으면 너무 두껍고 무거워서 사냥감 회수 속도가 느려졌다. 이를 지켜본 사냥꾼들이 다리와 몸의 털을 다듬으면서 더 자유롭게 움직이는 모습을 보게 되었고, 머리의 긴 털을 리본으로 묶어서 앞을 더 잘 볼 수 있게 하였다. 사냥 중에 생길 수 있는 사고로 중요한 장기를 보호하기 위해 가슴과 등 쪽의 털은 남겨 두면서 푸들의 기본 미용이 형성되었다.

프랑스 푸들의 머리 모양은 컬리 헤어드 리트리버를 흉내 낸 것으로 알려져 있는데, 나폴레옹 시대에 푸들은 부유한 프랑스인들에게 애완견과 관상용으로 선호하는 품종이 되었다. 상류 계층을 그린 그림 속에는 푸들을 무릎에 안고 있거나 가까이 세워 두는 등 각별한 사랑이 담긴 모습을 볼 수 있으며, 그 특별한 관리가 계속되고 있음을 알 수 있다.

빅토리아 시대에 애견 미용은 목욕, 털 다듬기, 손톱 관리 등 다양한 서비스를 제공하면서 인기를 얻기 시작했고 미용사들은 자체 도구와 미용 기술을 개발하면서 저서를 편찬하기도 하였다. 왕족들은 개와 함께 호화로운 의상을 갖춰 입었으며, 여성의 헤어 컷을 모방한 펫 그루밍을 선보이기도 하였다.

20세기에 들어서 애견 미용은 교육기관이 생기면서 더 많은 훈련이 가능해졌고 계속 진화하였다. 전기 클리퍼, 헤어드라이어, 네일 그라인더와 같은 현대식 도구의 등장으로 그루머는 더 쉽게 작업할 수 있었고 개도 더 안전해졌다. 1920년대에는 도그쇼가 인기를 끌면서 그루밍이 다시 한번 더 많은 사람의 관심을 받게 되었으며, 고유한 그루밍이 필요한 개량 견종들이 탄생하는 등 발전이 이어져 나갔다.

현재에도 도그쇼의 발전으로 고급 그루밍의 수요가 생겨나고 있다. 학원과 대학에서 많은 인력이 쏟아져 나오고 있고 도구의 발전도 엄청난 성장을 거듭하였다. 부의 과시였던 애견 미용이 시간이 지남에 따라 반려동물의 건강을 위한 기초 과정이라는 인식으로 확대되면서, 애견 미용의 필요성이 대두되었고 발톱 관리와 피부, 모질 관리까지 그 영역이 확대되면서 애견 미용 산업의 비중이 날로 성장해 나가고 있다. 애견 미용 산업은 기본적인 그루밍의 산업 분야를 넘어 그루머가 최선을 다할 수 있도록 도움을 주는 물건들을 생산하는 공급업체, 교육기관 및 경연 대회가 있는 그루밍 콘퍼런스까지 많은 분야의 산업으로 성장하고 있어 반려동물학의 한 분야로 자리 잡아가고 있다.

출처: AKC Dog Show

출처: https://www.businessinsider.com

(2) 한국의 애견 미용

2000년 초반부터 성장하기 시작한 한국의 애견 미용 시장은 사설학원을 시작으로 전국으로 퍼져 나가기 시작하였다. 과도한 인기에 힘입어 전문대학에서도 우후죽순 학과가 개설되는 현상을 보였으나 전문가의 부재로 2010년을 넘기 전에 전국의 대학은 몇 개의 대학만 남기고 문을 닫기도 하였다. 현재 전국의 사설학원에서는 6개월에서 1년까지 급수를 나누어 전문가를 양성하고 있으며, 2022년을 전후로 전문대학을 비롯한 4년제 대학에서 반려동물 관련 학과가 해마다 증가하고 있다.

애견 미용사는 현재 민간자격증에서 출발하여 국가공인 민간자격증인 '반려견 스타일리스트'와 일반 민간자격증인 '애견 미용사' 자격증으로 여러 가지 이름으로 공유되고 있다.

① 한국애견연맹(Korea Kennel Federation, KKF)

한국애견연맹은 개의 종족 보존 및 보급, 올바른 애견 방법의 교육 및 홍보, 동물보호정신의 보급을 목적으로, 1956년 4월 15일 대한민국 농림수산식품부로부터 인가받은 사단법인이다. 60여 년 동안 애견의 순수 혈통 유지 및 관리, 국제적 규모의 각종 도그쇼 개최, 애견 문화 캠페인 등을 추진하며 올바른 애견 문화 정립과 저변 확대를 위해 끊임없이 노력해 온 비영리 애견 단체이다. 세계화 시대에 맞춰 FCI 세계애견연맹과의 긴밀한 협조를 통해 국제적인 규모의 FCI 도그쇼를 매년 개최하며, 지부 클럽 등의 협조를 바탕으로 한 KKF 도그쇼와 스페셜 티쇼 등을 비롯해 사단법인 한국애견연맹 KKF 타이틀로 국내에서 펼쳐지는 수많은 도그쇼를 주최·주관하고 있다. 더불어 모든 애견의 혈통관리를 위한 전산화 시스템 개발, 진도견 국제 공인견 추진, 마이크로칩·DNA 검사 등 첨단 의학 시술, 최근 유망 직종으로 각광 받고 있는 애견 미용사, 핸들러, 훈련사 자격검정과 자격증 발급 등 전문인력 양성에 노력 중이다.

자격 검증은 한국애견연맹 정회원이면서 해당 양성기관에서 소정의 과정을 이수하거나, 그에 상응하는 실력을 갖춘 자로, 3급, 2급, 1급의 시험에 응시할 수 있으며, 2014년 아시아 애견 미용 발전 및 애견 미용사 양성을 위해 한국(KKF), 일본(JKC), 싱가포르(SKC), 중국(CKU), 대만(KCT)을 창립 회원국으로 하는 아시아 애견 미용연맹(Asia Grooming Federation, AGF)이 출범하여 AGF 애견 미용사 자격 인정서를 발행하며 국제적 성장을 도모하고 있다.

한국애견연맹 공식 사이트

시험의 방법(애견 미용사 규정 제16조)

구분	1차 필기시험	2차 실기시험	비고
애견 미용사 3급	견의 역사와 특성 그루밍의 기초 이론 트리밍의 기초 이론 견체학 기초 기초 수의 위생관리학	모델견의 작업 전 상태 브러쉬 미용 기술 모델견의 완성도 도구의 취급수준 모델견의 취급수준	
애견 미용사 2급	애견 클럽의 이해 그루밍의 실무 이론 트리밍의 실무 이론 견체학 기초	모델견의 작업 전 상태 브러쉬 미용 기술 모델견의 완성도 도구의 취급수준 모델견의 취급수준	
애견 미용사 1급	그루밍의 고급 이론 트리밍의 고급 이론 견종학 견체학 실무 수의 위생관리학 애완동물 개론 및 심리	모델견의 작업 전 상태 브러쉬 미용 기술 모델견의 완성도 도구의 취급수준 모델견의 취급수준	

수험자격

구분	비고
3급	본 연맹 정회원이며 해당 양성기관에서 소정의 과정을 이수하거나, 그에 상응하는 실력을 갖춘 자
2급	본 연맹 정회원이며 애견 미용사 3급 자격 또는 펫 트리머 자격을 취득하고 1년이 경과한 자. 단, 상기요건의 자격을 취득한 후 본 연맹 지정 애견 미용학원 또는 산학협력학교에서 2급 교육 과정을 모두 수료한 자는 학원장 또는 학과장의 추천에 따라 기간에 상관없이 애견 미용사 2급 응시 자격이 주어진다.
1급	본 연맹 정회원이며 애견 미용사 2급 자격을 취득하고 2년이 경과한 자. 단, 애견 미용사 2급 자격을 취득한 후 본 연맹 지적 애견 미용학원 또는 산학협력학교에서 12개월 이상의 교육과정을 수료한 자에 대해서는 1급 응시 자격이 주어진다.
교사	본 연맹 정회원이며 25세 이상인 자로 애견 미용사 1급 자격을 취득하고 실무 경력이 3년 이상인 자
사범	본 연맹 정회원이며 30세 이상으로 애견 미용사 교사 취득 후 3년 이상의 강사에 준하는 경력을 가지고 있으며, 연맹 발전에 기여한 자 (단, 애견 미용사 명예사범의 자격검정은 서류심사로 대체한다.)
명예사범	본 연맹 정회원이며 사업 및 발전에 혁혁한 공헌을 한 자 (단, 애견 미용사 명예사범의 자격검정은 서류심사로 대체한다.)
심사위원	애견 미용사 심사위원 규정에 의한다.

② **한국애견협회**(Korean Kennel Club, KKC)

한국애견협회는 순수견종등록단체인 전견등록협회가 1986년 애완동물보호협회로 명칭을 변경하여 운영하다가 애견 문화 정착 목적으로 1988년에 한국애견협회를 설립하고 2001년 12월 22일 대한민국 농림수산식품부 소관의 사단법인으로 등록하였다. 한국애견협회는 국내 애견 문화를 정착시키는 계기를 마련하고, 국제적으로도 한국을 대표하는 애견 단체로 자리매김하는 업적을 이루었다. 정확한 혈통 관리를 위하여 아시아 단체로는 최초로 귀 색인과 전자칩 시스템을 도입하였고, 도그쇼의 대중화와 디스크독, 어질리티, 플라이볼, 도그 댄스 등의 애견스포츠를 국내로 보급하고 정부의 애견 정책 사업에도 많은 참여를 하고 있다.

③ 반려견 스타일리스트

반려견 스타일리스트는 반려견에 대한 전문가적인 지식, 능숙한 미용 능력 등을 검정하는 국가공인 자격시험으로, 2019년에 농림축산식품부로부터 지정받았다. '애견 미용사'라는 민간 자격으로 운영해 온 것이 「국가기술자격법」 제18조에 따라 '미용사' 명칭이 포함되는 기존 '애견 미용사' 명칭으로는 운영할 수 없어 '반려견 스타일리스트'로 명칭을 변경했다. 현재 반려견 스타일리스트 자격은 약 2만 명 이상의 취득자가 있으며, 애견 미용실, 애견숍, 동물병원 등 다양한 분야에서 활동 중이다. 기존 애견 미용사 자격검정은 10여 개 기관에서 비공인 자격증을 발급 중이다. 반려견 스타일리스트는 다양한 견종에 대한 능숙한 미용 능력, 미용 교육을 할 수 있는 전문가적인 지식과 기술 능력 등을 검정하는 것을 직무 내용으로 한다. 사범과 공인자격인 1급, 2급, 3급의 등급으로 시행 중이며, 검정 방법은 필기시험(객관식) 및 실기시험으로 시행되며, 년 6회씩 진행된다.

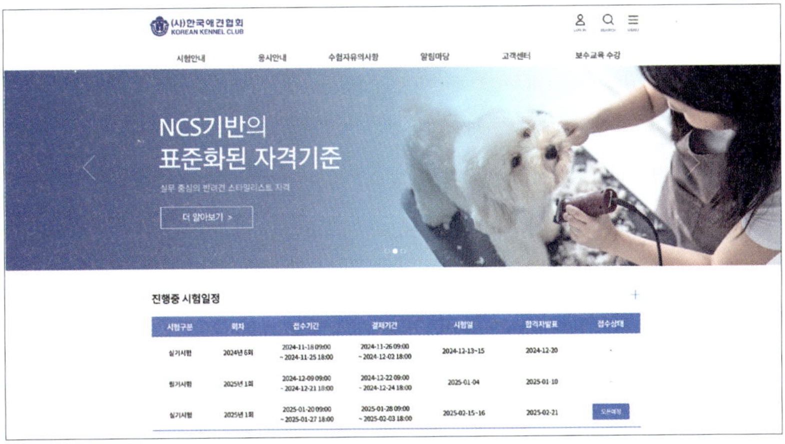

한국애견협회 반려견 스타일리스트 공식 시이트

검정과목

등급	구분	시험과목(문항)	시험방법(시험기간) 실기: 위그 사용
사범 (비공인)	필기	반려견고급미용(25)	총 25문항(30분) 5지선다형 객관식
	실기	반려견쇼미용	기술시현(90분) 1. 잉글리쉬새들클립 3. 퍼피클립 2. 컨디넨탈클립
1급 (공인)	필기	1. 반려견일반미용(25) 2. 반려견고급미용(25)	총 50문항(60분) 5지선다형 객관식
	실기	반려견쇼미용	기술시현(120분) 1. 잉글리쉬새들클립 3. 퍼피클립 2. 컨디넨탈클립
2급 (공인)	필기	1. 반려견일반미용(25) 2. 반려견특수미용(25)	총 50문항(60분) 5지선다형 객관식
	실기	반려견응용미용	기술시현(120분) 1. 맨하탄클립 4. 다이아몬드틀립 2. 볼레로맨하탄클립 5. 더치클립 3. 소리터리클립 6. 피츠버그더치클립
3급 (공인)	필기	1. 반려견미용관리(20) 2. 반려견기초미용(10) 3. 반려견일바미용(20)	총 50문항(60분) 5지선다형 객관식
	실기	반려견일반미용	기술시현(120분) 1. 램클립

검정기준

구분	비고
사범 (비공인)	반려견 미용에 관한 이론 지식과 더불어 관련 교육 프로그램에 포함되어 있는 최고급 지식을 이용하여 반려견 미용에 활용하고 실무에 적용할 수 있는 능력의 유무
1급 (공인)	반려견 장모 관리, 쇼미용에 관한 이론 지식과 더불어 관련 교육 프로그램에 포함되어 있는 고급 지식을 이용하여 반려견 미용에 활용할 수 있는 능력의 유무
2급 (공인)	반려견 검색, 응용 미용에 관한 이론 지식과 더불어 관련 교육 프로그램에 포함되어 있는 상급 지식을 이용하여 반려견 미용에 활용할 수 있는 능력의 유무
3급 (공인)	반려견 안전위생 관리, 지자재 관리, 고객 상담, 목욕, 기본미용, 일반미용에 관한 이론 지식과 더불어 관련 교육 프로그램에 포함되어 있는 중급 지식을 이용하여 반려견 미용에 활용할 수 있는 능력의 유무

검정방법 및 합격기준

검정방법	검정시행 형태	합격기준
필기시험	5지선다형 객관식 (OMR카드 이용)	– 100점 만점에 과목별 40점 이상 취득, 전 과목 평균 60점 이상 취득 – 필기시험 합격은 합격자 발표일부터 만 1년간 유효함
실기시험	위그를 이용한 기술시현	100점 만점에 60점 이상 취득

CHAPTER 10

Dog Sports and Activity

학습목표

1. 독스포츠의 종류와 간단한 경기규칙을 설명할 수 있다.
2. 독스포츠에 필요한 도구를 선별하고 운영방식을 설명할 수 있다.

Dog Sports란, 말 그대로 반려견이 하는 스포츠 또는 반려견과 사람이 함께 즐길 수 있는 스포츠를 말한다. 반려견을 키워 본 적이 있는 사람은 이해하겠지만 개의 활동성 및 운동성은 단순히 주기적인 산책만으로는 해소시키기 어려운 부분이 많으며, 이러한 개의 기본적인 욕구를 해소시켜 주지 않음으로 인해 여러 가지 문제를 발생시키기도 한다.

이러한 이유로 최근 들어 반려인들은 반려견과 함께 할 수 있는 독스포츠에 관심을 가지기 시작했고, 점차 사람과 함께할 수 있는 독스포츠의 종류를 늘려 나가는 추세이다.

반려인과 함께할 수 있으면서 성취욕과 만족도를 높일 수 있는, 또는 야외 활동 중에서도 반려견의 활동적인 욕구를 더 풀어 줄 수 있는 독스포츠는 다음과 같다.

1. 어질리티(Agility)

1) 개요 및 역사

어질리티의 사전적 의미는 개에게 여러 종류의 장애물을 통과하여 목적지까지 달리게 하는 일종의 장애물 달리기를 말한다. 어질리티는 반려견의 민첩성을 기를 수 있는 최고의 활동으로, 견주 혹은 핸들러와의 호흡이 아주 중요한 독스포츠 중 하나이다. 여러 가지 상황에서 있을 수 있는 주인과의 교감과 훈련으로 다져진 팀워크까지 보여 줄 수 있는 멋진 반려견 스포츠로 국내에도 많은 마니아들이 함께하고 있다.

어질리티는 1978년 영국의 크러프츠 도그 쇼에서 처음 소개되었으나 이미 1970년대 초반 농업 관련 박람회와 공개 전시회에서 소개되고 있었다. 훈련사 피터 민웰(Peter Meanwell)은 이를 코스 공연으로 발전시켜 관객에게 소개하였으며, 좀 더 발전시켜 시합을 주최하는 협회를 조직하였고 1980년에 영국 켄넬 클럽이 첫 공식 시합 규정을 채택하고 행사를 처음으로 개최하였다. 북미에서 영국으로 출장을 간 케네스 태치(Kenneth Taechi)는 1985년 런던에서 열린 크루프츠 도그쇼에 참석하여 어질리티를 처음 보고 큰 흥미를 느꼈다. 그후 미국으로 돌아와 미국 개어질리티협회(United States Dog Agility Association, USDAA)를 만들고 대대적 홍보를 하였으며, 1991년부터 1996년까지 Pedigree사가 후원하는 국가대표팀을 통해 반려견과 함께할 수 있는 스포츠로 대중에게 소개하였다. 미국팀은 자국에서의 큰 인기를 얻어 큰 성과를 거두었으며, 튼튼한 결집력으로 FCI 세계애견박람회에 미국 챔피언 팀을 내보낼 정도로 번성하며 국제애견스포츠연맹을 결성하고, 차별이나 편견 없이 올림픽 이념을 추구하며 강아지의 민첩성 개발과 기타 관련 아마추어 스포츠를 홍보하는 독립적인 스포츠 기관으로 입지를 굳혀 나갔다.

현재는 세계적으로 많은 국가가 이 경기에 매료되었으며, 미국을 비롯한 유럽 각국에서 매우 활발하게 발전되고 있다. 영국의 어질리티 팀들은 검역 관계로 해외 대회에는 참석하지 않고 있어 세계적인 경쟁 시합은 참여하지 않는 편이지만 국민들의 열정과 실력은 훌륭한 편이다.

우리나라는 대학의 수업과정 또는 일부 훈련에 관심이 높은 사람들 중심으로 시작은 하였지만 공간과 시설의 부족으로 아주 미미한 상태이다. 하지만 지역별로 반려견들이 이용할 수 있는 테마파크가 늘고 있는 상황에서 관심도가 예전에 비해 높아진 것은 사실이다. 다행히 최근 인터넷으로 어질리티에 대한 많은 정보를 소개하고 있고 반려동물과 함께하는 스포츠 문화로 인식되기를 희망하는 사람이 많아지고 있어 우리나라도 발전하는 단계라고 생각한다.

어질리티에서 핸들러는 자신의 반려견과 함께 야외 운동장에서 예상되지 못한 장애물을 통과하며 훈련으로 다져진 집중력 있는 교감을 보여 줌으로써 감점 없는 미션 수행으로 완주하고 다른 반려견 팀과 일분일초를 다투는 시간적 경쟁에서 승자를 결정짓는 스포츠이다. 장애물 코스에는 장애물을 점프하고 그 사이를 통과하는 난이도 있는 과정이 포함되어 있어 반려견의 건강과 안전을 항상 유념하며 훈련에 임해야 한다. 함께할 수 있는 반려견의 품종도 다양하며, 소형견에서부터 대형견까지 누구나 훈련과 연습만으로 대회에 참가할 수 있다.

개인적으로 전반적인 장비를 갖추기가 쉽지 않기에 전문 반려견 운동장을 이용해야 하는 어려움이 있으나 기본 복종 훈련에서부터 팀워크를 다지면 경기를 준비할 때까지 사람(핸들러)과 반려견의 긴밀한 상호 협조 관계는 교감을 넘어 소통이라는 커뮤니케이션 단계까지 완성할 수 있는 훌륭한 스포츠이다.

어질리티에 참여하는 개의 품종으로 특별히 정해진 것은 없으며, 치와와나 몰티즈 등의 소형 견종부터 세인트버나드 등의 대형 견종까지 모두 할 수 있으며, 믹스견이라도 상관없다. 그러나 많은 참가자들이 보더 콜리와 푸들 등 기질적으로 훈련이 잘되고 속도도 빠른 견종을 선택하여 경기장에서 대세를 이루고 있는 편이다. 하지만 어질리티가 가지는 매력은 품종을 가리지 않고 반려견과 함께 교감하며 누구나 가장 즐겁게 즐길 수 있는 독스포츠라는 것이다.

2) 어질리티 진행 방식 및 규정

(1) 장애물의 종류

① 허들

싱글 허들은 체급에 따라 높이를 조절할 수 있으며, 폭은 120~150cm이다. 허들바의 직경은 3~5cm이며, 강아지의 분별력을 돕기 위해 3가지 이상의 색으로 구성한다. 허들의 지지대 역할을 하는 허들윙은 40~60cm의 폭, 높이 1m 이

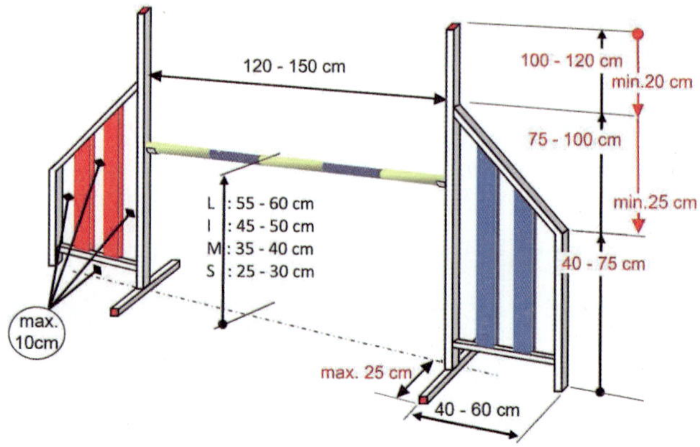

허들(Hurdle)

출처: FCI.

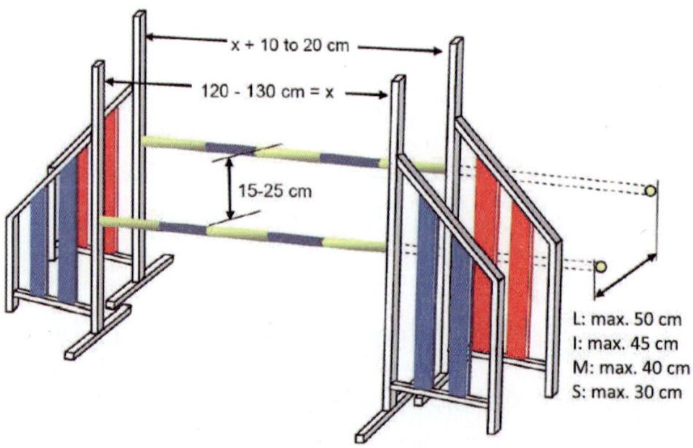

복식 허들(Spread hurdle)

출처: FCI.

상으로 구성되어 있어서 허들이 넘어지지 않도록 무게 중심을 잡아 준다. 허들 윙 내부로는 시합을 하는 강아지가 지나갈 수 없도록 설계하여야 한다. 하지만 속도를 내고 있는 시합견들의 사고 방지를 위해 완전 고정을 하지 않는다. 조금 더 난도를 높이기 위해 복식 허들(Spread hurdle)을 설치할 수도 있다. 허들 2개를 높이의 단차를 두어 배치한 것으로, 15~25cm의 높이 차이를 두며 둔다.

② A 프레임

핸들러는 강아지가 사다리를 쭉 올라갔다가 끝까지 내려오게 만들어야 하고, A 프레임 양쪽 끝에 있는 두 접촉점에 반드시 디딜 수 있도록 훈련을 해야 한다.

너비는 90~115cm, 높이는 170cm, 총길이는 265~275cm가 되도록 준비한다. 정상의 두 판자가 맞닿은 쪽은 안전을 위해 덮개로 덮어 두는 것이 좋으며, 하단의 접촉점은 양쪽 끝에 있는 다른 색깔의 1m 길이의 구간이다.

반칙 및 벌점

개가 발로 접촉점을 닿지 않을 경우: -5점
개가 오르는 도중 뛰어내릴 경우: 무효
개가 프레임 위로 가지 않고 통과하는 경우: 무효

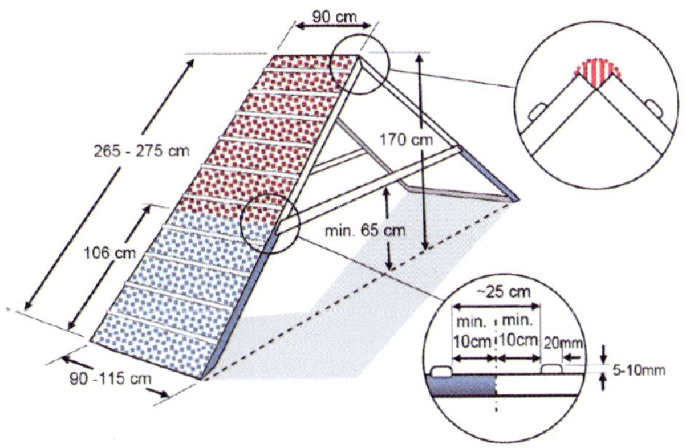

A 프레임(A-frame)

출처: FCI.

③ 시소(평균대)

핸들러는 강아지가 시소에 올라 건너 반대편으로 내려오게 훈련을 해야 하며, 마지막 접촉점을 반드시 디뎌야 한다. 30cm 너비의 판자로 구성되며, 상단의 높이는 60cm, 총길이는 360~380cm이며, 시소의 기울여지는 속도가 너무 빠르거나 느려지지 않도록 기울기 속도를 미리 잘 조절해야 한다.

시소 역시 올라갈 때와 내려올 때의 양 끝 90cm 지점인 두 접촉점을 밟아야 한다. 두 접촉점은 다른 색깔로 표기해 둔다.

반칙 및 벌점

발로 접촉점을 닿지 않을 경우: -5점
시소가 수평이 되는 상태에서 땅에 아직 닿지 않았을 때 뛰어내릴 경우: -5점
오르는 도중 뛰어내릴 경우: 무효
개가 시소의 수평점을 지나기도 전에 뛰어내릴 경우: 무효
시소 밑으로 달릴 경우: 무효

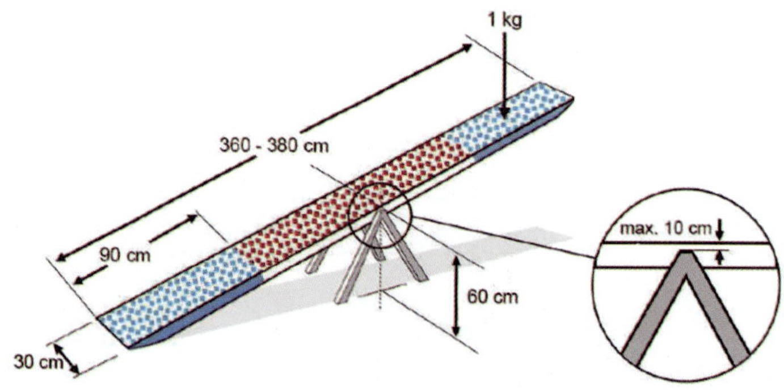

시소(평균대See-saw)

출처: FCI.

④ 위브 폴

시합에 출진한 강아지는 달리면서 각각의 막대들을 오른쪽과 왼쪽으로 통과해야 한다. 위브 폴의 지름은 3~5cm이며, 폴대의 높이는 100~120cm, 60cm 간격으로 설치하도록 한다. 폴대는 안전을 위해 나무나 합성재질로 만들며, 지지대는 최대 8mm의 높이로 강아지가 폴대를 지날 때 지지할 수 있도록 한다.

반칙 및 벌점

개가 처음 막대를 반대 방향으로 정했을 경우: 무효
개가 막대를 지나는 도중 실수했을 경우: -5점

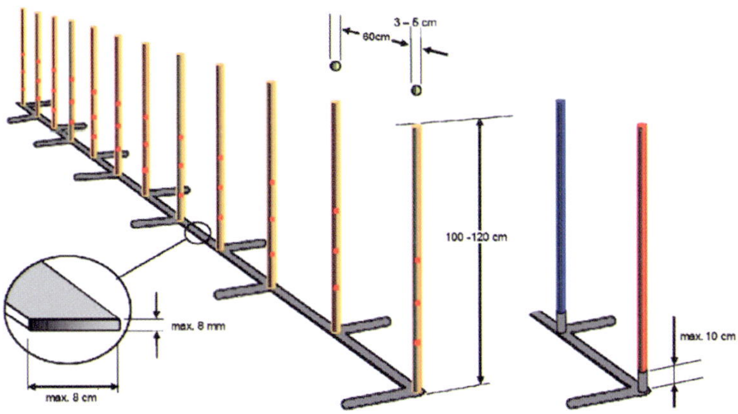

위브 폴(Weave poles)

출처: FCI.

⑤ 터널

출진견은 핸들러의 지시대로 혼자서 끝이 보이지 않는 터널을 통과하여야 한다. 터널의 지름은 60cm이며, 길이는 300~600cm로 다양한 편이다. 재질은 안전을 생각하여 부드러운 재질을 사용하며, 흔들리지 않도록 모래주머니를 사용하여 1미터당 한 개씩 고정하여 준다.

반칙 및 벌점

개가 터널 위로 뛰어다니거나 그 위로 점프할 경우: 무효
개가 터널을 건드리지만 지나가지 않는 경우: 무효
개가 들어는 가지만 터널을 통과하지 않는 경우:무효

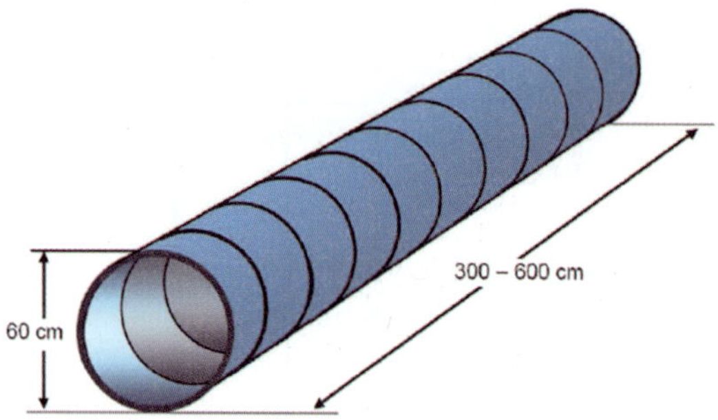

터널(Tunnel)

출처: FCI.

⑥ 도그워크

도그워크는 시소와 마찬가지로 너비는 30cm, 높이는 120~130cm로 구성한다. A 프레임도 가지고 있지만 경사로에는 미끄럼을 방지하는 발 디딤틀 슬렛이 25cm 간격으로 있어야 하고 이 슬렛은 너비 2cm, 두께 0.5~1cm이어야 한다. 시소처럼 양 끝에는 접촉점이 있어야 하는데 마지막 90cm 지점에 다른 색상으로 표기해 둔다.

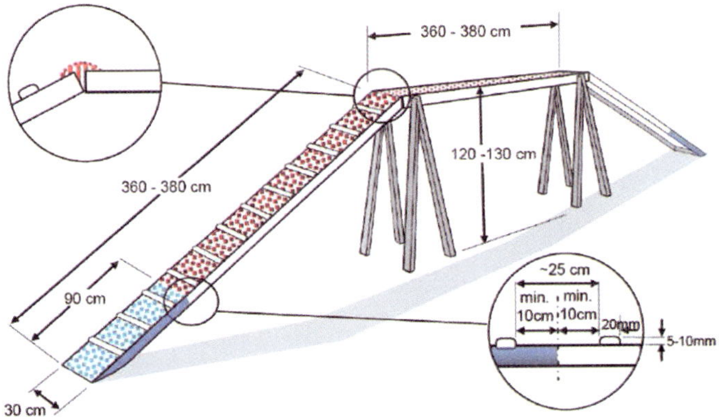

도그워크(Dog-walk)

출처: FCI.

⑦ 타이어

허들과 마찬가지로 체급에 따라 타이어의 높이가 달라진다. 넘어지지 않도록 프레임과 같이 지지대가 있어야 하며 8kg의 무게에 해당하는 힘을 받으면 분리되어야 하는 조건을 가지고 있다. 완전 원형의 타이어보다는 현재 U자형의 타이어를 사용하고 있다. 지름은 50~60cm, 외부 너비는 8~12cm로 구성한다.

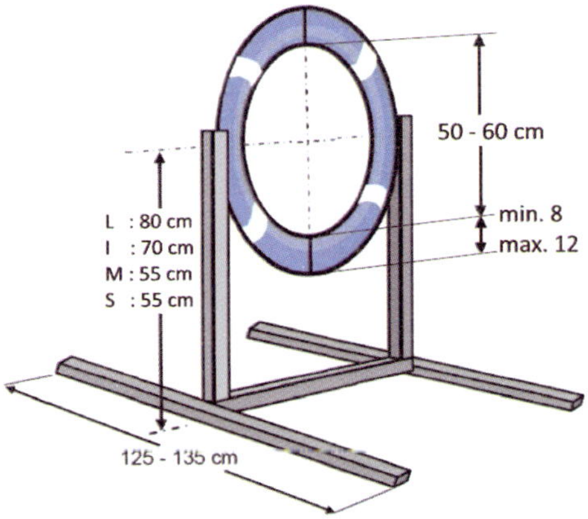

타이어(Tyre)

출처: FCI.

⑧ 벽

체급에 따라 다른 높이를 가질 수 있는 벽은 통과하는 가벽에 뚫려 있지 않은 상태이어야 한다. 100~120cm의 높이와 20~40cm 너비의 기둥에 가벽을 쌓아 만든 장애물로서 가벽의 너비는 10~20cm이고, 가장 상단의 가벽은 안전을 위해 반원 형태로 제작되어 사용하고 있다.

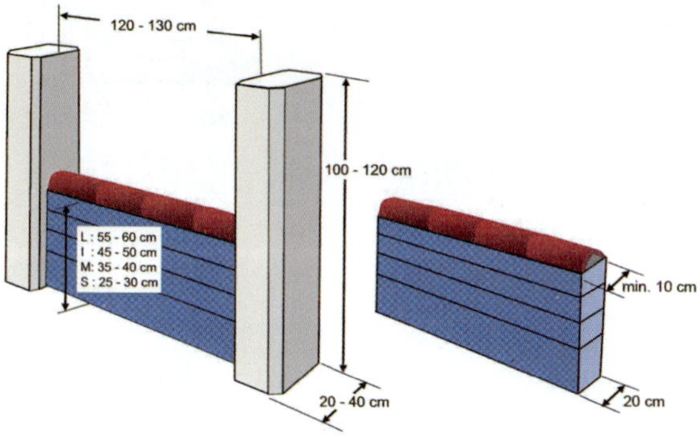

벽(Wall)

출처: FCI.

⑨ 점프

점프 장애물에 속하며, 얼마나 멀리 뛸 수 있는지를 평가하는 방식으로, 바닥에 유닛을 놓아 그 수를 늘려 장애물의 강도를 조절한다. 유닛의 너비는 전면 120cm, 후면 150cm, 폭 15cm로 동일하며, 체급에 따라 유닛의 개수가 달라진다.

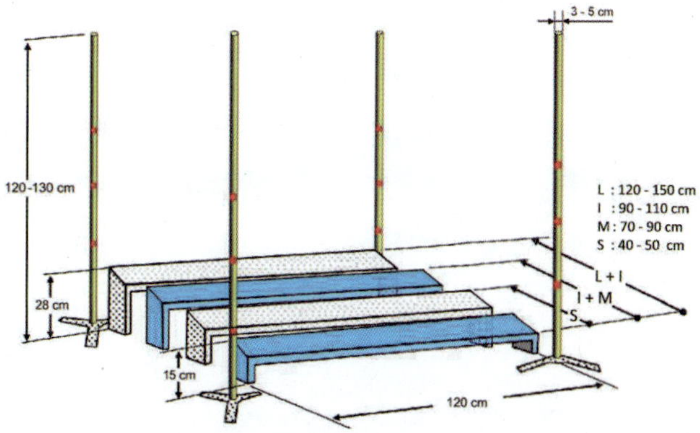

점프(Jump)

출처: FCI.

(2) 경기방법

어질리티는 대략 15~22개의 다른 장애물을 핸들러의 지시에 따라 통과하게 된다. 접촉 장애물과 위브 폴은 시작과 마무리 장애물로 사용할 수 없으며, 최소 4.5m의 거리를 두고 연속 장애물을 설치하도록 한다. 일반적으로 5m 이상의 거리를 두지만 최대 거리에 대한 제약은 크게 두지 않는다. 넘는 장애물 2종류(허들, 롱 점프), 통과 장애물 3종류(소프트터널, 하드터널, 타이어), 접촉 장애물 3종류(A 프레임, 시소, 도그워크)에 위브 폴까지 다양한 장애물의 종류를 배정하여 경기를 한다.

핸들러는 출발선에서 목줄을 풀고 출발하며, 경기 중에 어떠한 물건도 소지할 수 없다. 경기 중 핸들러의 위치는 제약이 없으나 장애물이나 강아지를 접촉할 수 없으며, 장애물을 핸들러가 넘어서도 안 된다. 어질리티 경기는 표준시간의 계산법이 정해져 있으며, 제한 시간도 기준이 정해져 있으니 참가하고자 하는 시합의 규정을 미리 확인해 볼 필요가 있다.

(3) 코스

어질리티 코스는 심사위원에게 결정권이 있으며 심판관과 점수집계자, 경기보조진행원, 방송보조자 등이 경기 운영에 필요하다. 코스는 2번 이상 그 방향의 변화가 있도록 설계되어야 하며, 핸들러와 강아지의 기량을 잘 돋보일 수 있도록 구성한다.

경기 진행의 순서는 장애물 옆에 숫자로 표기하며(단, U자형 터널은 터널 가운데 중앙에 그 숫자가 표기) 통과 방향은 규정된 것이 없으므로 양방향 자유로이 통과할 수 있다. 하지만 시간 단축을 위한 방향은 시합 전 핸들러의 날카로운 시신에 의해 이미 결정이 난다.

시합 전 코스 연습은 허용되지 않으나, 핸들러는 시합 전 코스를 걸을 수 있어 동선을 확인하여 자신의 코스를 설계할 수 있다. 출발선에서 심판의 출발 신호를 받아야 출발할 수 있고 15초가 지나면 자동으로 시간이 시작된다. 심판관과 점수집계자, 경기보조진행원, 방송보조자 등이 필요하다.

실패

* 실패횟수는 무한정 카운팅하며 5점씩 감점한다.
1. 표준시간을 초과한 만큼 감점
2. 출발, 골인 지점을 핸들러가 통과한 경우
3. 핸들러가 경기 중인 개를 고의로 접촉하는 경우
4. 핸들러가 고의로 장애물을 접촉한 경우
5. 시소의 판이 땅에 닿기 전에 개가 뛰어내린 경우
6. 테이블에서 떨어진 경우
7. 위브 폴의 출구를 생략한 경우
8. 허들의 바를 접촉하여 떨어지게 한 경우
9. 롱 점프 장애물을 접촉한 경우
10. 접촉 장애물에서 접촉 부분을 누락한 경우
11. 경기 중인 개가 경기장을 벗어난 경우

거부

* 3회 거부 시 실격되며, 각 횟수당 5점씩 감점한다.
1. 개가 장애물 위에서 정지하여 진행하지 않는 경우
2. 개가 장애물을 기피하여 도주하는 경우
3. 타이어를 통과하지 않고 우회 통과하는 경우
4. 테이블 밑으로 들어가는 경우
5. 터널 입구에 다리나 얼굴을 넣었다가 후퇴한 경우
6. 롱 점프 시 장애물을 대각선으로 통과한 경우
7. 접촉 장애물 진행 도중 뛰어내린 경우

실격

* 실격 시 경기장에서 퇴장해야 한다.
1. 표준시간을 초과한 만큼 감점
2. 출발, 골인 지점을 핸들러가 통과한 경우
3. 핸들러가 경기 중인 개를 고의로 접촉하는 경우

4. 핸들러가 고의로 장애물을 접촉한 경우
5. 시소의 판이 땅에 닿기 전에 개가 뛰어내린 경우
6. 테이블에서 떨어진 경우
7. 위브 폴의 출구를 생략한 경우
8. 허들의 바를 접촉하여 떨어지게 한 경우
9. 롱 점프 장애물을 접촉한 경우
10. 접촉 장애물에서 접촉 부분을 누락한 경우
11. 경기 중인 개가 경기장을 벗어난 경우

(4) 경기장 규정

경기장의 넓이는 최소 20m×40m 이상이어야 하며, 2개의 경기장을 설치할 때는 두 경기가 서로 방해되지 않도록 10m 이상 떨어뜨려야 한다. 직선으로 된 코스는 없으며, 장애물 코스는 최저 2회의 방향 전환이 되도록 배치한다. 대회 운영회는 예비 공간을 마련하여 경기 전에 개들이 워밍업을 할 수 있는 공간을 준비한다. 경기의 표준시간 설정은 장애물 배치 난이도, 개의 주행 속도 등에 따라 결정되며, 장애물의 높이는 출진견의 체고에 따라 다르게 준비한다.

체고 구분과 점핑 장애물 한계 높이

- Small: 34.99cm까지 25~35cm
- Meduim: 35~42.99cm까지 35~45cm(최저 최고의 한계)
- Large: 43cm 이상은 55~65cm

표준시간과 제한시간의 계산

- 170m의 코스를 매초 3.1m로 할 경우 표준시간(170÷3.1)은 55초가 되고 제한시간은 표준시간의 1.5배인 83초가 된다.
- 제한시간은 표준시간의 1.5~2배까지이며, 코스의 난이도에 따라 조정된다.

2. 디스크독(Disc Dog)

1) 개요 및 역사

사람들끼리 원반을 주고받던 놀이에서, 개에게 원반을 던져 주는 놀이로 변한 대표적인 독스포츠로, 디스크독 혹은 프리스비를 이야기할 수 있다. 1970년 플라잉 디스크 시합을 통해 널리 알려지게 된 원반던지기는 그전까지는 사람들의 놀이로 잘 알려져 있었다. 아동이 넓은 잔디밭이나 해변에서 친구들과 던지고 노는 놀이로 알려져 있었으나 1974년 메이저리그 야구장에서 자신의 강아지와 함께 프리스비를 하고 있는 모습이 생중계되면서 강아지와 함께하는 프리스비가 많은 사람들에게 알려졌다. 이날 방송을 탔던 알렉스 스테인(Alex Stain)은 훗날 펼쳐진 미국 내 디스크독 시합에서 3년이나 우승을 차지해 유명세를 만들었다. 그는 친구들과 함께 디스크독 협회를 만들었으며, 현재도 그의 이름을 딴 챔피언십이 펼쳐지고 있다.

2) 디스크독 진행 방식 및 규정

(1) 원반의 종류

출처: 위키백과

과거에 반려견과 함께하는 원반던지기에서는 한 번 시합에 참가하면 시합에 몰두하거나 너무 긴장한 나머지 5~6개의 원반을 무서운 힘으로 부숴버리기도 하였는데 요즘 나오는 가볍고 단단한 재질의 폴리머 원반이 시판되기 시작하면서 핸들러의 부담을 줄일 수 있었다. 과거의 원반은 무겁고 단단하였으며 던져야 하는 사람이나 물어야 하는 개에게 부상을 입힐 정도로 단단하고 무거웠었다. 또 플라스틱 재질의 날아오는 원반이 바닥에 떨어지거나 개의 무는 힘을 이기지 못해 부서지는 경우, 부상을 초래할 수 있어 더욱 주의가 필요했다. 그러나 이 모든 고민을 해결해 줄 수 있는 반려견 전용 원반이 시판되면서 프리즈비는 한층 더 많은 마니아들을 양성해 낼 수 있었다. 디스크독 전용 원반을 생산하는 H사의 경우 오랜 기간 디스크독 시합을 주관하며 선수들과 시행착오를 거치면서 연구를 거듭하였으며, 미국에서 그 특허권을 인정받아 전 세계에 판매 중이다. 원반은 크게 스탠더드 타입, 소형견용 원반, 추운 날씨에도 모양이 변함이 없는 동계용 원반, 부드럽고 유연한 원반, 야광 색이 회전을 하면서 화려한 색을 돋보이게 만드는 원반 등 많은 제품이 시중에 판매되고 있다.

(2) 원반던지기

출처: 위키백과

디스크독 경기는 보통 핸들러의 기술과 경험이 굉장히 중요하다. 핸들러의 정확한 원반던지기는 정교함을 요구하며, 이와 함께 출진견의 정확한 추적(Tracking)과 잡기(Catching)가 조화가 되어야 환상의 팀이 이루어질 수 있기 때문이다. 멀리 던지는 능력도 중요하며, 장거리 시합에 있어 남성과 여성의 구분을 가지기도 하지만 일반적으로 남자 및 여자부는 동일한 조건으로 시합을 한다.

① 원반 던지는 방법

원반 던지는 방법은 백핸드 던지기 방법을 기본으로 사용하며, 디스크독 시합에서 가장 많이 사용되는 기법이다. 한 번만 잘 익히면 많은 응용기술을 보일 수 있으며, 허리의 회전과 손목, 팔꿈치, 어깨의 회전을 잘 이용해 원반을 부드럽게 감싸안았다가 회전을 하면서 그 감김을 펴주다가 마지막에 손목 스냅으로 원반을 뿌려 주는 방법이다. 이 스로잉이 익숙해지면 기본 백핸드 던지기에서 여러 변형을 선보이는 프리스타일 던지기 기술도 다양하게 선보일 수 있다.

백핸드 던지기 기술과 함께 포핸드 던지기 기술도 다양하게 사용된다. 처음 배울 때는 백핸드보다 그 방법이 어려워서 익히는 데 시간이 필요하다. 백핸드 던지기보다 날아가는 거리도 짧고 방향성과 정확도가 백핸드에 비해 떨어지는 편이라 많은 비중을 차지하지는 않지만 프리스타일 경기 종목에서는 다양하게 사용되고 있다.

(3) 디스크독 경기 방식

디스크독 대회에서 핸들러가 던지는 원반을 출진견이 달려가서 무는 디스턴스(distance catching), 어느 정도 흥미와 다양함을 쇼 형식으로 소개하는 프리스타일(freestyle catching)과 같은 종목으로 시합이 이루어진다. '프리스비(Frisbee)'는 'Wham-O사'가 보유하고 있는 플라잉 디스크(flying disc)의 상표권으로 인하여 '디스크(Disc)'라는 용어를 사용하게 되었다. 참여할 수 있는 개의 견종은 제한이 없다. 다만, 디스턴스 캐칭은 만 12개월 이상, 프리스타일 캐칭은 만 18개월 이상의 강아지가 참여할 수 있으며, 발정기 개는 출진할 수가 없다. 기타 종목으로는 두 명의 핸들러와 한 마리의 출진견이 던지고 받기를 하는 경기 방식의 페어 스포츠, 소형견만이 겨룰 수 있는 마이크로독스포츠 종목이 있다.

① Distance/Accuracy 종목

Distance/Accuracy 종목은 빠른 속도가 매력적인 경기로, 시합에 나온 출진견이 최대한 원반을 많이 물어와 그 점수를 합산하며 진행되는 경기이다. 다이아몬드 모양의 경기장은 던지는 라인으로부터 각각 10, 20, 30, 40 야드 거리에 점수 공간이 그려져 있어 각 구간에서 강아지가 원반을 잡게 되면 각각의 점수를 모으게 된다. 핸들러는 경기 시작 전 라인 뒤에서 대기하고 있다가 심판의 신호에 따라 대기석으로 들어서면 심판의 시작 신호를 듣게 된다. 참가자는 강아지를 필드로 먼저 보내거나 원반을 먼저 던진다. 원반을 던질 수 있는 방향은 핸들러에게 자유롭게 주어지지만, 단 경기가 시작되면 한 경기에서 던지는 방향은 일관적으로 한 방향으로 진행되어야 한다.

이 종목은 한 개의 원반으로 60초 동안 최대한 많은 점수를 얻어야 한다. 만약 원반에 문제가 있다면 자신이 준비한 여분의 원반으로 중간에 교체가 가능하지만 처음부터 여러 개의 원반을 사용하지는 못한다. 경기가 진행되는 동안 시간 안내(30초, 10초, 5초가 남았을 경우)가 되어서 핸들러의 경기 진행을 지원하고 있으며, 오버타임 후 획득한 점수는 점수 카운터에서 제외된다.

경기 규칙

- 경기 시작 신호 전 강아지가 던지는 라인을 먼저 지나갔다면, 무효 처리되고 재경기에 들어간다.
- 핸들러는 라인 양 끝에 있는 콘 사이에서 던지며, 원반을 던지는 중에 라인을 넘어가거나 벗어나면 이때 득점한 점수는 무효가 된다(foot fault).
- 마지막 종료 신호가 울리기 전 핸들러가 던진 원반이 강아지가 득점 지역 안에서 잡았다면 그 점수는 인정된다.
- 강아지가 잡으려고 한 원반이 튀어서 이중 점프가 된다면 그 잡기가 마무리가 된 장소에서의 점수를 인정받게 된다.
- 공식 득점 라인 안에 강아지의 발이 모두 들어간 채 잡아야 하며, 만약 득점 지역의 경계에 걸쳐서 원반을 잡았다면, 낮은 점수 득점 라인의 기준에 따르게 된다.
- 득점(10야드 이하에서 잡은 것은 점수로 인정되지 않음)

  ㉮ Zone 1(10~20 야드) 1점
  ㉯ Zone 2(20~30 야드) 2점
  ㉰ Zone 3(30~40 야드) 3점
  ㉱ End Zone(40~50 야드) 5점

  » 0.5점 추가 보너스: 강아지가 점프하며 모든 발이 깔끔하게 공중에 뜬 채 원반을 잡고 다시 모든 발이 득점 지역 안에 착지

② Freestyle(프리스타일 종목)

Freestyle은 말 그대로 자유 형식이며, 공연처럼 자유로운 안무로 짜인 루틴(routine)으로 심사위원으로부터 점수를 평가받는다. 핸들러와 출진견의 노력이 그대로 들어 있는 팀워크와 강아지의 역동성, 많은 훈련으로 이루어 낸 기술, 핸들러의 원반 스로윙이 성공적으로 이루어지는지를 가장 중요하게 본다. 심사위원은 각 팀이 정해진 시간 내에 흥미롭고 다양한 안무를 선보이며 출진견과의 호흡으로 성공하는지의 능력을 주 채점으로 평가한다.

핸들러의 몸을 밟고 점프를 하는 동작인 '볼팅'은 성공 항목의 필수 항목이 아니기 때문에 최소화하거나 넣지 않도록 한다. 넣고 싶다면 과도하지 않도록 안전한 높이를 고려하여 진행하며, 연속 볼팅은 우리가 생각하는 것과 달리 그리 높은 점수를 얻지 못한다. 대회에 참여한 선수 중 볼팅 기술이 없이도 우승하는 모습을 쉽게 볼 수 있다.

일반적인 Freestyle을 하는 팀은 최대 90초까지 주어지며(세계 챔피언십은 120초) 심사위원들이 4개의 항목을 중심으로 평가하여 최고 10점의 점수가 만점이다. 안무는 최소 60초(세계 챔피언십은 90초) 이상 진행되어야 하며, 시간을 준수해야 점수를 얻을 수 있다. 음악은 참가팀이 준비할 수 있으며, 음악만 들어 있는 CD나 USB를 자신의 경기 트랙과 이름을 잘 보이게 표기하여 본부석에 미리 제출해야 한다.

Freestyle 참가자는 최대 5개의 원반을 사용할 수 있다. 경기의 시작은 원반이 날기 시작하거나 출진견이 땅에 있는 원반을 잡거나 들어 올릴 때, 또는 핸들러나 출진견의 몸에 있는 원반을 잡을 때부터 시작되어 시간이 카운팅된다. 경기가 진행되는 동안 시간 안내(60초, 30초, 10초, 종료시간)가 되어서 핸들러의 경기 진행을 지원하고 있으며 오버타임 이후의 기술은 점수에서 제외될 것이다.

경기 규칙

- 자유 형식의 경기 방식이며, 공연 중 반드시 들어가야 하는 퍼포먼스는 없음
- 강아지에게 원반을 굴려 던지는 기술을 제외하고는 원반이 공중에 떠 있지 않은 동작은 경기를 위한 기술로 인정하지 않음
- 득점(1~10점 범위 내에서 점수를 받게 될 것이며, 0.5점씩 단위로 심사가 됨)
  - ㉮ Presentation(공연 항목): 재미있는 안무, 끊임없이 이어지는 흐름, 원활한 원반 다루기, 유연한 연속성을 통해 관객들이 좋아하는 루틴을 보여 주는 항목
  - ㉯ Athleticism(역동성 항목): 시합 중 개의 스피드, 민첩함, 개의 크기와 몸집의 통제에 비례한 점프력과 함께 원반 잡기와 다양한 트릭, 또는 기술적인 동작에 관한 강도와 역동성을 보는 항목
  - ㉰ Wow! Factor(난이도 항목): 여러 가지 회전과 릴리스를 이용해서 던진 원반을 성공적으로 잡는 등 어려운 기술이나 움직임을 잘 완료하는 능력. 또한 위의 공연스러운 요소에서 새로운 동작을 완벽하게 보여 주거나, 이미 존재하는 동작을 참신하거나 독특하게 보여 줄 때, 이 항목에서 더 높은 점수를 냄
  - ㉱ Success(성공 항목): 참가자가 던지기, 잡기, 트릭의 난이도를 세부적으로 고려해서 성공적으로 보여 주는지를 심사
    - » 0.5점 추가 보너스: 강아지가 점프하며 모든 발이 깔끔하게 공중에 뜬 채 원반을 잡고 다시 모든 발이 득점 지역 안에 착지

③ Pairs Freestyle(복식 프리스타일 종목)

Pairs Freestyle은 Freestyle과 같은 진행 방식이지만 두 명의 핸들러와 한 마리의 출진견이 참가할 수 있는 경기 방식이다. 강아지가 너무 힘들지 않은 범위에서 두 사람이 차례로 재미있는 스로잉을 하면서 재미를 주며 두 명이 동시에 던지기, cross-feeding으로 던지기 동작 등으로 볼거리를 높여 준다. 경기 규칙은 Freestyle과 동일하지만 원반은 총 10개가 주어지며, 2명의 핸들러 간의 팀워크 점수가 추가된다. 일반 관중들에게도 상당히 재미있는 볼거리를 제공하는 복식경기는 두 사람의 호흡도 감탄을 제공할 것이며, 넓게 퍼져 있는 팀의 팀워크도 신선한 흥밋거리를 제공하여 사람들의 감탄을 자아낸다.

3. 플라이볼(Flyball)

1) 개요 및 역사

플라이볼(Flyball)은 출진한 강아지가 테니스공이 나오는 상자까지 달려가 상자의 스프링 패드를 누르면 공이 튀어나오게 되는데 이 공을 물고 핸들러가 서 있는 곳으로 다시 달려오는 형식의 릴레이(Relay) 경기이다. 일반적으로 4~5개의 평행한 라인의 허들(Hurdle)을 일정한 간격으로 놓고 뛰어넘으며, 제일 마지막 부분에는 테니스공이 튀어나오는 상자가 있는데 이것을 나란히 두 개를 놓아 두 팀의 대결로 경기를 치루는 독스포츠(Dog sports)이다.

플라이볼은 1960년대 말과 1970년대 초 캘리포니아(California) 남부에서 독스포츠로 시작되었다. 테니스공을 물고 결승전으로 오는 경기를 하던 개 조련사들이 허들 경주를 결합시키자 경기는 재미있어졌고 그 후 플라이볼 박스를 개발하면서 이 경기는 스피드와 정확성, 핸들러들의 승부욕까지 더해져 플라이볼 독스포츠 클럽을 탄생시켰다. 허버트 바그너(Herbert Wagner)는 플라이볼 박스를 최초로 만든 이로, 미국 '투나잇 쇼(Tonight Show)'에서 조니 카슨(Johnny Carson)과 함께 플라이볼을 선보이며 미국 전역으로 그 파급력을 올렸다.

1983년에는 최초의 플라이볼 토너먼트(Flyball Tournament)가 미국에서 열렸으며, 그 후로 많은 사랑을 받아 현재 호주, 캐나다, 남아프리카공화국(South Africa) 등을 포함한 많은 나라로 대회들이 퍼져나가기 시작하였다. 유럽에서는 벨기에, 체코공화국, 핀란드, 독일, 네덜란드, 폴란드, 오스트리아, 헝가리, 프랑스, 영국 같은 유럽 국가에서는 전국 플라이볼 토너먼트(National Flyball Tournament)를 개최하고 있으며, 매년 유럽 선수권 대회(European Championship)를 개최한다. 최대 규모의 국제 플라이볼 선수권 대회(International Flyball Championship)인 유럽 선수권 대회는 2007년, 2012년에는 영국, 2008년에는 체코공화국, 2009년에는 벨기에, 2010년에는 독일, 2011년, 2015년에는 프랑스에서 개최되었다.

출처: https://agility-u.com

2) 플라이볼 진행 방식 및 규정

품종은 상관없이 4마리의 개가 한 팀으로 구성된다. 코스는 두 개의 코스가 3m 떨어진 곳에 일직선상으로 나란히 준비된다. 출발선으로부터 첫 번째 허들의 거리는 1.8m(6ft)이고, 마지막 허들로부터 턴하며 공을 받게 될 플라이볼 박스의 거리는 4.5m(15ft)이다. 서로 떨어져 있는 4개의 허들로 구성되어 있으며, 개 한 마리가 달려야 하는 거리는 편도 15.5m씩 왕복 총 31m가 된다. 허들의 높이는 팀에서 가장 작은 개의 어깨높이, 즉 체고로 결정된다.

허들 높이는 척골 길이 또는 팀에서 가장 작은 개의 어깨높이(협회에 따라 다름)에 따라 결정된다. 예를 들어 현재 북미 플라이볼 협회(NAFA) 규칙에 따르면 이는 가장 작은 개의 어깨높이보다 5인치(13cm) 낮아야 하며, 높이는 최소 7인치(18cm) 이상, 최대 14인치(36cm) 이하여야 한다.

영국 플라이볼 리그(UKFL)는 특허받은 척골 측정 장치를 사용하여 스토퍼 패드의 '팔꿈치'와 뼈 사이의 거리를 최소 6인치(15cm)에서 최대 12인치(30cm) 높이로 측정하고 있으며, 유럽 플라이볼 챔피언십(EFC) 규칙은 높이를 최소 17.5cm에서 최대 35cm로 제한하고 있다.

릴레이 형식의 경기이다 보니 먼저 달린 개는 이어서 출발하는 다음 개가 첫 번째 허들을 넘기 전에 테니스공을 원래의 출발선의 핸들러에게 가져다주어야 한다. 팀원인 4마리의 개가 모두 실수 없이 경기를 잘 마무리해야 첫 번째 승리를 하게 된다. 튀어나온 공을 떨어뜨리거나 다음 릴레이 개가 일찍 풀려나면 팀에 페널티가 적용된다.

플라이볼은 목축견이 강세다. 하지만 테리어종(Terrier)과 휘핏(Whippet), 미니어처 푸들(Miniature Poodle) 같은 작은 개까지 그 품종에 크게 제한이 없어 품종의 크기가 기준이 되지 않는다. 허들의 높이는 일반적으로 두 팀 중에서 가장 작은 개의 키를 기준으로 하고 있으며, 덩치가 작은 아이들은 허들에 대한 문제는 크게 없으며, 다만 플라이볼 박스의 턴 디딤판을 그들의 작은 몸무게로 작동시킬 수 있는지가 승패의 관건이 된다. 이처럼 소형견부터 대형견들까지 품종의 제한이 없다 보니 믹스견도 마음 편하게 참가할 수 있는 독스포츠로 많은 사랑을 받고 있다. 또한 비혈통견도 순수 혈통견과 별다른 제약 없이 경기에 참가할 수 있어서 이 경기의 매력을 더욱 돋보이게 해 준다.

플라이볼(Flyball)은 재미있는 환경에서 다른 강아지들과 함께할 수 있는 협동 경기를 강점으로, 선진국에서 빠르게 성장하고 있는 독스포츠이다. 클럽 위주의 단체 훈련, 놀이와 같은 즐거운 경기 방식과 보더 콜리나 스태포드셔 불테리어처럼 에너지 넘치는 워킹 독의 넘치는 힘과 호기심을 운동을 통하여 소진시켜 주는 효과까지, 많은 이점으로 그 팬층이 두터워지고 있다. 또한 플라이볼 박스도 마니아 층의 노력으로 더 발전하고 있어 그와 관련된 훈련도 함께 성장하고 있다. 최근에는 공을 물고 턴할 때 플라이볼 박스의 턴 장치를 '스위머(Swimmers)' 유형으로 하는 개들을 홍보하는 구체적인 훈련이 개발됐다.

경기는 보통 지역의 플라이볼 클럽이 주최하며, 개최지 클럽은 국가승인기구에 특정 날짜와 시합 일정의 승인을 받아 진행한다. 비슷한 속도를 가진 다른 팀들과 시드 배정을 하여 시합에 임하며, 각 팀은 일반적으로 라운드 로빈 방식(Round Robin Format, 조의 모든 팀이 서로 한 번씩 겨뤄서 점수가 제일 높은 팀이 진출하는 방식)으로 다른 팀과 경기를 벌인다. 종합 우승자는 경주에서 가장 많은 승리를 거둔 팀이 승리를 하거나 혹은 여러 가지 결승 방식으로 최종 승부를 겨루게 된다.

플라이볼 경기는 예전에는 스톱워치와 허들마다 옆에 심판들이 서 있는 수동 진행을 했었지만 빠른 경기 진행과 1초로 결정되는 스피드 경기의 문제점을 개선하기 위해 최근에는 정확한 판단을 위한 전자 진행 시스템이 일반적이다. NAFA는 전자 판정 시스템(Electronic Judging System)이라 부르기도 하며, U-FLI는 디지털 스코어링 시스템(Digital Scoring System)이라고 부른다. 두 가지의 시스템은 경주 시작 카운트다운을 나타내는 라이트 트리, 라인 고장을 감지하기 위해 시작/마감 라인에 배치된 광학 게이트, 레이스를 시간화하는 고밀도의 디지털 클럭 등이 있어 정확한 판단을 도와준다.

출처 : https://agility-u.com/

4. 기타 독스포츠

1) 케니크로스(Canicross)

캐니크로스(Canicross)는 개를 뜻하는 라틴어 'Canis'에서 유래한 'cani'와 교외를 달리는 스포츠인 'cross-country'의 합성어로, '개'라는 뜻과 '달리다'라는 뜻이 만나 지어진 이름이다. 캐니크로스는 개의 수인과 상아시를 서링벨트라는 장비로 서로 연결한 후 일정 코스를 뛰는 운동이다. 일반적으로 반려견이 앞서서 달리고 보호자가 뒤에서 음성으로 신호를 주어 강아지를 가이드해야 하지만 보호자와 함께 달리기 때문에 적합한 장비를 사용하는 것이 상호 편안하며, 안전하다. 또한 강아지가 옆에서 뛰어야 하므로 사람과 호흡을 맞추는 것이 가장 중요하다.

반려견의 운동 부족을 걱정하며 산책을 선호하던 사람들이 등산이나 트레킹을 도전하면서 함께하는 마라톤 개념인 케니크로스로 눈길을 돌리기 시작한 것은 각종 반려동물 관련 단체들의 대회 추진이 가장 큰 도움이 되고 있다. 보호자는 캐니크로스를 통해 반려견의 건강은 물론 보호자의 건강까지 둘의 건강을 모두 챙길 수 있는 일석이조의 효과를 누릴 수 있다. 강아지와 주인이 함께 호흡을 맞추어 같이 어려운 코스를 해내는 스포츠인 만큼 일체감과 유대 의식을 증진시킬 수 있다는 장점도 있다.

캐니크로스는 다른 체형과 크기, 품종에 상관없이 보호자와 함께 즐길 수 있는 스포츠이지만 출진견의 운동능력이 중요한 만큼 대형견의 이점이 없을 수가 없다. 하지만 이것이 소형견이 전적으로 불리하다는 뜻은 아니며, 다만 격한 운동이다 보니 12개월 이상의 성견이 되어야 한다. 노령견의 경우 그들의 건강 상태를 확실히 점검하며 훈련에 임해야 하며, 장애를 가진 반려견 역시 그들의 장애가 무엇인지에 따라 대회에 참가할 수도 있다.

캐니크로스로 가장 인기 있는 견종은 저먼 쇼트헤어 포인터, 잉글리쉬 포인터, 벨지안 마리노이즈, 보더 콜리 등이 있으며, 믹스견도 참여 가능하다. 캐니크로스를 위해 새로이 개량된 품종이 있을 정도로 인기가 좋으며, 고도의 훈련이 아니더라도 일반 가정견의 참여도 가능하다.

출처 : https://pawciety.kr/

2) 백패킹

출처: https://pawciety.kr/

일상생활에서 반려견과 함께 운동을 찾아 나선 많은 사람들이 선택하는 종목이 바로 백패킹이다. 반려견과 함께 백패킹의 즐거움을 같이하고 싶은 것은 자연스러운 일로, 오히려 개는 자기 주변에 대한 감각이 뛰어나 야생 동물이 근접하는 것과 같은 일이 발생하면 경고를 하기도 하는 등 든든한 도움이 되기도 한다.

반려견과 함께하는 백패킹은 쉽고, 반려견들은 함께하기 너무나 좋은 동반자가 된다. 차에서 내리는 순간 넘쳐나는 에너지로 즐거운 동반자가 될 것이며, 야영할 곳에 도착할 때쯤이면 반려견은 평온하게 쉬거나 텐트 안에서 잠을 청하려 할 것이다. 반려견과 함께 산을 오를 때는 체중의 1/4(25%) 정도의 무게가 나가는 전용 가방을 메도록 한 다음 사람과 함께 걷게 해 주는 것이 좋다.

반려견과 함께하는 백패킹을 위한 준비물

- 목줄: 가죽 끈
- 보온용품: 보온이 되는 재킷이나 플리스
- 태양광으로부터의 보호: 쿨링 재킷(반려견들은 항상 털옷을 입고 있다. 더운 날씨에는 시원하게 해 줄 것)
- 안전: 반려견이 올바른 길을 유지하게 하고 다른 사람들과 야생 동물들에게 존재를 알릴 수 있도록 하는 벨과 조명, 인식표
- 응급조치: 발 관리에 특별한 배려 필요
- 수선용 키트와 연장: 배설물 처리 봉투와 수건, 수리 연장
- 식량(추가적인 식량): 음식과 간식
- 음용수(별도의 물): 반려견 전용 그릇과 물주머니

3) 개썰매 경주(슬래딩)

출처: 위키백과

개썰매 경주는 1908년 알래스카에서 금을 캐는 광부들이 어떤 개가 더 많은 짐을 운반하느냐를 두고 돈을 걸던 도박에서 유래했다. 현재는 주로 추운 지방에서 원주민이나 탐험가가 사용하던 이동수단으로, 대표적인 견종은 알래스칸 말라뮤트 같이 추위에 강하고 지구력이 있는 품종이다. 개썰매는 사람과 짐을 싣고 차량으로 이동이 힘든 곳을 썰매를 이용하며 중요한 이동수단으로 활용하였으며, 북극해와 인접한 여러 국가에서는 개썰매 체험, 개썰매 경주 등의 행사를 즐길 수 있다.

1925년 디프테리아 전염병으로 많은 사람이 희생됐는데, 썰매개들이 20파운드짜리 디프테리아 혈청을 싣고 앵커리지의 '네나나(Nenana)'에서 '놈(Nome)'까지 운반했다. 20명의 머셔(썰매를 타는 사람)가 100마리의 개와 함께 쉴 새 없이 실어 날랐다. 비행기가 그 일을 해야 했지만, 영하 40도의 혹한 속에서 비행기는 얼어 붙었고, 혈청은 당장 수송해야 할 구급약이었다. 썰매개의 활약으로 혈청 수송은 성공적이었고, 많은 사람을 구해낼 수 있었다.

썰매개는 5일 동안 1,078.4km를 달렸다. 그 과정에서 수많은 썰매개가 죽었고, 오늘날의 썰매 대회는 그때의 희생을 기리기 위해 생겨났다. 알래스카에서 열리는 '이디타로드(The Iditarod)'가 바로 이들을 기억하기 위해 열리는 개썰매 경주 경기이다. 썰매를 타고 1,760km를 10일 동안 가는 여정으로 영하 50~60도인 곳에서 달린다.

국내에는 눈이 많은 강원도 지방에서 매년 2월에 대한독스포츠연맹의 주체로 시합이 열리고 있으며 마니아들은 알래스칸 말라뮤트, 시베리안 허스키 품종과 함께 매년 이 대회에 참가하고 있다.

CHAPTER 11

동물매개치료

학습목표

1. 동물매개치료의 역사를 이해하고 그 사례를 설명할 수 있다.
2. 동물매개활동(AAA)와 동물매개치료(AAT)를 구분하여 설명할 수 있다.
3. 동물매개치료팀의 평가 방법을 이해하고 치료 대상에 따라 적용법을 선별할 수 있다.

1. 동물매개치료의 이해

1) 동물매개치료의 역사

동물매개치료(Animal assisted therapy, AAT)는 사람의 질병이나 마음의 병을 치료할 때 동물과 사람의 상호 교감을 이용하는 치료요법으로, 스트레스 감소와 환자의 신체적 치유를 도와주며 동기를 계속 부여하는 목적으로 사용되고 있다. 다양한 도우미 동물(대표적으로 말, 개, 돌고래, 조류 등)을 통해 몸과 마음에 치유가 필요한 사람들이 이들과 교감하고 정신적 · 신체적 · 사회적 기능을 회복하고 심신과 생활에 재활을 이룰 수 있도록 도와주는 것이다.

동물매개치료와 관련된 단어는 해외 선진국에서 먼저 사용되었다. 사람의 심리적 안정과 불안한 마음을 치료할 때 동물을 데리고 진행하는 역사는 오래전부터 진행되어 왔다. 현재의 그 실효성을 따지는 연구 명분이 아니더라도 우리 과거의 역사적 증거에도 동물과 교감을 나누고 위로를 받는 모습이 그림과 벽화로 현재까지 전해져 내려오고 있다. 인간의 동반자로서 동물의 모습은 움막 근처에서 다른 동물들과 편하게 같이 앉아 있는 모습의 벽화에서 볼 수 있으며, 고대 이집트에서는 사후 세계를 함께하기 위해 고양이나 기타 소중한 애완동물을 함께 매장하는 관습이 알려지기도 하였다. 이스라엘에서 발견된 유골 옆에 개의 유골이 같이 발견되기도 하였고, 고대 그리스에서는 개의 침이 상처에 좋다고 믿었기에 환자의 상처를 개가 핥도록 내버려두기도 하였다.

1700년대에는 말(Horse)을 이용하여 사람을 치유하기 시작하였으며, 동물매개치료(AAT)의 문서화는 1792년 영국에서 시작되었다. 당시 농장 동물인 토끼와 닭 등 가축동물과의 교감이 우울증 등의 감정적 정신 질환을 앓고 있는 사람들의 증상을 호전시키는 효과가 있다는 결과가 발표되었다. 이후 현대 간호사의 창시자인 플로렌스 나이팅게일도 의료 분야에서 작은 동물들이 만성질환으로 고생하는 아픈 환자에게 도움이 된다는 사실을 관찰하였다(Nightingale, 1860). 역사적으로 오랜 연구들을 통해 동물은 동기 부여, 자기 통제력, 책임감뿐만 아니라 많은 부분의 정신적·육체적 이점을 개선하는 것으로 관찰되기도 하였다(Beck & Katcher, 1996; Friedmann, Katcher, & Locker, 1980; Friedmann & Locker, 1994).

동물매개치료는 1962년에 미국의 소아정신과 의사 보리스 레빈슨(Boris Levenson)이 진료 대기실에서 진료를 기다리던 아동들이 자신의 반려견 '징글'과 놀면서 저절로 회복되는 모습을 보고 "Pet Therapy"라는 말을 사용하면서 시작되었다. 같은 해에 박사는 「보조치료사로서 개(*The dog as a co-therapist*)」라는 자신의 논문에서 사람의 치료 영역에서 동물 중재 활동의 이점에 대한 생각을 더욱 정립하였다. 그는 '애완동물치료(pet-therapy)', '애완동물 기반 심리치료(pet-oriented psychotherapy)', '사람-반려동물치료(human-companion animal therapy)'라는 명칭을 도입하였다.

대한민국에서는 1994년에 한국동물병원협의회가 '동물은 내 친구'라는 이름으로 이삭도우미개학교(現 한국동물매개치료복지협회)와 자원봉사자들이 '인천 보육원'을 방문하여 봉사활동을 한 것으로 동물매개치료가 시작되었다.

동물매개치료는 도움이 필요한 대상자를 위해 목적에 맞게 잘 훈련된 치료도우미견과 전문적인 교육을 받은 동물매개치료사의 의도적이고 계획적인 활동을 바탕으로 이루어진다. 또한 생명이 있고, 감정을 나눌 수 있으며, 따뜻한 체온이 있는 동물과의 접촉을 통해 신체적·사회정서적·인지적 등 다양한 영역에서의 변화와 성장을 목적으로 한다.

2) 동물매개치료의 사례

1960년대는 동물매개치료의 체계화된 성장기로, 1962년에 보리스 레빈슨 박사가 동물매개치료라는 말을 처음 사용한 이후 미국과 유럽에서 다양한 동물매개 프로그램과 더불어 다양한 협회가 만들어진다. 1964년에는 유럽 지역 재활승마 단체 간 협력 위원회가 결성되었으며, 1966년에는 노르웨이의 베이토스톨런 장애인 재활센터에서 말(Horse) 치료요법이 적용되었다. 1969년에는 영국에서 재활승마협회(Riding for the Disabled Association, RDA)가 결성되었다.

1970년대 이후는 동물매개치료의 성장 및 보급기로, 더 다양한 협회와 프로그램이 만들어졌다. 1973년에는 미국 파이크스 피크 지역에서 '이동 애완동물 방문 프로그램'이 적용되었으며, 1976년에는 국제치료견협회(Therapy Dog International, TDI)가 설립되었고, 1977년에 미국에서 델타소사이어티(Delta Society)가 발족했으며, 1990년에는 22개국 30단체가 참여한 국제인간-동물상호작용 연구협회(IAHAIO)가 발족, 1980년에는 세계장애인승마연맹(Federation of Riding for the Disabled International, FRDI)이 창립되었다. 2012년에 델타소사이어티는 사명을 명확하게 전달하기 위해 공식적으로 사명을 'Pet Partners'로 변경하였다. 동물매개치료 프로그램은 미국 전역과 해외에서 계속 성장하여 매년 수백만 명이 방문하고 있다.

국내에서는 1990년대부터 동물매개치료와 관련한 다양한 활동이 생겼고 다양한 시설도 설립되었다. 1994년에는 삼성화재가 '안내견학교'를 설립했고, 2001년에는 삼성재활승마단이 발족했으며, 2002년에는 삼성치료도우미견센터가 발족했다. 2008년에는 한국동물매개심리치료학회가 설립되었으며, 2012년에는 한국동물매개심리치료학회지가 창간되었다. 다양한 시설에 이어서 교육 활동에서 동물매개치료가 도입되었다. 2008년에는 원광대학교 보건보완의학대학원 동물매개심리치료 전공이 신설되었으며, 2014년에는 원광대학교 동물매개치료학과가 신설되었다. 2020년대에 들어서면서 전국에 반려동물 관련 학과들이 개설되면서 많은 학과에서 동물매개치료 프로그램을 진행하고 있으며, 그에 따라 관심도 다시 한번 높아지고 있다.

2. 동물매개치료 적용

1) 동물매개치료 방법론

동물매개치료 전문가들이 동물을 사용하는 데에는 다양한 방법이 있다. 그러나 특정의 전문적 직업도 마찬가지겠지만 다른 방법을 연구하는 치료사나 상담사처럼 동물매개치료사도 엄격한 기준과 윤리적 지침이 존재하며, 동물을 사용하는 스페셜 치료사는 이러한 기준을 알고 준수해야 한다.

동물과 함께하는 AAT 프로그램의 기준

1. 어떤 사람(고객, 직원, 방문객)도 동물과 접촉하도록 강요해서는 안 된다.
2. 방문시설은 동물을 소개하기 전에 규정과 절차를 갖추도록 한다.
3. 동물과 치료사(핸들러)는 프로그램에 참여하기 전에 선별되어야 한다.
4. 고객은 동물 소개 전에 금기 사항이 있는지 알레르기 검사를 통해 미리 확인한다.
5. 동물과의 접촉을 원하지 않는 사람의 권리는 항상 존중되어야 한다.
6. 핸들러는 어떤 상황에서도 고객과 동물을 함께 내버려두지 않는다.
7. 동물의 권리는 항상 존중되고 보장되어야 한다(인도적 치료과정, 부당한 스트레스로부터의 보호, 물과 운동 공간의 이용 가능 여부 확보).

출처 : Delta Society(1997).

AAA/AAT에 종사하는 직원을 위한 윤리강령

1. 동물 보조 활동(AAA) 및 동물매개치료(AAT) 인력은 직책과 훈련에 상응하는 직무를 수행한다.
2. 동물 보조 활동(AAA) 및 동물매개치료(AAT) 인력은 각 직업 및 조직의 전문 윤리를 준수한다.
3. 동물 보조 활동(AAA) 및 동물매개치료(AAT) 인력은 모든 생명에 대한 존중의 믿음과 태도를 입증한다.
4. 동물 보조 활동(AAA) 및 동물매개치료(AAT) 인력은 모든 동물, 사람 및 환경을 존중, 존엄성 및 민감성을 가지고 항상 치료하며, 관련된 모든 사람의 삶과 경험의 질을 유지할 것이다.
5. 동물 보조 활동(AAA) 및 동물매개치료(AAT) 인력은 동물 보조 활동 및 치료와 관련된 측면과 문제에 대해 정보를 얻고 교육받을 것이다.
6. 동물 보조 활동(AAA) 및 동물매개치료(AAT) 인력은 활동의 모든 단계에서 헌신, 책임 및 정직성을 입증할 것이다.
7. 동물 보조 활동(AAA) 및 동물매개치료(AAT) 인력은 동물 보조 활동 및 동물 보조 치료를 관리하는 지역, 주 및 연방 법률과 델타 사회 정책을 준수할 책임이 있다.
8. 각 개인 및 조직은 양질의 프로그램을 보장하기 위해 서면 지침을 수립하거나 채택한다. 모든 프로그램을 지속적으로 평가하고 적절한 경우 품질 표준과 서비스를 보장하기 위해 개선해야 한다.

출처: Delta Society(1996).

동물과 활동하는 영역에 따라 동물보조활동(AAA)과 동물매개치료(AAT)라는 두 가지 완전히 다른 방식으로 구분할 수 있다.

(1) 동물보조활동(AAA) 및 동물매개치료(AAT)

AAA(animal assisted activities)의 공식적인 정의는 동물을 데리고 고객을 방문하는 활동으로, 특정 사람이나 건강 상태에 맞는 치료 프로그램과 달리 다른 사람에게도 동일한 활동을 반복할 수 있다. AAA는 삶의 질을 높이기 위해 동기

부여, 교육 또는 레크리에이션의 기회를 제공한다. AAA는 특정 기준을 충족하는 동물과 관련하여 특별히 훈련된 전문가 또는 자원봉사자에 의해 다양한 환경에서 제공된다.

AAA는 다양한 활동 범주이며, 고객에 대한 구체적인 치료 목표가 없어도 개인에서 개인으로 반복될 수 있는 '만남과 놀이'의 교감 활동으로 설명할 수 있다. 대표적인 유형의 활동은 치유동물과 핸들러가 팀으로 병원이나 요양원에서 환자와 함께 방문하는 경우이다. 동물과 핸들러 팀은 돌아다니면서 환자가 동물을 만나고 몇 분간 상호작용할 수 있는 기회를 제공한다. AAA를 진행하는 동안 만남을 가진 고객에게 기대되는 결과물이 예상되지만 치료 계획은 공식화되지 않았으며, 변경 사항이 규정되거나 문서화되지 않는다. 치료팀은 팀의 안전과 기술을 평가하기 위해 공식화된 평가 및 건강 검진을 완료해야 하지만, 이러한 유형의 상호작용에 필요한 특정 전문 교육이 부족하기 때문에 핸들러는 종종 동물과 함께 자원봉사자로 활동한다(단, 전문가와 함께하는 AAA의 핸들러 역할도 할 수 있다).

동물이 존재할 때 사람 간의 경계가 무디어지는 경향이 있다. 사람들은 개를 산책시키는 동안 낯선 사람과 가벼운 대화를 나누는 것이 더 편안하다고 느끼는 경향이 있다. 평소에는 자신을 엄격하게 지키고 공공장소에서 낯선 사람과 대화하지 않는 사람도 귀여운 반려동물과 함께 있는 사람이 말을 걸 경우 부드럽게 응답하는 모습을 많이 볼 수 있다. 이러한 분위기의 변화 역시 AAA의 성과가 되기도 한다.

(2) 동물매개치료(AAT)

AAA(animal assisted therapy)의 공식적인 정의는 동물을 상담 치료의 일부로 사용하는 보건 또는 인적 서비스 전문가를 포함하면서 각 고객에 대한 구체적인 목표는 전문가가 확인했으며 진행 상황을 측정하고 기록한다. AAT는 동물과의 활동이 목표 기준을 충족하는 것이 치료 진행 방향의 목표이다. AAT는 자신의 직업 범위 내에서 일하는 보건 또는 인적 서비스 제공자가 전달 또는 지시한다. AAT는 인간의 신체적 · 사회적 · 정서적 인지 기능의 개선을 촉진하도록 설계되었으며, 다양한 환경에서 제공되고 본질적으로 그 대상은 집단 또는 개인일 수 있다. 이 모든 과정은 문서화되고 평가된다.

AAT는 언어 치료사가 다양한 목표를 위해 건강 관리에 사용한다. 예를 들어 언어 치료사는 개와 함께 프로그램을 하면서 아이가 발성이나 발음을 교정할 수 있다. 아이에게 정확한 발음으로 명령하기를 반복하면서 이 목표에 다가갈 수 있다. 목표의 초기 단계에서 어린이의 발음이 좋지 않고 개가 명령을 이해하지 못할 수 있지만, 치료사의 도움으로 정확한 발음에 대한 성공에 대한 보상(간식)을 치료견에게 주게 함으로써 이러한 지원은 어린이를 위한 격려로 치료의 동기 부여 혹은 진행 과정을 향상시킬 수 있다.

작업 치료사는 환자의 소근육을 이용한 근육운동 능력을 향상시키기 위해 개를 이용할 수 있다. 오클리와 바딘(1998)은 어린이를 대상으로 한 동물과 함께하는 작업 치료를 "치료사가 자조, 놀이, 학습 영역에서 독립적인 기능을 달성하는 데 필요한 기술 개발을 촉진하기 위해 개를 매개로 치료 세션을 진행하는 과정"이라고 설명하였다. 예를 들어 환자는 개가 바닥에 인내심을 갖고 누워있을 때 개의 털을 빗질하도록 권유할 수 있다. 이 작업을 수행하려면 환자가 브러시를 잡고 팔을 스스로 움직여야 한다. 치료견과 함께하는 활동에는 그 존재와 함께하는 즐거움을 통해 환자의 노력을 더욱 강화시킨다. 이와 더불어 공 던져 주기, 산책하기, 원반던지기 등 팔과 손의 사용을 유도하는 여러 가지 작업을 할 수 있다.

2) 동물매개치료동물

(1) 치료동물의 선별

동물매개치료(AAT)는 개인의 정서적 · 정신적 · 신체적 건강을 개선하기 위해 다양한 동물을 활용한다. 이러한 동물은 기질, 인간과의 상호작용 능력, 특정 훈련을 위해 신중하게 선택해야 한다. 동물매개치료에 가장 많이 사용되는 동물은 다음과 같다.

① 개(Dog)

개는 인간과 친근한 기본적인 특성, 훈련의 가능성, 사람과 강한 정서적 유대감을 형성 등의 높은 능력으로 인해 AAT에서 가장 많이 사용되는 동물이다. 치료적 이점으로 개는 스트레스, 불안, 우울증을 줄이는 데 도움이 될 수 있으며 신체 활동을 장려하고 사회적 상호작용을 증가시키며 이완을 촉진할 수 있다.

② 말(Horse, 재활승마)

재활승마는 인간과 함께한 동물매개치료에서 가장 많은 연구결과를 가지고 있을 정도로 정서적 치료나 장애우의 신체적 치료에도 높은 성과를 거두고 있다. 치료적 이점으로 재활승마는 외상, 자폐증, 외상 후 스트레스 장애, 불안이 있는 개인에게 특히 효과적일 수 있다. 말은 인간의 감정에 민감한 것으로 알려져 있으며, 말과 상호작용하면 개인이 자신감을 쌓고 사회적 기술을 개선하며 정서 조절을 발달시키는 데 도움이 될 수 있다.

③ 고양이(Cat)

동물매개치료에서 고양이는 만성 질환, 정신 건강 문제 또는 정신적 장애가 있는 사람을 치료하는 데 자주 사용된다. 조용한 고양이의 성격과 어울리게 이들의 존재는 편안함을 제공하고 불안을 줄이며 정서적 조절에 도움이 될 수 있다. 어떤 사람들은 이러한 고양이의 조용하고 독립적인 특성이 심리적 편안함을 느끼는 데 도움이 된다고 생각한다.

④ 토끼(Rabbit)

동물매개치료활동에서 토끼는 부드럽고 조용하고 만지기 쉬우며, 동반자 관계와 차분한 존재감을 제공하기 때문에 많이 사용된다. 토끼는 특히 덩치가 큰 동물이 활동하기 어려운 공간에서 유용하게 참여할 수 있다. 부드러운 털과 조용한 성품, 움직임이 덜한 이들의 특성으로 토끼와의 상호작용은 불안감을 줄여 주고 평온함을 제공한다.

⑤ 새(Bird)

새를 이용한 동물매개활동은 가장 작은 동물과의 교감으로 많은 사랑을 받고 있다. 특히 앵무새와 함께하는 상호작용을 통한 행동과 인간과 강한 유대감을 형성하는 능력으로 치료 프로그램에 참여한다. 앵무새의 존재는 의사소통, 사회적 상호작용을 자극하고 참여자의 기분을 개선할 수 있다. 우울증이 있는 여성들에게 알에서 부화된 새를 키우게 한 실험에서도 심리적 안정과 치료효과에도 많은 도움이 있는 것으로 알려져 있다.

⑥ 물고기(Fish)

아동에게 물고기를 키우게 하는 것은 교육적인 성과에서도 예전부터 높은 성과를 이야기하고 있다. 반려동물을 돌보는 책임의식을 배우는 가장 단순하고도 쉬운 방법으로, 미국이나 선진국에서는 강아지나 고양이를 키우기 전 필수 코스로 물고기부터 키워야 한다고 통념처럼 알려져 있다. 물고기는 직접적인 상호작용에 일반적으로 사용되지는 않지만, 수영하는 모습을 지켜보는 것이 진정 및 명상 효과를 가져올 수 있는데, 이런 이유로 대기 시간이 많은 은행, 커피숍, 병원에서 수족관을 두어 전체 분위기를 안정시키는 치료적 역할을 한다. 수중 치료에는 돌고래(돌핀테라피, Dolphin Therapy) 등의 동물도 활용하고 있지만 이는 경비가 많이 들고 자연적인 환경이 지원해 주는 일부 나라에 한정된 프로그램으로 알려져 있다.

⑦ 기니피그(Guinea pig)

기니피그는 작고 순하며 다루기 쉬워서 어린이, 노인 또는 특별한 도움이 필요한 사람에게 좋은 동반자이다. 기니피그의 차분한 태도는 스트레스를 줄이고 편안함을 제공한다.

⑧ 농장 동물(염소, 돼지 등)

염소, 돼지, 양과 같은 농장 동물은, 특히 시골이나 농업 환경에서 치료에 사용되기도 한다. 이러한 동물과 상호작용하면 신뢰, 책임감 또는 공감 능력을 개발해야 하는 개인에게 도움이 될 수 있다.

(2) 치료동물의 교육

동물매개치료(AAT)는 훈련된 동물(일반적으로 개)을 사용하여 다양한 신체적 · 정서적 · 심리적 질환을 앓고 있는 개인에게 치료 지원을 제공하는 것을 말한다. 목표는 동물과의 상호작용을 통해 개인의 신체적 · 정신적 건강을 증강시키고 그들의 행복을 위한 복지를 향상시키는 것이다. 치료견을 훈련시키는 데 관심이 있다면 치료견이 갖춰야 할 필수 기술과 치료견 인증에 필요한 구체적인 지침을 모두 알아 두는 것이 필수적이다.

① 매개치료견 훈련의 주요 단계

가. 기본 복종 교육

프로그램에 참여하기 전 전문 치료견으로 적합한지 적합성 테스트를 받아야만 한다. 만일에 일어날 수 있는 사고 예방과 치료견의 복지를 생각하여 참여가 가능한지를 판단하는 필수 요소가 바로 치료견의 성품이기 때문이다. 이런 테스트도 치료견의 적합성을 판단하기 위한 준비과정으로 판단되기에 여러 가지 기초 훈련이 필요하다.

- 앉기
- 엎드리기
- 기다리기
- 침착하게 걷기
- 핸들러의 통제에 잘 따르기
- 부르면 오기
- 다른 사람에게 성급하게 다가가지 않기 등

나. 사회성

치료견은 사교성이 뛰어나야 하며, 이는 다양한 사람, 환경, 상황에서 편안하게 지내야 한다는 것을 의미한다. 병원, 요양원, 학교 또는 공항과 같이 사람이 많거나 분주히 움직이는 사람들이 많은, 잠재적으로 스트레스를 받는 환경에서도 침착하고 친근하게 참고 핸들러의 명령에 귀 기울여야 한다. 훌륭한 사회성을 갖춘 치료견이 가지고 있어야 하는 기질은 다음과 같다.

- 새로운 사람들(다양한 연령, 능력, 외모)과 거부감 없이 만나기
- 다른 치료견들과의 좋은 관계 유지하기
- 소음(휠체어, 병원 장비 등)에 익숙해지기
- 다양한 질감과 표면(미끄러운 바닥, 엘리베이터 등)을 견디기

다. 침착하고 명령에 따르는 절제된 행동

치료견은 쉽게 흥분할 수 있는 공공장소에서도 그 침착성을 유지해야 한다.

- 시끄러운 소리, 갑작스러운 움직임 또는 낯선 사람에 반응하지 않기
- 방해가 되는 상황에서도 핸들러에게 집중력 유지하기
- 엘리베이터, 대기실 또는 혼잡한 공간과 같은 밀폐된 공간에서 침착함 유지하기

라. 부드럽고 일관된 상호작용

치료견은 항상 사람들에게 부드럽고 친절한 행동을 보여야 한다. 장애인을 포함한 모든 연령대와 다양한 환경에서 살고 있는 개인과 교류하는 것을 즐기는 낙천적인 성격도 필요하다. 이런 상호작용과 활동에 심한 스트레스를 받지 않는 오히려 즐거워하는 여유가 필요하다.

- 불편하거나 공격적인 모습을 보이지 않고 누구나 쓰다듬을 수 있도록 허용해 주기
- 쓰다듬기 위해 앉거나 누군가 옆에 침착하게 누워 있는 등 핸들러의 명령이나 신호에 따라주기
- 의료 장비(예: 휠체어, 보행기, 산소 탱크)에 무관심하기
- 장시간 낯선 장소에서도 흥분하거나 피곤하지 않고 침착함 유지하기

마. 건강한 신체적 조건

치료견은 건강 상태가 좋으며 항상 이것을 확인해야 한다. 수의사에게 정기적으로 검사를 받으며 깨끗하고, 잘 손질된 피부와 털 관리가 되어 있어야 하며, 외부 벌레나 기생충이 없어야 한다.

- 정기 검진
- 예방접종의 업데이트
- 정기적인 그루밍(목욕, 칫솔질, 손톱 다듬기)
- 치과 위생 및 전반적인 건강 유지

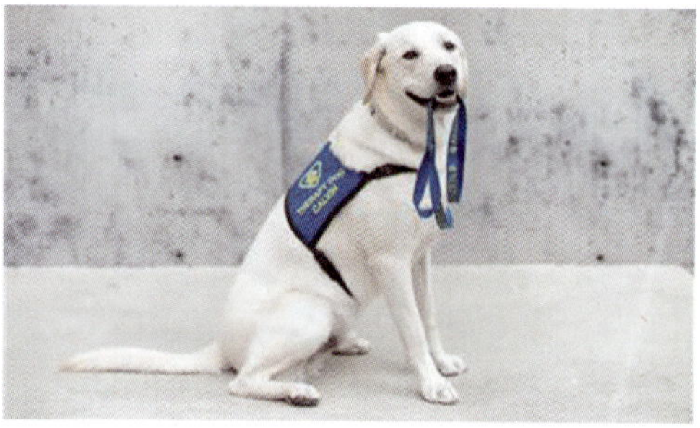

출처: https://calvinthecanine.com

② 치료동물의 평가

동물매개치료(AAT)는 일반적으로 훈련된 치료동물을 사용하여 개인의 신체적 · 정서적 · 심리적 안녕을 지원하는 것을 포함한다. 이 치료 목표를 달성하기 위해 동물과 함께 일하는 숙련된 전문가(예: 치료사, 심리학자 또는 상담사)의 감독하에 관리된다. 동물매개치료팀(핸들러 + 동물)의 테스트 또는 인증 절차는 인증 기관, 지역 또는 국가에 따라 요구 사항이 다를 수 있지만 여기서는 일반적인 단계와 동물매개치료팀 테스트에 포함될 수 있는 내용의 개요는 거의 유사하므로 가장 선진국인 미국 'Pet Partners'의 팀 테스트를 소개하도록 한다.

Test 1. 치료견의 기술적 인증 평가

Test 2. 치료견의 성향적 인증 평가

3. 동물매개치료의 절차와 기술

1) 아동을 위한 동물매개치료활동

동물의 차별없는 시선과 보호 본능을 자극하는 외모 때문에 아동에게 제공하는 전달의 메시지는 아주 풍부한 편이다. 이러한 좋은 시너지 효과 때문에 치료동물의 방문이나 사육은 이미 많은 곳에서 이루어지고 있다. 공부에 대한 스트레스 없이 자연의 동물과 뛰어놀 수 있는 교육 환경을 찾아 시골로 이사하는 젊은 부모도 늘어나고 있는 모습을 볼 수 있다. 이 자그마한 동물이 보여 주고 있는 학습 효과 때문에 학교에서는 종종 반려동물(보통 햄스터, 토끼, 물고기 등과 같이 작고 관리가 적은 애완동물)을 사용하여 동물을 학생들의 친구로 학급 환경에 포함시키고 있다. 교사는 반려동물을 함께 키우면서 반려동물을 키우지 않는 다른 동료 학생들을 도와주고 가르칠 수 있으며, 이들을 관리하면서 책임감을 배우게 만들어 준다. 또한 발표회 형식의 시간을 가지면서 자신의 경험을 통해 배운 기본 상식을 다른 학급의 친구들에게 소개하는 등 그 반 친구들 전체가 경험을 통한 교내 전문가로 반려동물은 전문가가 쉽게 통제하고 관리할 수 있는 경험적인 체험 수업의 기회를 인증받는 등 어린 아동이 그들의 자신감의 형성할 수 있도록 지원하고 그 기회를 다른 일반적 학습보다 더 많이 만들어 주는 기여를 제공한다. 이러한 중요한 원칙은 여러 단체에서 지향하는 AAA/AAT의 기본 목표에도 잘 전달되고 있다. 소유와 책임, 보호의 큰 의미를 스스로 느끼고 감당하는 아동의 모습에서 성장하며 나아가 인간관계에서 배우게 될 서로의 존중과 배려도 동시에 학습이 가능한 이점이 있다.

(1) 정서적 및 심리적 이점

- 라포(rapport) 형성: 라포는 교육이나 상담의 효과를 높이기 위한 필수 조건으로, 친밀감, 친근감, 신뢰감 등을 뜻한다. 아동의 동물매개치료와 관련된 다양한 이점 중 정신적 이점의 대표 성과인 라포 형성은, 동물이 중간

매개 역할을 함으로써 아이들과 그들의 부모 또는 성인 치료사 사이에 일어나기 힘든 치료적 효과(라포 생성)에 도움이 된다.

- 스트레스 감소: 동물매개프로그램의 또 다른 성과는 상담이나 활동을 하는 동안 어린이와 동물에 대한 동시 집중이 형성될 수 있다는 것이다. 종종 문제를 가지고 있거나 효과를 기대하는 아동에게만 초점을 맞추는 것이 아니라, 동물의 행동과 아동의 행동이 분산되며 초점을 공유한다. 이것은 아이의 스트레스와 자의식을 줄이는 데 도움이 되며, 치료의 모든 이점에 효과를 볼 수 있다.

(2) 신체 건강상의 이점

- 건강한 신체: 어린이를 위한 동물치료의 신체적 이점으로는 혈압을 낮추고 심혈관 건강을 개선시키며, 질병이나 고통의 통증 감소 또는 완화, 소근육의 사용 강화로 인한 사용 기술의 증가 등이 있다.
- 치료나 과정에 대한 동기 부여: 행동에 대한 독립성을 증가시키고 움직임을 늘려 운동량을 높여 주며, 관절의 움직임을 개선시켜 주고 입원 중이거나 시술 시 수술 또는 시술로 인한 회복시간 단축의 성과를 보이기도 한다.
- 동물의 존재로부터 얻는 안정감과 정체되어 있던 감정과 표현의 활성화, 성장기 아동의 또래 친구 역할, 동물에 대한 감정 이입을 통한 솔직한 의사표현과 스트레스 없이 교육 과정에 참여하는 동기 부여가 된다.

(3) 사회적 상호작용 및 연결 개선

- 개인적 및 사회적 발달 촉진: 아이가 자신이 동물에게 해 줄 수 있는 행동의 한계치를 정하고 동물의 공간을 존중하도록 도와준다. 언어적 및 비언어적 의사소통 기술을 향상시켜 대화에 대한 어려움을 해결할 수 있도록 도와준다.
- 책임감과 문제 해결 능력을 향상: 동물을 돌보면서 자신의 행동에 책임을

지는 방법을 보여 줄 수 있기에 스스로 문제해결능력을 향상시킨다. 왜냐하면 동물은 다그치는 모습을 보여 주지 않기 때문에 아동에게 스스로 해결할 수 있는 시간을 끈기 있게 기다려 주기 때문이다.

- 관심, 집중력 및 동기 부여 수준 향상: ADHD, PTSD 및 자폐증 증상을 감소시킨다.

2) 노년층을 위한 동물매개치료활동

노년층을 위한 동물매개치료(AAT)는 외롭고 단조로운 생활을 하는 노인의 정신적·신체적 건강을 개선하기 위한 복지 차원에서 점점 그 인기가 높아지고 있다. 물론 우리나라 노인 인구의 반려견에 대한 인식이 선진국에 비해 높은 편은 아니지만 반려견을 키우는 노인 인구가 점차 늘고 있는 추세다. 요양원, 사회복지센터 등에서 이루어지는 노인들과 함께하는 동물매개활동 프로그램은 치료나 개선보다는 지루하고도 만성 질병 등으로 힘들게 흘러가는 시간에 대한 심리적 지원이 가장 큰 목표이다. 이와 더불어 개, 고양이, 새를 이용한 동물매개치료 계획을 통합하여 노년층의 다양한 신체적·정신적·인지적 문제에 대처할 수 있도록 지원하는 것도 목표이기도 하다. 국내에도 물고기를 외로운 노인 가정으로 분양해 이들이 잘 돌볼 수 있도록 하는 프로그램은 상담사와의 이야기를 나눌 수 있는 공통된 주제를 제공함으로써 대화가 단절된 이들에게 대화의 기회를 제공하고 외로움과 우울증, 치매 예방을 위해 노인들에게 좋은 반응을 받고 있다(Phelps et al., 2008). 노인을 위한 동물매개치료의 몇 가지 주요 이점은 다음과 같다.

(1) 정서적 및 심리적 이점

- 우울증 및 불안 감소: 동물과의 상호작용은 스트레스 수준을 낮추고 외로움을 줄이며, 우울증 증상을 완화하는 것으로 나타나고 있다. 동물과 형성된 유대감은 편안함과 우정을 조성하여 정서적 지지를 제공한다.
- 기분 개선과 사교의 증가: 동물을 쓰다듬거나 상호작용하면 옥시토신(사랑호르몬)이 분비되어 웰빙과 휴식을 촉진할 수 있다. 고립되어 있을 수 있는 노년층의 경우 동물과 나누는 사교와 대화를 촉진하여 전반적인 기분이 개선된다.

(2) 신체 건강상의 이점

- 이동성 및 운동 개선: 동물, 특히 반려견과 함께하는 활동은 노인들이 걷기, 놀이, 단순 스트레칭과 같은 신체 활동을 하도록 장려한다. 이러한 활동은 유연성, 근력 및 조정력을 향상시키는 데 도움이 될 수 있다.
- 통증 완화: 동물과의 상호작용이 특히 관절염이나 섬유근육통과 같은 만성 질환에서 통증에 대한 인식을 감소시킬 수 있다는 여러 연구가 있다. 동물매개치료로 보여 주는 진정 효과는 근육 긴장을 완화하고 편안함을 느낄 수 있도록 하는 데 도움이 된다.

(3) 인지적 이점

- 기억 자극: 치매 또는 알츠하이머병 환자의 경우 동물은 기억을 자극하고 인지 과정에 참여할 수 있다. 먹이를 주고 산책을 시키며 그루밍과 같은 반려동물에게 해야 하는 관리 루틴은 구조와 목적의식을 제공할 수 있다.

- 인지 참여: 동물과 상호작용하면 특히 인지 기능이 저하된 개인에게 정신적 자극을 줄 수 있다. 동물과 대화하거나 돌보는 것은 인지 기능을 유지하고 더 이상 악화를 방지하는 데 도움이 될 수 있다.

(4) 스트레스와 불안 감소

- 코르티솔 수치 감소: 동물과 함께 시간을 보내는 것이 체내 코르티솔(스트레스 호르몬) 수치를 낮출 수 있다는 연구 결과가 발표되었다. 이는 스트레스, 불안 또는 동요가 심해지는 노년층에게 특히 도움이 될 수 있다.
- 안정성 증가: 차분하고 친근한 동물이 있으면 사람의 감정 상태를 조절하여 평화롭고 편안한 환경을 조성하는 데 도움이 된다.

(5) 사회적 상호작용 및 연결 개선

- 사회화 상려: 반려동물은 특히 요양원이나 보조생활시설과 같은 그룹 환경에서 사회적 촉매제 역할을 하는 경우가 많다.

3) 장애우를 위한 동물매개치료활동

동물매개치료는 다양한 신체적 · 정서적 · 정신적 장애를 가진 사람에게 200년 이상 이루어진 치료적 대안으로, 영국에서 다양한 정신 질환을 앓고 있는 사람들의 치료를 지원하기 위해 등장하였다. 시간이 지나면서 그 효과가 입소문을 타기 시작하면서 우울증, 스트레스 및 치매, 실명, 간질, 자폐증 및 다운증후군과 같은 다중 장애를 돕기 위해 도입되었다. 장애우들에게 동물매개치료는 자극적이고 행동 변화의 동기를 부여할 뿐만 아니라 환자의 건강에 유익하며, 사람들에게 제공하는 교육적 구성 요소를 제공하고 자율성 및 애정과 보살핌이 생명체에게 전달하는 효과가 있다.

(1) 정서적 및 심리적 이점

장애우들이 동물매개치료 프로그램에서 가장 많이 함께하는 동물은 훈련이 쉬운 개, 고양이, 새 및 토끼와 같은 가축이지만 돌고래와 말(Horse)은 뇌성마비 및 강박 장애 환자에게 널리 사용되고 있다. 그래서 돌고래는 뇌성마비의 환자에게, 재활승마의 경우 운동기술을 향상시키는 역할을 한다는 점이 밝혀지면서 많은 사랑을 받고 있다.

(2) 신체 건강상의 이점

말에서 뿜어져 나오는 열은 근육을 이완시키고 질주를 할 때 발생하는 진동으로 인해 신경 세포와 근육의 유연함을 만들어 주어 근력 저하 및 근력 항진과 같은 질병의 개선을 보여 주고 있다. 지적 장애가 있는 사람을 위한 동물매개치료는 지적 장애로 고통받는 사람들이 겪는 의사소통의 어려움을 감추어 주며, 정보 유지, 새로운 정신 운동 활동의 탐색 및 습득, 안전, 책임감 및 자율성 등에 초점을 맞추어 준다. 환자가 동물과 안전하게 상호작용할 수 있는 것에 그 목표가 되기도 한다. 장애가 있는 어린이에게 치료견은 서로를 돕는 든든한 동반자가 되는 자연스러운 효과도 나타난다.

(3) 많이 활용되고 있는 장애군

- 자폐 스펙트럼 장애
- 행동 장애
- 뇌성마비
- 지적 또는 발달 장애
- 근이영양증(Muscular dystrophy)
- 외상 후 스트레스 장애
- 외상성 뇌 손상

(4) 자폐아 등의 대표적 치료법 동물매개치료

아스퍼거 증후군을 포함한 자폐 스펙트럼 장애를 가진 아동에게 동물매개치료는 특히 효과적이어서 인기가 많다. 동물치료의 주요 이점 중 하나는 동물이 어린이와 다른 사람들 사이의 완충 역할을 할 수 있다는 것으로, 자폐증이 있는 아이들에게 귀중한 공간을 제공하여 사회적 상황에서 더 편안하게 지낼 수 있도록 할 수 있기 때문이다. 또한 이들의 불편한 의사 표현(반복적인 행동, 발을 내딛거나 코를 찌르는 것, 장애물 회피, 불안, 발작 중 부모나 휴대폰을 찾는 것)에도 편견의 시선보다는 평온함으로 다가가는 모습이 더 많이 보여진다.

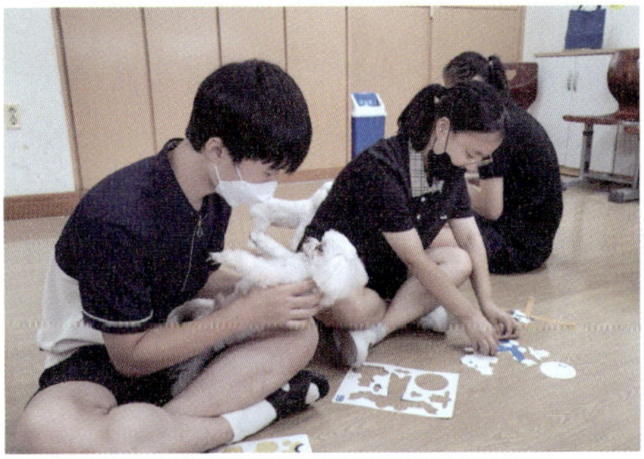

출처 : https://www.integrityinc.org

(5) 재활 승마

신체적으로 장애가 있는 사람에게 승마는 몸의 균형, 근육 긴장도, 협응력, 운동 제어를 개선하는 것으로 많이 알려져 있다. 승마는 사람의 몸을 앞뒤, 위아래, 좌우의 세 가지 차원 모두에서 사용하는 활동으로, 이러한 움직임은 우리가 걷는 방식과 비슷하다. 팔을 휘두르고, 엉덩이를 움직이고, 다리를 앞뒤로 뻗으며, 말을 타고 있는 시승자가 근육 움직임의 기억을 구축하여 말 위에서 균형을 잡고 흔들림에 저항하거나 걷는 흐름을 맞추는 데 도움이 될 수 있다.

2015년 콜로라도 아동병원에서 일하는 심리학자인 로빈 L. 가브리엘스는 동물매개치료적 승마가 자폐 아동에게 어떤 영향을 미치는지에 대한 획기적인 연구를 진행하였다. 의학 저널에 발표까지 된 이 연구에 의하면, 승마를 하는 자폐 아동과 승마를 하고 있지 않은 일반 청소년을 비교한 결과 승마를 한 자폐 아동의 언어, 사회적 기술, 과잉행동 및 과민성이 개선된 것으로 나타났다.

장애우들이 말을 이용하는 방법이 꼭 타는 것만으로 국한된 것은 아니며, 먹이를 주거나, 마장을 관리하거나, 함께 휴식을 취하는 등의 정신적 치료과정도 개발하고 있다. 말과 함께 게임을 한다거나, 말에 몸에 페인팅하는 등 다양한 동물매개치료 방법이 선보이고 있다. 자폐증, 아스퍼거 증후군 및 다양한 행동장애가 있는 사람들에게 말과 함께 일하거나 함께 지내는 것은 세상을 열고 새로운 연결과 경험을 장려할 수 있으며, 말의 차분하고 위협적이지 않은 방식의 비언어적 의사소통을 통해 세상에 다가갈 용기를 얻는 방법과도 같은 기회를 제공해 줄 것이다. 재활 승마의 가장 큰 효과는 인지 및 언어 능력 개발에 도움을 주면서도 물리치료적 효과도 함께 병합하기 때문에 그 효과가 일반적인 동물매개치료에서도 상당히 높은 편이다.

CHAPTER 12

동물 복지

학습목표

1. 동물 복지의 개념적 정의와 동물 복지의 중요성 등에 대해 살펴본다.
2. 펫로스(Pet loss)의 개념적 정의와 펫로스의 감정 반응 및 극복 방법 등에 대해 살펴본다.

1. 동물의 복지

1) 동물 복지란?

동물 복지는 단순히 동물을 학대(cruelty)로부터 보호하는 것을 넘어 동물의 삶 자체를 존중하고 배려하는 것을 의미한다. 즉, 동물이 주변 환경과 상호작용하며 살아가는 데 필요한 신체적 건강뿐만 아니라 정신적 · 사회적 안녕까지 보장하는 것을 목표로 한다.

(1) 동물 복지의 5가지 기본 원칙(Five Freedoms)

동물 복지에 대한 개념은 시대와 사회에 따라 변화해 왔지만, 일반적으로 영국의 농장 동물 복지위원회(FAWC)에서 제시한 5가지 자유를 기본 원칙으로 삼는다.

① 굶주림과 갈증으로부터의 자유(Freedom from hunger and thirst): 신선한 물과 적절한 사료 공급을 통해 건강하고 활동적인 삶을 유지할 수 있도록 보장해야 한다.

② 불편으로부터의 자유(Freedom from discomfort): 적절한 휴식과 수면을 취할 수 있는 편안한 환경을 제공해야 한다.

③ 고통, 상해, 질병으로부터의 자유(Freedom from pain, injury and disease): 질병 예방 및 신속한 치료, 안전한 환경 조성을 통해 고통을 최소화해야 한다.

④ 정상적인 행동을 표현할 자유(Freedom to express normal behaviour): 동물의 종 특성에 맞는 충분한 공간, 시설, 먹이, 사회적 접촉 기회를 제공해야 한다.

⑤ 공포와 고통으로부터의 자유(Freedom from fear and distress): 정신적인 고통을 유발하는 학대, 스트레스, 불안으로부터 보호해야 한다.

(2) 동물 복지의 중요성

동물 복지는 단순히 동물을 좋아하는 감정을 넘어, 우리 삶 전반과 연결된 중요한 가치이다.

① 윤리적 책임

동물 복지 논의의 핵심은 바로 윤리적 책임에 있다. 인간 중심적인 사고에서 벗어나 동물을 단순한 자원이나 도구가 아닌, 지구라는 공동체를 공유하는 존재로 인식하는 것이 중요하다.

가. 동물은 고통을 느끼는 존재

동물은 인간과 마찬가지로 고통, 슬픔, 기쁨, 불안 등 다양한 감정을 느낄 수 있는 존재다. 과학적으로도 동물의 뇌에는 감정을 담당하는 영역이 존재하며, 고통을 느낄 때 인간과 유사한 생리적 반응을 보인다는 사실이 밝혀졌다.

① 단순한 본능 vs. 의식적 고통: 과거에는 동물의 고통 표현을 단순한 본능적 반응으로 치부하는 경우가 많았다. 하지만 최근 연구 결과들은 동물 역시 의식을 가지고 고통을 경험한다는 사실을 뒷받침하고 있다.

② 우리와 다르다는 이유로: 단지 언어와 문화가 다르다는 이유만으로 인간과 동등한 고통을 무시해서는 안 된다.

나. 약자에 대한 배려

인간은 동물에 비해 월등한 지능과 힘을 가진 존재이다. 이러한 비대칭적인 관계 속에서 우리는 동물을 존중하고 보호해야 할 윤리적 의무를 지닌다.

① 착취가 아닌 공존: 동물을 인간의 필요에 의해 함부로 이용하거나 착취하는 것은 약자에 대한 폭력이며, 정의로운 사회에서는 용납될 수 없는 행위이다.

② 미래 세대를 위한 약속: 동물에 대한 윤리적 책임은 현재 세대뿐만 아니라 미래 세대에게 건강한 지구를 물려주기 위한 우리의 중요한 의무다.

다. 동물 복지는 우리 자신을 위한 길

동물을 존중하는 것은 단순히 동물만을 위한 것이 아니다.

① 인간성 회복: 동물에 대한 공감 능력은 다른 사람에 대한 배려와 이타심을 키우는 데 도움을 주고, 더 나아가 사회적 약자에 대한 관심으로 이어질 수 있다.

② 지속 가능한 사회: 동물을 존중하는 것은 생명의 가치를 존중하는 것이며, 궁극적으로 인간과 동물이 조화롭게 공존하는 지속 가능한 사회를 만드는 데 기여한다.

동물 복지에 대한 윤리적 책임은 우리가 지향해야 할 보편적인 가치이며, 더 나은 사회를 만들기 위한 필수적인 노력이다. 동물의 고통에 공감하고 그들의 권리를 존중하는 것은 우리 자신의 인간성을 회복하고 미래 세대에게 더 나은 세상을 물려주는 길임을 기억해야 한다.

② 인간의 건강과 안전

동물 복지는 단순히 동물만을 위한 것이 아닌, 인간의 건강과 안전에도 직결되는 중요한 문제다. 동물을 존중하고 그들의 복지를 보장하는 것은 곧 우리 자신의 건강하고 안전한 삶을 지키는 길이다.

가. 인수공통감염병 예방

동물과 인간 사이에는 수많은 질병이 공유되며, 이를 인수공통감염병이라고 한다. 최근 코로나19 팬데믹 사태에서 볼 수 있듯이, 동물의 건강과 복지는 인간 사회에 예측 불가능한 큰 피해를 가져올 수 있다.

① 공장식 축산 시스템의 위험성: 좁고 비위생적인 환경에서 사육되는 동물들은 스트레스와 질병에 취약하며, 이는 바이러스 변이 및 전파 가능성을 높여 새로운 인수공통감염병 발생 위험을 증가시킨다.

② 야생 동물 서식지 파괴의 영향: 무분별한 개발로 인해 야생 동물의 서식지가 파괴되면서 인간과 야생 동물의 접촉이 증가하고, 이는 새로운 바이러스 전파 가능성을 높여 인간의 건강을 위협할 수 있다.

③ 동물 복지 강화를 통한 예방: 동물의 면역력을 높이고 스트레스를 줄여 주는 동물 복지 중심적인 시스템 구축은 인수공통감염병 예방에 중요한 역할을 한다.

나. 안전한 먹거리 확보

우리가 먹는 음식의 상당 부분은 동물에서 비롯된다. 동물 복지는 곧 우리 식탁의 안전과 직결되는 문제이다.

① 항생제 남용의 위험: 공장식 축산 환경에서는 질병 예방을 위해 다량의 항생제가 사용되고, 이는 항생제 내성균 발생의 주요 원인이 된다. 항생제 내성균은 인간에게 감염될 경우 치료가 어려워 심각한 건강 문제를 일으킬 수 있다.

② 동물 복지와 식품 안전의 연결고리: 동물 복지 강화는 동물의 면역력을 높

여 항생제 사용을 줄이고, 더욱 안전하고 건강한 축산물 생산을 가능하게 한다.

③ 윤리적 소비의 중요성: 동물 복지를 고려하여 생산된 제품을 선택하는 윤리적 소비는 동물의 삶을 개선할 뿐만 아니라, 우리 자신의 건강도 지키는 현명한 선택이다.

다. 정신 건강 증진

동물과의 교감은 스트레스를 완화하고 정신 건강 증진에 도움을 주는 것으로 알려져 있다.

① 반려동물의 긍정적인 영향: 반려동물은 정신적인 안정감과 행복감을 증진시키고, 우울증, 불안, 외로움 등의 정신 건강 문제 완화에 도움을 줄 수 있다.

② 동물 학대의 사회적 비용: 동물 학대는 가해자뿐만 아니라 사회 전체에 불안감을 조성하고 폭력적인 사회 분위기를 만드는 데 영향을 미칠 수 있다.

동물 복지는 동물만을 위한 것이 아니라 인간의 건강, 안전, 행복과도 밀접하게 연결되어 있다. 동물을 존중하고 그들의 복지 향상에 힘쓰는 것은 궁극적으로 우리 자신과 미래 세대를 위한 투자임을 기억해야 한다.

③ 환경보호

동물 복지는 단순히 동물만을 위한 개념이 아닌, 지구 생태계 전체와 우리 인간의 미래를 위한 필수적인 노력이다. 동물의 복지를 고려하는 것은 곧 환경보호와 직결되며, 지속 가능한 미래를 위한 필수적인 선택이다.

가. 공장식 축산 시스템, 환경 파괴의 주범

대량의 고기 소비를 위한 공장식 축산 시스템은 엄청난 환경 파괴를 야기한다. 동물 복지를 외면한 현재의 시스템은 지구의 미래를 위협하는 심각한 문제들을 야기한다.

① 온실가스 배출: 축산업은 전 세계 온실가스 배출량의 14.5%를 차지하며, 이는 자동차 등 모든 교통수단에서 발생하는 배출량보다 높다. 특히 소가 트림이나 방귀로 배출하는 메테인 가스는 이산화탄소보다 25배 강력한 온실효과를 유발한다.

② 토지 황폐화: 축산업은 전 세계 토지의 30%를 사용하며, 삼림 벌채의 주요 원인 중 하나이다. 목초지 조성을 위한 숲 파괴는 생물 다양성을 감소시키고 토지 황폐화를 가속화한다.

③ 수질 오염: 대규모 축산 농장에서 발생하는 가축 분뇨와 항생제, 호르몬 등은 토양과 지하수를 오염시키는 주요 원인이다. 오염된 물은 생태계를 파괴하고 인간의 건강에도 악영향을 미친다.

나. 동물 복지 중심의 시스템으로 전환

지속 가능한 미래를 위해서는 동물 복지를 최우선으로 고려하는 지속 가능한 축산 시스템으로의 전환이 시급하다.

① 친환경적인 사육 환경 조성: 동물이 자유롭게 움직이고 자연스러운 행동을 할 수 있는 공간을 제공하고 방목 비율을 높여 환경 오염을 줄여야 한다.

② 가축 사육 두수 감소: 고기 소비를 줄이고, 대체 식품 개발 및 소비를 장려하여 축산업 규모를 점진적으로 축소해야 한다.

③ 윤리적인 소비 습관: 소비자는 동물 복지 인증을 받은 제품을 선택하고, 지속 가능한 축산 방식을 지지하는 기업의 제품을 구매하는 등 윤리적인 소비 습관을 통해 변화를 이끌어 낼 수 있다.

다. 야생 동물 보호, 생물 다양성 보존

인간의 무분별한 개발과 환경 파괴는 야생 동물의 서식지를 위협하고, 멸종 위기에 처한 종들을 증가시키고 있다.

① 서식지 보호: 개발을 제한하고 야생 동물 보호 구역을 확대하여 야생 동물

이 안전하게 살아갈 수 있는 공간을 마련해야 한다.

② 불법 야생 동물 거래 근절: 야생 동물 밀렵과 불법 거래는 생태계 균형을 파괴하고, 동물 학대를 야기하는 심각한 범죄 행위이며, 국제적인 협력을 통해 근절해야 한다.

③ 기후 변화 대응: 기후 변화는 야생 동물의 생존에 큰 위협 요인이다. 온실가스 배출 감소 노력과 더불어, 기후 변화에 취약한 동물들을 보호하고 적응할 수 있도록 지원해야 한다.

결국, 동물 복지는 단순히 동물만을 위한 고립된 개념이 아니라, 지구 생태계 전체와 우리 인간의 지속 가능한 삶을 위해 필수적인 요소이다. 동물 복지를 도외시한 현재의 시스템은 결국 우리 인간에게까지 그 피해가 고스란히 돌아온다는 사실을 기억해야 한다. 우리 모두의 작은 노력이 모여 동물과 인간, 지구가 조화롭게 공존하는 미래를 만들어 갈 수 있음을 잊지 말아야 한다.

④ 사회적 인식 개선

동물 복지는 단순히 법과 제도, 또는 소수의 노력만으로 이루어질 수 없다. 사회 구성원 모두가 동물 복지의 중요성을 인지하고, 동물을 존중하는 인식을 공유할 때 진정한 변화가 시작된다.

가. 생명 존중 의식의 확산

동물 복지에 대한 관심은 생명에 대한 존중이라는 보편적인 가치를 확산시키는 시작점이다.

① 공감과 연대의 확장: 동물의 고통에 공감하고 그들의 권리를 옹호하는 과정을 통해 우리는 타인의 고통에 더욱 민감해지고, 사회적 약자에 대한 연대 의식을 키울 수 있다.

② 폭력 예방 효과: 동물 학대는 아동 학대, 노인 학대 등 다른 형태의 폭력과 연결되는 경우가 많다. 동물 학대를 용인하지 않는 사회적 분위기는 사회 전반의 폭력성을 줄이는 데 기여할 수 있다.

③ 인간 중심적 사고에서 벗어나야: 인간만이 세상의 중심이라는 인간중심적인 사고에서 벗어나 모든 생명체와 공존하는 삶의 방식을 고민하고 실천해야 한다.

나. 성숙한 시민의식 함양

동물 복지에 대한 사회적 인식 개선은 책임감 있는 시민의식 함양에도 중요한 역할을 한다.

① 적극적인 사회 참여 유도: 동물 복지 문제는 개인의 노력을 넘어, 정책 변화, 기업의 윤리적 경영, 시민 사회의 감시 기능 강화 등 사회 시스템 전반의 변화를 필요로 한다.
② 공동체 의식 함양: 동물 복지 문제 해결을 위해 시민들이 자발적으로 참여하고 연대하는 과정 속에서 공동체 의식을 함양하고, 더불어 살아가는 사회를 만드는 데 기여할 수 있다.
③ 미래 세대를 위한 교육: 어릴 때부터 동물 복지 교육을 통해 생명 존중 의식과 책임감을 길러 주는 것은 미래 세대에게 더 나은 사회를 물려주기 위한 투자이다.

다. 지속 가능한 사회 발전의 원동력

동물 복지에 대한 사회적 인식이 높아질수록 지속 가능한 사회 발전을 위한 제도적 기반 마련과 사회적 합의를 이끌어 낼 수 있다.

① 동물 복지 정책 강화: 동물 복지 기준 강화, 동물 학대 처벌 강화, 동물 실험 규제 강화 등을 통해 동물의 삶의 질을 개선하고, 인간과 동물이 조화롭게 공존하는 사회를 만들어야 한다.
② 기업의 사회적 책임 강조: 소비자의 윤리적 소비를 통해 동물 복지를 고려하는 기업이 성장할 수 있는 환경을 조성하고, 기업의 사회적 책임을 강조하여 긍정적인 변화를 이끌어 내야 한다.
③ 새로운 기술 도입 촉진: 동물 실험을 대체할 수 있는 기술 개발, 친환경적

이고 동물 복지를 고려한 축산 시스템 구축 등 지속 가능한 사회 발전에 기여할 수 있는 기술 개발을 지원해야 한다.

결국, 동물 복지는 단순히 동물만을 위한 것이 아니라, 우리 모두의 건강하고 행복한 삶을 위해 반드시 지켜야 할 사회적 가치이다. 동물 복지에 대한 관심과 노력을 통해 더 나은 세상을 만들어 나갈 수 있다.

(3) 동물 복지를 위한 노력

동물 복지를 실현하기 위해서는 개인, 사회, 국가의 다각적 노력이 필요하다.

① 개인

동물 복지는 거창한 구호나 다른 누군가의 책임이 아닌, 우리 모두가 일상에서 실천할 수 있는 가치이다. 작은 행동 하나하나가 모여 큰 변화를 만들어 낼 수 있다. 반려동물을 존중하고 책임감을 가지고 돌보며, 동물 학대 행위에 적극적으로 대처한다. 동물 복지 개선을 위한 활동에 참여하거나 관련 단체를 후원할 수 있다.

가. 책임감 있는 반려동물 돌봄

반려동물을 가족으로 맞이하는 것은 단순한 소유가 아닌 생명에 대한 책임을 동반하는 일이다.

① 신중한 입양: 단순한 호기심이나 충동적인 감정으로 반려동물을 맞이하는 것을 경계하고, 끝까지 책임질 수 있는지, 나의 환경과 생활 방식이 반려동물에게 적합한지 신중하게 고려해야 한다.

② 종의 특성을 고려한 돌봄: 품종, 크기, 성격뿐 아니라 각 동물 종의 고유한 습성과 필요를 충분히 이해하고, 그에 맞는 환경과 자극을 제공해야 한다.

③ 일생 동안 책임감 유지: 반려동물의 질병, 노화, 문제 행동 등 예상치 못한 상황 발생에도 당황하지 않고 끝까지 책임지는 자세가 중요하다.

④ 펫티켓 준수: 반려동물을 키우는 사람으로서의 책임감을 가지고, 목줄 착

용, 배변물 처리 등 펫티켓을 철저히 준수하여 다른 사람들과의 마찰을 예방하고 공공질서를 지켜야 한다.

나. 동물 학대에 대한 적극적인 자세

동물 학대는 심각한 범죄 행위이며, 우리 주변에서 일어나는 일에 무관심해서는 안 된다.

① 적극적인 신고: 동물 학대 현장을 목격하거나 의심되는 상황을 발견했을 경우, 주저하지 말고 관련 기관(동물보호단체, 경찰 등)에 신고해야 한다.

② 온라인 공간에서의 경계: 인터넷과 SNS의 발달은 동물 학대 문제에도 양날의 검처럼 작용한다. 긍정적인 콘텐츠를 통해 동물 보호에 대한 사회적 인식을 높이는 창구가 되는 반면, 동물 학대 영상이 무분별하게 유포되고, 심지어 학대를 조장하는 위험한 콘텐츠가 공유되는 어두운 면도 존재한다. 온라인 공간에서 동물 학대에 대한 경계를 강화하고, 적극적인 감시자로서의 역할을 수행하는 것은 매우 중요하다.

③ 문제의식 공유: 동물 학대 문제에 대한 경각심을 높이고, 주변 사람들에게 동물 학대의 심각성을 알리고 적극적으로 대처할 수 있도록 사회적 분위기 조성에 힘써야 한다.

다. 윤리적인 소비 생활

우리의 소비는 동물의 삶에 직접적인 영향을 미친다.

① 동물 실험을 하지 않는 제품 선택: 화장품, 세제 등을 구입할 때 동물 실험을 하지 않는 제품을 선택하고, 관련 정보를 제공하는 'Cruelty-Free' 인증마크를 확인하는 것이 좋다.

② 동물 복지를 고려한 제품 선택: 계란, 우유, 고기 등 축산품 구입 시 동물 복지 인증을 받았는지 확인하고, 가능하다면 동물 친화적인 방식으로 생산된 제품을 선택하는 것이 중요하다.

③ 모피, 가죽, 상아 제품 지양: 동물의 털이나 가죽을 사용하는 의류, 가방 등

을 구매하지 않고, 대안적인 소재의 제품을 선택하는 것이 좋다.

라. 정보 공유와 사회 참여

동물 복지 문제는 개인의 노력만으로 해결될 수 없기에 더 많은 사람들의 관심과 참여를 이끌어 내는 것이 중요하다.

① 다양한 플랫폼을 통한 정보 공유: 동물 복지 관련 기사, 캠페인 정보, 동물 학대 사건 등을 자신의 SNS에 공유하여 더 많은 사람들에게 알리고, 동물 복지에 대한 일상적인 관심을 촉구할 수 있다. 그리고 관심 분야의 온라인 커뮤니티에서 동물 복지 관련 주제를 다루거나, 관련 정보를 공유하고 토론하는 공간을 마련하여 공감대를 형성할 수 있다. 또한 학교, 직장, 지역 사회 모임 등에서 동물 복지의 중요성에 대해 이야기하고, 주변 사람들의 인식 개선을 위해 노력할 수 있다.

② 동물보호단체 활동 참여: 동물보호단체에 정기적으로 후원하여 학대받는 동물을 구조, 치료, 보호하는 활동을 지원하고, 동물 복지 개선을 위한 다양한 캠페인 활동에 힘을 보탤 수 있다. 그리고 시간적 여유가 있다면 동물보호센터에서 유기 동물 보호, 시설 청소, 사회화 훈련 등의 자원봉사 활동을 통해 도움을 줄 수 있다. 또한 서명 운동, SNS 챌린지 참여 등 온라인으로 진행되는 다양한 캠페인에 참여하여 동물 복지 문제에 대한 사회적 관심을 높이는 데 기여할 수 있다.

③ 정책 변화를 위한 노력: 동물 복지 관련 법안 발의를 촉구하거나, 기존 법안에 대한 개정 의견을 국회의원에게 직접 전달하여 정책 변화를 이끌어 낼 수 있다. 그리고 동물 복지 관련 공청회나 토론회에 참석하여 적극적으로 의견을 개진하고, 관련 정책에 대한 사회적 논의에 참여할 수 있다. 또한 동물 학대 사건, 동물 복지 관련 문제점 등을 언론에 제보하여 사회적으로 공론화하고, 개선을 요구할 수 있다.

④ 비판적인 소비자 의식 함양: 동물 학대 논란이 있는 기업의 제품이나 서비스에 대한 불매 운동에 참여하여 기업의 윤리적 경영을 촉구할 수 있다.

그리고 동물 복지 인증을 받은 제품을 적극적으로 선택하고, 기업이 동물 복지에 더욱 관심을 기울이도록 소비자로서 요구할 수 있다.

동물 복지 향상은 단순히 동물만을 위한 것이 아닌, 더불어 살아가는 우리 모두를 위한 지속 가능한 사회를 만드는 필수적인 과제이다. 정보 공유와 사회 참여를 통해 우리의 목소리를 모으고, 변화를 이끌어 내는 주체적인 역할을 수행해야 한다.

② 사회

동물 복지에 대한 인식을 개선하고, 동물 복지 기준을 강화하며, 동물 학대 행위를 감시하고 처벌하는 시스템을 구축해야 한다.

가. 동물 복지에 대한 인식 개선

① 공교육 연계: 어릴 때부터 동물 복지에 대한 올바른 가치관을 형성할 수 있도록 초·중·고등학교 교육과정에 동물 복지 관련 내용을 포함하고, 생명 존중 의식을 함양해야 한다.

② 대중매체의 역할 강조: TV, 라디오, 인터넷 등 다양한 매체를 통해 동물 복지 관련 정보, 뉴스, 캠페인 등을 지속적으로 제공하고, 긍정적인 인식을 확산해야 한다.

③ 공공 캠페인 확대: 정부 및 공공기관 주도로 동물 복지의 중요성을 알리는 다양한 공익광고와 캠페인을 기획하고, 시민들의 자발적인 참여를 유도해야 한다.

나. 동물 복지 기준 강화 및 제도 개선

① 동물보호법 강화: 현행 동물보호법의 미비점을 보완하고 처벌 조항을 강화하여 동물 학대 행위를 근절하고, 동물의 5대 자유를 보장할 수 있도록 해야 한다.

② 축산 동물 복지 확대: 공장식 축산 시스템을 개선하고 동물 복지 인증 제도를 확대하여 축산 동물의 고통을 최소화하고, 건강하고 안전한 축산물 생산을 유도해야 한다.

③ 실험동물 대체 방안 마련: 동물 실험을 최소화하고 대체할 수 있는 첨단 기술 개발을 지원하고, 동물 실험 윤리 규정을 강화하여 실험동물의 희생을 줄여야 한다.

다. 동물 학대 예방 및 감시 체계 구축

① 신고 시스템 강화: 동물 학대 신고 접수 시 신속하게 출동하고 적극적으로 대응할 수 있도록 신고 시스템을 개선하고, 관련 인력 및 자원을 확충해야 한다.

② 처벌 강화 및 재발 방지 노력: 동물 학대 행위에 대한 처벌 수위를 높이고, 동물 학대 가해자에 대한 심리 치료 및 교육 프로그램을 의무화하여 재발 방지에 힘써야 한다.

③ 민관 협력 시스템 구축: 정부, 동물보호단체, 수의사협회 등 관련 기관들이 상호 협력하여 동물 학대 예방 및 감시 활동을 효율적으로 수행할 수 있는 시스템을 구축해야 한다.

라. 동물 복지 관련 교육 및 전문 인력 양성

① 동물 복지 전문 교육기관 확대: 수의사, 동물보호 관리자, 동물 행동 전문가 등 동물 복지 관련 분야의 전문 인력을 체계적으로 양성할 수 있는 교육 기관을 확대해야 한다.

② 관련 종사자 교육 의무화: 동물 관련 업종 종사자(반려동물 관련 업종, 축산업, 동물원, 수족관 등)를 대상으로 동물 복지 교육을 의무화하여 전문성을 높이고 책임감을 고취해야 한다.

③ 시민 대상 교육 프로그램 마련: 다양한 연령층을 대상으로 동물 복지 교육 프로그램을 개발하고 보급하여 사회 전반에 동물 복지 인식을 확산해야 한다.

동물 복지는 선택이 아닌 필수이다. 사회 구성원 모두가 동물 복지에 관심을 가지고 적극적으로 참여할 때, 동물과 인간이 함께 행복한 더 나은 미래를 만들 수 있다.

③ 국가

동물 복지 향상은 국가의 중요한 책무이다. 단순히 동물을 보호하는 것을 넘어 생명 존중의 가치를 확립하고, 동물과 인간이 공존하는 건강한 사회, 지속 가능한 발전을 위해 국가는 적극적으로 나서야 한다.

가. 법적 · 제도적 기반 강화: 동물 복지, 국가 시스템으로 구축

① 동물 복지 기본법 제정: 동물 복지에 대한 국가의 책임과 의무를 명확히 규정하는 최상위 법률을 제정해야 한다. 이를 통해 동물 복지 정책의 기본 원칙, 추진 체계, 관련 법률 제정 및 개정 등을 포괄적으로 다루고 일관성 있는 정책 추진을 위한 기반을 마련해야 한다.

② 동물보호법 전면 개정 및 세분화: 현행 동물보호법은 변화하는 시대에 맞춰 전면적인 개정이 필요하다. 동물 학대의 정의를 확대하고 처벌을 강화하는 동시에, 동물 종류, 사육 환경, 이용 목적 등을 고려한 보다 구체적이고 실효성 있는 법률 조항을 마련해야 한다.

③ 동물 관련 법률 체계화 및 일관성 확보: 동물보호법 외에도 축산법, 실험동물법 등 동물 관련 다양한 법률을 체계적으로 정비하고, 법률 간 충돌을 방지하고 일관성을 확보해야 한다.

나. 전문성 강화 및 예산 확대: 동물 복지 전담 기구 설립

① 동물 복지 전담 기구 설립: 독립적인 '동물 복지청' 또는 관련 부처를 통합 관리하는 전담 기구를 설립해야 한다. 전문 인력을 확보하고 체계적인 정책 연구 및 집행 시스템을 구축하여 동물 복지 정책의 전문성과 실효성을 높여야 한다.

② 동물 복지 예산 확대 및 효율적 관리: 동물보호센터 운영 지원, 유기 동물 입양 활성화, 동물 복지 인증제 확대, 동물 복지 교육 프로그램 개발 등 다양한 사업에 필요한 예산을 대폭 확대해야 한다. 또한 투명하고 효율적인 예산 집행 및 성과 관리 시스템 구축을 통해 예산 낭비를 최소화해야 한다.

③ 동물 복지 관련 연구 개발 투자 확대: 과학적 데이터에 기반한 효과적인 동물 복지 정책 수립을 위해 동물 복지 관련 연구 개발에 대한 장기적인 투자를 확대해야 한다. 이와 더불어 전문 연구 인력 양성, 해외 선진 사례 연구 등을 지원하여 국내 동물 복지 연구 역량을 강화해야 한다.

다. 사회 각 분야의 동물 복지 수준 제고: 인식 개선에서 실질적 변화까지

동물 복지에 대한 사회적 관심이 높아짐에 따라 각 분야에서 동물의 삶의 질을 개선하기 위한 노력이 이루어지고 있다.

① 반려동물 복지 강화: 동물학대 처벌 강화, 동물판매업 규제 강화, 반려동물 의무 교육 도입 등을 통해 동물 학대를 예방하고 책임감 있는 반려동물 문화를 조성해야 한다. 그리고 동물등록제 참여율을 높여 유기동물 발생을 예방하고, 유기동물 보호소 환경 개선 및 입양 활성화 정책을 통해 안락사를 줄여 나가야 한다. 또한 동물병원 진료비 표준화, 불법 번식 및 판매 근절, 동물 관련 직업 윤리 강화 등을 통해 동물을 이용한 상업화를 막고 동물 복지를 증진해야 하며, 공공장소에서 목줄 착용, 배변 수거 등 펫티켓 준수 의식을 높여 사람과 동물이 공존하는 성숙한 반려동물 문화를 만들어야 한다.

② 농장 동물 복지 강화: 비좁은 사육 환경 개선, 동물 복지를 고려한 사육 면적 확보, 스트레스를 줄이는 환경 조성 등을 통해 동물의 고통을 최소화해야 하며, 동물 복지 인증 기준을 강화하고 인증 농가에 대한 지원을 확대하여 소비자들이 동물 복지에 기여하는 제품을 선택하도록 유도해야 한다. 그리고 동물성 단백질을 대체할 수 있는 기술 개발을 지원하여 장기적으로 축산 동물의 수요를 줄여 나가는 노력이 필요하다. 또한 농장주 및 관련 종사자들을 대상으로 동물 복지 교육을 의무화하고, 동물 복지의 중요성에 대한 사회적 인식을 개선해야 한다.

③ 실험 동물 복지 강화: 동물실험을 최소화하기 위해 인공지능, 3D 프린팅 등 첨단 기술을 활용한 동물실험 대체 시험법 개발을 지원해야 하며, 동물

실험 계획 심의 및 승인 과정을 강화하고, 불필요한 동물실험을 사전에 차단해야 한다. 또한 동물실험 시 동물의 고통과 스트레스를 최소화할 수 있는 환경을 조성하고, 동물 복지 전문 인력을 양성하여 실험동물의 복지 수준을 향상해야 한다.

④ 야생 동물 복지 강화: 개발 사업으로 인한 야생 동물 서식지 파괴를 최소화하고, 파괴된 서식지는 적극적으로 복원하여 야생 동물의 생존권을 보장해야 하며, 야생 동물 불법 거래를 차단하고, 야생 동물을 이용한 전시 및 공연을 규제하여 야생 동물 착취를 막아야 한다. 그리고 로드킬 예방 시설 설치를 확대하고, 다친 야생 동물을 위한 구조 및 재활 시스템을 구축해야 하고, 기후변화로 인한 야생 동물의 피해를 최소화하고, 생물다양성 보존을 위한 정책 마련 및 국제적 협력을 강화해야 한다.

동물 복지는 단순히 동물을 위한 것이 아닌, 우리 모두의 더 나은 미래를 위한 필수 요소이다. 우리 모두의 관심과 노력으로 동물과 인간이 함께 행복하게 공존하는 세상을 만들어 나가야 한다.

2. 펫로스(Pet loss)

펫로스(Pet loss)는 반려동물의 사망이나 상실로 인해 경험하는 슬픔과 고통을 의미한다. 이는 많은 사람들에게 깊은 정서적 영향을 미치며, 반려동물은 종종 가족의 일원으로 여겨지기 때문에 그들의 죽음은 깊은 상실감을 초래할 수 있다. 그리고 사람에 따라 펫로스 증후군(Pet loss syndrome)이 발생할 수 있다. 펫로스 증후군은 반려동물을 잃은 사람들에게 나타나는 슬픔과 고통의 감정적 반응을 의미한다. 이 증후군의 주요 증상에는 슬픔, 우울감, 불안, 죄책감, 일상생활에서의 어려움 등이 포함된다.

1) 펫로스의 일반적인 감정 반응

펫로스(Pet loss)는 반려동물을 잃는 경험으로 인해 발생하는 다양한 감정적 반응을 포함한다. 이러한 감정은 개인마다 다르게 나타날 수 있지만, 일반적으로 다음과 같은 반응이 있다.

(1) 슬픔과 우울

반려동물의 상실은 깊은 슬픔을 초래한다. 이는 단순한 애도의 감정을 넘어, 우울증으로 이어질 수도 있다. 슬픔은 종종 지속적인 눈물, 무기력, 식욕 변화와 같은 신체적 증상으로 나타날 수 있다. 반려동물과의 일상적인 활동이 사라지면서 느끼는 공허감이 더욱 심화될 수 있다.

① 슬픔의 특징

① 심리적 반응: 슬픔은 반려동물을 잃은 후 즉각적으로 느껴지는 감정으로, 눈물, 깊은 한숨, 우울한 기분으로 나타날 수 있다. 슬픔은 종종 상실의 고통을 직면하게 하는 중요한 과정이다.

② 신체적 반응: 슬픔은 신체적인 증상으로도 이어질 수 있다. 예를 들어 에너지가 떨어지거나, 수면 문제가 발생하며, 식욕이 감소할 수 있다. 이러한 신체적 반응은 정신적 고통과 연결되어 있다.

③ 지속성: 슬픔은 초기에는 강렬하게 느껴질 수 있지만, 시간이 지나면서 그 강도는 줄어들 수 있다. 그러나 특별한 날이나 기념일 등에서는 다시 슬픔이 밀려올 수 있다.

② 우울의 특징

① 우울증의 증상: 슬픔이 지속되면 우울증으로 발전할 수 있다. 일반적인 우울증의 증상으로는 무기력감, 흥미 상실, 집중력 저하, 자신에 대한 부정적인 생각, 자살에 대한 생각 등이 있다.

② 일상 기능의 저하: 우울감을 느끼면 일상적인 활동이나 업무 수행이 어려

워질 수 있다. 반려동물과의 일상이 사라지면서 삶의 의미를 잃은 듯한 느낌이 들 수 있다.

③ 사회적 고립: 슬픔과 우울은 종종 사회적 고립으로 이어질 수 있다. 주변 사람들과의 관계가 소원해지거나, 외부 활동을 기피하게 될 수 있다.

③ 슬픔과 우울의 원인

① 정서적 유대: 반려동물과의 깊은 정서적 유대가 상실되면, 그 빈자리를 채우는 데 큰 어려움을 겪게 된다. 반려동물과의 관계는 사랑과 애정이 가득한 만큼, 그 상실은 더욱 큰 슬픔을 동반한다.

② 일상적인 루틴의 변화: 반려동물과 함께했던 일상적인 행동이나 루틴이 사라지면서, 그로 인해 느끼는 공허함이 슬픔을 더욱 심화시킬 수 있다.

④ 슬픔과 우울 극복하기

① 감정 표현: 슬픔과 우울을 느낄 때, 감정을 솔직하게 표현하는 것이 중요하다. 친구나 가족과 이야기하거나, 일기 쓰기가 도움이 될 수 있다.

② 전문가의 도움: 필요한 경우 상담사나 심리치료사의 도움을 받는 것이 좋다. 전문가는 슬픔과 우울을 이해하고 극복하는 데 도움을 줄 수 있다.

③ 기념하기: 반려동물과의 좋은 기억을 기리기 위한 작은 기념식을 열거나, 사진 앨범을 만드는 등의 활동이 슬픔을 치유하는 데 도움이 될 수 있다.

④ 자기 돌봄: 규칙적인 운동, 건강한 식단, 충분한 수면 등 자기 돌봄을 통해 몸과 마음을 회복하는 데 집중하는 것이 중요하다.

펫로스에서의 슬픔과 우울은 자연스러운 감정 반응이며, 이를 경험하는 것은 반려동물에 대한 깊은 사랑의 결과이다. 슬픔을 인정하고, 이를 극복하기 위한 방법을 찾는 것이 회복의 첫걸음이 될 수 있다. 시간이 지나면서 감정은 완화되며, 반려동물과의 소중한 기억은 항상 마음속에 남아 있을 것이다.

(2) 죄책감

많은 사람들은 반려동물이 아프거나 힘든 상황에서 더 잘할 수 있었던 것에 대해 죄책감을 느낀다. '내가 더 잘했어야 했는데.'라는 생각이 들며, 이는 상실 후에도 계속해서 마음을 괴롭힐 수 있다. 특히 안락사(euthanasia)를 결정해야 했던 경우에는 더욱 강한 죄책감을 느낄 수 있다.

① 죄책감의 특징

① 자책: 반려동물이 아프거나 힘든 상황에서 더 잘할 수 있었던 것에 대해 자책하는 감정이 강하게 나타난다. '내가 더 신경 써줬다면, 더 오래 살았을 텐데.'라는 생각이 반복될 수 있다.

② 결정에 대한 후회: 안락사와 같은 결정은 특히 죄책감을 유발할 수 있다. '내가 그 결정을 내리지 않았다면 어떻게 되었을까?'라는 질문이 마음을 괴롭힐 수 있다.

③ 소외감: 죄책감은 종종 고립감을 동반한다. 주변 사람들이 반려동물에 대한 감정을 이해하지 못할 때 더 큰 죄책감을 느끼며, 스스로를 고립시키는 경향이 있다.

② 죄책감의 원인

① 강한 유대감: 반려동물과의 정서적 유대가 깊을수록, 그 상실에 대한 책임감을 느끼게 된다. 반려동물이 자신의 선택으로 인해 고통받았다고 느끼면 죄책감이 더욱 강해질 수 있다.

② 사회적 기대: 반려동물의 주인으로서 책임을 다하지 못했다고 느낄 때, 사회적 기대에 대한 압박감이 죄책감을 유발할 수 있다. 사람들은 반려동물에 대해 최선을 다해야 한다는 강한 믿음을 가지고 있다.

③ 불확실성: 반려동물의 상태에 대한 불확실성이나, 치료 방법에 대한 정보 부족이 후회와 죄책감을 더욱 증폭시킬 수 있다. '내가 더 알아봤더라면.'이라는 생각이 반복된다.

③ 죄책감 극복하기

① 감정 인정하기: 죄책감을 느끼는 것은 자연스러운 반응임을 인정하는 것이 중요하다. 자신이 느끼는 감정을 숨기지 말고 그것을 표현하는 것이 회복의 첫걸음이 될 수 있다.

② 자기 연민: 자신에게 친절하게 대하고, 반려동물과의 좋은 기억을 떠올리며 긍정적인 감정을 키우는 것이 중요하다. 자신에게 '최선을 다했어.'라는 메시지를 전하는 것이 도움이 된다.

③ 전문가의 도움: 필요하다면 상담사나 심리치료사의 도움을 받는 것이 좋다. 전문가는 죄책감과 그로 인한 고통을 이해하고 극복하는 데 도움을 줄 수 있다.

④ 기념하기: 반려동물의 기억을 기리기 위한 방법을 찾아보는 것도 좋다. 기념식을 열거나, 반려동물과의 좋은 기억을 나누는 활동은 죄책감을 완화하는 데 도움이 될 수 있다.

펫로스에서 느끼는 죄책감은 매우 복잡하고 개인적인 감정이다. 이를 극복하기 위해서는 자신의 감정을 인정하고, 긍정적인 기억을 떠올리며, 필요한 경우 전문가의 도움을 받는 것이 중요하다. 죄책감은 시간이 지나면서 점차 완화될 수 있으며, 결국 반려동물과의 소중한 추억이 마음속에 남아 있을 것이다.

(3) 혼란과 부정

상실의 현실을 받아들이기 어려운 경우, 혼란스러운 감정이 들 수 있다. 반려동물이 여전히 곁에 있는 것 같은 착각이나 꿈을 꾸기도 하며, 이로 인해 감정적인 혼란이 가중될 수 있다. '이게 정말 사실인가?'라는 부정적인 생각이 반복될 수 있다.

① 혼란

혼란은 반려동물의 죽음이나 이별을 겪으면서 느끼는 복잡한 감정의 상태이다.

① 상실의 충격: 반려동물과의 관계가 깊었던 만큼, 그들의 갑작스러운 상실은 큰 충격을 준다. 이러한 충격은 현실을 받아들이기 어렵게 만들고, 마음속에 혼란을 야기한다.

② 감정의 혼합: 슬픔, 죄책감, 분노 등 다양한 감정이 동시에 존재하게 되면서 자신이 어떤 감정을 느끼고 있는지 혼란스러워질 수 있다. 예를 들어 반려동물을 잃은 슬픔과 동시에 그동안의 책임을 다하지 못했다는 죄책감이 생길 수 있다.

③ 일상적인 변화: 반려동물의 존재가 일상생활의 큰 부분을 차지하고 있었다면, 그들의 부재로 인해 일상에 혼란이 생길 수 있다. 이러한 변화는 심리적 안정을 깨뜨리고 혼란을 가중시킨다.

② 부정

부정은 반려동물의 죽음이나 이별을 받아들이기 어려운 감정 상태를 말한다. 이는 여러 가지 형태로 나타날 수 있다:

① 부정의 단계: 엘리자베스 퀴블러 로스(Elizabeth Kubler Ross)의 죽음에 대한 5단계 이론에서 부정은 초기 단계 중 하나로, 현실을 받아들이기 어렵고 상황을 부정하려는 경향을 보인다. '이럴 리가 없어.'라는 생각이 자주 들게 된다.

② 회피 행동: 반려동물을 잃은 사실을 받아들이지 못해 그들과의 추억을 회피하거나, 그들의 물건을 정리하지 못하는 등의 행동이 나타날 수 있다. 이는 감정적인 고통을 피하려는 무의식적인 시도로 볼 수 있다.

③ 자신을 보호하려는 본능: 부정은 종종 심리적 방어 메커니즘으로 작용한다. 큰 슬픔을 겪는 대신 그 감정을 피하려는 노력으로, 이는 심리적 안정감을 유지하기 위한 방법일 수 있다.

펫로스는 매우 개인적이고 복잡한 경험이며, 혼란과 부정은 이 과정에서 자연스럽게 나타나는 감정 반응이다. 이러한 감정을 이해하고 인정하는 것이 회복의 첫 단계이며, 필요할 경우 전문가의 도움을 받는 것도 좋은 방법이다.

(4) 분노

반려동물의 죽음에 대해 분노를 느끼는 것은 자연스러운 반응이다. 이는 상황이나 다른 사람에게 향할 수 있으며, 때로는 자신에게도 분노를 느낄 수 있다. '왜 나에게 이런 일이 일어났는가?'라는 질문과 함께 분노가 발생할 수 있다.

① 분노의 원인

① 상실에 대한 불만: 반려동물을 잃은 사람은 그 상실에 대한 불만과 분노를 느낄 수 있다. '왜 나에게 이런 일이 일어났는가?'라는 질문이 자주 떠오르며, 이는 불공평함에 대한 반응이다.

② 책임에 대한 분노: 반려동물의 질병이나 죽음이 자신이나 다른 사람의 잘못이라고 느낄 경우, 그러한 책임을 느끼며 분노가 생길 수 있다. 예를 들어 적절한 치료를 받지 못했거나, 사고로 인해 잃게 된 경우이다.

③ 타인에 대한 분노: 주변 사람들에게 불만을 느끼거나, 그들이 자신의 슬픔을 이해하지 못한다고 생각할 때 분노가 발생할 수 있다. 친구나 가족이 자신의 감정을 충분히 공감해 주지 않는다고 느끼면 더욱 그럴 수 있다.

② 분노의 표현

① 감정의 표출: 분노는 다양한 방식으로 표출될 수 있다. 소리 지르기, 물건을 부수기, 심지어 무의식적으로 다른 사람에게 화를 내는 등의 행동이 이를 포함한다.

② 내적 갈등: 분노는 종종 내면의 갈등을 동반한다. 감정적으로 힘든 상황에서 자신이 느끼는 분노를 이해하고 수용하는 것이 어려울 수 있다. 이로 인해 자신을 비난하거나, 더 큰 고통을 느낄 수도 있다.

③ 분노의 단계

① 회복 과정에서의 분노: 분노는 슬픔의 과정에서 자연스러운 일부로, 이를 통해 감정을 처리하고 치유의 길로 나아가는 단계로 볼 수 있다. 감정을 억누르기보다는 건강하게 표현하는 것이 중요하다.

② 전이적 분노: 반려동물을 잃은 슬픔이 다른 상황이나 사람에게 전이되어 분노를 느끼는 경우도 있다. 이는 슬픔을 직접적으로 다루지 않고, 다른 대상을 향해 감정을 투사하는 것이다.

④ 분노의 관리

① 감정 인식: 분노의 감정을 인식하고 인정하는 것이 중요하다. 이는 자연스러운 반응이며, 이를 부정하지 않는 것이 필요하다.

② 건강한 표현 방법: 감정을 표현할 수 있는 건강한 방법을 찾는 것이 중요하다. 예를 들어 일기를 쓰거나, 신뢰할 수 있는 사람과 이야기하는 것이 도움이 될 수 있다.

③ 전문가의 도움: 분노가 지나치게 강하거나 지속될 경우, 전문가의 도움을 받는 것이 좋다. 상담이나 치료를 통해 감정을 효과적으로 다루고 회복하는 데 도움을 받을 수 있다.

펫로스에서의 분노는 매우 일반적인 감정 반응이며, 이를 이해하고 인정하는 것이 회복 과정의 중요한 부분이다. 분노를 건강하게 표현하고 관리함으로써, 슬픔을 치유하는 데 있어 긍정적인 방향으로 나아갈 수 있다.

(5) 고립감

펫로스의 경험은 종종 외로움과 고립감을 동반한다. 주변 사람들이 반려동물의 상실을 이해하지 못하거나, 그 고통을 충분히 공감하지 못할 때 더욱 고립된 기분을 느낄 수 있다. 이러한 감정은 사회적 고립으로 이어질 수 있다.

① 고립감의 원인

① 상실의 비극성: 반려동물의 죽음은 깊은 슬픔을 동반하며, 그로 인해 자신이 느끼는 고통이 다른 사람에게는 이해되지 않을 것이라는 두려움이 생길 수 있다. 이로 인해 사람들은 자신의 감정을 숨기고, 다른 사람들과의 소통을 피하게 된다.

② 주변의 무관심: 반려동물의 죽음을 경험한 사람들은 주변 사람들이 이 슬픔을 가볍게 여기거나 이해하지 못한다고 느낄 때 고립감을 느낄 수 있다. '이건 단지 동물일 뿐'이라는 태도는 그들의 감정을 더 깊은 외로움으로 이끌 수 있다.

③ 자기 비난: 반려동물의 죽음이 자신의 잘못이라고 생각하게 되면, 자신을 고립시키려는 경향이 생긴다. 이는 슬픔과 죄책감이 합쳐져 고립된 느낌을 더욱 심화시킬 수 있다.

② 고립감의 표현

① 사회적 단절: 슬픔으로 인해 친구나 가족과의 관계를 피하게 되며, 이는 결국 사회적 고립으로 이어질 수 있다. 사람들은 자신이 느끼는 슬픔을 다른 사람들과 공유하기 어려워지며, 혼자 있는 시간을 더 많이 선택하게 된다.

② 내적 대화: 고립감은 종종 자신의 생각과 감정에 갇히게 하여, 내적 대화가 증가하게 만든다. 이 과정에서 부정적인 생각이나 감정이 강화될 수 있다.

③ 고립감의 영향

① 정신 건강에 미치는 영향: 고립감은 우울증, 불안 등의 정신 건강 문제로 이어질 수 있다. 슬픔을 건강하게 표현하지 못하면, 감정이 쌓여 더욱 심각한 문제를 일으킬 수 있다.

② 회복의 어려움: 고립감은 치유의 과정을 방해할 수 있다. 슬픔을 공유하고 지지받는 경험이 회복에 도움이 되는데, 고립되어 있을 경우 이러한 기회를 잃게 된다.

④ 고립감 극복하기

① 감정 표현: 자신의 감정을 표현하는 것이 중요하다. 친구나 가족, 또는 슬픔을 이해해 줄 수 있는 지지 그룹과 이야기를 나누는 것이 도움이 될 수 있다.

② 전문가의 도움: 심리 상담사나 치료사와의 상담을 통해 자신의 감정을 이해하고 다루는 방법을 배울 수 있다. 전문가의 지원은 고립감을 극복하는

데 큰 도움이 된다.

③ 반려동물과의 추억 공유: 다른 반려동물 애호가들과 함께 추억을 나누거나, 반려동물에 대한 이야기를 하는 모임에 참여함으로써 공감대를 형성하고 고립감을 줄일 수 있다.

펫로스에서 느끼는 고립감은 자연스러운 반응이며, 이를 이해하고 다루는 것이 중요하다. 자신의 감정을 인정하고, 주변의 지원을 받으며, 필요한 경우 전문가의 도움을 받는 것이 회복의 과정에서 큰 도움이 될 수 있다. 고립감을 극복함으로써, 슬픔을 건강하게 처리하고 다시 일상으로 나아갈 수 있는 길을 찾을 수 있다.

(6) 회복과 희망

펫로스의 감정 반응은 시간이 지남에 따라 변화할 수 있다. 슬픔과 고통이 점차 줄어들고, 반려동물과의 좋은 기억을 떠올리며 회복의 길로 나아가게 된다. 회복 과정에서 새로운 반려동물을 입양하는 것과 같은 결정을 고려할 수도 있지만, 이는 각 개인의 감정 상태에 따라 다르다.

① 회복의 과정

① 슬픔의 수용: 회복의 첫 단계는 슬픔을 인정하고 수용하는 것이다. 반려동물을 잃었다는 사실을 받아들이고, 그로 인해 느끼는 감정을 솔직하게 마주하는 것이 중요하다. 이 과정에서 감정의 기복이 있을 수 있지만, 이는 자연스러운 일이다.

② 감정의 표현: 슬픔을 표현하는 것이 회복에 도움이 된다. 일기를 쓰거나, 믿을 수 있는 친구와 대화하거나, 감정을 표현할 수 있는 창의적인 방법(그림, 음악 등)을 찾는 것이 긍정적인 영향을 미친다.

③ 지지 체계 활용: 가족, 친구, 또는 반려동물 관련 커뮤니티와의 소통이 큰 도움이 된다. 다른 사람들과 경험을 공유하고 서로의 감정을 이해받는 것은 회복 과정에서 중요한 역할을 한다.

② 희망의 발견

① 기억의 긍정적 재구성: 반려동물과의 소중한 추억을 떠올리며 긍정적으로 재구성하는 과정이 필요하다. 슬픔이 가시고 나면, 그들과의 행복한 순간들을 기억하며 감사함을 느낄 수 있다.

② 새로운 시작: 시간이 지나면서 새로운 반려동물을 맞이하는 것을 고려할 수 있다. 이는 반려동물과의 관계를 회복하는 것이 아니라, 새로운 관계를 형성하는 과정으로 볼 수 있다. 물론, 이는 개인의 선택이며, 준비가 되었을 때 하는 것이 중요하다.

③ 자신의 성장: 펫로스는 고통스러운 경험이지만, 이를 통해 개인적으로 성장할 수 있는 기회가 되기도 한다. 슬픔을 극복하는 과정에서 자신에 대한 이해가 깊어지고, 더 강한 사람으로 거듭날 수 있다.

③ 회복과 희망의 중요성

① 정신적 안정: 회복 과정에서 희망을 찾는 것은 정신적 안정에 큰 도움이 된다. 긍정적인 미래를 바라보며 삶의 질을 향상시키는 데 기여한다.

② 삶의 의욕 재발견: 회복과 희망은 삶의 의욕을 되찾는 데 중요한 요소다. 반려동물과의 소중한 추억을 떠올리며, 그들을 기리기 위한 활동이나 새로운 목표를 설정하는 것이 도움이 된다.

④ 회복을 위한 실천 방법

① 추모 의식: 반려동물을 기리기 위한 추모 의식을 가질 수 있다. 이는 사진을 전시하거나, 특별한 장소에 가서 그들과의 추억을 되새기는 방법이 될 수 있다.

② 자원봉사: 동물 보호소나 관련 단체에서 자원봉사를 통해 다른 반려동물을 도와주는 것도 회복 과정에서 긍정적인 경험이 될 수 있다. 이는 자신의 슬픔을 다른 이들에게 긍정적으로 전환하는 방법이 될 수 있다.

③ 전문가 상담: 필요할 경우, 전문가와의 상담을 통해 감정적인 지지를 받을 수 있다. 전문가의 도움은 회복과 희망을 찾는 데 큰 도움이 될 수 있다.

펫로스는 매우 개인적이고 복잡한 감정적 과정이다. 각자의 감정 반응을 이해하고, 이를 느끼는 것은 자연스러운 일임을 인식하는 것이 중요하다. 슬픔을 공유하고, 감정을 표현하는 것이 회복의 첫걸음이 될 수 있다. 슬픔을 겪은 후, 긍정적인 미래를 바라보며 회복해 나가는 과정은 개인의 성장과 안정으로 이어질 수 있다.

2) 펫로스를 극복하는 방법

펫로스를 극복하는 과정에서 감정 표현은 매우 중요한 역할을 한다. 반려동물을 잃은 슬픔은 깊고 복잡한 감정으로, 이를 건강하게 표현하는 것은 치유의 첫걸음이다. 다음은 감정 표현에 대한 몇 가지 방법이다.

(1) 감정 표현

① 감정 기록하기

펫로스를 극복하는 과정에서 감정 기록하기는 매우 효과적인 방법 중 하나다. 일기를 쓰거나 감정 일지를 작성하여 자신의 감정을 솔직하게 표현하는 방법이다. 이를 통해 슬픔, 분노, 죄책감 등의 감정을 정리하고 이해할 수 있다.

① 일기 쓰기: 매일 또는 주기적으로 일기를 작성하여 그날의 감정, 생각, 경험을 기록한다. 반려동물을 잃은 슬픔, 그리움, 그와 관련된 기억들을 솔직하게 표현할 수 있다. 날짜와 제목을 적고, 그날의 기분이나 사건, 반려동물과의 추억 등을 자유롭게 서술한다. 형식에 구애받지 않고 마음속에 있는 그대로 표현하는 것이 중요하다.

② 감정 일지 작성: 슬픔, 외로움, 분노 등 다양한 감정을 구체적으로 기록한다. 어떤 상황에서 어떤 감정을 느꼈는지 기록하면 감정의 패턴을 이해하는 데 도움이 된다. 각 감정을 1에서 10까지의 척도로 평가해 보면 시간이 지남에 따라 감정의 변화를 추적할 수 있다.

③ 특정 주제에 대한 기록: 반려동물과의 특별한 순간이나 추억을 적고, 관련된 사진을 함께 붙여 보자. 이 과정에서 긍정적인 기억을 떠올리고 그것을 소중히 여길 수 있다. 반려동물에게 편지를 써 보는 것도 좋다. 그리움이나 사랑의 감정을 담아 글로 표현하는 것은 마음의 치유에 큰 도움이 된다.

④ 자기반성: 작성한 일기를 주기적으로 되돌아보며 자신의 감정 변화를 점검한다. 시간이 지나면서 슬픔이 어떻게 변화했는지를 확인할 수 있다. 감정 기록을 통해 나타나는 문제나 패턴을 분석하고, 이를 해결하기 위한 방법을 고민해 보는 과정도 중요하다.

⑤ 안전한 공간 만들기: 감정 기록을 할 때는 조용하고 편안한 공간을 마련하여 자신의 감정에 집중할 수 있도록 한다. 이 공간에서 솔직하게 자신을 드러내는 것이 중요하다.

이처럼 감정 기록하기는 펫로스를 극복하는 데 있어 감정을 명확히 하고, 치유의 과정을 돕는 유용한 방법이다. 이를 통해 자신을 이해하고, 감정의 흐름을 인지함으로써 슬픔을 조금씩 극복해 나갈 수 있다.

② 예술적 표현

그림, 음악, 글쓰기 등 다양한 예술적 방법으로 감정을 표현할 수 있다. 예를 들어 반려동물과의 추억을 담은 그림을 그리거나 그에 대한 노래를 만들어 보는 것도 좋은 방법이다.

① 미술 치료: 미술은 감정을 시각적으로 표현할 수 있는 강력한 도구이다. 그림을 그리거나 색칠하는 과정에서 자신의 감정을 외부로 드러낼 수 있다. 예를 들어 잃어버린 반려동물에 대한 기억이나 감정을 그림으로 표현하거나, 추억의 장면을 재현하는 것이 도움이 될 수 있다.

② 글쓰기: 일기 쓰기나 시, 에세이 작성 등을 통해 자신의 감정을 글로 표현하는 것도 좋다. 잃은 반려동물에 대한 이야기나 사랑을 담은 편지를 쓰는

것은 감정을 정리하고, 그리움과 슬픔을 덜어내는 데 도움이 된다.

③ 음악: 음악을 듣거나 작곡하는 것도 감정 표현의 한 방법이다. 슬픈 곡을 듣거나, 반려동물과의 추억을 담은 노래를 만들어 부르는 것은 감정을 치유하는 데 큰 역할을 한다. 음악은 감정을 공감하고 치유하는 데 강력한 힘을 가지고 있다.

④ 연극 및 퍼포먼스: 연극이나 퍼포먼스를 통해 자신의 감정을 표현하는 것도 좋은 방법이다. 친구나 가족과 함께 작은 연극을 만들어 반려동물의 기억을 나누는 것은 공동체의 지지를 받으면서 감정을 공유할 수 있는 기회를 제공한다.

⑤ 사진 및 영상: 반려동물의 사진이나 영상을 편집하여 추억을 담은 비디오를 만드는 것도 감정 표현의 좋은 방법이다. 이러한 작업은 잃은 것을 회상하고, 소중한 기억을 간직할 수 있게 해 준다.

⑥ 공예 및 DIY: 손으로 무언가를 만드는 작업은 마음을 진정시키고 감정을 표현하는 또 다른 방법이다. 반려동물의 장난감이나 기념품을 만들어 보거나, 함께 했던 추억을 담은 물건을 제작하는 것이 도움이 될 수 있다.

이러한 예술적 표현 방법은 펫로스를 겪는 동안 감정을 정리하고, 슬픔을 극복하는 데 큰 도움을 줄 수 있다. 각자의 방식으로 자유롭게 표현하며, 그 과정을 통해 감정의 치유를 경험할 수 있다.

③ 대화하기

펫로스를 극복하는 방법 중 대화는 감정 표현의 중요한 수단이다. 친구나 가족과 자신의 감정에 대해 이야기하는 것은 매우 도움이 된다. 같은 경험을 한 사람들과의 대화는 공감과 지지를 받을 수 있는 기회를 제공한다.

① 신뢰할 수 있는 사람과의 대화: 가족, 친구 또는 신뢰하는 사람과의 대화는 감정을 공유하고 이해받는 데 큰 역할을 한다. 자신의 슬픔과 그리움을 솔직하게 표현함으로써 상대방이 공감하고 지지해 줄 수 있다. 이를 통해

감정이 고립되지 않고 해소될 수 있다.

② 감정의 구체화: 대화는 감정을 구체적으로 표현하는 기회를 제공한다. '슬프다'는 감정 대신, '반려동물과의 마지막 순간이 너무 힘들었다'와 같은 구체적인 이야기를 나누는 것이 중요하다. 이렇게 구체적인 이야기를 나누면 감정이 더 명확해지고, 상대방이 더 잘 이해할 수 있다.

③ 전문가와의 상담: 심리 상담사나 치료사와의 대화는 전문적인 도움을 받을 수 있는 좋은 방법이다. 전문가와의 상담을 통해 자신의 감정을 깊이 있게 탐색하고, 효과적인 대처 방법을 배울 수 있다. 상담사는 펫로스에 대한 이해가 깊어 감정 표현을 도와줄 수 있다.

④ 그룹 지원: 펫로스를 겪는 사람들을 위한 지원 그룹에 참여하는 것도 좋은 방법이다. 같은 경험을 공유하는 사람들과의 대화는 서로의 감정을 이해하고, 서로 지지하는 데 큰 도움이 된다. 그룹에서의 대화는 혼자가 아니라는 것을 느끼게 해 준다.

⑤ 일상적인 대화: 일상적인 대화에서도 자신의 감정을 자연스럽게 표현할 수 있다. 예를 들어 "오늘은 반려동물이 그리워서 힘들었다."라고 말하는 것은 자신의 감정을 나누는 좋은 방법이다. 이러한 대화는 주변 사람들에게도 자신의 감정을 알리고, 지지를 받을 수 있는 기회를 제공한다.

⑥ 기억을 나누기: 반려동물과의 소중한 추억을 나누는 대화는 감정을 치유하는 데 도움을 줄 수 있다. 함께했던 행복한 순간이나 특별한 에피소드를 나누는 것은 슬픔을 덜어 주고, 긍정적인 기억으로 감정을 전환하는 데 큰 역할을 한다.

⑦ 자기 대화: 자신과의 대화도 중요한 표현 방법이다. 자신의 감정을 인식하고, 솔직하게 이야기하는 것은 내면의 감정을 정리하는 데 도움이 된다. 일기나 편지를 통해 자신의 생각과 감정을 기록하는 것도 좋은 방법이다.

대화는 펫로스를 극복하는 과정에서 매우 중요한 역할을 한다. 감정을 표현하고, 서로의 이야기를 나누는 과정을 통해 치유의 길로 나아갈 수 있다.

④ 추모 의식

반려동물을 위한 작은 추모식을 열어 그를 기억하는 시간을 가지는 것도 좋다. 이 과정에서 자신의 감정을 솔직하게 표현하고 그리움과 슬픔을 나누는 것이 중요하다.

① 추모 의식의 의미: 추모 의식은 잃어버린 반려동물을 기억하고 기리는 활동이다. 이는 슬픔을 외부로 드러내고 그리움을 표현하는 기회를 제공한다. 또한 반려동물과의 소중한 기억을 되새기고, 그 존재를 인정하는 과정이기도 하다.

② 추모 의식의 다양한 형태: 추모 의식은 개인의 신념이나 문화에 따라 다양하게 진행될 수 있다. 작은 기념식을 열어 친구 및 가족과 함께 반려동물의 생애를 기리는 시간을 가질 수 있다. 이 자리에서 추억을 나누고 그리움을 함께 나누는 것이 중요하다. 반려동물을 기억하기 위한 특별한 공간을 만드는 것도 좋은 방법이다. 사진, 장난감, 특별한 물건 등을 배치하여 그곳을 방문할 때마다 기억을 되새길 수 있다. 또한 반려동물을 위한 촛불을 켜거나 꽃을 바치는 것은 그를 기리는 상징적인 행동이다. 이러한 의식은 마음속의 그리움을 표현하고 평화를 기원하는 의미를 담고 있다.

③ 창의적인 추모 방법: 반려동물과의 사진을 모아 포토북을 만드는 것은 그와의 추억을 소중히 간직하는 방법이다. 그리고 반려동물과의 소중한 순간들을 영상으로 편집하여 기념할 수도 있다. 이러한 영상은 나중에 다시 보며 그리움을 나누는 데 도움이 된다. 또한 반려동물을 기리는 의미로 동물 보호 단체에 기부하거나 봉사 활동을 하는 것도 좋은 방법이다. 이는 반려동물의 사랑을 사회에 전달하는 의미 있는 행동이 될 수 있다.

④ 추모 의식의 효과: 추모 의식은 감정을 정리하고, 슬픔을 극복하는 데 큰 도움을 준다. 이러한 의식을 통해 사람들은 자신의 감정을 외부로 표현하고, 반려동물과의 소중한 기억을 다시금 떠올리며 치유의 과정을 경험할 수 있다.

⑤ 가족과의 공유: 가족과 함께 추모 의식을 진행하는 것은 서로의 감정을 나누고, 함께 슬픔을 이겨내는 데 큰 도움이 된다. 공동의 기억을 나누며, 각자의 방식으로 반려동물을 기릴 수 있는 기회를 제공한다.

이렇듯 추모 의식은 펫로스를 극복하는 과정에서 중요한 역할을 하며, 슬픔을 건강하게 표현하고 치유하는 방법이 될 수 있다. 각자의 방식으로 반려동물을 기억하고 기리며, 마음의 평화를 찾는 과정이 중요하다.

⑤ 전문가의 도움

펫로스를 극복하는 것은 매우 힘든 과정이며, 전문가의 도움을 받는 것은 이 과정을 더 원활하게 할 수 있다. 펫로스가 심각한 경우, 상담사나 심리치료사와 같은 전문가의 도움을 받는 것도 좋은 방법이다. 그들은 감정 관리에 대한 전문적인 조언을 제공할 수 있다.

① 심리 상담: 심리학자나 상담사는 애완동물을 잃은 슬픔을 다루는 데 전문적인 지식을 가지고 있다. 그들은 슬픔의 감정을 이해하고, 이를 표현할 수 있도록 도와준다. 그리고 같은 경험을 한 사람들과의 그룹 상담은 서로의 감정을 공유하고 지원을 받을 수 있는 좋은 방법이다.

② 동물 행동 전문가(행동 상담): 애완동물의 행동을 이해하고, 그로 인해 느끼는 감정을 분석하는 데 도움을 줄 수 있다. 이는 남은 애완동물과의 관계에서도 긍정적인 변화를 가져올 수 있다.

③ 지원 단체(애완동물 상실 지원 그룹): 지역 사회나 온라인에서 활동하는 지원 그룹에 참여하는 것도 좋다. 이런 그룹에서는 비슷한 경험을 가진 사람들이 모여 서로의 이야기를 나누고 지지한다.

④ 자원 제공(책과 자료): 전문가들은 슬픔을 극복하는 데 도움이 되는 도서나 자료를 추천해 줄 수 있다. 이들 자료는 감정 표현, 회복 과정 등을 다루고 있다.

⑤ 개인 맞춤형 계획(회복 계획 수립): 전문가와 함께 개인의 상황에 맞는 회

복 계획을 세울 수 있다. 이는 슬픔을 관리하고, 감정을 처리하는 데 유용한 도구가 될 수 있다.

⑥ 대체 치료: 미술, 음악, 글쓰기 등을 통한 표현은 감정을 치유하는 데 큰 도움이 된다. 전문가가 이러한 활동을 안내할 수 있다. 그리고 여전히 반려동물이 그리운 경우, 동물치료 프로그램에 참여하여 새로운 애완동물과의 관계를 탐색해 볼 수도 있다.

이러한 방법들을 통해 자신의 감정을 건강하게 표현하고, 슬픔을 극복하는 데 도움이 될 수 있다. 감정 표현은 치유의 중요한 과정이며, 이를 통해 새로운 시작을 향한 길을 찾아갈 수 있다.

동물보호법

[시행 2025. 1. 3.] [법률 제19880호, 2024. 1. 2., 일부개정]

농림축산식품부(반려산업동물의료팀-반려동물 관련 영업), 044-201-2660
농림축산식품부(동물 복지정책과-동물등록, 유실 · 유기동물, 길고양이), 044-201-2623
농림축산식품부(동물 복지정책과-동물실험, 동물 복지축산농장), 044-201-2615
농림축산식품부(동물 복지정책과-동물의 구조 · 보호, 동물학대 등의 금지), 044-201-2620
농림축산식품부(동물 복지정책과-동물보호 · 복지 교육 · 홍보), 044-201-2616
농림축산식품부(동물 복지정책과-민간동물보호시설 지원, 동물보호센터 지원), 044-201-2623
농림축산식품부(동물 복지정책과-동물보호 · 복지 법인 관련), 044-201-2612
농림축산식품부(동물 복지정책과- 반려동물의 안전관리, 맹견의 관리), 044-201-2626

제1장 총칙

제1조(목적) 이 법은 동물의 생명보호, 안전 보장 및 복지 증진을 꾀하고 건전하고 책임 있는 사육문화를 조성함으로써, 생명 존중의 국민 정서를 기르고 사람과 동물의 조화로운 공존에 이바지함을 목적으로 한다.

제2조(정의) 이 법에서 사용하는 용어의 뜻은 다음과 같다.

1. **"동물"**이란 고통을 느낄 수 있는 신경체계가 발달한 척추동물로서 다음 각 목의 어느 하나에 해당하는 동물을 말한다.
   가. 포유류
   나. 조류
   다. 파충류 · 양서류 · 어류 중 농림축산식품부장관이 관계 중앙행정기관의 장과의 협의를 거쳐 대통령령으로 정하는 동물
2. **"소유자등"**이란 동물의 소유자와 일시적 또는 영구적으로 동물을 사육 · 관리 또는 보호하는 사람을 말한다.
3. **"유실 · 유기동물"**이란 도로 · 공원 등의 공공장소에서 소유자등이 없이 배회하거나 내버려진 동물을 말한다.
4. **"피학대동물"**이란 제10조제2항 및 같은 조 제4항제2호에 따른 학대를 받은 동물을 말한다.
5. **"맹견"**이란 다음 각 목의 어느 하나에 해당하는 개를 말한다.
   가. 도사견, 핏불테리어, 로트와일러 등 사람의 생명이나 신체 또는 동물에 위해를 가할 우려가 있는 개로서 농림축산식품부령으로 정하는 개
   나. 사람의 생명이나 신체 또는 동물에 위해를 가할 우려가 있어 제24조제3항에 따라 시 · 도지사가 맹견으로 지정한 개

6. "봉사동물"이란 「장애인복지법」 제40조에 따른 장애인 보조견 등 사람이나 국가를 위하여 봉사하고 있거나 봉사한 동물로서 대통령령으로 정하는 동물을 말한다.
7. "반려동물"이란 반려(伴侶)의 목적으로 기르는 개, 고양이 등 농림축산식품부령으로 정하는 동물을 말한다.
8. "등록대상동물"이란 동물의 보호, 유실·유기(遺棄) 방지, 질병의 관리, 공중위생상의 위해 방지 등을 위하여 등록이 필요하다고 인정하여 대통령령으로 정하는 동물을 말한다.
9. "동물학대"란 동물을 대상으로 정당한 사유 없이 불필요하거나 피할 수 있는 고통과 스트레스를 주는 행위 및 굶주림, 질병 등에 대하여 적절한 조치를 게을리하거나 방치하는 행위를 말한다.
10. "기질평가"란 동물의 건강상태, 행동양태 및 소유자등의 통제능력 등을 종합적으로 분석하여 평가 대상 동물의 공격성을 판단하는 것을 말한다.
11. "반려동물행동지도사"란 반려동물의 행동분석·평가 및 훈련 등에 전문지식과 기술을 가진 사람으로서 제31조제1항에 따른 자격시험에 합격한 사람을 말한다.
12. "동물실험"이란 「실험동물에 관한 법률」 제2조제1호에 따른 동물실험을 말한다.
13. "동물실험시행기관"이란 동물실험을 실시하는 법인·단체 또는 기관으로서 대통령령으로 정하는 법인·단체 또는 기관을 말한다.

제3조(동물보호의 기본원칙) 누구든지 동물을 사육·관리 또는 보호할 때에는 다음 각 호의 원칙을 준수하여야 한다.

1. 동물이 본래의 습성과 몸의 원형을 유지하면서 정상적으로 살 수 있도록 할 것
2. 동물이 갈증 및 굶주림을 겪거나 영양이 결핍되지 아니하도록 할 것
3. 동물이 정상적인 행동을 표현할 수 있고 불편함을 겪지 아니하도록 할 것
4. 동물이 고통·상해 및 질병으로부터 자유롭도록 할 것
5. 동물이 공포와 스트레스를 받지 아니하도록 할 것

제4조(국가·지방자치단체 및 국민의 책무) ① 국가와 지방자치단체는 동물학대 방지 등 동물을 적정하게 보호·관리하기 위하여 필요한 시책을 수립·시행하여야 한다.

② 국가와 지방자치단체는 제1항에 따른 책무를 다하기 위하여 필요한 인력·예산 등을 확보하도록 노력하여야 하며, 국가는 동물의 적정한 보호·관리, 복지업무 추진을 위하여 지방자치단체에 필요한 사업비의 전부 또는 일부를 예산의 범위에서 지원할 수 있다.

③ 국가와 지방자치단체는 대통령령으로 정하는 민간단체에 동물보호운동이나 그 밖에 이와 관련된 활동을 권장하거나 필요한 지원을 할 수 있으며, 국민에게 동물의 적정한 보호·관리의 방법 등을 알리기 위하여 노력하여야 한다.

④ 국가와 지방자치단체는 「초·중등교육법」 제2조에 따른 학교에 재학 중인 학생이 동물의 보호·복지 등에 관한 사항을 교육받을 수 있도록 동물보호교육을 활성화하기 위하여 노력하여야

한다. <신설 2023. 6. 20.>

⑤ 국가와 지방자치단체는 제4항에 따른 교육을 활성화하기 위하여 예산의 범위에서 지원할 수 있다. <신설 2023. 6. 20.>

⑥ 모든 국민은 동물을 보호하기 위한 국가와 지방자치단체의 시책에 적극 협조하는 등 동물의 보호를 위하여 노력하여야 한다. <개정 2023. 6. 20.>

⑦ 소유자등은 동물의 보호·복지에 관한 교육을 이수하는 등 동물의 적정한 보호·관리와 동물학대 방지를 위하여 노력하여야 한다. <개정 2023. 6. 20.>

제4조의2(동물보호의 날) ① 동물의 생명보호 및 복지 증진의 가치를 널리 알리고 사람과 동물이 조화롭게 공존하는 문화를 조성하기 위하여 매년 10월 4일을 동물보호의 날로 한다.

② 국가와 지방자치단체는 동물보호의 날의 취지에 맞는 행사와 교육 및 홍보를 실시할 수 있다.

[본조신설 2024. 1. 2.]

제5조(다른 법률과의 관계) 동물의 보호 및 이용·관리 등에 대하여 다른 법률에 특별한 규정이 있는 경우를 제외하고는 이 법에서 정하는 바에 따른다.

제2장 동물 복지종합계획의 수립 등

제6조(동물 복지종합계획) ① 농림축산식품부장관은 동물의 적정한 보호·관리를 위하여 5년마다 다음 각 호의 사항이 포함된 동물 복지종합계획(이하 "종합계획"이라 한다)을 수립·시행하여야 한다.

1. 동물 복지에 관한 기본방향
2. 동물의 보호·복지 및 관리에 관한 사항
3. 동물을 보호하는 시설에 대한 지원 및 관리에 관한 사항
4. 반려동물 관련 영업에 관한 사항
5. 동물의 질병 예방 및 치료 등 보건 증진에 관한 사항
6. 동물의 보호·복지 관련 대국민 교육 및 홍보에 관한 사항
7. 종합계획 추진 재원의 조달방안
8. 그 밖에 동물의 보호·복지를 위하여 필요한 사항

② 농림축산식품부장관은 종합계획을 수립할 때 관계 중앙행정기관의 장 및 특별시장·광역시장·특별자치시장·도지사·특별자치도지사(이하 "시·도지사"라 한다)의 의견을 수렴하고, 제7조에 따른 동물 복지위원회의 심의를 거쳐 확정한다.

③ 시·도지사는 종합계획에 따라 5년마다 특별시·광역시·특별자치시·도·특별자치도(이하 "시·도"라 한다) 단위의 동물 복지계획을 수립하여야 하고, 이를 농림축산식품부장관에게 통보하여야 한다.

제7조(동물 복지위원회) ① 농림축산식품부장관의 다음 각 호의 자문에 응하도록 하기 위하여 농림축

산식품부에 동물 복지위원회(이하 이 조에서 "위원회"라 한다)를 둔다. 다만, 제1호는 심의사항으로 한다.

1. 종합계획의 수립에 관한 사항
2. 동물 복지정책의 수립, 집행, 조정 및 평가 등에 관한 사항
3. 다른 중앙행정기관의 업무 중 동물의 보호 · 복지와 관련된 사항
4. 그 밖에 동물의 보호 · 복지에 관한 사항

② 위원회는 공동위원장 2명을 포함하여 20명 이내의 위원으로 구성한다.

③ 공동위원장은 농림축산식품부차관과 호선(互選)된 민간위원으로 하며, 위원은 관계 중앙행정기관의 소속 공무원 또는 다음 각 호에 해당하는 사람 중에서 농림축산식품부장관이 임명 또는 위촉한다.

1. 수의사로서 동물의 보호 · 복지에 대한 학식과 경험이 풍부한 사람
2. 동물 복지정책에 관한 학식과 경험이 풍부한 사람으로서 제4조제3항에 따른 민간단체의 추천을 받은 사람
3. 그 밖에 동물 복지정책에 관한 전문지식을 가진 사람으로서 농림축산식품부령으로 정하는 자격기준에 맞는 사람

④ 위원회는 위원회의 업무를 효율적으로 수행하기 위하여 위원회에 분과위원회를 둘 수 있다.

⑤ 제1항부터 제4항까지의 규정에 따른 사항 외에 위원회 및 분과위원회의 구성 · 운영 등에 관한 사항은 대통령령으로 정한다.

제8조(시 · 도 동물 복지위원회) ① 시 · 도지사는 제6조제3항에 따른 시 · 도 단위의 동물 복지계획의 수립, 동물의 적정한 보호 · 관리 및 동물 복지에 관한 정책을 종합 · 조정하기 위하여 시 · 도 동물 복지위원회를 설치 · 운영할 수 있다. 다만, 시 · 도에 동물 복지위원회와 성격 및 기능이 유사한 위원회가 설치되어 있는 경우 해당 시 · 도의 조례로 정하는 바에 따라 그 위원회가 동물 복지위원회의 기능을 대신할 수 있다.

② 시 · 도 동물 복지위원회의 구성 · 운영 등에 관한 사항은 각 시 · 도의 조례로 정한다.

제3장 동물의 보호 및 관리

제1절 동물의 보호 등

제9조(적정한 사육 · 관리) ① 소유자등[1]은 동물에게 적합한 사료와 물을 공급하고, 운동 · 휴식 및 수면이 보장되도록 노력하여야 한다.

② 소유자등은 동물이 질병에 걸리거나 부상당한 경우에는 신속하게 치료하거나 그 밖에 필요한

1) 소유자등: 동물의 소유자와 일시적 또는 영구적으로 동물을 사육, 관리 또는 보호하는 사람을 말한다.

조치를 하도록 노력하여야 한다.

③ 소유자등은 동물을 관리하거나 다른 장소로 옮긴 경우에는 그 동물이 새로운 환경에 적응하는 데에 필요한 조치를 하도록 노력하여야 한다.

④ 소유자등은 재난 시 동물이 안전하게 대피할 수 있도록 노력하여야 한다.

⑤ 제1항부터 제3항까지에서 규정한 사항 외에 동물의 적절한 사육·관리 방법 등에 관한 사항은 농림축산식품부령으로 정한다.

제10조(동물학대 등의 금지) ① 누구든지 동물을 죽이거나 죽음에 이르게 하는 다음 각 호의 행위를 하여서는 아니 된다.

1. 목을 매다는 등의 잔인한 방법으로 죽음에 이르게 하는 행위
2. 노상 등 공개된 장소에서 죽이거나 같은 종류의 다른 동물이 보는 앞에서 죽음에 이르게 하는 행위
3. 동물의 습성 및 생태환경 등 부득이한 사유가 없음에도 불구하고 해당 동물을 다른 동물의 먹이로 사용하는 행위
4. 그 밖에 사람의 생명·신체에 대한 직접적인 위협이나 재산상의 피해 방지 등 농림축산식품부령으로 정하는 정당한 사유 없이 동물을 죽음에 이르게 하는 행위

② 누구든지 동물에 대하여 다음 각 호의 행위를 하여서는 아니 된다.

1. 도구·약물 등 물리적·화학적 방법을 사용하여 상해를 입히는 행위. 다만, 해당 동물의 질병 예방이나 치료 등 농림축산식품부령으로 정하는 경우는 제외한다.
2. 살아있는 상태에서 동물의 몸을 손상하거나 체액을 채취하거나 체액을 채취하기 위한 장치를 설치하는 행위. 다만, 해당 동물의 질병 예방 및 동물실험 등 농림축산식품부령으로 정하는 경우는 제외한다.
3. 도박·광고·오락·유흥 등의 목적으로 동물에게 상해를 입히는 행위. 다만, 민속경기 등 농림축산식품부령으로 정하는 경우는 제외한다.
4. 동물의 몸에 고통을 주거나 상해를 입히는 다음 각 목에 해당하는 행위
   가. 사람의 생명·신체에 대한 직접적 위협이나 재산상의 피해를 방지하기 위하여 다른 방법이 있음에도 불구하고 동물에게 고통을 주거나 상해를 입히는 행위
   나. 동물의 습성 또는 사육환경 등의 부득이한 사유가 없음에도 불구하고 동물을 혹서·혹한 등의 환경에 방치하여 고통을 주거나 상해를 입히는 행위
   다. 갈증이나 굶주림의 해소 또는 질병의 예방이나 치료 등의 목적 없이 동물에게 물이나 음식을 강제로 먹여 고통을 주거나 상해를 입히는 행위
   라. 동물의 사육·훈련 등을 위하여 필요한 방식이 아님에도 불구하고 다른 동물과 싸우게 하거나 도구를 사용하는 등 잔인한 방식으로 고통을 주거나 상해를 입히는 행위

③ 누구든지 소유자등이 없이 배회하거나 내버려진 동물 또는 피학대동물 중 소유자등을 알 수 없는 동물에 대하여 다음 각 호의 어느 하나에 해당하는 행위를 하여서는 아니 된다.

1. 포획하여 판매하는 행위
2. 포획하여 죽이는 행위
3. 판매하거나 죽일 목적으로 포획하는 행위
4. 소유자등이 없이 배회하거나 내버려진 동물 또는 피학대동물 중 소유자등을 알 수 없는 동물임을 알면서 알선·구매하는 행위

④ 소유자등은 다음 각 호의 행위를 하여서는 아니 된다.

1. 동물을 유기하는 행위
2. 반려동물에게 최소한의 사육공간 및 먹이 제공, 적정한 길이의 목줄, 위생·건강 관리를 위한 사항 등 농림축산식품부령으로 정하는 사육·관리 또는 보호의무를 위반하여 상해를 입히거나 질병을 유발하는 행위
3. 제2호의 행위로 인하여 반려동물을 죽음에 이르게 하는 행위

⑤ 누구든지 다음 각 호의 행위를 하여서는 아니 된다.

1. 제1항부터 제4항까지(제4항제1호는 제외한다)의 규정에 해당하는 행위를 촬영한 사진 또는 영상물을 판매·전시·전달·상영하거나 인터넷에 게재하는 행위. 다만, 동물보호 의식을 고양하기 위한 목적이 표시된 홍보 활동 등 농림축산식품부령으로 정하는 경우에는 그러하지 아니하다.
2. 도박을 목적으로 동물을 이용하는 행위 또는 동물을 이용하는 도박을 행할 목적으로 광고·선전하는 행위. 다만, 「사행산업통합감독위원회법」 제2조제1호에 따른 사행산업은 제외한다.
3. 도박·시합·복권·오락·유흥·광고 등의 상이나 경품으로 동물을 제공하는 행위
4. 영리를 목적으로 동물을 대여하는 행위. 다만, 「장애인복지법」제40조에 따른 장애인 보조견의 대여 등 농림축산식품부령으로 정하는 경우는 제외한다.

제11조(동물의 운송) ① 동물을 운송하는 자 중 농림축산식품부령으로 정하는 자는 다음 각 호의 사항을 준수하여야 한다.

1. 운송 중인 동물에게 적합한 사료와 물을 공급하고, 급격한 출발·제동 등으로 충격과 상해를 입지 아니하도록 할 것
2. 동물을 운송하는 차량은 동물이 운송 중에 상해를 입지 아니하고, 급격한 체온 변화, 호흡 곤란 등으로 인한 고통을 최소화할 수 있는 구조로 되어 있을 것
3. 병든 동물, 어린 동물 또는 임신 중이거나 포유 중인 새끼가 딸린 동물을 운송할 때에는 함께 운송 중인 다른 동물에 의하여 상해를 입지 아니하도록 칸막이의 설치 등 필요한 조치를 할 것
4. 동물을 싣고 내리는 과정에서 동물 또는 동물이 들어있는 운송용 우리를 던지거나 떨어뜨려서 동물을 다치게 하는 행위를 하지 아니할 것

5. 운송을 위하여 전기(電氣) 몰이도구를 사용하지 아니할 것

② 농림축산식품부장관은 제1항제2호에 따른 동물 운송 차량의 구조 및 설비기준을 정하고 이에 맞는 차량을 사용하도록 권장할 수 있다.

③ 농림축산식품부장관은 제1항 및 제2항에서 규정한 사항 외에 동물 운송에 관하여 필요한 사항을 정하여 권장할 수 있다.

제12조(반려동물의 전달방법) 반려동물을 다른 사람에게 전달하려는 자는 직접 전달하거나 제73조제1항[2]에 따라 동물운송업의 등록을 한 자를 통하여 전달하여야 한다.

제13조(동물의 도살방법) ① 누구든지 혐오감을 주거나 잔인한 방법으로 동물을 도살하여서는 아니 되며, 도살과정에서 불필요한 고통이나 공포, 스트레스를 주어서는 아니 된다.

② 「축산물 위생관리법」 또는 「가축전염병 예방법」에 따라 동물을 죽이는 경우에는 가스법 · 전살법(電殺法)[3] 등 농림축산식품부령으로 정하는 방법을 이용하여 고통을 최소화하여야 하며, 반드시 의식이 없는 상태에서 다음 도살 단계로 넘어가야 한다. 매몰을 하는 경우에도 또한 같다.

③ 제1항 및 제2항의 경우 외에도 동물을 불가피하게 죽여야 하는 경우에는 고통을 최소화할 수 있는 방법에 따라야 한다.

제14조(동물의 수술) 거세, 뿔 없애기, 꼬리 자르기 등 동물에 대한 외과적 수술을 하는 사람은 수의학적 방법에 따라야 한다.

제15조(등록대상동물의 등록 등) ① 등록대상동물의 소유자는 동물의 보호와 유실 · 유기 방지 및 공중위생상의 위해 방지 등을 위하여 특별자치시장 · 특별자치도지사 · 시장 · 군수 · 구청장에게 등록대상동물을 등록하여야 한다. 다만, 등록대상동물이 맹견이 아닌 경우로서 농림축산식품부령으로 정하는 바에 따라 시 · 도의 조례로 정하는 지역에서는 그러하지 아니하다.

② 제1항에 따라 등록된 등록대상동물(이하 "등록동물"이라 한다)의 소유자는 다음 각 호의 어느 하나에 해당하는 경우에는 해당 각 호의 구분에 따른 기간에 특별자치시장 · 특별자치도지사 · 시장 · 군수 · 구청장에게 신고하여야 한다.

1. 등록동물을 잃어버린 경우: 등록동물을 잃어버린 날부터 10일 이내
2. 등록동물에 대하여 대통령령으로 정하는 사항이 변경된 경우: 변경사유 발생일부터 30일 이내

③ 등록동물의 소유권을 이전받은 자 중 제1항 본문에 따른 등록을 실시하는 지역에 거주하는 자는 그 사실을 소유권을 이전받은 날부터 30일 이내에 자신의 주소지를 관할하는 특별자치시장 · 특별자치도지사 · 시장 · 군수 · 구청장에게 신고하여야 한다.

④ 특별자치시장 · 특별자치도지사 · 시장 · 군수 · 구청장은 대통령령으로 정하는 자(이하 이 조에

2) 영업등록법
3) 가축의 머리에 전류를 통하게 하여 그 충격에 의해 기절시키는 방법

서 "동물등록대행자"라 한다)로 하여금 제1항부터 제3항까지의 규정에 따른 업무를 대행하게 할 수 있으며 이에 필요한 비용을 지급할 수 있다.

⑤ 특별자치시장 · 특별자치도지사 · 시장 · 군수 · 구청장은 다음 각 호의 어느 하나에 해당하는 경우 등록을 말소할 수 있다.

1. 거짓이나 그 밖의 부정한 방법으로 등록대상동물을 등록하거나 변경신고한 경우
2. 등록동물 소유자의 주민등록이나 외국인등록사항이 말소된 경우
3. 등록동물의 소유자인 법인이 해산한 경우

⑥ 국가와 지방자치단체는 제1항에 따른 등록에 필요한 비용의 일부 또는 전부를 지원할 수 있다.

⑦ 등록대상동물의 등록 사항 및 방법 · 절차, 변경신고 절차, 등록 말소 절차, 동물등록대행자 준수사항 등에 관한 사항은 대통령령으로 정하며, 그 밖에 등록에 필요한 사항은 시 · 도의 조례로 정한다.

제16조(등록대상동물의 관리 등) ① 등록대상동물의 소유자등은 소유자등이 없이 등록대상동물을 기르는 곳에서 벗어나지 아니하도록 관리하여야 한다.

② 등록대상동물의 소유자등은 등록대상동물을 동반하고 외출할 때에는 다음 각 호의 사항을 준수하여야 한다.

1. 농림축산식품부령으로 정하는 기준에 맞는 목줄 착용 등 사람 또는 동물에 대한 위해를 예방하기 위한 안전조치를 할 것
2. 등록대상동물의 이름, 소유자의 연락처, 그 밖에 농림축산식품부령으로 정하는 사항을 표시한 인식표를 등록대상동물에게 부착할 것
3. 배설물(소변의 경우에는 공동주택의 엘리베이터 · 계단 등 건물 내부의 공용공간 및 평상 · 의자 등 사람이 눕거나 앉을 수 있는 기구 위의 것으로 한정한다)이 생겼을 때에는 즉시 수거할 것

③ 시 · 도지사는 등록대상동물의 유실 · 유기 또는 공중위생상의 위해 방지를 위하여 필요할 때에는 시 · 도의 조례로 정하는 바에 따라 소유자등으로 하여금 등록대상동물에 대하여 예방접종을 하게 하거나 특정 지역 또는 장소에서의 사육 또는 출입을 제한하게 하는 등 필요한 조치를 할 수 있다.

제2절 맹견의 관리 등

제17조(맹견수입신고) ① 제2조제5호가목에 따른 맹견을 수입하려는 자는 대통령령으로 정하는 바에 따라 농림축산식품부장관에게 신고하여야 한다.

② 제1항에 따라 맹견수입신고를 하려는 자는 맹견의 품종, 수입 목적, 사육 장소 등 대통령령으로 정하는 사항을 신고서에 기재하여 농림축산식품부장관에게 제출하여야 한다.

제18조(맹견사육허가 등) ① 등록대상동물인 맹견을 사육하려는 사람은 다음 각 호의 요건을 갖추어

시 · 도지사에게 맹견사육허가를 받아야 한다.

1. 제15조에 따른 등록을 할 것
2. 제23조에 따른 보험에 가입할 것
3. 중성화(中性化) 수술을 할 것. 다만, 맹견의 월령이 8개월 미만인 경우로서 발육상태 등으로 인하여 중성화 수술이 어려운 경우에는 대통령령으로 정하는 기간 내에 중성화 수술을 한 후 그 증명서류를 시 · 도지사에게 제출하여야 한다.

② 공동으로 맹견을 사육 · 관리 또는 보호하는 사람이 있는 경우에는 제1항에 따른 맹견사육허가를 공동으로 신청할 수 있다.

③ 시 · 도지사는 맹견사육허가를 하기 전에 제26조에 따른 기질평가위원회가 시행하는 기질평가를 거쳐야 한다.

④ 시 · 도지사는 맹견의 사육으로 인하여 공공의 안전에 위험이 발생할 우려가 크다고 판단하는 경우에는 맹견사육허가를 거부하여야 한다. 이 경우 기질평가위원회의 심의를 거쳐 해당 맹견에 대하여 인도적인 방법으로 처리할 것을 명할 수 있다.

⑤ 제4항에 따른 맹견의 인도적인 처리는 제46조제1항 및 제2항 전단을 준용한다.

⑥ 시 · 도지사는 맹견사육허가를 받은 자(제2항에 따라 공동으로 맹견사육허가를 신청한 경우 공동 신청한 자를 포함한다)에게 농림축산식품부령으로 정하는 바에 따라 교육이수 또는 허가대상 맹견의 훈련을 명할 수 있다.

⑦ 제1항부터 제6항까지의 규정에 따른 사항 외에 맹견사육허가의 절차 등에 관한 사항은 대통령령으로 정한다.

제19조(맹견사육허가의 결격사유) 다음 각 호의 어느 하나에 해당하는 사람은 제18조에 따른 맹견사육허가를 받을 수 없다.

1. 미성년자(19세 미만의 사람을 말한다. 이하 같다)
2. 피성년후견인 또는 피한정후견인
3. 「정신건강증진 및 정신 질환자 복지서비스 지원에 관한 법률」 제3조제1호에 따른 정신 질환자 또는 「마약류 관리에 관한 법률」 제2조제1호에 따른 마약류의 중독자. 다만, 정신건강의학과 전문의가 맹견을 사육하는 것에 지장이 없다고 인정하는 사람은 그러하지 아니하다.
4. 제10조 · 제16조 · 제21조를 위반하여 벌금 이상의 실형을 선고받고 그 집행이 종료(집행이 종료된 것으로 보는 경우를 포함한다)되거나 집행이 면제된 날부터 3년이 지나지 아니한 사람
5. 제10조 · 제16조 · 제21조를 위반하여 벌금 이상의 형의 집행유예를 선고받고 그 유예기간 중에 있는 사람

제20조(맹견사육허가의 철회 등) ① 시 · 도지사는 다음 각 호의 어느 하나에 해당하는 경우에 맹견사육허가를 철회할 수 있다.

1. 제18조에 따라 맹견사육허가를 받은 사람의 맹견이 사람 또는 동물을 공격하여 다치게 하거나 죽게 한 경우
2. 정당한 사유 없이 제18조제1항제3호 단서에서 규정한 기간이 지나도록 중성화 수술을 이행하지 아니한 경우
3. 제18조제6항에 따른 교육이수명령 또는 허가대상 맹견의 훈련 명령에 따르지 아니한 경우

② 시 · 도지사는 제1항제1호에 따라 맹견사육허가를 철회하는 경우 기질평가위원회의 심의를 거쳐 해당 맹견에 대하여 인도적인 방법으로 처리할 것을 명할 수 있다. 이 경우 제46조제1항 및 제2항 전단을 준용한다.

제21조(맹견의 관리) ① 맹견의 소유자등은 다음 각 호의 사항을 준수하여야 한다.

1. 소유자등이 없이 맹견을 기르는 곳에서 벗어나지 아니하게 할 것. 다만, 제18조에 따라 맹견사육허가를 받은 사람의 맹견은 맹견사육허가를 받은 사람 또는 대통령령으로 정하는 맹견사육에 대한 전문지식을 가진 사람 없이 맹견을 기르는 곳에서 벗어나지 아니하게 할 것
2. 월령이 3개월 이상인 맹견을 동반하고 외출할 때에는 농림축산식품부령으로 정하는 바에 따라 목줄 및 입마개 등 안전장치를 하거나 맹견의 탈출을 방지할 수 있는 적정한 이동장치를 할 것
3. 그 밖에 맹견이 사람 또는 동물에게 위해를 가하지 못하도록 하기 위하여 농림축산식품부령으로 정하는 사항을 따를 것

② 시 · 도지사와 시장 · 군수 · 구청장은 맹견이 사람에게 신체적 피해를 주는 경우 농림축산식품부령으로 정하는 바에 따라 소유자등의 동의 없이 맹견에 대하여 격리조치 등 필요한 조치를 취할 수 있다.

③ 제18조제1항 및 제2항에 따라 맹견사육허가를 받은 사람은 맹견의 안전한 사육 · 관리 또는 보호에 관하여 농림축산식품부령으로 정하는 바에 따라 정기적으로 교육을 받아야 한다.

제22조(맹견의 출입금지 등) 맹견의 소유자등은 다음 각 호의 어느 하나에 해당하는 장소에 맹견이 출입하지 아니하도록 하여야 한다.

1. 「영유아보육법」 제2조제3호에 따른 어린이집
2. 「유아교육법」 제2조제2호에 따른 유치원
3. 「초 · 중등교육법」 제2조제1호 및 제4호에 따른 초등학교 및 특수학교
4. 「노인복지법」 제31조에 따른 노인복지시설
5. 「장애인복지법」 제58조에 따른 장애인복지시설
6. 「도시공원 및 녹지 등에 관한 법률」 제15조제1항제2호나목에 따른 어린이공원
7. 「어린이놀이시설 안전관리법」 제2조제2호에 따른 어린이놀이시설
8. 그 밖에 불특정 다수인이 이용하는 장소로서 시 · 도의 조례로 정하는 장소

제23조(보험의 가입 등) ① 맹견의 소유자는 자신의 맹견이 다른 사람 또는 동물을 다치게 하거나 죽게

한 경우 발생한 피해를 보상하기 위하여 보험에 가입하여야 한다.

② 제1항에 따른 보험에 가입하여야 할 맹견의 범위, 보험의 종류, 보상한도액 및 그 밖에 필요한 사항은 대통령령으로 정한다.

③ 농림축산식품부장관은 제1항에 따른 보험의 가입관리 업무를 위하여 필요한 경우 대통령령으로 정하는 바에 따라 관계 중앙행정기관의 장 또는 지방자치단체의 장에게 행정적 조치를 하도록 요청하거나 관계 기관, 보험회사 및 보험 관련 단체에 보험의 가입관리 업무에 필요한 자료를 요청할 수 있다. 이 경우 요청을 받은 자는 정당한 사유가 없으면 이에 따라야 한다.

제24조(맹견 아닌 개의 기질평가) ① 시 · 도지사는 제2조제5호가목에 따른 맹견이 아닌 개가 사람 또는 동물에게 위해를 가한 경우 그 개의 소유자에게 해당 동물에 대한 기질평가를 받을 것을 명할 수 있다.

② 맹견이 아닌 개의 소유자는 해당 개의 공격성이 분쟁의 대상이 된 경우 시 · 도지사에게 해당 개에 대한 기질평가를 신청할 수 있다.

③ 시 · 도지사는 제1항에 따른 명령을 하거나 제2항에 따른 신청을 받은 경우 기질평가를 거쳐 해당 개의 공격성이 높은 경우 맹견으로 지정하여야 한다.

④ 시 · 도지사는 제3항에 따라 맹견 지정을 하는 경우에는 해당 개의 소유자의 신청이 있으면 제18조에 따른 맹견사육허가 여부를 함께 결정할 수 있다.

⑤ 시 · 도지사는 제3항에 따라 맹견 지정을 하지 아니하는 경우에도 해당 개의 소유자에게 대통령령으로 정하는 바에 따라 교육이수 또는 개의 훈련을 명할 수 있다.

제25조(비용부담 등) ① 기질평가에 소요되는 비용은 소유자의 부담으로 하며, 그 비용의 징수는 「지방행정제재 · 부과금의 징수 등에 관한 법률」의 예에 따른다.

② 제1항에 따른 기질평가비용의 기준, 지급 범위 등과 관련하여 필요한 사항은 농림축산식품부령으로 정한다.

제26조(기질평가위원회) ① 시 · 도지사는 다음 각 호의 업무를 수행하기 위하여 시 · 도에 기질평가위원회를 둔다.

1. 제2조제5호가목에 따른 맹견 종(種)의 판정
2. 제18조제3항에 따른 맹견의 기질평가
3. 제18조제4항에 따른 인도적인 처리에 대한 심의
4. 제24조제3항에 따른 맹견이 아닌 개에 대한 기질평가
5. 그 밖에 시 · 도지사가 요청하는 사항

② 기질평가위원회는 위원장 1명을 포함하여 3명 이상의 위원으로구성한다.

③ 위원은 다음 각 호의 어느 하나에 해당하는 사람 중에서 시 · 도지사가 위촉하며, 위원장은 위원 중에서 호선한다.

1. 수의사로서 동물의 행동과 발달 과정에 대한 학식과 경험이 풍부한 사람
2. 반려동물행동지도사
3. 동물 복지정책에 대한 학식과 경험이 풍부하다고 시 · 도지사가 인정하는 사람

④ 제1항부터 제3항까지의 규정에 따른 사항 외에 기질평가위원회의 구성 · 운영 등에 관한 사항은 대통령령으로 정한다.

제27조(기질평가위원회의 권한 등) ① 기질평가위원회는 기질평가를 위하여 필요하다고 인정하는 경우 평가대상동물의 소유자등에 대하여 출석하여 진술하게 하거나 의견서 또는 자료의 제출을 요청할 수 있다.

② 기질평가위원회는 평가에 필요한 경우 소유자의 거주지, 그 밖에 사건과 관련된 장소에서 기질평가와 관련된 조사를 할 수 있다.

③ 제2항에 따라 조사를 하는 경우 농림축산식품부령으로 정하는 증표를 지니고 이를 소유자에게 보여 주어야 한다.

④ 평가대상동물의 소유자등은 정당한 사유 없이 제1항 및 제2항에 따른 출석, 자료제출요구 또는 기질평가와 관련한 조사를 거부하여서는 아니 된다.

제28조(기질평가에 필요한 정보의 요청 등) ① 시 · 도지사 또는 기질평가위원회는 기질평가를 위하여 필요하다고 인정하는 경우 동물이 사람 또는 동물에게 위해를 가한 사건에 대하여 관계 기관에 영상정보처리기기의 기록 등 필요한 정보를 요청할 수 있다.

② 제1항에 따른 요청을 받은 관계 기관의 장은 정당한 사유 없이 이를 거부하여서는 아니 된다.

③ 제1항의 정보의 보호 및 관리에 관한 사항은 이 법에서 규정된 것을 제외하고는 「개인정보 보호법」을 따른다.

제29조(비밀엄수의 의무 등) ① 기질평가위원회의 위원이나 위원이었던 사람은 업무상 알게 된 비밀을 누설하여서는 아니 된다.

② 기질평가위원회의 위원 중 공무원이 아닌 사람은 「형법」 제129조부터 제132조까지의 규정을 적용할 때에 공무원으로 본다.

제3절 반려동물행동지도사

제30조(반려동물행동지도사의 업무) ① 반려동물행동지도사는 다음 각 호의 업무를 수행한다.

1. 반려동물에 대한 행동분석 및 평가
2. 반려동물에 대한 훈련
3. 반려동물 소유자등에 대한 교육
4. 그 밖에 반려동물행동지도에 필요한 사항으로 농림축산식품부령으로 정하는 업무

② 농림축산식품부장관은 반려동물행동지도사의 업무능력 및 전문성 향상을 위하여 농림축산식

품부령으로 정하는 바에 따라 보수교육을 실시할 수 있다.

제31조(반려동물행동지도사 자격시험) ① 반려동물행동지도사가 되려는 사람은 농림축산식품부장관이 시행하는 자격시험에 합격하여야 한다.

② 반려동물의 행동분석 · 평가 및 훈련 등에 전문지식과 기술을 갖추었다고 인정되는 대통령령으로 정하는 기준에 해당하는 사람에게는 제1항에 따른 자격시험 과목의 일부를 면제할 수 있다.

③ 농림축산식품부장관은 다음 각 호의 어느 하나에 해당하는 사람에 대해서는 해당 시험을 무효로 하거나 합격 결정을 취소하여야 한다.

1. 거짓이나 그 밖에 부정한 방법으로 시험에 응시한 사람
2. 시험에서 부정한 행위를 한 사람

④ 다음 각 호의 어느 하나에 해당하는 사람은 그 처분이 있은 날부터 3년간 반려동물행동지도사 자격시험에 응시하지 못한다.

1. 제3항에 따라 시험의 무효 또는 합격 결정의 취소를 받은 사람
2. 제32조제2항에 따라 반려동물행동지도사의 자격이 취소된 사람

⑤ 농림축산식품부장관은 제1항에 따른 자격시험의 시행 등에 관한 사항을 대통령령으로 정하는 바에 따라 관계 전문기관에 위탁할 수 있다.

⑥ 반려동물행동지도사 자격시험의 시험과목, 시험방법, 합격기준 및 자격증 발급 등에 관한 사항은 대통령령으로 정한다.

제32조(반려동물행동지도사의 결격사유 및 자격취소 등) ① 다음 각 호의 어느 하나에 해당하는 사람은 반려동물행동지도사가 될 수 없다.

1. 피성년후견인
2. 「정신건강증진 및 정신 질환자 복지서비스 지원에 관한 법률」 제3조제1호에 따른 정신 질환자 또는 「마약류 관리에 관한 법률」 제2조제1호에 따른 마약류의 중독자. 다만, 정신건강의학과 전문의가 반려동물행동지도사 업무를 수행할 수 있다고 인정하는 사람은 그러하지 아니하다.
3. 이 법을 위반하여 벌금 이상의 실형을 선고받고 그 집행이 종료(집행이 종료된 것으로 보는 경우를 포함한다)되거나 집행이 면제된 날부터 3년이 지나지 아니한 경우
4. 이 법을 위반하여 벌금 이상의 형의 집행유예를 선고받고 그 유예기간 중에 있는 경우

② 농림축산식품부장관은 반려동물행동지도사가 다음 각 호의 어느 하나에 해당하면 그 자격을 취소하거나 2년 이내의 기간을 정하여 그 자격을 정지시킬 수 있다. 다만, 제1호부터 제4호까지 중 어느 하나에 해당하는 경우에는 그 자격을 취소하여야 한다.

1. 제1항 각 호의 어느 하나에 해당하게 된 경우
2. 거짓이나 그 밖의 부정한 방법으로 자격을 취득한 경우
3. 다른 사람에게 명의를 사용하게 하거나 자격증을 대여한 경우

4. 자격정지기간에 업무를 수행한 경우
5. 이 법을 위반하여 벌금 이상의 형을 선고받고 그 형이 확정된 경우
6. 영리를 목적으로 반려동물의 소유자등에게 불필요한 서비스를 선택하도록 알선 · 유인하거나 강요한 경우

③ 제2항에 따른 자격의 취소 및 정지에 관한 기준은 그 처분의 사유와 위반 정도 등을 고려하여 농림축산식품부령으로 정한다.

제33조(명의대여 금지 등) ① 제31조에 따른 자격시험에 합격한 자가 아니면 반려동물행동지도사의 명칭을 사용하지 못한다.

② 반려동물행동지도사는 다른 사람에게 자기의 명의를 사용하여 제30조제1항에 따른 업무를 수행하게 하거나 그 자격증을 대여하여서는 아니 된다.

③ 누구든지 제1항이나 제2항에서 금지된 행위를 알선하여서는 아니 된다.

제4절 동물의 구조 등

제34조(동물의 구조 · 보호) ① 시 · 도지사와 시장 · 군수 · 구청장은 다음 각 호의 어느 하나에 해당하는 동물을 발견한 때에는 그 동물을 구조하여 제9조에 따라 치료 · 보호에 필요한 조치(이하 "보호조치"라 한다)를 하여야 하며, 제2호 및 제3호에 해당하는 동물은 학대 재발 방지를 위하여 학대행위자로부터 격리하여야 한다. 다만, 제1호에 해당하는 동물 중 농림축산식품부령으로 정하는 동물은 구조 · 보호조치의 대상에서 제외한다.

1. 유실 · 유기동물
2. 피학대동물 중 소유자를 알 수 없는 동물
3. 소유자등으로부터 제10조제2항 및 같은 조 제4항제2호에 따른 학대를 받아 적정하게 치료 · 보호받을 수 없다고 판단되는 동물

② 시 · 도지사와 시장 · 군수 · 구청장이 제1항제1호 및 제2호에 해당하는 동물에 대하여 보호조치 중인 경우에는 그 동물의 등록 여부를 확인하여야 하고, 등록된 동물인 경우에는 지체 없이 동물의 소유자에게 보호조치 중인 사실을 통보하여야 한다.

③ 시 · 도지사와 시장 · 군수 · 구청장이 제1항제3호에 따른 동물을 보호할 때에는 농림축산식품부령으로 정하는 바에 따라 수의사의 진단과 제35조제1항 및 제36조제1항에 따른 동물보호센터의 장 등 관계자의 의견 청취를 거쳐 기간을 정하여 해당 동물에 대한 보호조치를 하여야 한다. <개정 2024. 1. 2.>

④ 시 · 도지사와 시장 · 군수 · 구청장은 제1항 각 호 외의 부분 단서에 해당하는 동물에 대하여도 보호 · 관리를 위하여 필요한 조치를 할 수 있다.

제35조(동물보호센터의 설치 등) ① 시 · 도지사와 시장 · 군수 · 구청장은 제34조에 따른 동물의 구조 · 보

호 등을 위하여 농림축산식품부령으로 정하는 시설 및 인력 기준에 맞는 동물보호센터를 설치·운영할 수 있다.

② 시·도지사와 시장·군수·구청장은 제1항에 따른 동물보호센터를 직접 설치·운영하도록 노력하여야 한다.

③ 제1항에 따라 설치한 동물보호센터의 업무는 다음 각 호와 같다.

1. 제34조에 따른 동물의 구조·보호조치
2. 제41조에 따른 동물의 반환 등
3. 제44조에 따른 사육포기 동물의 인수 등
4. 제45조에 따른 동물의 기증·분양
5. 제46조에 따른 동물의 인도적인 처리 등
6. 반려동물사육에 대한 교육
7. 유실·유기동물 발생 예방 교육
8. 동물학대행위 근절을 위한 동물보호 홍보
9. 그 밖에 동물의 구조·보호 등을 위하여 농림축산식품부령으로 정하는 업무

④ 농림축산식품부장관은 제1항에 따라 시·도지사 또는 시장·군수·구청장이 설치·운영하는 동물보호센터의 설치·운영에 드는 비용의 전부 또는 일부를 지원할 수 있다.

⑤ 제1항에 따라 설치된 동물보호센터의 장 및 그 종사자는 농림축산식품부령으로 정하는 바에 따라 정기적으로 동물의 보호 및 공중위생상의 위해 방지 등에 관한 교육을 받아야 한다.

⑥ 동물보호센터 운영의 공정성과 투명성을 확보하기 위하여 농림축산식품부령으로 정하는 일정 규모 이상의 동물보호센터는 농림축산식품부령으로 정하는 바에 따라 운영위원회를 구성·운영하여야 한다. 다만, 시·도 또는 시·군·구에 운영위원회와 성격 및 기능이 유사한 위원회가 설치되어 있는 경우 해당 시·도 또는 시·군·구의 조례로 정하는 바에 따라 그 위원회가 운영위원회의 기능을 대신할 수 있다.

⑦ 제1항에 따른 동물보호센터의 준수사항 등에 관한 사항은 농림축산식품부령으로 정하고, 보호조치의 구체적인 내용 등 그 밖에 필요한 사항은 시·도의 조례로 정한다.

제36조(동물보호센터의 지정 등) ① 시·도지사 또는 시장·군수·구청장은 농림축산식품부령으로 정하는 시설 및 인력 기준에 맞는 기관이나 단체 등을 동물보호센터로 지정하여 제35조제3항에 따른 업무를 위탁할 수 있다. 이 경우 동물보호센터로 지정받은 기관이나 단체 등은 동물의 보호조치를 제3자에게 위탁하여서는 아니 된다.

② 제1항에 따른 동물보호센터로 지정받으려는 자는 농림축산식품부령으로 정하는 바에 따라 시·도지사 또는 시장·군수·구청장에게 신청하여야 한다.

③ 시·도지사 또는 시장·군수·구청장은 제1항에 따른 동물보호센터에 동물의 구조·보호조치

등에 드는 비용(이하 "보호비용"이라 한다)의 전부 또는 일부를 지원할 수 있으며, 보호비용의 지급절차와 그 밖에 필요한 사항은 농림축산식품부령으로 정한다.

④ 시·도지사 또는 시장·군수·구청장은 제1항에 따라 지정된 동물보호센터가 다음 각 호의 어느 하나에 해당하는 경우에는 그 지정을 취소할 수 있다. 다만, 제1호 및 제4호에 해당하는 경우에는 그 지정을 취소하여야 한다.

1. 거짓이나 그 밖의 부정한 방법으로 지정을 받은 경우
2. 제1항에 따른 지정기준에 맞지 아니하게 된 경우
3. 보호비용을 거짓으로 청구한 경우
4. 제10조제1항부터 제4항까지의 규정을 위반한 경우
5. 제46조를 위반한 경우
6. 제86조제1항제3호의 시정명령을 위반한 경우
7. 특별한 사유 없이 유실·유기동물 및 피학대동물에 대한 보호조치를 3회 이상 거부한 경우
8. 보호 중인 동물을 영리를 목적으로 분양한 경우

⑤ 시·도지사 또는 시장·군수·구청장은 제4항에 따라 지정이 취소된 기관이나 단체 등을 지정이 취소된 날부터 1년 이내에는 다시 동물보호센터로 지정하여서는 아니 된다. 다만, 제4항제4호에 따라 지정이 취소된 기관이나 단체는 지정이 취소된 날부터 5년 이내에는 다시 동물보호센터로 지정하여서는 아니 된다.

⑥ 제1항에 따른 동물보호센터 지정절차의 구체적인 내용은 시·도의 조례로 정하고, 지정된 동물보호센터에 대하여는 제35조제5항부터 제7항까지의 규정을 준용한다.

제37조(민간동물보호시설의 신고 등) ① 영리를 목적으로 하지 아니하고 유실·유기동물 및 피학대동물을 기증받거나 인수 등을 하여 임시로 보호하기 위하여 대통령령으로 정하는 규모 이상의 민간동물보호시설(이하 "보호시설"이라 한다)을 운영하려는 자는 농림축산식품부령으로 정하는 바에 따라 시설 명칭, 주소, 규모 등을 특별자치시장·특별자치도지사·시장·군수·구청장에게 신고하여야 한다.

② 제1항에 따라 신고한 사항 중 대통령령으로 정하는 중요한 사항을 변경할 때에는 특별자치시장·특별자치도지사·시장·군수·구청장에게 신고하여야 한다.

③ 특별자치시장·특별자치도지사·시장·군수·구청장은 제1항에 따른 신고 또는 제2항에 따른 변경신고를 받은 경우 그 내용을 검토하여 이 법에 적합하면 신고를 수리하여야 한다.

④ 제3항에 따라 신고가 수리된 보호시설의 운영자(이하 "보호시설운영자"라 한다)는 농림축산식품부령으로 정하는 시설 및 운영 기준 등을 준수하여야 하며 동물보호를 위하여 시설정비 등의 사후관리를 하여야 한다.

⑤ 보호시설운영자가 보호시설의 운영을 일시적으로 중단하거나 영구적으로 폐쇄 또는 그 운영

을 재개하려는 경우에는 농림축산식품부령으로 정하는 바에 따라 보호하고 있는 동물에 대한 관리 또는 처리 방안 등을 마련하여 특별자치시장 · 특별자치도지사 · 시장 · 군수 · 구청장에게 신고하여야 한다. 이 경우 제3항을 준용한다.

⑥ 제74조제1호 · 제2호 · 제6호 · 제7호에 해당하는 자는 보호시설운영자가 되거나 보호시설 종사자로 채용될 수 없다.

⑦ 농림축산식품부장관 또는 특별자치시장 · 특별자치도지사 · 시장 · 군수 · 구청장은 보호시설의 환경개선 및 운영에 드는 비용의 일부를 지원할 수 있다.

⑧ 제1항부터 제6항까지의 규정에 따른 보호시설의 시설 및 운영 등에 관한 사항은 대통령령으로 정한다.

제38조(시정명령 및 시설폐쇄 등) ① 특별자치시장 · 특별자치도지사 · 시장 · 군수 · 구청장은 제37조제4항을 위반한 보호시설운영자에게 해당 위반행위의 중지나 시정을 위하여 필요한 조치를 명할 수 있다.

② 특별자치시장 · 특별자치도지사 · 시장 · 군수 · 구청장은 보호시설운영자가 다음 각 호의 어느 하나에 해당하는 경우에는 보호시설의 폐쇄를 명할 수 있다. 다만, 제1호 및 제2호에 해당하는 경우에는 보호시설의 폐쇄를 명하여야 한다.

1. 거짓이나 그 밖의 부정한 방법으로 보호시설의 신고 또는 변경신고를 한 경우
2. 제10조제1항부터 제4항까지의 규정을 위반하여 벌금 이상의 형을 선고받은 경우
3. 제1항에 따른 중지명령이나 시정명령을 최근 2년 이내에 3회 이상 반복하여 이행하지 아니한 경우
4. 제37조제1항에 따른 신고를 하지 아니하고 보호시설을 운영한 경우
5. 제37조제2항에 따른 변경신고를 하지 아니하고 보호시설을 운영한 경우

제39조(신고 등) ① 누구든지 다음 각 호의 어느 하나에 해당하는 동물을 발견한 때에는 관할 지방자치단체 또는 동물보호센터에 신고할 수 있다.

1. 제10조에서 금지한 학대를 받는 동물
2. 유실 · 유기동물

② 다음 각 호의 어느 하나에 해당하는 자가 그 직무상 제1항에 따른 동물을 발견한 때에는 지체 없이 관할 지방자치단체 또는 동물보호센터에 신고하여야 한다. <개정 2023. 6. 20.>

1. 제4조제3항에 따른 민간단체의 임원 및 회원
2. 제35조제1항에 따라 설치되거나 제36조제1항에 따라 지정된 동물보호센터의 장 및 그 종사자
3. 제37조에 따른 보호시설운영자 및 보호시설의 종사자
4. 제51조제1항에 따라 동물실험윤리위원회를 설치한 동물실험시행기관의 장 및 그 종사자
5. 제53조제2항에 따른 동물실험윤리위원회의 위원

6. 제59조제1항에 따라 동물 복지축산농장 인증을 받은 자
7. 제69조제1항에 따른 영업의 허가를 받은 자 또는 제73조제1항에 따라 영업의 등록을 한 자 및 그 종사자
8. 제88조제1항에 따른 동물보호관
9. 수의사, 동물병원의 장 및 그 종사자

③ 신고인의 신분은 보장되어야 하며 그 의사에 반하여 신원이 노출되어서는 아니 된다.

④ 제1항 또는 제2항에 따라 신고한 자 또는 신고·통보를 받은 관할 특별자치시장·특별자치도지사·시장·군수·구청장은 관할 시·도 가축방역기관장 또는 국립가축방역기관장에게 해당 동물의 학대 여부 판단 등을 위한 동물검사를 의뢰할 수 있다.

제40조(공고) 시·도지사와 시장·군수·구청장은 제34조제1항제1호 및 제2호에 따른 동물을 보호하고 있는 경우에는 소유자등이 보호조치 사실을 알 수 있도록 대통령령으로 정하는 바에 따라 지체 없이 7일 이상 그 사실을 공고하여야 한다.

제41조(동물의 반환 등) ① 시·도지사와 시장·군수·구청장은 다음 각 호의 어느 하나에 해당하는 사유가 발생한 경우에는 제34조에 해당하는 동물을 그 동물의 소유자에게 반환하여야 한다.

1. 제34조제1항제1호 및 제2호에 해당하는 동물이 보호조치 중에 있고, 소유자가 그 동물에 대하여 반환을 요구하는 경우
2. 제34조제3항에 따른 보호기간이 지난 후, 보호조치 중인 같은 조 제1항제3호의 동물에 대하여 소유자가 제2항에 따른 사육계획서를 제출한 후 제42조제2항에 따라 보호비용을 부담하고 반환을 요구하는 경우

② 시·도지사와 시장·군수·구청장이 보호조치 중인 제34조제1항제3호의 동물을 반환받으려는 소유자는 농림축산식품부령으로 정하는 바에 따라 학대행위의 재발 방지 등 동물을 적정하게 보호·관리하기 위한 사육계획서를 제출하여야 한다.

③ 시·도지사와 시장·군수·구청장은 제1항제2호에 해당하는 동물의 반환과 관련하여 동물의 소유자에게 보호기간, 보호비용 납부기한 및 면제 등에 관한 사항을 알려야 한다.

④ 시·도지사와 시장·군수·구청장은 제1항제2호에 따라 동물을 반환받은 소유자가 제2항에 따라 제출한 사육계획서의 내용을 이행하고 있는지를 제88조제1항에 따른 동물보호관에게 점검하게 할 수 있다.

제42조(보호비용의 부담) ① 시·도지사와 시장·군수·구청장은 제34조제1항제1호 및 제2호에 해당하는 동물의 보호비용을 소유자 또는 제45조제1항에 따라 분양을 받는 자에게 청구할 수 있다.

② 제34조제1항제3호에 해당하는 동물의 보호비용은 농림축산식품부령으로 정하는 바에 따라 납부기한까지 그 동물의 소유자가 내야 한다. 이 경우 시·도지사와 시장·군수·구청장은 동물의 소유자가 제43조제2호에 따라 그 동물의 소유권을 포기한 경우에는 보호비용의 전부 또는 일부를

면제할 수 있다.

③ 제1항 및 제2항에 따른 보호비용의 징수에 관한 사항은 대통령령으로 정하고, 보호비용의 산정 기준에 관한 사항은 농림축산식품부령으로 정하는 범위에서 해당 시·도의 조례로 정한다.

제43조(동물의 소유권 취득) 시·도 및 시·군·구가 동물의 소유권을 취득할 수 있는 경우는 다음 각 호와 같다.

1. 「유실물법」 제12조 및 「민법」 제253조에도 불구하고 제40조에 따라 공고한 날부터 10일이 지나도 동물의 소유자등을 알 수 없는 경우
2. 제34조제1항제3호에 해당하는 동물의 소유자가 그 동물의 소유권을 포기한 경우
3. 제34조제1항제3호에 해당하는 동물의 소유자가 제42조제2항에 따른 보호비용의 납부기한이 종료된 날부터 10일이 지나도 보호비용을 납부하지 아니하거나 제41조제2항에 따른 사육계획서를 제출하지 아니한 경우
4. 동물의 소유자를 확인한 날부터 10일이 지나도 정당한 사유 없이 동물의 소유자와 연락이 되지 아니하거나 소유자가 반환받을 의사를 표시하지 아니한 경우

제44조(사육포기 동물의 인수 등) ① 소유자등은 시·도지사와 시장·군수·구청장에게 자신이 소유하거나 사육·관리 또는 보호하는 동물의 인수를 신청할 수 있다.

② 시·도지사와 시장·군수·구청장이 제1항에 따른 인수신청을 승인하는 경우에 해당 동물의 소유권은 시·도 및 시·군·구에 귀속된다.

③ 시·도지사와 시장·군수·구청장은 제1항에 따라 동물의 인수를 신청하는 자에 대하여 농림축산식품부령으로 정하는 바에 따라 해당 동물에 대한 보호비용 등을 청구할 수 있다.

④ 시·도지사와 시장·군수·구청장은 장기입원 또는 요양, 「병역법」에 따른 병역 복무 등 농림축산식품부령으로 정하는 불가피한 사유가 없음에도 불구하고 동물의 인수를 신청하는 자에 대하여는 제1항에 따른 동물인수신청을 거부할 수 있다.

제45조(동물의 기증·분양) ① 시·도지사와 시장·군수·구청장은 제43조 또는 제44조에 따라 소유권을 취득한 동물이 적정하게 사육·관리될 수 있도록 시·도의 조례로 정하는 바에 따라 동물원, 동물을 애호하는 자(시·도의 조례로 정하는 자격요건을 갖춘 자로 한정한다)나 대통령령으로 정하는 민간단체 등에 기증하거나 분양할 수 있다.

② 시·도지사와 시장·군수·구청장은 제1항에 따라 기증하거나 분양하는 동물이 등록대상동물인 경우 등록 여부를 확인하여 등록이 되어 있지 아니한 때에는 등록한 후 기증하거나 분양하여야 한다.

③ 시·도지사와 시장·군수·구청장은 제43조 또는 제44조에 따라 소유권을 취득한 동물에 대하여는 제1항에 따라 분양될 수 있도록 공고할 수 있다.

④ 제1항에 따른 기증·분양의 요건 및 절차 등 그 밖에 필요한 사항은 시·도의 조례로 정한다.

제46조(동물의 인도적인 처리 등) ① 제35조제1항 및 제36조제1항에 따른 동물보호센터의 장은 제34조제1항에 따라 보호조치 중인 동물에게 질병 등 농림축산식품부령으로 정하는 사유가 있는 경우에는 농림축산식품부장관이 정하는 바에 따라 마취 등을 통하여 동물의 고통을 최소화하는 인도적인 방법으로 처리하여야 한다.

② 제1항에 따라 시행하는 동물의 인도적인 처리는 수의사가 하여야 한다. 이 경우 사용된 약제 관련 사용기록의 작성 · 보관 등에 관한 사항은 농림축산식품부령으로 정하는 바에 따른다.

③ 동물보호센터의 장은 제1항에 따라 동물의 사체가 발생한 경우 「폐기물관리법」에 따라 처리하거나 제69조제1항제4호에 따른 동물장묘업의 허가를 받은 자가 설치 · 운영하는 동물장묘시설 및 제71조제1항에 따른 공설동물장묘시설에서 처리하여야 한다.

제4장 동물실험의 관리 등

제47조(동물실험의 원칙) ① 동물실험은 인류의 복지 증진과 동물 생명의 존엄성을 고려하여 실시되어야 한다.

② 동물실험을 하려는 경우에는 이를 대체할 수 있는 방법을 우선적으로 고려하여야 한다.

③ 동물실험은 실험동물의 윤리적 취급과 과학적 사용에 관한 지식과 경험을 보유한 자가 시행하여야 하며 필요한 최소한의 동물을 사용하여야 한다.

④ 실험동물의 고통이 수반되는 실험을 하려는 경우에는 감각능력이 낮은 동물을 사용하고 진통제 · 진정제 · 마취제의 사용 등 수의학적 방법에 따라 고통을 덜어주기 위한 적절한 조치를 하여야 한다.

⑤ 동물실험을 한 자는 그 실험이 끝난 후 지체 없이 해당 동물을 검사하여야 하며, 검사 결과 정상적으로 회복한 동물은 기증하거나 분양할 수 있다.

⑥ 제5항에 따른 검사 결과 해당 동물이 회복할 수 없거나 지속적으로 고통을 받으며 살아야 할 것으로 인정되는 경우에는 신속하게 고통을 주지 아니하는 방법으로 처리하여야 한다.

⑦ 제1항부터 제6항까지에서 규정한 사항 외에 동물실험의 원칙과 이에 따른 기준 및 방법에 관한 사항은 농림축산식품부장관이 정하여 고시한다.

제48조(전임수의사) ① 대통령령으로 정하는 기준 이상의 실험동물을 보유한 동물실험시행기관의 장은 그 실험동물의 건강 및 복지 증진을 위하여 실험동물을 전담하는 수의사(이하 "전임수의사"라 한다)를 두어야 한다.

② 전임수의사의 자격 및 업무 범위 등에 필요한 사항은 대통령령으로 정한다.

제49조(동물실험의 금지 등) 누구든지 다음 각 호의 동물실험을 하여서는 아니 된다. 다만, 인수공통전염병 등 질병의 확산으로 인간 및 동물의 건강과 안전에 심각한 위해가 발생될 것이 우려되는 경우 또는 봉사동물의 선발 · 훈련방식에 관한 연구를 하는 경우로서 제52조에 따른 공용동물실험윤

리위원회의 실험 심의 및 승인을 받은 때에는 그러하지 아니하다.

1. 유실 · 유기동물(보호조치 중인 동물을 포함한다)을 대상으로 하는 실험
2. 봉사동물을 대상으로 하는 실험

제50조(미성년자 동물 해부실습의 금지) 누구든지 미성년자에게 체험 · 교육 · 시험 · 연구 등의 목적으로 동물(사체를 포함한다) 해부실습을 하게 하여서는 아니 된다. 다만, 「초 · 중등교육법」 제2조에 따른 학교 또는 동물실험시행기관 등이 시행하는 경우 등 농림축산식품부령으로 정하는 경우에는 그러하지 아니하다.

제51조(동물실험윤리위원회의 설치 등) ① 동물실험시행기관의 장은 실험동물의 보호와 윤리적인 취급을 위하여 제53조에 따라 동물실험윤리위원회(이하 "윤리위원회"라 한다)를 설치 · 운영하여야 한다.

② 제1항에도 불구하고 다음 각 호의 어느 하나에 해당하는 경우에는 윤리위원회를 설치한 것으로 본다.

1. 농림축산식품부령으로 정하는 일정 기준 이하의 동물실험시행기관이 제54조에 따른 윤리위원회의 기능을 제52조에 따른 공용동물실험윤리위원회에 위탁하는 협약을 맺은 경우
2. 동물실험시행기관에 「실험동물에 관한 법률」 제7조에 따른 실험동물운영위원회가 설치되어 있고, 그 위원회의 구성이 제53조제2항부터 제4항까지에 규정된 요건을 충족할 경우

③ 동물실험시행기관의 장은 동물실험을 하려면 윤리위원회의 심의를 거쳐야 한다.

④ 동물실험시행기관의 장은 제3항에 따른 심의를 거친 내용 중 농림축산식품부령으로 정하는 중요사항에 변경이 있는 경우에는 해당 변경사유의 발생 즉시 윤리위원회에 변경심의를 요청하여야 한다. 다만, 농림축산식품부령으로 정하는 경미한 변경이 있는 경우에는 제56조제1항에 따라 지정된 전문위원의 검토를 거친 후 제53조제1항의 위원장의 승인을 받아야 한다.

⑤ 농림축산식품부장관은 윤리위원회의 운영에 관한 표준지침을 위원회(IACUC)표준운영가이드라인으로 고시하여야 한다.

제52조(공용동물실험윤리위원회의 지정 등) ① 농림축산식품부장관은 동물실험시행기관 또는 연구자가 공동으로 이용할 수 있는 공용동물실험윤리위원회(이하 "공용윤리위원회"라 한다)를 지정 또는 설치할 수 있다.

② 공용윤리위원회는 다음 각 호의 실험에 대한 심의 및 지도 · 감독을 수행한다.

1. 제51조제2항제1호에 따라 공용윤리위원회와 협약을 맺은 기관이 위탁한 실험
2. 제49조 각 호 외의 부분 단서에 따라 공용윤리위원회의 실험 심의 및 승인을 받도록 규정한 같은 조 각 호의 동물실험
3. 제50조에 따라 「초 · 중등교육법」 제2조에 따른 학교 등이 신청한 동물해부실습
4. 둘 이상의 동물실험시행기관이 공동으로 수행하는 실험으로 각각의 윤리위원회에서 해당 실험을 심의 및 지도 · 감독하는 것이 적절하지 아니하다고 판단되어 해당 동물실험시행기관의 장들

이 공용윤리위원회를 이용하기로 합의한 실험

5. 그 밖에 농림축산식품부령으로 정하는 실험

③ 제2항에 따른 공용윤리위원회의 심의 및 지도 · 감독에 대해서는 제51조제4항, 제54조제2항 · 제3항, 제55조의 규정을 준용한다.

④ 제1항 및 제2항에 따른 공용윤리위원회의 지정 및 설치, 기능, 운영 등에 필요한 사항은 농림축산식품부령으로 정한다.

제53조(윤리위원회의 구성) ① 윤리위원회는 위원장 1명을 포함하여 3명 이상의 위원으로 구성한다.

② 위원은 다음 각 호에 해당하는 사람 중에서 동물실험시행기관의 장이 위촉하며, 위원장은 위원 중에서 호선한다.

1. 수의사로서 농림축산식품부령으로 정하는 자격기준에 맞는 사람
2. 제4조제3항에 따른 민간단체가 추천하는 동물보호에 관한 학식과 경험이 풍부한 사람으로서 농림축산식품부령으로 정하는 자격기준에 맞는 사림
3. 그 밖에 실험동물의 보호와 윤리적인 취급을 도모하기 위하여 필요한 사람으로서 농림축산식품부령으로 정하는 사람

③ 윤리위원회에는 제2항제1호 및 제2호에 해당하는 위원을 각각 1명 이상 포함하여야 한다.

④ 윤리위원회를 구성하는 위원의 3분의 1 이상은 해당 동물실험시행기관과 이해관계가 없는 사람이어야 한다.

⑤ 위원의 임기는 2년으로 한다.

⑥ 동물실험시행기관의 장은 제2항에 따른 위원의 추천 및 선정 과정을 투명하고 공정하게 관리하여야 한다.

⑦ 그 밖에 윤리위원회의 구성 및 이해관계의 범위 등에 관한 사항은 농림축산식품부령으로 정한다.

제54조(윤리위원회의 기능 등) ① 윤리위원회는 다음 각 호의 기능을 수행한다.

1. 동물실험에 대한 심의(변경심의를 포함한다. 이하 같다)
2. 제1호에 따라 심의한 실험의 진행 · 종료에 대한 확인 및 평가
3. 동물실험이 제47조의 원칙에 맞게 시행되도록 지도 · 감독
4. 동물실험시행기관의 장에게 실험동물의 보호와 윤리적인 취급을 위하여 필요한 조치 요구

② 윤리위원회의 심의대상인 동물실험에 관여하고 있는 위원은 해당 동물실험에 관한 심의에 참여하여서는 아니 된다.

③ 윤리위원회의 위원 또는 그 직에 있었던 자는 그 직무를 수행하면서 알게 된 비밀을 누설하거나 도용하여서는 아니 된다.

④ 제1항에 따른 심의 · 확인 · 평가 및 지도 · 감독의 방법과 그 밖에 윤리위원회의 운영 등에 관한 사항은 대통령령령으로 정한다.

제55조(심의 후 감독) ① 동물실험시행기관의 장은 제53조제1항의 위원장에게 대통령령으로 정하는 바에 따라 동물실험이 심의된 내용대로 진행되고 있는지 감독하도록 요청하여야 한다.

② 위원장은 윤리위원회의 심의를 받지 아니한 실험이 진행되고 있는 경우 즉시 실험의 중지를 요구하여야 한다. 다만, 실험의 중지로 해당 실험동물의 복지에 중대한 침해가 발생할 것으로 우려되는 경우 등 대통령령으로 정하는 경우에는 실험의 중지를 요구하지 아니할 수 있다.

③ 제2항 본문에 따라 실험 중지 요구를 받은 동물실험시행기관의 장은 해당 동물실험을 중지하여야 한다.

④ 동물실험시행기관의 장은 제2항 본문에 따라 실험 중지 요구를 받은 경우 제51조제3항 또는 제4항에 따른 심의를 받은 후에 동물실험을 재개할 수 있다.

⑤ 동물실험시행기관의 장은 제1항에 따른 감독 결과 위법사항이 발견되었을 경우에는 지체 없이 농림축산식품부장관에게 통보하여야 한다.

제56조(전문위원의 지정 및 검토) ① 윤리위원회의 위원장은 윤리위원회의 위원 중 해당 분야에 대한 전문성을 가지고 실험을 심의할 수 있는 자를 전문위원으로 지정할 수 있다.

② 위원장은 제1항에 따라 지정한 전문위원에게 다음 각 호의 사항에 대한 검토를 요청할 수 있다.

1. 제51조제4항 단서에 따른 경미한 변경에 관한 사항
2. 제54조제1항제2호에 따른 확인 및 평가

제57조(윤리위원회 위원 및 기관 종사자에 대한 교육) ① 윤리위원회의 위원은 동물의 보호 · 복지에 관한 사항과 동물실험의 심의에 관하여 농림축산식품부령으로 정하는 바에 따라 정기적으로 교육을 이수하여야 한다.

② 동물실험시행기관의 장은 위원과 기관 종사자를 위하여 동물의 보호 · 복지와 동물실험 심의에 관한 교육의 기회를 제공할 수 있다.

제58조(윤리위원회의 구성 등에 대한 지도 · 감독) ① 농림축산식품부장관은 제51조제1항 및 제2항에 따라 윤리위원회를 설치한 동물실험시행기관의 장에게 제53조부터 제57조까지의 규정에 따른 윤리위원회의 구성 · 운영 등에 관하여 지도 · 감독을 할 수 있다.

② 농림축산식품부장관은 윤리위원회가 제53조부터 제57조까지의 규정에 따라 구성 · 운영되지 아니할 때에는 해당 동물실험시행기관의 장에게 대통령령으로 정하는 바에 따라 기간을 정하여 해당 윤리위원회의 구성 · 운영 등에 대한 개선명령을 할 수 있다.

제5장 동물 복지축산농장의 인증

제59조(동물 복지축산농장의 인증) ① 농림축산식품부장관은 동물 복지 증진에 이바지하기 위하여 「축산물 위생관리법」 제2조제1호에 따른 가축으로서 농림축산식품부령으로 정하는 동물(이하 "농장동물"이라 한다)이 본래의 습성 등을 유지하면서 정상적으로 살 수 있도록 관리하는 축산농장을

동물 복지축산농장으로 인증할 수 있다.

② 제1항에 따른 인증을 받으려는 자는 제60조제1항에 따라 지정된 인증기관(이하 "인증기관"이라 한다)에 농림축산식품부령으로 정하는 서류를 갖추어 인증을 신청하여야 한다.

③ 인증기관은 인증 신청을 받은 경우 농림축산식품부령으로 정하는 인증기준에 따라 심사한 후 그 기준에 맞는 경우에는 인증하여 주어야 한다.

④ 제3항에 따른 인증의 유효기간은 인증을 받은 날부터 3년으로 한다.

⑤ 제3항에 따라 인증을 받은 동물 복지축산농장(이하 "인증농장"이라 한다)의 경영자는 그 인증을 유지하려면 제4항에 따른 유효기간이 끝나기 2개월 전까지 인증기관에 갱신 신청을 하여야 한다.

⑥ 제3항에 따른 인증 또는 제5항에 따른 인증갱신에 대한 심사결과에 이의가 있는 자는 인증기관에 재심사를 요청할 수 있다.

⑦ 제6항에 따른 재심사 신청을 받은 인증기관은 농림축산식품부령으로 정하는 바에 따라 재심사 여부 및 그 결과를 신청자에게 통보하여야 한다.

⑧ 인증농장의 인증 절차 및 인증의 갱신, 재심사 등에 관한 사항은 농림축산식품부령으로 정한다.

제60조(인증기관의 지정 등) ① 농림축산식품부장관은 대통령령으로 정하는 공공기관 또는 법인을 인증기관으로 지정하여 인증농장의 인증과 관련한 업무 및 인증농장에 대한 사후관리업무를 수행하게 할 수 있다.

② 제1항에 따라 지정된 인증기관은 인증농장의 인증에 필요한 인력·소직·시설 및 인증업무 규정 등을 갖추어야 한다.

③ 농림축산식품부장관은 제1항에 따라 지정한 인증기관에서 인증심사업무를 수행하는 자에 대한 교육을 실시하여야 한다.

④ 제1항부터 제3항까지의 규정에 따른 인증기관의 지정, 인증업무의 범위, 인증심사업무를 수행하는 자에 대한 교육, 인증농장에 대한 사후관리 등에 필요한 구체적인 사항은 농림축산식품부령으로 정한다.

제61조(인증기관의 지정취소 등) ① 농림축산식품부장관은 인증기관이 다음 각 호의 어느 하나에 해당하면 그 지정을 취소하거나 6개월 이내의 기간을 정하여 인증업무의 전부 또는 일부의 정지를 명할 수 있다. 다만, 제1호 또는 제2호에 해당하면 그 지정을 취소하여야 한다.

1. 거짓이나 그 밖의 부정한 방법으로 지정을 받은 경우
2. 업무정지 명령을 위반하여 정지기간 중 인증을 한 경우
3. 제60조제2항에 따른 지정기준에 맞지 아니하게 된 경우
4. 고의 또는 중대한 과실로 제59조제3항에 따른 인증기준에 맞지 아니한 축산농장을 인증한 경우
5. 정당한 사유 없이 지정된 인증업무를 하지 아니하는 경우

② 제1항에 따른 지정취소 및 업무정지의 기준 등에 관한 사항은 농림축산식품부령으로 정한다.

제62조(인증농장의 표시) ① 인증농장은 농림축산식품부령으로 정하는 바에 따라 인증농장 표시를 할 수 있다.

② 제1항에 따른 인증농장의 표시에 관한 기준 및 방법 등은 농림축산식품부령으로 정한다.

제63조(동물 복지축산물의 표시) ① 인증농장에서 생산한 축산물에는 다음 각 호의 구분에 따라 그 포장·용기 등에 동물 복지축산물 표시를 할 수 있다.

1.「축산물 위생관리법」제2조제3호 및 제4호의 축산물: 다음 각 목의 요건을 모두 충족하여야 한다.
   가. 인증농장에서 생산할 것
   나. 농장동물을 운송할 때에는 농림축산식품부령으로 정하는 운송차량을 이용하여 운송할 것
   다. 농장동물을 도축할 때에는 농림축산식품부령으로 정하는 도축장에서 도축할 것
2.「축산물 위생관리법」제2조제5호 및 제6호의 축산물: 인증농장에서 생산하여야 한다.
3.「축산물 위생관리법」제2조제8호의 축산물: 제1호의 요건을 모두 충족한 원료의 함량에 따라 동물 복지축산물 표시를 할 수 있다.
4.「축산물 위생관리법」제2조제9호 및 제10호의 축산물: 인증농장에서 생산한 축산물의 함량에 따라 동물 복지축산물 표시를 할 수 있다.

② 제1항에 따른 동물 복지축산물을 포장하지 아니한 상태로 판매하거나 낱개로 판매하는 때에는 표지판 또는 푯말에 동물 복지축산물 표시를 할 수 있다.

③ 제1항 및 제2항에 따른 동물 복지축산물 표시에 관한 기준 및 방법 등에 관한 사항은 농림축산식품부령으로 정한다.

제64조(인증농장에 대한 지원 등) ① 농림축산식품부장관은 인증농장에 대하여 다음 각 호의 지원을 할 수 있다. <개정 2023. 6. 20.>

1. 동물의 보호·복지 증진을 위하여 축사시설 개선에 필요한 비용
2. 인증농장의 환경개선 및 경영에 관한 지도·상담 및 교육
3. 인증농장에서 생산한 축산물의 판로개척을 위한 상담·자문 및 판촉
4. 인증농장에서 생산한 축산물의 해외시장의 진출·확대를 위한 정보제공, 홍보활동 및 투자유치
5. 그 밖에 인증농장의 경영안정을 위하여 필요한 사항

② 농림축산식품부장관, 시·도지사, 시장·군수·구청장, 제4조제3항에 따른 민간단체 및「축산자조금의 조성 및 운용에 관한 법률」제2조제3호에 따른 축산단체는 인증농장의 운영사례를 교육·홍보에 적극 활용하여야 한다.

제65조(인증취소 등) ① 농림축산식품부장관 또는 인증기관은 인증 받은 자가 거짓이나 그 밖의 부정한 방법으로 인증을 받은 경우 그 인증을 취소하여야 하며, 제59조제3항에 따른 인증기준에 맞지 아니하게 된 경우 그 인증을 취소할 수 있다.

② 제1항에 따라 인증이 취소된 자(법인인 경우에는 그 대표자를 포함한다)는 그 인증이 취소된

날부터 1년 이내에는 인증농장 인증을 신청할 수 없다.

제66조(사후관리) ① 농림축산식품부장관은 인증기관으로 하여금 매년 인증농장이 제59조제3항에 따른 인증기준에 맞는지 여부를 조사하게 하여야 한다.

② 제1항에 따른 조사를 위하여 인증농장에 출입하는 자는 농림축산식품부령으로 정하는 증표를 지니고 이를 관계인에게 보여 주어야 한다.

③ 제1항에 따른 조사의 요구를 받은 자는 정당한 사유 없이 이를 거부 · 방해하거나 기피하여서는 아니 된다.

제67조(부정행위의 금지) ① 누구든지 다음 각 호에 해당하는 행위를 하여서는 아니 된다.

1. 거짓이나 그 밖의 부정한 방법으로 인증농장 인증을 받는 행위
2. 제59조제3항에 따른 인증을 받지 아니한 축산농장을 인증농장으로 표시하는 행위
3. 거짓이나 그 밖의 부정한 방법으로 제59조제3항, 제5항 및 제6항에 따른 인증심사, 인증갱신에 대한 심사 및 재심사를 하거나 받을 수 있도록 도와주는 행위
4. 제63조제1항부터 제3항까지의 규정을 위반하여 동물 복지축산물 표시를 하는 다음 각 목의 행위(동물 복지축산물로 잘못 인식할 우려가 있는 유사한 표시를 하는 행위를 포함한다)
   가. 제63조제1항제1호가목 및 같은 항 제2호를 위반하여 인증농장에서 생산되지 아니한 축산물에 동물 복지축산물 표시를 하는 행위
   나. 제63조제1항제1호나목 및 다목을 따르지 아니한 축산물에 동물 복지축산물 표시를 하는 행위
   다. 제63조제3항에 따른 동물 복지축산물 표시 기준 및 방법을 위반하여 동물 복지축산물 표시를 하는 행위

② 제1항제4호에 따른 동물 복지축산물로 잘못 인식할 우려가 있는 유사한 표시의 세부기준은 농림축산식품부령으로 정한다.

제68조(인증의 승계) ① 다음 각 호의 어느 하나에 해당하는 자는 인증농장 인증을 받은 자의 지위를 승계한다.

1. 인증농장 인증을 받은 사람이 사망한 경우 그 농장을 계속하여 운영하려는 상속인
2. 인증농장 인증을 받은 자가 그 사업을 양도한 경우 그 양수인
3. 인증농장 인증을 받은 법인이 합병한 경우 합병 후 존속하는 법인이나 합병으로 설립되는 법인

② 제1항에 따라 인증농장 인증을 받은 자의 지위를 승계한 자는 그 사실을 30일 이내에 인증기관에 신고하여야 한다.

③ 제2항에 따른 신고에 필요한 사항은 농림축산식품부령으로 정한다.

제6장 반려동물 영업

제69조(영업의 허가) ① 반려동물(이하 이 장에서 "동물"이라 한다. 다만, 동물장묘업 및 제71조제1항

에 따른 공설동물장묘시설의 경우에는 제2조제1호에 따른 동물로 한다)과 관련된 다음 각 호의 영업을 하려는 자는 농림축산식품부령으로 정하는 바에 따라 특별자치시장 · 특별자치도지사 · 시장 · 군수 · 구청장의 허가를 받아야 한다.

1. 동물생산업
2. 동물수입업
3. 동물판매업
4. 동물장묘업

② 제1항 각 호에 따른 영업의 세부 범위는 농림축산식품부령으로 정한다.

③ 제1항에 따른 허가를 받으려는 자는 영업장의 시설 및 인력 등 농림축산식품부령으로 정하는 기준을 갖추어야 한다.

④ 제1항에 따라 영업의 허가를 받은 자가 허가받은 사항을 변경하려는 경우에는 변경허가를 받아야 한다. 다만, 농림축산식품부령으로 정하는 경미한 사항을 변경하는 경우에는 특별자치시장 · 특별자치도지사 · 시장 · 군수 · 구청장에게 신고하여야 한다.

제70조(맹견취급영업의 특례) ① 제2조제5호가목에 따른 맹견을 생산 · 수입 또는 판매(이하 "취급"이라 한다)하는 영업을 하려는 자는 제69조제1항에 따른 동물생산업, 동물수입업 또는 동물판매업의 허가 외에 대통령령으로 정하는 바에 따라 맹견 취급에 대하여 시 · 도지사의 허가(이하 "맹견취급허가"라 한다)를 받아야 한다. 허가받은 사항을 변경하려는 때에도 또한 같다.

② 맹견취급허가를 받으려는 자의 결격사유에 대하여는 제19조를 준용한다.

③ 맹견취급허가를 받은 자는 다음 각 호의 어느 하나에 해당하는 경우 농림축산식품부령으로 정하는 바에 따라 시 · 도지사에게 신고하여야 한다.

1. 맹견을 번식시킨 경우
2. 맹견을 수입한 경우
3. 맹견을 양도하거나 양수한 경우
4. 보유하고 있는 맹견이 죽은 경우

④ 맹견 취급을 위한 동물생산업, 동물수입업 또는 동물판매업의 시설 및 인력 기준은 제69조제3항에 따른 기준 외에 별도로 농림축산식품부령으로 정한다.

제71조(공설동물장묘시설의 특례) ① 지방자치단체의 장은 동물을 위한 장묘시설(이하 "공설동물장묘시설"이라 한다)을 설치 · 운영할 수 있다. 이 경우 시설 및 인력 등 농림축산식품부령으로 정하는 기준을 갖추어야 한다.

② 농림축산식품부장관은 제1항에 따라 공설동물장묘시설을 설치 · 운영하는 지방자치단체에 대해서는 예산의 범위에서 시설의 설치에 필요한 경비를 지원할 수 있다.

③ 지방자치단체의 장이 공설동물장묘시설을 사용하는 자에게 부과하는 사용료 또는 관리비의

금액과 부과방법 및 용도, 그 밖에 필요한 사항은 해당 지방자치단체의 조례로 정한다.

제72조(동물장묘시설의 설치 제한) 다음 각 호의 어느 하나에 해당하는 지역에는 제69조제1항제4호의 동물장묘업을 영위하기 위한 동물장묘시설 및 공설동물장묘시설을 설치할 수 없다.

1. 「장사 등에 관한 법률」 제17조에 해당하는 지역
2. 20호 이상의 인가밀집지역, 학교, 그 밖에 공중이 수시로 집합하는 시설 또는 장소로부터 300미터 이내. 다만, 해당 지역의 위치 또는 지형 등의 상황을 고려하여 해당 시설의 기능이나 이용 등에 지장이 없는 경우로서 특별자치시장·특별자치도지사·시장·군수·구청장이 인정하는 경우에는 적용을 제외한다.

제72조의2(장묘정보시스템의 구축·운영 등) ① 농림축산식품부장관은 동물장묘 등에 관한 정보의 제공과 동물장묘시설 이용·관리의 업무 등을 전자적으로 처리할 수 있는 정보시스템(이하 "장묘정보시스템"이라 한다)을 구축·운영할 수 있다.

② 장묘정보시스템의 기능에는 다음 각 호의 사항이 포함되어야 한다.

1. 동물장묘시설의 현황 및 가격 정보 제공
2. 동물장묘절차 등에 관한 정보 제공
3. 그 밖에 농림축산식품부장관이 필요하다고 인정하는 사항

③ 장묘정보시스템의 구축·운영 등에 필요한 사항은 농림축산식품부장관이 정한다.

[본조신설 2023. 6. 20.]

제73조(영업의 등록) ① 동물과 관련된 다음 각 호의 영업을 하려는 자는 농림축산식품부령으로 정하는 바에 따라 특별자치시장·특별자치도지사·시장·군수·구청장에게 등록하여야 한다.

1. 동물전시업
2. 동물위탁관리업
3. 동물미용업
4. 동물운송업

② 제1항 각 호에 따른 영업의 세부 범위는 농림축산식품부령으로 정한다.

③ 제1항에 따른 영업의 등록을 신청하려는 자는 영업장의 시설 및 인력 등 농림축산식품부령으로 정하는 기준을 갖추어야 한다.

④ 제1항에 따라 영업을 등록한 자가 등록사항을 변경하는 경우에는 변경등록을 하여야 한다. 다만, 농림축산식품부령으로 정하는 경미한 사항을 변경하는 경우에는 특별자치시장·특별자치도지사·시장·군수·구청장에게 신고하여야 한다.

제74조(허가 또는 등록의 결격사유) 다음 각 호의 어느 하나에 해당하는 사람은 제69조제1항에 따른 영업의 허가를 받거나 제73조제1항에 따른 영업의 등록을 할 수 없다.

1. 미성년자

2. 피성년후견인
3. 파산선고를 받은 자로서 복권되지 아니한 사람
4. 제82조제1항에 따른 교육을 이수하지 아니한 사람
5. 제83조제1항에 따라 허가 또는 등록이 취소된 후 1년이 지나지 아니한 상태에서 취소된 업종과 같은 업종의 허가를 받거나 등록을 하려는 사람(법인인 경우에는 그 대표자를 포함한다)
6. 이 법을 위반하여 벌금 이상의 실형을 선고받고 그 집행이 종료(집행이 종료된 것으로 보는 경우를 포함한다)되거나 집행이 면제된 날부터 3년(제10조를 위반한 경우에는 5년으로 한다)이 지나지 아니한 사람
7. 이 법을 위반하여 벌금 이상의 형의 집행유예를 선고받고 그 유예기간 중에 있는 사람

제75조(영업승계) ① 제69조제1항에 따른 영업의 허가를 받거나 제73조제1항에 따라 영업의 등록을 한 자(이하 "영업자"라 한다)가 그 영업을 양도하거나 사망한 경우 또는 법인이 합병한 경우에는 그 양수인·상속인 또는 합병 후 존속하는 법인이나 합병으로 설립되는 법인(이하 "양수인등"이라 한다)은 그 영업자의 지위를 승계한다.

② 다음 각 호의 어느 하나에 해당하는 절차에 따라 영업시설의 전부를 인수한 자는 그 영업자의 지위를 승계한다.

1. 「민사집행법」에 따른 경매
2. 「채무자 회생 및 파산에 관한 법률」에 따른 환가(換價)
3. 「국세징수법」·「관세법」 또는 「지방세법」에 따른 압류재산의 매각
4. 그 밖에 제1호부터 제3호까지의 어느 하나에 준하는 절차

③ 제1항 또는 제2항에 따라 영업자의 지위를 승계한 자는 그 지위를 승계한 날부터 30일 이내에 농림축산식품부령으로 정하는 바에 따라 특별자치시장·특별자치도지사·시장·군수·구청장에게 신고하여야 한다.

④ 제1항 및 제2항에 따른 승계에 관하여는 제74조에 따른 결격사유 규정을 준용한다. 다만, 상속인이 제74조제1호 및 제2호에 해당하는 경우에는 상속을 받은 날부터 3개월 동안은 그러하지 아니하다.

제76조(휴업·폐업 등의 신고) ① 영업자가 휴업, 폐업 또는 그 영업을 재개하려는 경우에는 농림축산식품부령으로 정하는 바에 따라 특별자치시장·특별자치도지사·시장·군수·구청장에게 신고하여야 한다.

② 영업자(동물장묘업자는 제외한다. 이하 이 조에서 같다)는 제1항에 따라 휴업 또는 폐업의 신고를 하려는 경우에는 농림축산식품부령으로 정하는 바에 따라 특별자치시장·특별자치도지사·시장·군수·구청장에게 휴업 또는 폐업 30일 전에 보유하고 있는 동물의 적절한 사육 및 처리를 위한 계획서(이하 "동물처리계획서"라 한다)를 제출하여야 한다.

③ 영업자는 동물처리계획서에 따라 동물을 처리한 후 그 결과를 특별자치시장 · 특별자치도지사 · 시장 · 군수 · 구청장에게 보고하여야 하며, 보고를 받은 특별자치시장 · 특별자치도지사 · 시장 · 군수 · 구청장은 동물처리계획서의 이행 여부를 확인하여야 한다.

④ 제2항 및 제3항에 따른 동물처리계획서의 제출 및 보고에 관한 사항은 농림축산식품부령으로 정한다.

제77조(직권말소) ① 특별자치시장 · 특별자치도지사 · 시장 · 군수 · 구청장은 영업자가 제76조제1항에 따른 폐업신고를 하지 아니한 경우에는 농림축산식품부령으로 정하는 바에 따라 폐업 사실을 확인한 후 허가 또는 등록사항을 직권으로 말소할 수 있다.

② 특별자치시장 · 특별자치도지사 · 시장 · 군수 · 구청장은 영업자가 영업을 폐업하였는지를 확인하기 위하여 필요한 경우 관할 세무서장에게 영업자의 폐업 여부에 대한 정보 제공을 요청할 수 있다. 이 경우 요청을 받은 관할 세무서장은 정당한 사유 없이 이를 거부하여서는 아니 된다.

제78조(영업자 등의 준수사항) ① 영업자(법인인 경우에는 그 대표자를 포함한다)와 그 종사자는 다음 각 호의 사항을 준수하여야 한다.

1. 동물을 안전하고 위생적으로 사육 · 관리 또는 보호할 것
2. 동물의 건강과 안전을 위하여 동물병원과의 적절한 연계를 확보할 것
3. 노화나 질병이 있는 동물을 유기하거나 폐기할 목적으로 거래하지 아니할 것
4. 동물의 번식, 반입 · 반출 등의 기록 및 관리를 하고 이를 보관할 것
5. 동물에 관한 사항을 표시 · 광고하는 경우 이 법에 따른 영업허가번호 또는 영업등록번호와 거래금액을 함께 표시할 것
6. 동물의 분뇨, 사체 등은 관계 법령에 따라 적정하게 처리할 것
7. 농림축산식품부령으로 정하는 영업장의 시설 및 인력 기준을 준수할 것
8. 제82조제2항에 따른 정기교육을 이수하고 그 종사자에게 교육을 실시할 것
9. 농림축산식품부령으로 정하는 바에 따라 동물의 취급 등에 관한 영업실적을 보고할 것
10. 등록대상동물의 등록 및 변경신고의무(등록 · 변경신고방법 및 위반 시 처벌에 관한 사항 등을 포함한다)를 고지할 것
11. 다른 사람의 영업명의를 도용하거나 대여받지 아니하고, 다른 사람에게 자기의 영업명의 또는 상호를 사용하도록 하지 아니할 것

② 동물생산업자는 제1항에서 규정한 사항 외에 다음 각 호의 사항을 준수하여야 한다.

1. 월령이 12개월 미만인 개 · 고양이는 교배 또는 출산시키지 아니할 것
2. 약품 등을 사용하여 인위적으로 동물의 발정을 유도하는 행위를 하지 아니할 것
3. 동물의 특성에 따라 정기적으로 예방접종 및 건강 관리를 실시하고 기록할 것

③ 동물수입업자는 제1항에서 규정한 사항 외에 다음 각 호의 사항을 준수하여야 한다.

1. 동물을 수입하는 경우 농림축산식품부장관에게 수입의 내역을 신고할 것
2. 수입의 목적으로 신고한 사항과 다른 용도로 동물을 사용하지 아니할 것

④ 동물판매업자(동물생산업자 및 동물수입업자가 동물을 판매하는 경우를 포함한다)는 제1항에서 규정한 사항 외에 다음 각 호의 사항을 준수하여야 한다.

1. 월령이 2개월 미만인 개 · 고양이를 판매(알선 또는 중개를 포함한다)하지 아니할 것
2. 동물을 판매 또는 전달을 하는 경우 직접 전달하거나 동물운송업자를 통하여 전달할 것

⑤ 동물장묘업자는 제1항에서 규정한 사항 외에 다음 각 호의 사항을 준수하여야 한다. <개정 2023. 6. 20.>

1. 살아있는 동물을 처리(마취 등을 통하여 동물의 고통을 최소화하는 인도적인 방법으로 처리하는 것을 포함한다)하지 아니할 것
2. 등록대상동물의 사체를 처리한 경우 농림축산식품부령으로 정하는 바에 따라 특별자치시장 · 특별자치도지사 · 시장 · 군수 · 구청장에게 신고할 것
3. 자신의 영업장에 있는 동물장묘시설을 다른 자에게 대여하지 아니할 것

⑥ 제1항부터 제5항까지의 규정에 따른 영업자의 준수사항에 관한 구체적인 사항 및 그 밖에 동물의 보호와 공중위생상의 위해 방지를 위하여 영업자가 준수하여야 할 사항은 농림축산식품부령으로 정한다.

제79조(등록대상동물의 판매에 따른 등록신청) ① 동물생산업자, 동물수입업자 및 동물판매업자는 등록대상동물을 판매하는 경우에 구매자(영업자를 제외한다)에게 동물등록의 방법을 설명하고 구매자의 명의로 특별자치시장 · 특별자치도지사 · 시장 · 군수 · 구청장에게 동물등록을 신청한 후 판매하여야 한다.

② 제1항에 따른 등록대상동물의 등록신청에 대해서는 제15조를 준용한다.

제80조(거래내역의 신고) ① 동물생산업자, 동물수입업자 및 동물판매업자가 등록대상동물을 취급하는 경우에는 그 거래내역을 농림축산식품부령으로 정하는 바에 따라 특별자치시장 · 특별자치도지사 · 시장 · 군수 · 구청장에게 신고하여야 한다.

② 농림축산식품부장관은 제1항에 따른 등록대상동물의 거래내역을 제95조제2항에 따른 국가동물보호정보시스템으로 신고하게 할 수 있다.

제81조(표준계약서의 제정 · 보급) ① 농림축산식품부장관은 동물보호 및 동물영업의 건전한 거래질서 확립을 위하여 공정거래위원회와 협의하여 표준계약서를 제정 또는 개정하고 영업자에게 이를 사용하도록 권고할 수 있다.

② 농림축산식품부장관은 제1항에 따른 표준계약서에 관한 업무를 대통령령으로 정하는 기관에 위탁할 수 있다.

③ 제1항에 따른 표준계약서의 구체적인 사항은 농림축산식품부령으로 정한다.

제82조(교육) ① 제69조제1항에 따른 허가를 받거나 제73조제1항에 따른 등록을 하려는 자는 허가를 받거나 등록을 하기 전에 동물의 보호 및 공중위생상의 위해 방지 등에 관한 교육을 받아야 한다.

② 영업자는 정기적으로 제1항에 따른 교육을 받아야 한다.

③ 제83조제1항에 따른 영업정지처분을 받은 영업자는 제2항의 정기 교육 외에 동물의 보호 및 영업자 준수사항 등에 관한 추가교육을 받아야 한다.

④ 제1항부터 제3항까지의 규정에 따라 교육을 받아야 하는 영업자로서 교육을 받지 아니한 자는 그 영업을 하여서는 아니 된다.

⑤ 제1항 또는 제2항에 따라 교육을 받아야 하는 영업자가 영업에 직접 종사하지 아니하거나 두 곳 이상의 장소에서 영업을 하는 경우에는 종사자 중에서 책임자를 지정하여 영업자 대신 교육을 받게 할 수 있다.

⑥ 제1항부터 제3항까지의 규정에 따른 교육의 종류, 내용, 시기, 이수방법 등에 관하여는 농림축산식품부령으로 정한다.

제83조(허가 또는 등록의 취소 등) ① 특별자치시장 · 특별자치도지사 · 시장 · 군수 · 구청장은 영업자가 다음 각 호의 어느 하나에 해당하는 경우에는 농림축산식품부령으로 정하는 바에 따라 그 허가 또는 등록을 취소하거나 6개월 이내의 기간을 정하여 그 영업의 전부 또는 일부의 정지를 명할 수 있다. 다만, 제1호, 제7호 또는 제8호에 해당하는 경우에는 허가 또는 등록을 취소하여야 한다.

1. 거짓이나 그 밖의 부정한 방법으로 허가를 받거나 등록을 한 것이 판명된 경우
2. 제10조제1항부터 제4항까지의 규정을 위반한 경우
3. 허가를 받은 날 또는 등록을 한 날부터 1년이 지나도록 영업을 개시하지 아니한 경우
4. 제69조제1항 또는 제73조제1항에 따른 허가 또는 등록 사항과 다른 방식으로 영업을 한 경우
5. 제69조제4항 또는 제73조제4항에 따른 변경허가를 받거나 변경등록을 하지 아니한 경우
6. 제69조제3항 또는 제73조제3항에 따른 시설 및 인력 기준에 미달하게 된 경우
7. 제72조에 따라 설치가 금지된 곳에 동물장묘시설을 설치한 경우
8. 제74조 각 호의 어느 하나에 해당하게 된 경우
9. 제78조에 따른 준수사항을 지키지 아니한 경우

② 특별자치시장 · 특별자치도지사 · 시장 · 군수 · 구청장은 제1항에 따라 영업의 허가 또는 등록을 취소하거나 영업의 전부 또는 일부를 정지하는 경우에는 해당 영업자에게 보유하고 있는 동물을 양도하게 하는 등 적절한 사육 · 관리 또는 보호를 위하여 필요한 조치를 명하여야 한다.

③ 제1항에 따른 처분의 효과는 그 처분기간이 만료된 날부터 1년간 양수인등에게 승계되며, 처분의 절차가 진행 중일 때에는 양수인등에 대하여 처분의 절차를 행할 수 있다. 다만, 양수인등이 양수 · 상속 또는 합병 시에 그 처분 또는 위반사실을 알지 못하였음을 증명하는 경우에는 그러하지 아니하다.

제84조(과징금의 부과) ① 특별자치시장 · 특별자치도지사 · 시장 · 군수 · 구청장은 영업자가 제83조제1항제4호부터 제6호까지 또는 제9호의 어느 하나에 해당하여 영업정지처분을 하여야 하는 경우로서 그 영업정지처분이 해당 영업의 동물 또는 이용자에게 곤란을 주거나 공익에 현저한 지장을 줄 우려가 있다고 인정되는 경우에는 영업정지처분에 갈음하여 1억원 이하의 과징금을 부과할 수 있다.

② 특별자치시장 · 특별자치도지사 · 시장 · 군수 · 구청장은 제1항에 따른 과징금을 부과받은 자가 납부기한까지 과징금을 내지 아니하면 「지방행정제재 · 부과금의 징수 등에 관한 법률」에 따라 징수한다.

③ 특별자치시장 · 특별자치도지사 · 시장 · 군수 · 구청장은 제1항에 따른 과징금을 부과하기 위하여 필요한 경우에는 다음 각 호의 사항을 적은 문서로 관할 세무서장에게 과세 정보의 제공을 요청할 수 있다.

1. 납세자의 인적 사항
2. 과세 정보의 사용 목적
3. 과징금 부과기준이 되는 매출금액

④ 제1항에 따른 과징금을 부과하는 위반행위의 종류, 영업의 규모, 위반횟수 등에 따른 과징금의 금액, 그 밖에 필요한 사항은 대통령령으로 정한다.

제85조(영업장의 폐쇄) ① 특별자치시장 · 특별자치도지사 · 시장 · 군수 · 구청장은 제69조 또는 제73조에 따른 영업이 다음 각 호의 어느 하나에 해당하는 때에는 관계 공무원으로 하여금 농림축산식품부령으로 정하는 바에 따라 해당 영업장을 폐쇄하게 할 수 있다.

1. 제69조제1항에 따른 허가를 받지 아니하거나 제73조제1항에 따른 등록을 하지 아니한 때
2. 제83조에 따라 허가 또는 등록이 취소되거나 영업정지명령을 받았음에도 불구하고 계속하여 영업을 한 때

② 특별자치시장 · 특별자치도지사 · 시장 · 군수 · 구청장은 제1항에 따라 영업장을 폐쇄하기 위하여 관계 공무원에게 다음 각 호의 조치를 하게 할 수 있다.

1. 해당 영업장의 간판이나 그 밖의 영업표지물의 제거 또는 삭제
2. 해당 영업장이 적법한 영업장이 아니라는 것을 알리는 게시문 등의 부착
3. 영업을 위하여 꼭 필요한 시설물 또는 기구 등을 사용할 수 없게 하는 봉인(封印)

③ 특별자치시장 · 특별자치도지사 · 시장 · 군수 · 구청장은 제1항 및 제2항에 따른 폐쇄조치를 하려는 때에는 폐쇄조치의 일시 · 장소 및 관계 공무원의 성명 등을 미리 해당 영업을 하는 영업자 또는 그 대리인에게 서면으로 알려주어야 한다.

④ 특별자치시장 · 특별자치도지사 · 시장 · 군수 · 구청장은 제1항에 따라 해당 영업장을 폐쇄하는 경우 해당 영업자에게 보유하고 있는 동물을 양도하게 하는 등 적절한 사육 · 관리 또는 보호를 위하여 필요한 조치를 명하여야 한다.

⑤ 제1항에 따른 영업장 폐쇄의 세부적인 기준과 절차는 그 위반행위의 유형과 위반 정도 등을 고려하여 농림축산식품부령으로 정한다.

제7장 보칙

제86조(출입 · 검사 등) ① 농림축산식품부장관, 시 · 도지사 또는 시장 · 군수 · 구청장은 동물의 보호 및 공중위생상의 위해 방지 등을 위하여 필요하면 동물의 소유자등에 대하여 다음 각 호의 조치를 할 수 있다.

1. 동물 현황 및 관리실태 등 필요한 자료제출의 요구
2. 동물이 있는 장소에 대한 출입 · 검사
3. 동물에 대한 위해 방지 조치의 이행 등 농림축산식품부령으로 정하는 시정명령

② 농림축산식품부장관, 시 · 도지사 또는 시장 · 군수 · 구청장은 동물보호 등과 관련하여 필요하면 다음 각 호의 어느 하나에 해당하는 자에게 필요한 보고를 하도록 명하거나 자료를 제출하게 할 수 있으며, 관계 공무원으로 하여금 해당 시설 등에 출입하여 운영실태를 조사하게 하거나 관계 서류를 검사하게 할 수 있다.

1. 제35조제1항 및 제36조제1항에 따른 동물보호센터의 장
2. 제37조에 따른 보호시설운영자
3. 제51조제1항 및 제2항에 따라 윤리위원회를 설치한 동물실험시행기관의 장
4. 제59조제3항에 따른 동물 복지축산농장의 인증을 받은 자
5. 제60조에 따라 지정된 인증기관의 장
6. 제63조제1항에 따라 동물 복지축산물의 표시를 한 자
7. 제69조제1항에 따른 영업의 허가를 받은 자 또는 제73조제1항에 따라 영업의 등록을 한 자

③ 특별자치시장 · 특별자치도지사 · 시장 · 군수 · 구청장은 소속 공무원으로 하여금 제2항제2호에 따른 보호시설운영자에 대하여 제37조제4항에 따른 시설기준 · 운영기준 등의 사항 및 동물보호를 위한 시설정비 등의 사후관리와 관련한 사항을 1년에 1회 이상 정기적으로 점검하도록 하고, 필요한 경우 수시로 점검하게 할 수 있다.

④ 시 · 도지사와 시장 · 군수 · 구청장은 소속 공무원으로 하여금 제2항제7호에 따른 영업자에 대하여 다음 각 호의 구분에 따라 1년에 1회 이상 정기적으로 점검하도록 하고, 필요한 경우 수시로 점검하게 할 수 있다.

1. 시 · 도지사: 제70조제4항에 따른 시설 및 인력 기준의 준수 여부
2. 특별자치시장 · 특별자치도지사 · 시장 · 군수 · 구청장: 제69조제3항 및 제73조제3항에 따른 시설 및 인력 기준의 준수 여부와 제78조에 따른 준수사항의 이행 여부

⑤ 시 · 도지사는 제3항 및 제4항에 따른 점검 결과(관할 시 · 군 · 구의 점검 결과를 포함한다)를 다

음 연도 1월 31일까지 농림축산식품부장관에게 보고하여야 한다.

⑥ 농림축산식품부장관, 시 · 도지사 또는 시장 · 군수 · 구청장이 제1항제2호 및 제2항 각 호에 따른 출입 · 검사 또는 제3항 및 제4항에 따른 점검(이하 "출입 · 검사등"이라 한다)을 할 때에는 출입 · 검사등의 시작 7일 전까지 대상자에게 다음 각 호의 사항이 포함된 출입 · 검사등 계획을 통지하여야 한다. 다만, 출입 · 검사등 계획을 미리 통지할 경우 그 목적을 달성할 수 없다고 인정하는 경우에는 출입 · 검사등을 착수할 때에 통지할 수 있다.

1. 출입 · 검사등의 목적
2. 출입 · 검사등의 기간 및 장소
3. 관계 공무원의 성명과 직위
4. 출입 · 검사등의 범위 및 내용
5. 제출할 자료

⑦ 농림축산식품부장관, 시 · 도지사 또는 시장 · 군수 · 구청장은 제2항부터 제4항까지의 규정에 따른 출입 · 검사등의 결과에 따라 필요한 시정을 명하는 등의 조치를 할 수 있다.

제87조(고정형 영상정보처리기기의 설치 등) ① 다음 각 호의 어느 하나에 해당하는 자는 동물학대 방지 등을 위하여 「개인정보 보호법」 제2조제7호에 따른 고정형 영상정보처리기기를 설치하여야 한다. <개정 2023. 3. 14.>

1. 제35조제1항 또는 제36조제1항에 따른 동물보호센터의 장
2. 제37조에 따른 보호시설운영자
3. 제63조제1항제1호다목에 따른 도축장 운영자
4. 제69조제1항에 따른 영업의 허가를 받은 자 또는 제73조제1항에 따라 영업의 등록을 한 자

② 제1항에 따른 고정형 영상정보처리기기의 설치 대상, 장소 및 기준 등에 필요한 사항은 대통령령으로 정한다. <개정 2023. 3. 14.>

③ 제1항에 따라 고정형 영상정보처리기기를 설치 · 관리하는 자는 동물보호센터 · 보호시설 · 영업장의 종사자, 이용자 등 정보주체의 인권이 침해되지 아니하도록 다음 각 호의 사항을 준수하여야 한다. <개정 2023. 3. 14.>

1. 설치 목적과 다른 목적으로 고정형 영상정보처리기기를 임의로 조작하거나 다른 곳을 비추지 아니할 것
2. 녹음기능을 사용하지 아니할 것

④ 제1항에 따라 고정형 영상정보처리기기를 설치 · 관리하는 자는 다음 각 호의 어느 하나에 해당하는 경우 외에는 고정형 영상정보처리기기로 촬영한 영상기록을 다른 사람에게 제공하여서는 아니 된다. <개정 2023. 3. 14.>

1. 소유자등이 자기 동물의 안전을 확인하기 위하여 요청하는 경우

2.「개인정보 보호법」 제2호제6호가목에 따른 공공기관이 제86조 등 법령에서 정하는 동물보호 업무 수행을 위하여 요청하는 경우

3. 범죄의 수사와 공소의 제기 및 유지, 법원의 재판업무 수행을 위하여 필요한 경우

⑤ 이 법에서 정하는 사항 외에 고정형 영상정보처리기기의 설치, 운영 및 관리 등에 관한 사항은 「개인정보 보호법」에 따른다. <개정 2023. 3. 14.>

[제목개정 2023. 3. 14.]

제88조(동물보호관) ① 농림축산식품부장관(대통령령으로 정하는 소속 기관의 장을 포함한다), 시·도지사 및 시장·군수·구청장은 동물의 학대 방지 등 동물보호에 관한 사무를 처리하기 위하여 소속 공무원 중에서 동물보호관을 지정하여야 한다.

② 제1항에 따른 동물보호관(이하 "동물보호관"이라 한다)의 자격, 임명, 직무 범위 등에 관한 사항은 대통령령으로 정한다.

③ 동물보호관이 제2항에 따른 직무를 수행할 때에는 농림축산식품부령으로 정하는 증표를 지니고 이를 관계인에게 보여 주어야 한다.

④ 누구든지 동물의 특성에 따른 출산, 질병 치료 등 부득이한 사유가 있는 경우를 제외하고는 제2항에 따른 동물보호관의 직무 수행을 거부·방해 또는 기피하여서는 아니 된다.

제89조(학대행위자에 대한 상담·교육 등의 권고) 동물보호관은 학대행위자에 대하여 상담·교육 또는 심리치료 등 필요한 지원을 받을 것을 권고할 수 있다.

제90조(명예동물보호관) ① 농림축산식품부장관, 시·도지사 및 시장·군수·구청장은 동물의 학대 방지 등 동물보호를 위한 지도·계몽 등을 위하여 명예동물보호관을 위촉할 수 있다.

② 제10조를 위반하여 제97조에 따라 형을 선고받고 그 형이 확정된 사람은 제1항에 따른 명예동물보호관(이하 "명예동물보호관"이라 한다)이 될 수 없다.

③ 명예동물보호관의 자격, 위촉, 해촉, 직무, 활동 범위와 수당의 지급 등에 관한 사항은 대통령령으로 정한다.

④ 명예동물보호관은 제3항에 따른 직무를 수행할 때에는 부정한 행위를 하거나 권한을 남용하여서는 아니 된다.

⑤ 명예동물보호관이 그 직무를 수행하는 경우에는 신분을 표시하는 증표를 지니고 이를 관계인에게 보여 주어야 한다.

제91조(수수료) 다음 각 호의 어느 하나에 해당하는 자는 농림축산식품부령으로 정하는 바에 따라 수수료를 내야 한다. 다만, 제1호에 해당하는 자에 대하여는 시·도의 조례로 정하는 바에 따라 수수료를 감면할 수 있다.

1. 제15조제1항에 따라 등록대상동물을 등록하려는 자

2. 제31조에 따른 자격시험에 응시하려는 자 또는 자격증의 재발급 등을 받으려는 자

3. 제59조제3항, 제5항 또는 제6항에 따라 동물 복지축산농장 인증을 받거나 갱신 및 재심사를 받으려는 자
4. 제69조, 제70조 및 제73조에 따라 영업의 허가 또는 변경허가를 받거나, 영업의 등록 또는 변경등록을 하거나, 변경신고를 하려는 자

제92조(청문) 농림축산식품부장관, 시 · 도지사 또는 시장 · 군수 · 구청장은 다음 각 호의 어느 하나에 해당하는 처분을 하려면 청문을 하여야 한다.

1. 제20조제1항에 따른 맹견사육허가의 철회
2. 제32조제2항에 따른 반려동물행동지도사의 자격취소
3. 제36조제4항에 따른 동물보호센터의 지정취소
4. 제38조제2항에 따른 보호시설의 시설폐쇄
5. 제61조제1항에 따른 인증기관의 지정취소
6. 제65조제1항에 따른 동물 복지축산농장의 인증취소
7. 제83조제1항에 따른 영업허가 또는 영업등록의 취소

제93조(권한의 위임 · 위탁) ① 농림축산식품부장관은 대통령령으로 정하는 바에 따라 이 법에 따른 권한의 일부를 소속기관의 장 또는 시 · 도지사에게 위임할 수 있다.

② 농림축산식품부장관은 대통령령으로 정하는 바에 따라 이 법에 따른 업무 및 동물 복지 진흥에 관한 업무의 일부를 농림축산 또는 동물보호 관련 업무를 수행하는 기관 · 법인 · 단체의 장에게 위탁할 수 있다.

③ 농림축산식품부장관은 제1항에 따라 위임한 업무 및 제2항에 따라 위탁한 업무에 관하여 필요하다고 인정하면 업무처리지침을 정하여 통보하거나 그 업무처리를 지도 · 감독할 수 있다.

④ 제2항에 따라 위탁받은 이 법에 따른 업무를 수행하는 기관 · 법인 · 단체의 임원 및 직원은 「형법」 제129조부터 제132조까지의 규정을 적용할 때에는 공무원으로 본다.

⑤ 농림축산식품부장관은 제2항에 따라 업무를 위탁한 기관에 필요한 비용의 전부 또는 일부를 예산의 범위에서 출연 또는 보조할 수 있다.

제94조(실태조사 및 정보의 공개) ① 농림축산식품부장관은 다음 각 호의 정보와 자료를 수집 · 조사 · 분석하고 그 결과를 해마다 정기적으로 공표하여야 한다. 다만, 제2호에 해당하는 사항에 관하여는 해당 동물을 관리하는 중앙행정기관의 장 및 관련 기관의 장과 협의하여 결과공표 여부를 정할 수 있다. <개정 2024. 1. 2.>

1. 제6조제1항의 동물 복지종합계획 수립을 위한 동물의 보호 · 복지 실태에 관한 사항
2. 제2조제6호에 따른 봉사동물 중 국가소유 봉사동물의 마릿수 및 해당 봉사동물의 관리 등에 관한 사항
3. 제15조에 따른 등록대상동물의 등록에 관한 사항

4. 제34조부터 제36조까지 및 제39조부터 제46조까지의 규정에 따른 동물보호센터와 유실·유기동물 등의 치료·보호 등에 관한 사항
5. 제37조에 따른 보호시설의 운영실태에 관한 사항
5의2. 제47조제5항에 따른 동물의 기증 및 분양 현황 등 실험동물의 사후관리 실태에 관한 사항
6. 제51조부터 제56조까지, 제58조의 규정에 따른 윤리위원회의 운영 및 동물실험 실태, 지도·감독 등에 관한 사항
7. 제59조에 따른 동물 복지축산농장 인증현황 등에 관한 사항
8. 제69조 및 제73조에 따른 영업의 허가 및 등록과 운영실태에 관한 사항
9. 제86조제4항에 따른 영업자에 대한 정기점검에 관한 사항
10. 그 밖에 동물의 보호·복지 실태와 관련된 사항

② 농림축산식품부장관은 제1항 각 호에 따른 업무를 효율적으로 추진하기 위하여 실태조사를 실시할 수 있으며, 실태조사를 위하여 필요한 경우 관계 중앙행정기관의 장, 지방자치단체의 장, 공공기관(「공공기관의 운영에 관한 법률」 제4조에 따른 공공기관을 말한다. 이하 같다)의 장, 관련 기관 및 단체, 동물의 소유자등에게 필요한 자료 및 정보의 제공을 요청할 수 있다. 이 경우 자료 및 정보의 제공을 요청받은 자는 정당한 사유가 없는 한 자료 및 정보를 제공하여야 한다.

③ 제2항에 따른 실태조사(현장조사를 포함한다)의 범위, 방법, 그 밖에 필요한 사항은 대통령령으로 정한다.

④ 시·도지사, 시장·군수·구청장, 동물실험시행기관의 장 또는 인증기관은 제1항 각 호의 실적을 다음 연도 1월 31일까지 농림축산식품부장관(대통령령으로 정하는 그 소속기관의 장을 포함한다)에게 보고하여야 한다.

제95조(동물보호정보의 수집 및 활용) ① 농림축산식품부장관은 동물의 생명보호, 안전 보장 및 복지 증진과 건전하고 책임 있는 사육문화를 조성하기 위하여 다음 각 호의 정보(이하 "동물보호정보"라 한다)를 수집하여 체계적으로 관리하여야 한다.

1. 제17조에 따라 맹견수입신고를 한 자 및 신고한 자가 소유한 맹견에 대한 정보
2. 제18조 및 제20조에 따라 맹견사육허가·허가철회를 받은 사람 및 허가받은 사람이 소유한 맹견에 대한 정보
3. 제18조제3항 및 제24조에 따라 기질평가를 받은 동물과 그 소유자에 대한 정보
4. 제69조 및 제70조에 따른 영업의 허가 및 제73조에 따른 영업의 등록에 관한 사항(영업의 허가 및 등록 번호, 업체명, 전화번호, 소재지 등을 포함한다)
5. 제94조제1항 각 호의 정보
6. 그 밖에 동물보호에 관한 정보로서 농림축산식품부장관이 수집·관리할 필요가 있다고 인정하는 정보

② 농림축산식품부장관은 동물보호정보를 체계적으로 관리하고 통합적으로 분석하기 위하여 국가동물보호정보시스템을 구축·운영하여야 한다.

③ 농림축산식품부장관은 동물보호정보의 수집을 위하여 관계 중앙행정기관의 장, 시·도지사 또는 시장·군수·구청장, 경찰관서의 장 등에게 필요한 자료를 요청할 수 있다. 이 경우 관계 중앙행정기관의 장, 시·도지사 또는 시장·군수·구청장, 경찰관서의 장 등은 정당한 사유가 없으면 요청에 응하여야 한다.

④ 시·도지사 및 시장·군수·구청장은 동물의 보호 또는 동물학대 발생 방지를 위하여 필요한 경우 국가동물보호정보시스템에 등록된 관련 정보를 농림축산식품부장관에게 요청할 수 있다. 이 경우 정보활용의 목적과 필요한 정보의 범위를 구체적으로 기재하여 요청하여야 한다.

⑤ 제4항에 따른 정보를 취득한 사람은 같은 항 후단의 요청 목적 외로 해당 정보를 사용하거나 다른 사람에게 정보를 제공 또는 누설하여서는 아니 된다.

⑥ 농림축산식품부장관은 대통령령으로 정하는 바에 따라 제1항제4호의 정보 중 영업의 허가 및 등록 번호, 업체명, 전화번호, 소재지 등을 공개하여야 한다.

⑦ 제1항부터 제6항까지에서 규정한 사항 외에 동물보호정보 등의 수집·관리·공개 및 정보의 요청 방법, 국가동물보호정보시스템의 구축·활용 등에 필요한 사항은 대통령령으로 정한다.

제96조(위반사실의 공표) ① 시·도지사 또는 시장·군수·구청장은 제36조제4항 또는 제38조에 따라 행정처분이 확정된 동물보호센터 또는 보호시설에 대하여 위반행위, 해당 기관·단체 또는 시설의 명칭, 대표자 성명 등 대통령령으로 정하는 사항을 공표할 수 있다.

② 특별자치시장·특별자치도지사·시장·군수·구청장은 제83조부터 제85조까지의 규정에 따라 행정처분이 확정된 영업자에 대하여 위반행위, 해당 영업장의 명칭, 대표자 성명 등 대통령령으로 정하는 사항을 공표할 수 있다.

③ 제1항 및 제2항에 따른 공표 여부를 결정할 때에는 위반행위의 동기, 정도, 횟수 및 결과 등을 고려하여야 한다.

④ 시·도지사 또는 시장·군수·구청장은 제1항 및 제2항에 따른 공표를 실시하기 전에 공표대상자에게 그 사실을 통지하여 소명자료를 제출하거나 출석하여 의견진술을 할 수 있는 기회를 부여하여야 한다.

⑤ 제1항 및 제2항에 따른 공표의 절차·방법, 그 밖에 필요한 사항은 대통령령으로 정한다.

제8장 벌칙

제97조(벌칙) ① 다음 각 호의 어느 하나에 해당하는 자는 3년 이하의 징역 또는 3천만원 이하의 벌금에 처한다.

1. 제10조제1항 각 호의 어느 하나를 위반한 자

2. 제10조제3항제2호 또는 같은 조 제4항제3호를 위반한 자
3. 제16조제1항 또는 같은 조 제2항제1호를 위반하여 사람을 사망에 이르게 한 자
4. 제21조제1항 각 호를 위반하여 사람을 사망에 이르게 한 자

② 다음 각 호의 어느 하나에 해당하는 자는 2년 이하의 징역 또는 2천만원 이하의 벌금에 처한다.

1. 제10조제2항 또는 같은 조 제3항제1호 · 제3호 · 제4호의 어느 하나를 위반한 자
2. 제10조제4항제1호를 위반하여 맹견을 유기한 소유자등
3. 제10조제4항제2호를 위반한 소유자등
4. 제16조제1항 또는 같은 조 제2항제1호를 위반하여 사람의 신체를 상해에 이르게 한 자
5. 제21조제1항 각 호의 어느 하나를 위반하여 사람의 신체를 상해에 이르게 한 자
6. 제67조제1항제1호를 위반하여 거짓이나 그 밖의 부정한 방법으로 인증농장 인증을 받은 자
7. 제67조제1항제2호를 위반하여 인증을 받지 아니한 축산농장을 인증농장으로 표시한 자
8. 제67조제1항제3호를 위반하여 거짓이나 그 밖의 부정한 방법으로 인증심사 · 재심사 및 인증갱신을 하거나 받을 수 있도록 도와주는 행위를 한 자
9. 제69조제1항 또는 같은 조 제4항을 위반하여 허가 또는 변경허가를 받지 아니하고 영업을 한 자
10. 거짓이나 그 밖의 부정한 방법으로 제69조제1항에 따른 허가 또는 같은 조 제4항에 따른 변경허가를 받은 자
11. 제70조제1항을 위반하여 맹견취급허가 또는 변경허가를 받지 아니하고 맹견을 취급하는 영업을 한 자
12. 거짓이나 그 밖의 부정한 방법으로 제70조제1항에 따른 맹견취급허가 또는 변경허가를 받은 자
13. 제72조를 위반하여 설치가 금지된 곳에 동물장묘시설을 설치한 자
14. 제85조제1항에 따른 영업장 폐쇄조치를 위반하여 영업을 계속한 자

③ 다음 각 호의 어느 하나에 해당하는 자는 1년 이하의 징역 또는 1천만원 이하의 벌금에 처한다. <개정 2023. 3. 14., 2023. 6. 20.>

1. 제18조제1항을 위반하여 맹견사육허가를 받지 아니한 자
2. 제33조제1항을 위반하여 반려동물행동지도사의 명칭을 사용한 자
3. 제33조제2항을 위반하여 다른 사람에게 반려동물행동지도사의 명의를 사용하게 하거나 그 자격증을 대여한 자 또는 반려동물행동지도사의 명의를 사용하거나 그 자격증을 대여받은 자
4. 제33조제3항을 위반한 자
5. 제73조제1항 또는 같은 조 제4항을 위반하여 등록 또는 변경등록을 하지 아니하고 영업을 한 자
6. 거짓이나 그 밖의 부정한 방법으로 제73조제1항에 따른 등록 또는 같은 조 제4항에 따른 변경등록을 한 자
7. 제78조제1항제11호를 위반하여 다른 사람의 영업명의를 도용하거나 대여받은 자 또는 다른 사

람에게 자기의 영업명의나 상호를 사용하게 한 영업자

7의2. 제78조제5항제3호를 위반하여 자신의 영업장에 있는 동물장묘시설을 다른 자에게 대여한 영업자

8. 제83조를 위반하여 영업정지 기간에 영업을 한 자

9. 제87조제3항을 위반하여 설치 목적과 다른 목적으로 고정형 영상정보처리기기를 임의로 조작하거나 다른 곳을 비춘 자 또는 녹음기능을 사용한 자

10. 제87조제4항을 위반하여 영상기록을 목적 외의 용도로 다른 사람에게 제공한 자

④ 다음 각 호의 어느 하나에 해당하는 자는 500만원 이하의 벌금에 처한다.

1. 제29조제1항을 위반하여 업무상 알게 된 비밀을 누설한 기질평가위원회의 위원 또는 위원이었던 자
2. 제37조제1항에 따른 신고를 하지 아니하고 보호시설을 운영한 자
3. 제38조제2항에 따른 폐쇄명령에 따르지 아니한 자
4. 제54조제3항을 위반하여 비밀을 누설하거나 도용한 윤리위원회의 위원 또는 위원이었던 자(제52조제3항에서 준용하는 경우를 포함한다)
5. 제78조제2항제1호를 위반하여 월령이 12개월 미만인 개 · 고양이를 교배 또는 출산시킨 영업자
6. 제78조제2항제2호를 위반하여 동물의 발정을 유도한 영업자
7. 제78조제5항제1호를 위반하여 살아있는 동물을 처리한 영업자
8. 제95조제5항을 위반하여 요청 목적 외로 정보를 사용하거나 다른 사람에게 정보를 제공 또는 누설한 자

⑤ 다음 각 호의 어느 하나에 해당하는 자는 300만원 이하의 벌금에 처한다.

1. 제10조제4항제1호를 위반하여 동물을 유기한 소유자등(맹견을 유기한 경우는 제외한다)
2. 제10조제5항제1호를 위반하여 사진 또는 영상물을 판매 · 전시 · 전달 · 상영하거나 인터넷에 게재한 자
3. 제10조제5항제2호를 위반하여 도박을 목적으로 동물을 이용한 자 또는 동물을 이용하는 도박을 행할 목적으로 광고 · 선전한 자
4. 제10조제5항제3호를 위반하여 도박 · 시합 · 복권 · 오락 · 유흥 · 광고 등의 상이나 경품으로 동물을 제공한 자
5. 제10조제5항제4호를 위반하여 영리를 목적으로 동물을 대여한 자
6. 제18조제4항 후단에 따른 인도적인 방법에 의한 처리 명령에 따르지 아니한 맹견의 소유자
7. 제20조제2항에 따른 인도적인 방법에 의한 처리 명령에 따르지 아니한 맹견의 소유자
8. 제24조제1항에 따른 기질평가 명령에 따르지 아니한 맹견 아닌 개의 소유자
9. 제46조제2항을 위반하여 수의사에 의하지 아니하고 동물의 인도적인 처리를 한 자

10. 제49조를 위반하여 동물실험을 한 자
11. 제78조제4항제1호를 위반하여 월령이 2개월 미만인 개 · 고양이를 판매(알선 또는 중개를 포함한다)한 영업자
12. 제85조제2항에 따른 게시문 등 또는 봉인을 제거하거나 손상시킨 자

⑥ 상습적으로 제1항부터 제5항까지의 죄를 지은 자는 그 죄에 정한 형의 2분의 1까지 가중한다.

제98조(벌칙) 제100조제1항에 따라 이수명령을 부과받은 사람이 보호관찰소의 장 또는 교정시설의 장의 이수명령 이행에 관한 지시에 따르지 아니하여 「보호관찰 등에 관한 법률」 또는 「형의 집행 및 수용자의 처우에 관한 법률」에 따른 경고를 받은 후 재차 정당한 사유 없이 이수명령 이행에 관한 지시를 따르지 아니한 경우에는 다음 각 호에 따른다.

1. 벌금형과 병과된 경우에는 500만원 이하의 벌금에 처한다.
2. 징역형 이상의 실형과 병과된 경우에는 1년 이하의 징역 또는 1천만원 이하의 벌금에 처한다.

제99조(양벌규정) 법인의 대표자나 법인 또는 개인의 대리인, 사용인, 그 밖의 종업원이 그 법인 또는 개인의 업무에 관하여 제97조에 따른 위반행위를 하면 그 행위자를 벌하는 외에 그 법인 또는 개인에게도 해당 조문의 벌금형을 과한다. 다만, 법인 또는 개인이 그 위반행위를 방지하기 위하여 해당 업무에 관하여 상당한 주의와 감독을 게을리하지 아니한 경우에는 그러하지 아니하다.

제100조(형벌과 수강명령 등의 병과) ① 법원은 제97조제1항제1호부터 제4호까지 및 같은 조 제2항제1호부터 제5호까지의 죄를 지은 자(이하 이 조에서 "동물학대행위자등"이라 한다)에게 유죄판결(선고유예는 제외한다)을 선고하면서 200시간의 범위에서 재범예방에 필요한 수강명령(「보호관찰 등에 관한 법률」에 따른 수강명령을 말한다. 이하 같다) 또는 치료프로그램의 이수명령(이하 "이수명령"이라 한다)을 병과할 수 있다. <개정 2023. 6. 20.>

② 동물학대행위자등에게 부과하는 수강명령은 형의 집행을 유예할 경우에는 그 집행유예기간 내에서 병과하고, 이수명령은 벌금형 또는 징역형의 실형을 선고할 경우에 병과한다. <개정 2023. 6. 20.>

③ 법원이 동물학대행위자등에 대하여 형의 집행을 유예하는 경우에는 제1항에 따른 수강명령 외에 그 집행유예기간 내에서 보호관찰 또는 사회봉사 중 하나 이상의 처분을 병과할 수 있다. <개정 2023. 6. 20.>

④ 제1항에 따른 수강명령 또는 이수명령은 형의 집행을 유예할 경우에는 그 집행유예기간 내에, 벌금형을 선고할 경우에는 형 확정일부터 6개월 이내에, 징역형의 실형을 선고할 경우에는 형기 내에 각각 집행한다.

⑤ 제1항에 따른 수강명령 또는 이수명령이 벌금형 또는 형의 집행유예와 병과된 경우에는 보호관찰소의 장이 집행하고, 징역형의 실형과 병과된 경우에는 교정시설의 장이 집행한다. 다만, 징역형의 실형과 병과된 이수명령을 모두 이행하기 전에 석방 또는 가석방되거나 미결구금일수 산

입 등의 사유로 형을 집행할 수 없게 된 경우에는 보호관찰소의 장이 남은 이수명령을 집행한다.

⑥ 제1항에 따른 수강명령 또는 이수명령의 내용은 다음 각 호의 구분에 따른다. <개정 2023. 6. 20.>

1. 제97조제1항제1호 · 제2호 및 같은 조 제2항제1호부터 제3호까지의 죄를 지은 자
   가. 동물학대 행동의 진단 · 상담
   나. 소유자등으로서의 기본 소양을 갖추게 하기 위한 교육
   다. 그 밖에 동물학대행위자의 재범 예방을 위하여 필요한 사항
2. 제97조제1항제3호 · 제4호 및 같은 조 제2항제4호 · 제5호의 죄를 지은 자
   가. 등록대상동물, 맹견 등의 안전한 사육 및 관리에 관한 사항
   나. 그 밖에 개물림 관련 재범 예방을 위하여 필요한 사항
3. 삭제 <2023. 6. 20.>

⑦ 형벌과 병과하는 수강명령 및 이수명령에 관하여 이 법에서 규정한 사항 외에는 「보호관찰 등에 관한 법률」을 준용한다.

제101조(과태료) ① 다음 각 호의 어느 하나에 해당하는 자에게는 500만원 이하의 과태료를 부과한다.

1. 제51조제1항을 위반하여 윤리위원회를 설치 · 운영하지 아니한 동물실험시행기관의 장
2. 제51조제3항을 위반하여 윤리위원회의 심의를 거치지 아니하고 동물실험을 한 동물실험시행기관의 장
3. 제51조제4항을 위반하여 윤리위원회의 변경심의를 거치지 아니하고 동물실험을 한 동물실험시행기관의 장(제52조제3항에서 준용하는 경우를 포함한다)
4. 제55조제1항을 위반하여 심의 후 감독을 요청하지 아니한 경우 해당 동물실험시행기관의 장(제52조제3항에서 준용하는 경우를 포함한다)
5. 제55조제3항을 위반하여 정당한 사유 없이 실험 중지 요구를 따르지 아니하고 동물실험을 한 동물실험시행기관의 장(제52조제3항에서 준용하는 경우를 포함한다)
6. 제55조제4항을 위반하여 윤리위원회의 심의 또는 변경심의를 받지 아니하고 동물실험을 재개한 동물실험시행기관의 장(제52조제3항에서 준용하는 경우를 포함한다)
7. 제58조제2항을 위반하여 개선명령을 이행하지 아니한 동물실험시행기관의 장
8. 제67조제1항제4호가목을 위반하여 동물 복지축산물 표시를 한 자
9. 제78조제1항제7호를 위반하여 영업별 시설 및 인력 기준을 준수하지 아니한 영업자

② 다음 각 호의 어느 하나에 해당하는 자에게는 300만원 이하의 과태료를 부과한다.

1. 제17조제1항을 위반하여 맹견수입신고를 하지 아니한 자
2. 제21조제1항 각 호를 위반한 맹견의 소유자등
3. 제21조제3항을 위반하여 맹견의 안전한 사육 및 관리에 관한 교육을 받지 아니한 자

4. 제22조를 위반하여 맹견을 출입하게 한 소유자등
5. 제23조제1항을 위반하여 보험에 가입하지 아니한 소유자
6. 제24조제5항에 따른 교육이수명령 또는 개의 훈련 명령에 따르지 아니한 소유자
7. 제37조제4항을 위반하여 시설 및 운영 기준 등을 준수하지 아니하거나 시설정비 등의 사후관리를 하지 아니한 자
8. 제37조제5항에 따른 신고를 하지 아니하고 보호시설의 운영을 중단하거나 보호시설을 폐쇄한 자
9. 제38조제1항에 따른 중지명령이나 시정명령을 3회 이상 반복하여 이행하지 아니한 자
10. 제48조제1항을 위반하여 전임수의사를 두지 아니한 동물실험시행기관의 장
11. 제67조제1항제4호나목 또는 다목을 위반하여 동물 복지축산물 표시를 한 자
12. 제70조제3항을 위반하여 맹견 취급의 사실을 신고하지 아니한 영업자
13. 제76조제1항을 위반하여 휴업 · 폐업 또는 재개업의 신고를 하지 아니한 영업자
14. 제76조제2항을 위반하여 동물처리계획서를 제출하지 아니하거나 같은 조 제3항에 따른 처리결과를 보고하지 아니한 영업자
15. 제78조제1항제3호를 위반하여 노화나 질병이 있는 동물을 유기하거나 폐기할 목적으로 거래한 영업자
16. 제78조제1항제4호를 위반하여 동물의 번식, 반입 · 반출 등의 기록, 관리 및 보관을 하지 아니한 영업자
17. 제78조제1항제5호를 위반하여 영업허가번호 또는 영업등록번호를 명시하지 아니하고 거래금액을 표시한 영업자
18. 제78조제3항제1호를 위반하여 수입신고를 하지 아니하거나 거짓이나 그 밖의 부정한 방법으로 수입신고를 한 영업자

③ 다음 각 호의 어느 하나에 해당하는 자에게는 100만원 이하의 과태료를 부과한다.

1. 제11조제1항제4호 또는 제5호를 위반하여 동물을 운송한 자
2. 제11조제1항을 위반하여 제69조제1항의 동물을 운송한 자
3. 제12조를 위반하여 반려동물을 전달한 자
4. 제15조제1항을 위반하여 등록대상동물을 등록하지 아니한 소유자
5. 제27조제4항을 위반하여 정당한 사유 없이 출석, 자료제출요구 또는 기질평가와 관련한 조사를 거부한 자
6. 제36조제6항에 따라 준용되는 제35조제5항을 위반하여 교육을 받지 아니한 동물보호센터의 장 및 그 종사자
7. 제37조제2항에 따른 변경신고를 하지 아니하거나 같은 조 제5항에 따른 운영재개신고를 하지

아니한 자

8. 제50조를 위반하여 미성년자에게 동물 해부실습을 하게 한 자
9. 제57조제1항을 위반하여 교육을 이수하지 아니한 윤리위원회의 위원
10. 정당한 사유 없이 제66조제3항에 따른 조사를 거부·방해하거나 기피한 자
11. 제68조제2항을 위반하여 인증을 받은 자의 지위를 승계하고 그 사실을 신고하지 아니한 자
12. 제69조제4항 단서 또는 제73조제4항 단서를 위반하여 경미한 사항의 변경을 신고하지 아니한 영업자
13. 제75조제3항을 위반하여 영업자의 지위를 승계하고 그 사실을 신고하지 아니한 자
14. 제78조제1항제8호를 위반하여 종사자에게 교육을 실시하지 아니한 영업자
15. 제78조제1항제9호를 위반하여 영업실적을 보고하지 아니한 영업자
16. 제78조제1항제10호를 위반하여 등록대상동물의 등록 및 변경신고의무를 고지하지 아니한 영업자
17. 제78조제3항제2호를 위반하여 신고한 사항과 다른 용도로 동물을 사용한 영업자
18. 제78조제5항제2호를 위반하여 등록대상동물의 사체를 처리한 후 신고하지 아니한 영업자
19. 제78조제6항에 따라 동물의 보호와 공중위생상의 위해 방지를 위하여 농림축산식품부령으로 정하는 준수사항을 지키지 아니한 영업자
20. 제79조를 위반하여 등록대상동물의 등록을 신청하지 아니하고 판매한 영업자
21. 제82조제2항 또는 제3항을 위반하여 교육을 받지 아니하고 영업을 한 영업자
22. 제86조제1항제1호에 따른 자료제출 요구에 응하지 아니하거나 거짓 자료를 제출한 동물의 소유자등
23. 제86조제1항제2호에 따른 출입·검사를 거부·방해 또는 기피한 동물의 소유자등
24. 제86조제2항에 따른 보고·자료제출을 하지 아니하거나 거짓으로 보고·자료제출을 한 자 또는 같은 항에 따른 출입·조사·검사를 거부·방해·기피한 자
25. 제86조제1항제3호 또는 같은 조 제7항에 따른 시정명령 등의 조치에 따르지 아니한 자
26. 제88조제4항을 위반하여 동물보호관의 직무 수행을 거부·방해 또는 기피한 자

④ 다음 각 호의 어느 하나에 해당하는 자에게는 50만원 이하의 과태료를 부과한다.

1. 제15조제2항을 위반하여 정해진 기간 내에 신고를 하지 아니한 소유자
2. 제15조제3항을 위반하여 소유권을 이전받은 날부터 30일 이내에 신고를 하지 아니한 자
3. 제16조제1항을 위반하여 소유자등 없이 등록대상동물을 기르는 곳에서 벗어나게 한 소유자등
4. 제16조제2항제1호에 따른 안전조치를 하지 아니한 소유자등
5. 제16조제2항제2호를 위반하여 인식표를 부착하지 아니한 소유자등
6. 제16조제2항제3호를 위반하여 배설물을 수거하지 아니한 소유자등

7. 제94조제2항을 위반하여 정당한 사유 없이 자료 및 정보의 제공을 하지 아니한 자

⑤ 제1항부터 제4항까지의 과태료는 대통령령으로 정하는 바에 따라 농림축산식품부장관, 시·도지사 또는 시장·군수·구청장이 부과·징수한다.

부칙 <제18853호, 2022. 4. 26.>

제1조(시행일) 이 법은 공포 후 1년이 경과한 날부터 시행한다. 다만, 제17조부터 제21조까지, 제24조부터 제33조까지, 제52조, 제59조부터 제68조까지 및 제70조의 개정규정은 공포 후 2년이 경과한 날부터 시행한다.

제2조(맹견수입신고에 관한 적용례) 제17조의 개정규정은 부칙 제1조 단서에 따른 시행일 이후 수입하는 맹견부터 적용한다.

제3조(사육계획서의 제출에 관한 적용례) 동물을 적정하게 보호·관리하기 위한 사육계획서의 제출에 관한 제41조제1항제2호 및 같은 조 제2항의 개정규정은 이 법 시행 이후 동물의 반환을 요구하는 사례부터 적용한다.

제4조(윤리위원회 변경심의, 심의 후 감독 및 전문위원 검토에 관한 적용례) 제51조제4항, 제55조 및 제56조의 개정규정은 이 법 시행 당시 진행 중인 동물실험에 대해서도 적용한다.

제5조(결격사유의 적용례) ① 제74조제3호의 개정규정은 이 법 시행 이후 파산선고를 받은 경우부터 적용한다.

② 이 법 시행 전의 행위로 종전의 규정에 따라 허가 또는 등록이 취소되거나 벌금 이상의 형의 집행유예를 선고받은 경우에 대해서도 제74조제5호부터 제7호까지의 개정규정을 적용한다. 부칙 제18조에 따라 종전의 규정에 따른 등록업이 개정규정에 따른 허가업으로 간주된 경우에도 같다.

제6조(동물처리계획서에 관한 적용례) 제76조제2항부터 제4항까지의 개정규정은 이 법 시행 이후 휴업 또는 폐업의 신고를 하는 경우부터 적용한다.

제7조(동물생산업자, 동물수입업자의 동물등록에 관한 적용례) 제79조의 개정규정은 이 법 시행 이후 동물생산업자, 동물수입업자가 등록대상동물을 판매하는 경우부터 적용한다.

제8조(거래내역의 신고에 관한 적용례) 제80조의 개정규정은 이 법 시행 이후 동물생산업자, 동물수입업자, 동물판매업자가 취급하는 등록대상동물에 관한 거래내역부터 적용한다.

제9조(동물 복지종합계획 및 동물 복지계획에 관한 경과조치) 이 법 시행 당시 종전의 제4조에 따라 수립한 동물 복지종합계획 및 동물 복지계획은 제6조의 개정규정에 따라 수립한 동물 복지종합계획 및 동물 복지계획으로 본다.

제10조(동물 복지위원회에 대한 경과조치) 이 법 시행 당시 종전의 제5조에 따라 설치된 동물 복지위원회(위원장 및 위원을 포함한다)는 이 법 시행일 이후 제7조의 개정규정에 따라 동물 복지위원회가 새로 구성될 때까지 존속한다.

제11조(맹견사육허가에 관한 경과조치) 이 법 시행 당시 맹견을 사육하고 있는 자는 부칙 제1조 단서에 따른 시행일 이후 6개월 이내에 맹견사육허가를 받아야 한다.

제12조(맹견의 관리에 관한 경과조치) 맹견의 관리에 관하여는 부칙 제1조 단서에 따라 제21조의 개정규정이 시행되기 전까지는 종전의 제13조의2를 적용한다.

제13조(동물보호센터 등에 관한 경과조치) ① 이 법 시행 당시 종전의 제15조에 따라 설치되거나 지정된 동물보호센터와 운영위원회는 제35조 및 제36조의 개정규정에 따라 설치되거나 지정된 동물보호센터와 운영위원회로 본다.

② 이 법 시행 전의 행위에 대하여 동물보호센터 지정취소나 지정의 결격기간을 적용할 때에는 종전의 규정을 따른다.

제14조(보호비용의 부담에 관한 경과조치) 이 법 시행 당시 종전의 제19조에 따라 발생한 동물의 보호비용은 제42조의 개정규정에 따라 처리할 수 있다.

제15조(동물의 소유권 취득에 관한 경과조치) 이 법 시행 당시 종전의 제20조에 따라 시 · 도와 시 · 군 · 구가 취득한 동물의 소유권은 제43조의 개정규정에 따라 취득한 것으로 본다.

제16조(윤리위원회에 관한 경과조치) ① 이 법 시행 당시 종전의 제25조제1항에 따라 설치 · 운영하는 윤리위원회는 제51조제1항의 개정규정에 따라 설치된 윤리위원회로 본다.

② 종전의 제25조제2항에 따라 동물실험시행기관이 다른 동물실험시행기관과 공동으로 설치 · 운영하는 윤리위원회는 부칙 제1조 단서에 따른 시행일 이후 제52조제1항의 개정규정에 따라 공용윤리위원회가 지정 또는 설치될 때까지 존속한다.

③ 이 법 시행 당시 종전의 제27조에 따라 호선 또는 위촉된 윤리위원회의 위원장 및 위원은 제53조의 개정규정에 따라 호선 또는 위촉된 것으로 본다. 이 경우 위원장 및 위원의 임기는 원래의 임기 개시일부터 기산한다.

제17조(동물 복지축산농장의 인증에 관한 경과조치) ① 동물 복지축산농장의 인증에 관하여는 제59조부터 제68조까지의 개정규정이 시행되기 전까지는 종전의 제29조부터 제31조까지의 규정을 적용한다. 이 경우 제64조제1항의 개정규정이 시행되기 전까지는 제29조제3항은 다음과 같이 규정된 것으로 본다. <개정 2023. 6. 20.>

③ 농림축산식품부장관은 동물 복지축산농장으로 인증된 축산농장에 대하여 다음 각 호의 지원을 할 수 있다.

1. 동물의 보호 및 복지 증진을 위하여 축사시설 개선에 필요한 비용
2. 동물 복지축산농장의 환경개선 및 경영에 관한 지도 · 상담 및 교육
3. 동물 복지축산농장에서 생산한 축산물의 판로개척을 위한 상담 · 자문 및 판촉
4. 동물 복지축산농장에서 생산한 축산물의 해외시장의 진출 · 확대를 위한 정보제공, 홍보활동 및 투자유치

5. 그 밖에 동물 복지축산농장의 경영안정을 위하여 필요한 사항

② 이 법 시행 당시 종전의 제29조제2항에 따라 농림축산식품부장관(종전의 제44조에 따라 인증 업무를 위임받은 소속기관의 장을 포함한다. 이하 같다)에게 인증을 신청하였으나 부칙 제1조 단서의 시행일 전날까지 인증을 받지 못한 경우에는 제59조의 개정규정에 따라 인증기관에 인증 신청을 다시 하여야 한다. 이 경우 농림축산식품부장관은 신청인의 요청에 따라 심사 중인 자료를 인증기관에 이관할 수 있고, 이관한 경우에는 그 사실을 신청인에게 알려주어야 한다.

③ 부칙 제1조 단서에 따른 시행일 당시 종전의 제29조에 따라 받은 동물 복지축산농장의 인증은 제59조의 개정규정에 따른 동물 복지축산농장 인증으로 본다. 이 경우 인증의 유효기간은 제59조제4항의 개정규정에도 불구하고 다음 각 호에서 정하는 날까지로 한다.

1. 부칙 제1조 단서에 따른 시행일 당시 인증일로부터 2년 미만의 기간이 경과한 축산농장: 부칙 제1조 단서에 따른 시행일로부터 4년
2. 부칙 제1조 단서에 따른 시행일 당시 인증일로부터 2년 이상 5년 미만의 기간이 경과한 축산농장: 부칙 제1조 단서에 따른 시행일로부터 3년
3. 부칙 제1조 단서에 따른 시행일 당시 인증일로부터 5년 이상의 기간이 경과한 축산농장: 부칙 제1조 단서에 따른 시행일로부터 2년

④ 이 법 시행 전의 행위에 대하여 동물 복지축산농장의 인증취소, 인증 결격기간을 적용할 때에는 종전의 규정에 따른다.

제18조(영업의 허가 또는 등록에 관한 경과조치) ① 이 법 시행 당시 종전의 제34조에 따라 동물생산업의 허가를 받은 자는 제69조의 개정규정에 따른 동물생산업의 허가를 받은 것으로 본다.

② 이 법 시행 당시 종전의 제33조에 따라 동물장묘업, 동물판매업, 동물수입업의 등록을 한 자는 제69조제1항의 개정규정에 따른 동물장묘업, 동물판매업, 동물수입업의 허가를 받은 것으로 본다. 이 경우 이 법 시행일부터 1년 이내에 제69조제3항의 개정규정에 따른 동물장묘업, 동물판매업, 동물수입업의 시설 및 인력 기준을 갖추어야 하며, 기간 내에 갖추지 못한 경우에는 특별자치시장·특별자치도지사·시장·군수·구청장은 허가를 취소할 수 있다.

③ 이 법 시행 당시 종전의 제33조에 따라 동물전시업, 동물위탁관리업, 동물미용업, 동물운송업의 등록을 한 자는 제73조제1항의 개정규정에 따른 동물전시업, 동물위탁관리업, 동물미용업, 동물운송업의 등록을 한 것으로 본다.

④ 이 법 시행 전에 반려동물영업에 관하여 종전의 규정에 따라 허가사항 또는 등록사항의 변경에 관한 신고를 한 경우에는 제69조제4항의 개정규정에 따른 변경허가 또는 변경신고나 제73조제4항의 개정규정에 따른 변경등록 또는 변경신고를 한 것으로 본다.

제19조(교육이수에 관한 규정의 경과조치) 부칙 제18조제2항에 따라 동물장묘업의 허가를 받은 것으로 보는 자는 이 법 시행일 이후 1년 이내에 제82조제1항의 개정규정에 따른 교육을 받아야 한다.

제20조(허가 또는 등록의 취소 등에 관한 경과조치) 이 법 시행 전의 행위에 대한 허가 또는 등록의 취소, 영업정지와 처분의 효과 승계에 대하여는 제83조의 개정규정에도 불구하고 종전의 제35조 및 제38조를 적용한다.

제21조(동물보호관 등에 관한 경과조치) 이 법 시행 전에 종전의 제40조에 따라 지정된 동물보호감시원은 제88조의 개정규정에 따라 지정된 동물보호관으로, 종전의 제41조에 따라 위촉된 동물보호명예감시원은 제90조의 개정규정에 따라 위촉된 명예동물보호관으로 본다.

제22조(벌칙 및 과태료에 관한 경과조치) 이 법 시행 전의 행위에 대하여 벌칙이나 과태료의 규정을 적용할 때에는 종전의 규정을 따른다.

제23조(종전 부칙의 적용범위에 관한 경과조치) 종전의 「동물보호법」의 개정에 따라 규정하였던 종전의 부칙은 이 법 시행 전에 이미 효력이 상실된 경우를 제외하고는 이 법의 규정에 위배되지 아니하는 범위에서 이 법 시행 이후에도 계속하여 적용한다.

제24조(동물학대로 벌금형 이상의 형을 선고받은 자에 관한 적용례) 제74조제6호의 개정규정은 2019년 3월 25일 이후 종전의 제8조를 위반하여 벌금형 이상의 형을 선고받고, 그 형이 확정된 경우부터 적용한다.

제25조(조례의 효력에 관한 경과조치) 이 법 시행 당시 종전의 제12조제1항 단서 및 같은 조 제5항, 제13조제3항, 제13조의3제4호, 제15조제10항, 제19조제3항, 제21조제1항 · 제3항, 제33조의3 전단, 제42조 각 호 외의 부분 단서에 따른 조례는 제15조제1항 단서 및 같은 조 제7항, 제16조제3항, 제22조제8호, 제35조제7항(제36조제6항에서 준용하는 경우를 포함한다), 제42조제3항, 제45조제1항 · 제4항, 제71조제3항, 제91조 각 호 외의 부분 단서의 개정규정에 따른 조례로 본다.

제26조(다른 법률의 개정) ① 가축 및 축산물 이력관리에 관한 법률 일부를 다음과 같이 개정한다.

제11조의2제2항제2호 중 "「동물보호법」 제29조"를 "「동물보호법」 제59조"로 한다.

② 사법경찰관리의 직무를 수행할 자와 그 직무범위에 관한 법률 일부를 다음과 같이 개정한다.

제5조제42호의2를 다음과 같이 한다.

42의2. 「동물보호법」 제88조제1항에 따른 동물보호관

③ 실험동물에 관한 법률 일부를 다음과 같이 개정한다.

제7조제1항 단서 중 "「동물보호법」 제25조에 따른 동물실험윤리위원회가 설치되어 있고"를 "「동물보호법」 제51조제1항에 따른 동물실험윤리위원회가 설치되어 있고(「동물보호법」 제51조제2항에 따라 동물실험윤리위원회를 설치한 것으로 보는 경우를 포함한다)"로 한다.

④ 전통 소싸움경기에 관한 법률 일부를 다음과 같이 개정한다.

제4조제1항 중 "「동물보호법」 제8조제2항 및 제46조제1항(「동물보호법」 제8조제2항을 위반한 사람만 해당한다)"을 "「동물보호법」 제10조제2항 및 제97조제2항제1호(「동물보호법」 제10조제2항을 위반한 사람만 해당한다)"로 한다.

⑤ 첨단재생의료 및 첨단바이오의약품 안전 및 지원에 관한 법률 일부를 다음과 같이 개정한다.

제16조제6항 중 "「동물보호법」 제2조제5호"를 "「동물보호법」 제2조제13호"로 한다.

⑥ 폐기물관리법 일부를 다음과 같이 개정한다.

제3조제1항제9호 중 "「동물보호법」 제32조제1항에 따른 동물장묘업의 등록을 한 자"를 "「동물보호법」 제69조제1항에 따른 동물장묘업의 허가를 받은 자"로 한다.

제27조(다른 법령과의 관계) 이 법 시행 당시 다른 법령(조례를 포함한다)에서 종전의 「동물보호법」 또는 그 규정을 인용하고 있는 경우에 이 법 가운데 그에 해당하는 규정이 있으면 종전의 규정을 갈음하여 이 법 또는 이 법의 해당 규정을 인용한 것으로 본다.

부칙 <제19234호, 2023. 3. 14.>(개인정보 보호법)

제1조(시행일) 이 법은 공포 후 6개월이 경과한 날부터 시행한다. <단서 생략>

제2조 부터 제10조까지 생략

제11조(다른 법률의 개정) ① 및 ② 생략

③ 법률 제18853호 동물보호법 전부개정법률 일부를 다음과 같이 개정한다.

제87조의 제목 중 "영상정보처리기기"를 "고정형 영상정보처리기기"로 하고, 같은 조 제1항 · 제2항, 같은 조 제3항 각 호 외의 부분, 같은 항 제1호, 같은 조 제4항 각 호 외의 부분 및 같은 조 제5항 중 "영상정보처리기기"를 각각 "고정형 영상정보처리기기"로 한다.

제97조제3항제9호 중 "영상정보처리기기"를 "고정형 영상정보처리기기"로 한다.

④부터 ⑪까지 생략

부칙 <제19486호, 2023. 6. 20.>

이 법은 공포한 날부터 시행한다. 다만, 법률 제18853호 동물보호법 전부개정법률 제64조제1항제3호부터 제5호까지의 개정규정은 2024년 4월 27일부터 시행한다.

부칙 <제19880호, 2024. 1. 2.>

제1조(시행일) 이 법은 공포 후 1년이 경과한 날부터 시행한다.

제2조(적용례) 제34조제3항의 개정규정은 이 법 시행 이후 제34조제1항제3호에 따른 동물을 구조하는 경우부터 적용한다.

참고문헌

김대희 (2020). 담수관상어의 사육과 번식. 국립수산과학원 중앙내수면연구소.

김병석, 김현주, 이봉재, 최동락, 김수진 (2022). 반려동물행동교정학(행동교정 이론과 실무). 서울: 동문사.

김영미, 이정호 (2022). 반려동물 산업의 경제적 가치와 사회적 영향. 한국산업경제학회지, 15(1), 78–95.

관상어협회 (2021). 국내 관상어 시장 현황과 전망. 관상어협회 발간 자료.

동물보호법. [시행 2025. 1. 3.] [법률 제19880호, 2024. 1. 2., 일부개정]

문화재관리국 (1993). 문화재대관(文化財大觀) – 천연기념물 편(天然記念物編) II–. (재)한국삽살개재단.

반려동물학 수험연구회 (2021). 동물보건사 대비 반려동물학. 서울: 동일출판사.

서울대공원 동물기획과 (2008). 파충류 사육 매뉴얼 구축 연구. 서울시.

이준정 (2013). 한반도 유적 출토 飼育種 개의 활용 양상에 대한 고찰–의도적 매장, 의례적 희생 가능성을 중심으로–., 한국상고사학보, 81(81), 5-34.

이준호, 김지혜 (2020). 반려동물 산업의 발전과 정책 과제. 한국사회학, 54(2), 45–67.

이태원, 문대승, 박성준, 차문석 (2020). 양서파충류사육학. 서울: 박영사.

정효민 (2021). 지금, 당신의 고양이는 어떤가요?. 경기: 성안당.

조성태 (2003). 애견미용의 현황 및 헤어미용과의 연관성에 대한 연구. 한국미용학회지, 9(3), 55-62.

최석규 (2010). 경주개 동경이의 기원과 품종의 특성에 관한 연구. 대구대학교 박사학위논문.

한국농촌경제연구원 (2021). 2021 반려동물 산업의 현황과 전망. 한국농촌경제연구원 보고서. 한국농촌경제연구원.

한국수산연구원 (2015). 한국 관상어 산업의 발전. 한국수산연구원 보고서.

Adams, C. E., & Rowland, J. (2005) *When Your Pet Dies: A Guide for Children*. AAPC Publishing.

AKC (2017). *Agility for beginners*. AKC.

Alleice Summers 저, 동물보건질병학 교재연구회 역 (2023). 동물보건질병학(4판). 서울: 범문에듀케이션.

Axelrod, H. R. (1998). *Handbook of Tropical Aquarium Fishes*. TFH Publications.

Baensch, H. A., & Riehl, R. (2003). *Aquarium Atlas*. Mergus Verlag.

Bąkowski, M., et al. (2024). Optimization of dogs' nutrition – an overview of current research. *Journal of Elementology*, *29*(2), 517-534.

Beauchamp, T. L., & Frey, R. G. (2011). *The Oxford Handbook of Animal Ethics*. Oxford University Press.

Broom, D. M. (2020) *Farm Animal Welfare: Science and Society*. CABI.

Broom, D. M., & Fraser, A. F. (2017). *Animal Welfare Science, Ethics and Law*. CABI.

Chris Andrews, Adrian Exell, & Neville Carrington (2010). *The Manual of Fish Health*. Barron's Educational Series.

Clutton-Brock, J. (1995). *The Domestic Dog: Its Evolution, Behaviour and Interactions with People*. Cambridge University Press.

David Alderton 저, 윤소영 역 (2005). 두산동아 자연핸드북도감-01. 개 DOGS. 두산동아.

David J. Shepherdson, Jill D. Mellen, & Michael Hutchins (1998). *Second Nature: Enviromental Enrichment for Captive Animals*. Smithsonian Books.

Dominique Grandjean & Richard Butterwick (2009). *Waltham pocket book of Essential Nutrition for Cats and Dogs*. WALTHAM® Petcare Science Institute.

Dyce, K. M., Sack, W. O., & Wensing, C. J. G. (2017). *Textbook of Veterinary Anatomy*(5th ed.). Elsevier.

Ettinger, S. J., Feldman, E. C., & Côté, E. (2017). *Textbook of Veterinary Internal Medicine*(8th ed.). Elsevier.

Evans, H. E., & de Lahunta, A. (2013). *Miller's Anatomy of the Dog*(4th ed.). Elsevier.

Fédération Cynologique Internationale (FCI). (2023). *Breed Standards*. Retrieved from https://www.fci.be.

Foltin, S., & Glenk, L. M. (2023). Current Perspectives on the Challenges of Implementing Assistance Dogs in Human Mental Health Care. *Veterinary Sciences*, *10*(1), 62.

Fraser, D. (2009) *Animal Welfare: A Very Short Introduction*. Oxford University Press.

Han, E., et al. (2020). *Origins of the domestic dog: Genetic evidence*. Nature Communications.

Karen Pryor (2019). *Don't Shoot the Dog: The Art of Teaching and Training*. Simon & Schuster.

Ken ramirez (1999). *Animal Training*. Shedd Aquarium.

Kohn, B. (2013) *Good Grief: A Companion for Pet Loss*. Perigee Books.

Konig, H. E., & Liebich, H. G. (2020). *Veterinary Anatomy of Domestic Mammals: Textbook and Colour Atlas*(7th ed.). Schattauer.

Kraus, C., et al. (2019). *The role of dogs in human mental health: A review*. Journal of Veterinary Behavior.

Larson, G., et al. (2012). Rethinking dog domestication by integrating genetics, archeology, and biogeography. *Proceedings of the National Academy of Sciences of the United States of America*, *109*(23), 8878–8883.

Laurent A. F. Frantz, Daniel G. Bradley, Greger Larson & Ludovic Orlando (2020). Animal domestication in the era of ancient genomics. *Nature Reviews Genetics volume*, *21*(8), 449–460.

Marilyn Krieger 저, 김소희 역 (2016). 고양이 클리커 트레이닝.서울: 페티앙북스.

McCarthy, M. (2018) The Global Pet Market: Trends and Insights. *Journal of Business Research*, *86*, 123–130.

McHugh, S. (2004). *Dog: A Natural History*. Princeton University Press.

Mintel Group Ltd. (2022) Pet Care: US Market Report.

Nelson, R. W., & Couto, C. G. (2019). *Small Animal Internal Medicine*(6th ed.). Elsevier.

Noga, E. J. (2010). *Fish Disease: Diagnosis and Treatment*. Wiley-Blackwell.

Panserat, S., Rideau, V., & Polakof, S. (2014) Nutritional regulation of glucokinase: a cross-species story. *Nutrition Research Reviews*, *27*, 21–47.

Peng Li & Guoyao Wu. (2023) Amino acid nutrition and metabolism in domestic cats and dogs. *Journal of Animal Science and Biotechnology*. *14*, Article number: 19.

Pet Industry Distributors Association (2020). Pet Industry Market Size and Trends: 2020 Report.

Plumb, D. C. (2018). *Plumb's Veterinary Drug Handbook*(9th ed.). Wiley-Blackwell.

Rebecca S. Duerr, & Laurie J. Gage (2020). *Hand-Rearing Birds*. Blackwell.

Sarah Brown 저, 윤철희 역 (2020). 고양이 그 생태와 문화의 역사. 경기: 연암서가.

Serpell, J. A. (1995). *The Domestic Dog: An Historical Perspective. In: The Domestic Dog: Its Evolution, Behavior and Interactions with People*. Cambridge University Press.

Singer, P. (1975) *Animal Liberation*. HarperCollins.

Sophia Yin 저, 최윤주 · 김소희 역 (2020). 개, 어떻게 가르쳐야 하는가. 서울: 페티앙북스.

Souter, M. A., & Morrow, K. (2008) Pet Loss and the Grieving Process: A Review of the Literature. *Journal of Veterinary Medical Education*, *35*(1), 82–89.

United States Department of Agriculture. (1966). *Animal Welfare Act*. Washington, DC: U.S. Government Printing Office.

Victoria Aspinall, Melanie Cappello 저, 김옥진, 정태호, 김갑수, 김현주, 선상수, 이형석, 이혜란, 조기래, 최윤주 역(2014). 동물해부생리학 개론(2판). 서울: 법문에듀케이션.

Walker, S. (2017). *Dogs of Ancient Egypt: Companions and Symbols*. British Museum Press.

Wang, G., et al. (2021). *Evolutionary dynamics of the domestic dog: A multi-disciplinary analysis*. Science.

Wayne, R. K., & Vonholdt, B. M. (2012). Evolutionary genomics of dog domestication. *Mammalian Genome*, *23*, 3-18.

Wayne, R. K., & vonHoldt, B. M. (2016) Evolutionary Genomics of Dog Domestication. *Animal Genetics*, *47*(3), 252–263.

https://dreamaqua.kr
https://kias.nie.re.kr
https://rslpets.com
kkc.or.kr
sewhapet.co.kr
www.akademiktarihtr.com
www.apifishcare.com
www.babytimes.co.kr
www.chungbuk.go.kr/susan/index.do
www.czepigalaw.com
www.donggyeong.com
www.donggyeongi.com
www.fishbase.se
www.hhhistory.com/2023/12/the-evolution-of-dog-grooming.html
www.historicaleve.com
www.kajitv.com
www.kliss.co.kr
www.mintel.com
www.nias.go.kr
www.thekkf.or.kr
www.msrgear.co.kr
www.nativebreed.org
www.pida.org.
www.prairielandvisitinganimals.com/pet-partner-evaluations
www.tetra.net
www.usdaa.com/join-the-fun/what-is-dog-agility/History-of-Dog-Agility.cfm

저 자 소 개

서병부 대구대학교 반려동물산업학과 교수
박소라 세한대학교 사회문화복지학부 반려동물 전공 주임 교수
백상태 대구대학교 반려동물산업학과 겸임 교수
이봉재 대경대학교 동물사육복지과 교수
이재연 대구한의대학교 반려동물보건학과 교수
정은겸 경남정보대학교 반려동물학과 교수

반려동물학개론

초판 1쇄 인쇄 2025년 2월 26일
초판 1쇄 발행 2025년 2월 28일

지 은 이 | 서병부 · 박소라 · 백상태 · 이봉재 · 이재연 · 정은겸
펴 낸 이 | 김기섭
편 집 인 | 이혜란
펴 낸 곳 | 창지사 www.changjisa.com
08589 서울시 금천구 가산디지털 1로 83 파트너스타워 1차 9층
전화 (02)719-2211~3
팩스 (02)701-9386
등 록 | 1977년 4월 28일 · 제1-421호

ISBN 978-89-426-1920-7 (93490)

값 29,000원